L'ÉTAT

OU LA

RÉPUBLIQUE

DE PLATON

TRADUCTION NOUVELLE

Par A. BASTIEN

Agrégé de l'Université, ancien proviseur

PARIS

GARNIER FRÈRES, LIBRAIRES-ÉDITEURS

6, RUE DES SAINTS-PÈRES, 6

L'ÉTAT

OU LA

RÉPUBLIQUE

DE PLATON

22 689. — PARIS, TYPOGRAPHIE A. LAHURE
Rue de Fleurus, 9

L'ÉTAT

OU LA

RÉPUBLIQUE

DE PLATON

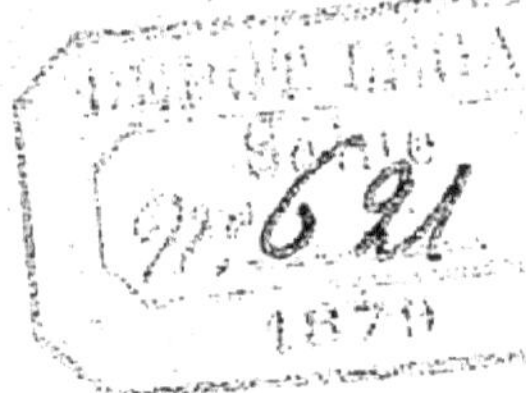

TRADUCTION NOUVELLE

Par A. BASTIEN

Agrégé de l'Université, ancien proviseur

PARIS

GARNIER FRÈRES, LIBRAIRES-ÉDITEURS

6, RUE DES SAINTS-PÈRES, 6

AVERTISSEMENT

En comparant au texte grec les traductions françaises de la République de Platon, j'ai pensé qu'il était possible d'essayer une traduction plus exacte, plus fidèle et plus en rapport avec les principes sévères qui sont en honneur dans l'Université.

J'ai consulté pour chaque phrase les textes de Henri Étienne, Didot, Bekker, Stallbaum ; les traductions latines de Ficin, Ast, Bekker, Stallbaum ; la traduction allemande de Schleiermacher ; les traductions françaises et principalement celles de Grou et de Cousin ; enfin les savants commentaires des philologues allemands.

La République, ou l'État, est un dialogue sur la justice, qui date de plus de deux mille deux cents ans avant notre ère. Socrate y remplit deux rôles, celui de narrateur et celui d'interlocuteur. Toutes les fois qu'il raconte, sa narration forme dans ma traduction un alinéa sans indication de nom. Quand il est interlocuteur, et c'est presque toujours, son nom est mis en tête de la question qu'il pose ou de la réponse qu'il fait à son adversaire. Les noms de tous les autres interlocuteurs sont répétés, pour la plus grande facilité du lecteur, chaque fois qu'ils prennent la parole.

Rien n'est plus capable de guider le lecteur et de soulager son attention, que les divisions et les subdivisions bien établies. C'est en quelque sorte la première analyse de l'ouvrage; l'autre vient plus facilement à la suite. J'ai suivi Didot et Stallbaum au lieu de risquer de me perdre dans un grand dialogue où les idées seraient présentées sans lien et sans ordre. Quelquefois même quand telle subdivision était trop longue, je l'ai subdivisée elle-même autant que la nature et la suite des idées le permettaient. Grou a été mon meilleur guide; sa traduction es la plus modeste et au fond la plus méritante puisqu'elle a ouvert la voie, presque toute la voie, sans laisser à ceux qui devaient venir après lui, d'autre peine que celle d'y introduire les améliorations qui sont la loi forcée du temps.

Comme dans l'édition anonyme de 1851, chacun des dix livres est précédé d'un argument d'Aimé Martin, pour mettre en relief les idées principales qu'il contient. C'est aussi pour faire ressortir les idées culminantes de tout l'ouvrage que j'ai placé à la fin, la table sommaire du même auteur. Ainsi la route est parfaitement éclairée;

le lecteur voit toujours où il en est, la distance qu'il a parcourue, celle qui lui reste encore à parcourir.

Mon but a été de préparer une édition où chacun pût trouver sans difficulté, et sans le moindre embarras, à côté du titre de l'ouvrage, les divisions et les suddivisions naturelles de chaque livre, les notes les plus nécessaires à l'intelligence du texte et la table sommaire, ce répertoire indispensable de toutes les grandes idées qui remplissent l'ouvrage entier, principalement sur Dieu et sur l'âme, c'eet-à-dire sur les objets de nos méditations les plus profondes.

Puisse ce long et pénible travail n'être pas inutile aux jeunes hellénistes, français, ou étrangers, qui veulent apprendre la philosophie et la langue immortelle de Platon !

A. B.

LA

RÉPUBLIQUE DE PLATON

LIVRE PREMIER

ARGUMENT

Platon réfute successivement cette maxime : « Il est juste de faire du bien à ses amis et du mal à ses ennemis ; » et cette autre maxime : « La justice est ce qui est avantageux au plus fort. » Une fois débarrassé de ces deux sophismes, il cherche la nature de la justice ; il établit qu'elle est sagesse et vertu, comme l'injustice est vice et ignorance. Or, le propre de la sagesse et de la vertu est de bien gouverner ; le propre de l'injustice et de l'ignorance est de mal gouverner : la condition de l'homme juste sera donc meilleure que celle de l'homme méchant. En d'autres termes, l'homme juste est heureux parce qu'il est juste ; l'homme méchant est malheureux parce qu'il est méchant : d'où l'on peut conclure rigoureusement que la justice est en tout sens préférable à l'injustice. Tel est le principe transcendant de ce sublime ouvrage. C'est sur la justice que Platon va fonder sa république idéale.

I. J'étais descendu hier au Pirée avec Glaucon, fils d'Ariston, pour faire ma prière à la déesse[1], et pour voir de quelle manière se passerait la fête qu'on célébrait pour la première fois. La pompe [2] des habi-

1. Diane, que les Thraces honoraient sous le nom de Bendis et dont le culte venait d'être transporté à Athènes. Elle avait au Pirée un autel placé sous la garde de quelques Thraces à la solde des Athéniens.

2. Cérémonie où l'on portait en procession les statues des dieux.

tants du lieu me parut fort belle ; mais, à mon avis, celle des Thraces ne lui cédait en rien. Après que nous eûmes fait notre prière et vu la cérémonie, nous reprîmes le chemin de la ville. Polémarque, fils de Céphale, nous ayant aperçus de loin, dit à son esclave de courir après nous et de nous prier de l'attendre. L'esclave nous joignit et me dit, en me tirant par le manteau : Polémarque vous prie de l'attendre. — Je me retournai, et lui demandai où était son maître. — Il me suit, dit-il, attendez-le un moment. — Nous l'attendrons, reprit Glaucon. Un peu après, arrivent Polémarque avec Adimante, frère de Glaucon, Nicérate, fils de Nicias[1], et quelques autres qui revenaient de la pompe. POLÉMARQUE. Il paraît, Socrate, que vous retournez à la ville. — SOCRATE. Tu ne te trompes pas. — POLÉMARQUE. Vois-tu combien nous sommes ? — SOCRATE. Oui. — POLÉMARQUE. Soyez les plus forts, ou restez ici. — SOCRATE. Il y a un milieu : c'est de vous persuader de nous laisser aller. — POLÉMARQUE. Comment nous le persuaderez-vous, si nous ne voulons pas vous entendre ? — GLAUCON. Cela est impossible. — POLÉMARQUE. Eh bien, soyez assurés que nous ne vous écouterons pas. — ADIMANTE. Ne savez-vous pas qu'on fera ce soir à cheval la course des flambeaux en l'honneur de la déesse ? — SOCRATE. A cheval ? Cela est nouveau. Les coureurs seront à cheval, tenant en main des flambeaux qu'ils se passeront les uns aux autres pour se disputer le prix ? — POLÉMARQUE. Oui, et de plus, il y aura une veille qui vaudra la peine d'être vue. Nous sortirons après le souper pour la voir, et nous nous y entretiendrons avec plusieurs jeunes gens qui s'y rencontreront. Restez donc et ne vous faites pas

1. C'est le fameux Nicias qui périt au siège de Syracuse. Son fils Nicérate fut condamné à mort par les Trente.

prier davantage. — GLAUCON. Je vois bien qu'il faut rester. — SOCRATE. Puisque tu le veux, j'y consens.

II. Nous allâmes donc chez Polémarque, où nous trouvâmes ses deux frères, Lysias [1] et Euthydème [2], avec Thrasymaque de Chalcédoine, Charmantide, du bourg de Péanée, et Clitophon, fils d'Aristonyme ; Céphale, père de Polémarque, y était aussi. Comme je ne l'avais pas vu depuis longtemps, il me parut beaucoup vieilli. Il était assis, la tête appuyée sur un coussin et portant une couronne, parce qu'il avait ce jour-là un sacrifice domestique. Nous prîmes place auprès de lui sur des sièges qui étaient disposés en cercle. Dès qu'il m'aperçut, il me salua.

1.—CÉPHALE. Tu ne viens pas souvent au Pirée, Socrate; cependant tu nous ferais plaisir. Si j'avais encore assez de force pour aller à la ville, je t'épargnerais la peine de venir ici, et j'irais moi-même te trouver. Mais aujourd'hui c'est à toi de venir plus souvent ; car tu sauras que je trouve tous les jours un nouveau charme dans la conversation, à proportion que les plaisirs du corps diminuent et m'abandonnent. Aie donc pour moi cette complaisance. Réunis-toi à ces jeunes gens et viens voir souvent des amis très dévoués. — SOCRATE. Moi aussi, Céphale, je me plais infiniment dans la compagnie des vieillards. Comme ils sont au bout d'une carrière qu'il nous faudra peut-être parcourir un jour, il me paraît naturel de s'informer d'eux si la route est pénible ou aisée. Et puisque tu es à présent dans l'âge que les poètes appellent le seuil de la vieillesse, tu me ferais plaisir

1. C'est le célèbre orateur de ce nom.

2. Euthydème, frère de Lysias, était un sophiste. Platon se moque de lui dans le dialogue qui porte son nom.

de me dire ce que tu en penses, et si tu le regardes comme l'époque difficile de la vie.

2. — Céphale. Je te dirai ma pensée, Socrate, telle qu'elle me vient à l'esprit. Il m'arrive souvent, selon l'ancien proverbe, de me trouver avec des gens de mon âge; tout l'entretien se passe en plaintes et en lamentations de leur part; ils se rappellent avec regret les plaisirs de l'amour, de la table, et autres de cette nature qu'ils goûtaient dans leur jeunesse. Ils s'affligent d'être privés de tous ces biens qui leur paraissaient si précieux. A les entendre, la vie qu'ils menaient alors était heureuse ; à présent ils ne vivent même plus. Quelques-uns se plaignent des outrages auxquels la vieillesse les expose de la part de leurs proches. Ils ne cessent de dire et de redire combien de maux elle leur apporte tous les jours. Pour moi, Socrate, je crois qu'ils n'accusent pas la véritable cause de ces maux : car, si c'était la vieillesse, elle devrait produire les mêmes effets sur moi et sur tous ceux qui arrivent à mon âge. Or, j'en ai connu d'autres qui sont dans une disposition bien différente ; et je me souviens que, me trouvant un jour avec le poète Sophocle, quelqu'un lui demanda en ma présence si l'âge lui permettait encore de goûter les plaisirs de l'amour. « A Dieu ne plaise, répondit-il, et c'est avec la plus grande satisfaction que j'ai fui le joug de ce maître furieux et brutal. » Je jugeai alors qu'il avait raison de parler de la sorte, et le temps ne m'a pas fait changer de sentiment. En effet, la vieillesse est un état de repos et de liberté à l'égard des sens. Lorsque les passions cessent de faire sentir leur aiguillon et qu'elles se relâchent, le mot de Sophocle se vérifie pleinement; on est délivré d'une foule de tyrans forcenés. Quant à ces regrets des vieillards et à leurs chagrins domestiques, ce n'est pas sur la vieillesse, Socrate,

mais sur le caractère des vieillards qu'il faut en rejeter la cause. Avec des mœurs douces et commodes, on trouve la vieillesse supportable ; avec un caractère opposé, la vieillesse et la jeunesse sont également difficiles.

III. Je fus charmé de sa réponse et je voulus le faire parler davantage.

1. — Socrate. Je suis persuadé, Céphale, que, lorsque tu parles de la sorte, la plupart des hommes ne t'approuvent pas, et qu'ils pensent que tu trouves moins de ressources dans ton caractère contre les incommodités de la vieillesse que dans les grands biens que tu possèdes ; car on dit que les riches ont beaucoup de consolations. — Céphale. Tu dis vrai : ils ne m'écoutent pas ; ils ont à la vérité quelque raison dans ce qu'ils disent, mais beaucoup moins qu'ils ne pensent. Voici une belle réponse de Thémistocle à un Sériphien qui lui reprochait de devoir sa réputation à la ville où il était né plutôt qu'à son propre mérite. : « Il est vrai, répondit-il, que, si j'étais de Sériphe, je ne serais pas connu ; mais toi, tu ne le serais pas davantage, fusses-tu d'Athènes. » On pourrait faire la même réponse aux vieillards peu riches et chagrins, en leur disant que la pauvreté rendrait la vieillesse insupportable au sage même, mais que, sans la sagesse, les richesses ne sauraient jamais la rendre plus douce. — Socrate. Mais ces grands biens que tu possèdes, Céphale, en as-tu hérité de tes ancêtres, ou en as-tu acquis la meilleure partie ? — Céphale. Tu me demandes ce que j'ai acquis, Socrate ? Dans l'arrangement de ma fortune, j'ai tenu le milieu entre mon aïeul et mon père ; car mon aïeul, dont je porte le nom, ayant hérité d'un patrimoine à peu près égal à mon avoir présent, fit des acquisitions qui surpassaient de

beaucoup le fonds qu'il avait reçu. Mon père, Lysanias, au contraire, m'a laissé moins de biens que tu ne m'en vois. Je serai content, si mes enfants trouvent après moi un héritage qui ne soit ni au-dessous ni beaucoup au-dessus de celui dont j'ai hérité. — SOCRATE. Ce qui m'a engagé à te faire cette question, c'est que tu ne me parais guère attaché aux richesses ; ce qui est ordinaire à ceux qui ne sont pas les artisans de leur fortune, au lieu que ceux qui la doivent à leur industrie y sont doublement attachés : car ils l'aiment d'abord parce qu'elle est leur ouvrage, comme les poëtes aiment leurs vers, et les pères leurs enfants ; et ils l'aiment encore, comme tous les autres hommes, pour l'utilité qu'ils en retirent. Aussi les hommes dont je parle sont-ils d'un commerce difficile, et n'ont-ils d'estime que pour l'argent.

2. — SOCRATE. Fort bien. Mais dis-moi encore quel est, à ton avis, le plus grand avantage que les richesses procurent. — CÉPHALE. C'est ce que j'aurais peine à persuader à un grand nombre de personnes. Tu sauras, Socrate, que, lorsqu'un homme croit approcher du terme de la vie, il a des craintes et des inquiétudes sur des choses qui ne le troublaient pas auparavant. Il craint que ces discours qu'il avait jusque-là traités de fables ne soient autant de vérités, soit que cette appréhension vienne de la faiblesse de l'âge, soit que l'âme voie alors ces objets plus clairement à cause de leur proximité. Il est donc plein de soupçons et de frayeurs, il repasse dans sa mémoire toutes les actions de sa vie, pour voir s'il n'a fait tort à personne. Celui qui, dans l'examen de sa conduite, la trouve pleine d'injustices, se réveille souvent en sursaut pendant la nuit comme les enfants ; il tremble, il vit dans une affreuse attente ; mais celui qui n'a rien à se reprocher a sans cesse auprès de lui

une douce espérance qui sert de nourrice à sa vieillesse, selon Pindare[1]. Voici ce qu'il dit sous l'image la plus gracieuse et la plus admirable, en parlant d'un homme qui a mené une vie juste et sainte :

L'espérance l'accompagne, berçant doucement son cœur et allaitant [sa vieillesse,
L'espérance, qui nourrit à son gré
L'esprit flottant des mortels.

Or, c'est parce que la richesse prépare cet avenir qu'elle a tant de prix à mes yeux, non pour tout homme, mais pour le sage seulement ; car c'est à la richesse qu'on est redevable en grande partie de ne point se trouver exposé à tromper personne même involontairement, ni à user de mensonges ; on lui doit encore l'avantage de sortir de ce monde, exempt de toutes craintes au sujet de quelques sacrifices qu'on aurait manqué de faire aux dieux, ou de quelques dettes dont on ne se serait pas acquitté envers les hommes. Elle a encore d'autres avantages sans doute ; mais, à les considérer un à un, je crois que tout homme sensé n'hésitera point à donner à celui-là une préférence marquée sur tous les autres. — SOCRATE. Ce que tu viens de dire, Céphale, est très beau. Mais est-ce bien définir la justice que de la faire consister simplement à dire la vérité, et à rendre à chacun ce que nous en avons reçu ? Ou plutôt, cela n'est-il pas juste ou injuste selon les occurrences ? Par exemple, si quelqu'un, après avoir confié ses armes à un ami, les redemandait étant devenu fou, tout le monde convient qu'il ne faudrait pas les lui rendre, et qu'il y aurait injustice à le faire. On convient encore qu'il y aurait du mal à ne lui déguiser en rien la vérité dans l'état où il est. — CÉPHALE. Cela est certain. — SOCRATE.

1. Pindare : Fragments, tome III, page 80, édition de Heyne.

La justice ne consiste donc pas précisément à dire la vérité, et à rendre à chacun ce qui lui appartient. — POLÉMARQUE. C'est en cela même qu'elle consiste, s'il faut en croire Simonide. — CÉPHALE. Je vous laisse continuer l'entretien ; il faut que j'aille achever mon sacrifice. — SOCRATE. C'est donc Polémarque qui prendra ta place. — CÉPHALE (*en souriant*). Oui.

Et en même temps il sortit pour achever son sacrifice.

IV. 1. — SOCRATE. Apprends-moi donc, Polémarque, puisque tu prends la place de ton père, ce que dit Simonide[1] au sujet de la justice, et en quoi tu l'approuves. — POLÉMARQUE. Il dit que le propre de la justice est de rendre à chacun ce qu'on lui doit ; et en cela je trouve qu'il a raison. — SOCRATE. Il est bien difficile de ne pas s'en rapporter à Simonide : c'était un sage[2], un homme divin. Mais peut-être, Polémarque, entends-tu ce qu'il veut dire par là ? Pour moi, je ne le comprends pas. Il est évident qu'il n'entend pas qu'on doive rendre, comme nous le disions tout à l'heure, un dépôt, quel qu'il soit, lorsque celui qui le réclame n'a pas sa raison. Cependant ce dépôt est une dette, n'est-ce pas ? — POLÉMARQUE. Oui. — SOCRATE. Et pourtant il faut bien se garder de le rendre, quel qu'il soit, à celui qui n'a pas sa raison. — POLÉMARQUE. Certainement. — SOCRATE. Simonide a donc voulu dire autre chose, en disant qu'il est juste de rendre à chacun ce qu'on lui doit. — POLÉMARQUE. Sans doute, puisqu'il pense qu'on doit toujours faire du bien à ses amis, sans jamais leur faire du mal. — SOCRATE. J'entends. Ce n'est point ren-

1. Simonidis fragmenta dans les poètes *Græci Minores* de Gaisdorf, tome I, page 401.

2. C'est une ironie, car Simonide était le poète favori des sophistes.

dre à son ami ce qu'on lui doit que de lui remettre l'argent qu'il nous a confié, lorsqu'il ne peut le recevoir qu'à son préjudice. N'est-ce pas là le sens que tu prêtes à Simonide ?— POLÉMARQUE. Tout à fait.— SOCRATE. Mais doit-on rendre à ses ennemis ce qu'on se trouvera leur devoir ? — POLÉMARQUE. Oui, ce qu'on leur doit ; mais un ennemi ne doit à son ennemi que ce qui convient, c'est-à-dire du mal.

2. — SOCRATE. Simonide s'est donc expliqué en poète et d'une manière énigmatique sur la justice. Il a cru, à ce qu'il semble, que la justice consiste à rendre à chacun ce qui convient ; mais, au lieu de cette expression, il a dit : ce qu'on lui doit. — POLÉMARQUE. Penses-tu qu'il ait voulu dire autre chose ? — SOCRATE. Si quelqu'un lui eût demandé : Simonide, à qui l'art qu'on appelle la médecine donne-t-il ce qui est dû et ce qui convient, et que donne-t-il ? que penses-tu qu'il eût répondu ? — POLÉMARQUE. Qu'il donne au corps les remèdes, les aliments et les boissons convenables. — SOCRATE. Et l'art du cuisinier, à qui donne-t-il ce qui est dû et ce qui convient ? Que donne-t-il ? — POLÉMARQUE. Il donne aux mets leurs assaisonnements. — SOCRATE. Et l'art qu'on appelle la justice, à qui donne-t-il ce qui convient, et que donne-t-il ? — POLÉMARQUE. S'il faut s'en tenir à ce qui a été dit plus haut, la justice fait du bien aux amis, et du mal aux ennemis. — SOCRATE. Simonide appelle donc justice faire du bien à ses amis, et du mal à ses ennemis ? — POLÉMARQUE. Il me le semble. — SOCRATE. Qui peut faire le plus de bien à ses amis et de mal à ses ennemis en cas de maladie ? — POLÉMARQUE. Le médecin. — SOCRATE. Et sur mer, en cas de danger ? — POLÉMARQUE. Le pilote. — SOCRATE. Et le juste, en quelle occasion et en quoi peut-il faire le plus de bien à ses amis et de mal

à ses ennemis? — POLÉMARQUE. A la guerre, ce me semble, en attaquant les uns et en défendant les autres. — SOCRATE. Fort bien ; mais, mon cher Polémarque, on n'a que faire de médecin, quand on n'est pas malade. — POLÉMARQUE. Cela est vrai. — SOCRATE. Ni de pilote, lorsqu'on n'est pas sur mer. — POLÉMARQUE. Cela est encore vrai. — SOCRATE. Le juste, par la même raison, est-il inutile, lorsqu'on ne fait pas la guerre? — POLÉMARQUE. Je ne le crois pas. — SOCRATE. La justice sert donc aussi en temps de paix? — POLÉMARQUE. Oui. — SOCRATE. L'agriculture sert aussi en ce temps-là, n'est-ce pas? — POLÉMARQUE. Oui. — SOCRATE. A la récolte des biens de la terre? — POLÉMARQUE. Oui. — SOCRATE. Le métier de cordonnier sert aussi? — POLÉMARQUE. Oui. — SOCRATE. Tu me diras que c'est pour avoir une chaussure. — POLÉMARQUE. Sans doute. — SOCRATE. Dis-moi de même pour quel usage et pour quel intérêt la justice peut être utile pendant la paix. — POLÉMARQUE. Pour le commerce. — SOCRATE. Entends-tu par là des associations pour affaires, ou bien quelque autre chose? — POLÉMARQUE. J'entends des associations. — SOCRATE. Le juste est-il un bon et utile associé pour le jeu de dés, ou le joueur de profession? — POLÉMARQUE. Le joueur de profession. — SOCRATE. Et pour la construction d'une maison, le juste est-il un associé meilleur et plus utile que l'architecte? — POLÉMARQUE. Nullement. — SOCRATE. Si le musicien vaut mieux que l'homme juste pour l'étude des sons, quel est donc le genre d'association pour lequel celui-ci vaut mieux que celui-là? — POLÉMARQUE. Pour les questions d'argent, à ce qu'il me semble. — SOCRATE. Si ce n'est peut-être lorsqu'il faudra en faire usage; s'il faut acheter ou vendre un cheval, le maquignon, je pense, sera un meilleur associé; n'est-ce pas? — POLÉMARQUE. Évidemment. — SOCRATE. Pour un vaisseau, ce sera le constructeur ou le pilote. — POLÉMARQUE. Il semble. — SOCRATE. En quoi donc, lorsque l'association devra faire emploi de son or ou de son argent, le juste sera-t-il plus utile que les autres? — POLÉMARQUE. Lorsqu'il s'agira, Socrate, de le mettre en dépôt et de le conserver. — SOCRATE. C'est-à-dire quand il faudra n'en faire aucun usage, mais le laisser oisif. — POLÉMARQUE. Tout à fait. — SOCRATE. Ainsi donc, quand l'argent est inutile, la justice commence à devenir utile. — POLÉMARQUE. Peut-être. — SOCRATE. Et quand il faudra conserver une serpette, la justice sera utile dans l'intérêt commun et dans l'intérêt particulier; mais quand il faudra s'en servir, c'est l'art du vigneron qui sera utile. — POLÉMARQUE. Évidemment. — SOCRATE. Tu diras donc que, lorsqu'il s'agira de conserver un bouclier ou une lyre sans en faire usage, la justice sera utile; mais s'il faut s'en servir, c'est l'escrime et la musique qui seront utiles? — POLÉMARQUE. Nécessairement. — SOCRATE. Et en général, à l'égard de quelque chose que ce soit, la justice sera inutile quand on se servira de cette chose, et utile quand on ne s'en servira pas. — POLÉMARQUE. Cela peut être.

5. — SOCRATE. Mais, mon cher, la justice n'est donc pas d'une grande importance, si elle ne nous est utile que pour les choses dont nous ne faisons pas usage? Examinons encore ceci; celui qui est le plus habile à porter des coups dans une bataille, ou à la lutte ou partout ailleurs, n'est-il pas aussi le plus adroit à se garder des coups qu'on lui donne? — POLÉMARQUE. Oui. — SOCRATE. Et celui qui est le plus habile à se garder d'une maladie et à la prévenir, n'est-il pas en même temps le plus capable de la donner à un autre? — POLÉMARQUE. Je le crois. — SOCRATE. Quel est l'homme le plus propre à garder une armée? N'est-ce pas celui qui saurait déro-

ber les desseins et les manœuvres de l'ennemi? — POLÉMARQUE. Sans doute. — SOCRATE. Par conséquent, le même homme qui est propre à garder une chose est propre aussi à la dérober. — POLÉMARQUE. Il semble. — SOCRATE. Si donc le juste est propre à garder de l'argent, il sera propre aussi à le dérober. — POLÉMARQUE. Du moins, c'est une conséquence forcée de notre raisonnement. — SOCRATE. L'homme juste est donc convaincu d'être un filou[1]; et tu m'as l'air d'avoir pris cette idée dans Homère[2], qui vante beaucoup Autolycus, aïeul maternel d'Ulysse, et dit qu'il surpassa tous les hommes dans l'art de dérober et de mentir sous la foi du serment. Par conséquent, selon Homère, Simonide et toi, la justice n'est autre chose que l'art de dérober pour le bien de ses amis et pour le mal de ses ennemis : n'est-ce pas ainsi que tu l'entends? — POLÉMARQUE. Non, par Jupiter ! Je ne sais ce que j'ai voulu dire. Cependant il me semble toujours que la justice consiste à obliger ses amis et à nuire à ses ennemis. — SOCRATE. Mais qu'entends-tu par amis? Ceux qui paraissent des gens de bien, ou ceux qui le sont réellement, quand même ils ne paraîtraient pas tels? J'en dis autant des ennemis. — POLÉMARQUE. Il me paraît naturel d'aimer ceux qu'on croit gens de bien, et de haïr ceux qu'on croit méchants. — SOCRATE. N'est-il pas ordinaire aux hommes de se tromper en ce point, et de juger que tel est honnête homme, qui n'en a que l'apparence; ou que tel est un fripon, qui est honnête homme? — POLÉMARQUE. J'en conviens. — SOCRATE. Ceux qui se trompent ainsi ont donc les gens de bien pour ennemis, et les méchants pour amis? — POLÉMARQUE. Tout à fait.

1. Socrate se raille des arguties des sophistes, en les imitant.
2. Odyssée XIX, vers 396.

— SOCRATE. Ainsi pour eux la justice consiste à faire du bien aux méchants, et du mal à ceux qui sont bons. — POLÉMARQUE. Cela est évident. — SOCRATE. Mais les gens de bien sont justes et incapables de nuire à personne. — POLÉMARQUE. Cela est vrai. — SOCRATE. D'après ton raisonnement, il est donc juste de faire du mal à ceux qui n'en font pas. — POLÉMARQUE. Point du tout, Socrate, c'est un crime de parler de la sorte. — SOCRATE. Alors c'est aux méchants qu'il est juste de faire du mal, et c'est aux bons qu'il est juste de faire du bien. — POLÉMARQUE. Ce langage me paraît plus raisonnable que ce que nous disions tout à l'heure. — SOCRATE. Mais, Polémarque, il arrivera que pour tous ceux qui se tromperont dans leurs jugements sur les hommes, il sera juste de nuire à leurs amis, car ils les considéreront comme méchants, et de faire du bien à leurs ennemis, car ils les considéreront comme des gens de bien : conclusion directement opposée à ce que nous faisions dire à Simonide. — POLÉMARQUE. Elle est pourtant rigoureuse; mais changeons quelque chose à la définition que nous avons donnée de l'ami et de l'ennemi : elle ne me paraît pas exacte. — SOCRATE. Comment disions-nous, Polémarque? — POLÉMARQUE. Nous disions que notre ami était celui qui nous paraissait homme de bien. — SOCRATE. Comment veux-tu que nous la changions? — POLÉMARQUE. Je voudrais dire que notre ami doit tout à la fois paraître homme de bien, et l'être en effet : que celui qui le paraît sans l'être n'est ami qu'en apparence. Il faut en dire autant de l'ennemi. — SOCRATE. A ce compte, le véritable ami sera l'homme de bien, et le méchant le véritable ennemi. — POLÉMARQUE. Oui. — SOCRATE. Tu veux donc aussi que nous changions quelque chose à ce que nous disions sur la justice, à savoir qu'elle consistait à faire du bien à son ami, et du mal à son ennemi; maintenant tu veux que nous ajoutions, si l'ami est honnête homme, et si l'ennemi ne l'est pas. — POLÉMARQUE. Oui; je trouve que cela est bien dit.

4. — SOCRATE. Mais quoi ! est-ce le fait d'un homme juste de faire du mal à qui que ce soit? — POLÉMARQUE. Oui : il doit du moins en faire à ses ennemis, s'ils sont méchants. — SOCRATE. Les chevaux auxquels on fait du mal en deviennent-ils meilleurs, ou pires? — POLÉMARQUE. Pires. — SOCRATE. Dans la vertu qui est propre à leur espèce ou dans celle qui est propre aux chiens? — SOCRATE. Et les chiens auxquels on fait du mal en deviennent-ils pires dans la vertu qui est propre à leur espèce, et non dans la vertu qui est propre aux chevaux? — POLÉMARQUE. Nécessairement. — SOCRATE. Ne dirons-nous pas aussi que les hommes à qui on fait du mal deviennent pires dans la vertu qui est propre à l'homme? — POLÉMARQUE. Sans contredit. — SOCRATE. La justice n'est-elle pas une vertu propre à l'homme? — POLÉMARQUE. Certainement. — SOCRATE. C'est aussi une nécessité[1], mon cher ami, que les hommes à qui on fait du mal en deviennent plus injustes. — POLÉMARQUE. Il semble. — SOCRATE. Un musicien, en vertu de son art, peut-il rendre quelqu'un ignorant dans la musique? — POLÉMARQUE. Cela est impossible. — SOCRATE. Un écuyer, en vertu de son art, peut-il rendre inhabile à monter à cheval? — POLÉMARQUE. Impossible. — SOCRATE. L'homme juste peut-il par sa justice rendre un autre homme injuste? En général, les bons peuvent-ils par leur vertu rendre les autres méchants? — POLÉMARQUE. Cela ne se peut. — SOCRATE. Car refroidir ne

1. Conclusion fausse et ironique dont Socrate se fait un jeu. Le but de Socrate est d'embarrasser le disciple des sophistes.

me semble pas être l'effet du chaud, mais de son contraire. — POLÉMARQUE. Évidemment. — SOCRATE. Humecter n'est pas l'effet du sec, mais de son contraire. — POLÉMARQUE. Sans aucun doute. — SOCRATE. L'effet du bon n'est pas non plus de nuire; c'est l'effet de son contraire. — POLÉMARQUE. Certainement. — SOCRATE. Mais l'homme juste est bon. — POLÉMARQUE. Sans contredit. — SOCRATE. Ce n'est donc pas le propre de l'homme juste de nuire, ni à son ami ni à qui que ce soit, mais de son contraire, c'est-à-dire de l'homme injuste. — POLÉMARQUE. Il me semble, Socrate, que tu as pleinement raison. — SOCRATE. Si donc quelqu'un dit que la justice consiste à rendre à chacun ce qui lui est dû, et s'il entend par là que l'homme juste ne doit à ses ennemis que du mal, comme il doit du bien à ses amis, ce langage n'est pas celui d'un sage ; car il n'est pas conforme à la vérité, et nous venons de voir que jamais il n'est juste de nuire à personne. — POLÉMARQUE. J'en conviens. — SOCRATE. Et si quelqu'un ose avancer qu'une semblable maxime est de Simonide, de Bias, de Pittacus, ou de quelque autre sage, nous nous y opposerons, vous et moi. — POLÉMARQUE. Je suis prêt à soutenir la lutte avec toi. — SOCRATE. Sais-tu de qui est cette maxime qu'il est juste de faire du bien à ses amis, et du mal à ses ennemis? — POLÉMARQUE. De qui? — SOCRATE. Je crois qu' elle est de Périandre[1], de Perdiccas[2] de Xerxès, d'Isménias[3] le Thébain, ou de quelque autre riche personnage, enivré de sa puissance. — POLÉMARQUE. Tu dis vrai. — SOCRATE. Mais, puisque la justice ne consiste point en cela, qui nous dira en quoi elle consiste?

1. Tyran de Corinthe.
2. Roi de Macédoine, père du roi Archélaüs.
3. Citoyen puissant de Thèbes.

V. Pendant notre entretien, Thrasymaque ouvrit plusieurs fois la bouche pour nous interrompre. Ceux qui étaient assis auprès de lui l'en empêchèrent, voulant nous entendre jusqu'au bout. Mais, lorsque la discussion s'arrêta, et que j'eus prononcé ces dernières paroles, il ne put se contenir plus longtemps et, se retournant tout à coup, il fondit sur nous, semblable à une bête féroce, comme pour nous dévorer. La frayeur nous saisit, Polémarque et moi. Élevant ensuite une voix forte au milieu de la compagnie :

1. — THRASYMAQUE. A quoi bon tout ce verbiage, Socrate? Pourquoi vous cédez-vous la victoire l'un à l'autre comme de concert, ainsi que des enfants? Veux-tu sincèrement savoir ce que c'est que la justice? Ne te borne pas à interroger et à te faire une sotte gloire de réfuter les réponses des autres. Tu n'ignores pas qu'il est plus aisé d'interroger que de répondre. Réponds-moi à ton tour, et dis-moi comment tu définis la justice. Et ne va pas me dire que c'est ce qui convient, ce qui est utile, ce qui est avantageux, ce qui est lucratif, ce qui est profitable; réponds nettement et précisément, parce que je ne suis pas homme à prendre des sottises pour de bonnes réponses.

A ces mots, je fus épouvanté. Je le regardai en tremblant, et je crois que, s'il m'avait regardé le premier, j'aurais perdu la parole; mais, lorsqu'il commençait à s'échauffer, je fus le premier à le regarder[1]. Aussi je fus en état de lui répondre et je lui dis avec un peu moins de frayeur :

SOCRATE. — O Thrasymaque! ne t'emporte pas contre nous. Si nous nous sommes trompés, Polémarque et moi,

1. Allusion à l'opinion populaire que le regard du loup rendait muet. On évitait ce malheur en regardant le loup avant d'en être regardé.

dans notre discussion, sois persuadé que c'est contre notre intention. Dans le cas où nous chercherions de l'or, nous nous garderions bien de nous faire de vaines déférences et de nous rendre ainsi notre découverte impossible. Pourquoi veux-tu donc que dans la recherche de la justice, c'est-à-dire d'une chose bien plus précieuse que l'or, nous soyons assez insensés pour travailler mutuellement à nous tromper, au lieu de nous appliquer sérieusement à en découvrir la nature? Ne le crois pas, mon cher; mais, je le vois bien, cette recherche est au-dessus de nos forces. Aussi, vous autres savants, vous devriez avoir pour notre faiblesse plus de pitié que d'indignation.

2. Thrasymaque accueillit ces paroles avec les éclats d'un rire sardonique.

Thrasymaque. — Ha! ha! voilà bien l'ironie ordinaire de Socrate! Je savais bien que tu ne répondrais pas; je les avais prévenus que tu aurais recours à tes feintes accoutumées, et que tu ferais tout plutôt que de répondre. — Socrate. Tu es fin, Thrasymaque; tu savais fort bien que, si tu demandais à quelqu'un de quoi est composé le nombre douze, en ajoutant : « Ne me dis pas que c'est deux fois six, trois fois quatre, six fois deux, ou quatre fois trois, parce que je ne me contenterai d'aucune de ces réponses », tu savais, dis-je, qu'il ne pourrait pas répondre à une question posée de cette manière. Mais, s'il te disait à son tour : « Thrasymaque, comment expliques-tu la défense que tu me fais de ne donner pour réponse aucune de celles que tu viens de dire? Si la vraie réponse se trouve être une de celles-là, veux-tu que je dise autre chose que la vérité? Comment l'entends-tu? » qu'aurais-tu à lui répondre? — Thrasymaque. Vraiment, voilà qui a bien du rapport avec ce que nous disons! — Socrate. Pourquoi non? Mais, quand la chose serait différente, si celui qu'on interroge juge qu'elle est semblable, crois-tu qu'il répondra moins selon sa pensée, soit que nous le lui défendions, ou non? — THRASYMAQUE. Est-ce là ce que tu prétends faire? Vas-tu me donner pour réponse une de celles que je t'ai interdites? — SOCRATE. Je ne serais pas surpris, si, après bien des réflexions, je prenais ce parti. — THRASYMAQUE. Eh bien, si je te montre qu'on peut faire sur la justice une réponse meilleure que toutes les réponses précédentes, à quoi te condamnes-tu? — SOCRATE. A quelle autre peine que celle qui est justement reservée à tout ignorant, celle d'être instruit par un plus habile? C'est à cette peine que je me condamne. — THRASYMAQUE. Tu es plaisant, vraiment. Tu auras la peine d'apprendre et tu me donneras encore de l'argent. — SOCRATE. Oui, quand j'en aurai. — GLAUCON. Nous en avons. S'il ne tient qu'à cela, parle, Thrasymaque; nous paierons tous pour Socrate. — THRASYMAQUE. Je vois votre dessein. Vous voulez que Socrate, selon sa coutume, au lieu de répondre, m'interroge et me fasse tomber en contradiction. — SOCRATE. Mais, mon cher, que pourrait-on répondre quand on ne sait rien, qu'on ne s'en cache pas, et qu'une personne habile vous interdit toutes les réponses qu'on pourrait faire. C'est plutôt à toi de dire ce que c'est que la justice, puisque tu te vantes de le savoir. Ne te fais donc pas prier. Réponds pour l'amour de moi, et n'envie pas à Glaucon et à tous ceux qui sont ici la science qu'ils attendent de toi.

VI. Aussitôt que j'eus parlé, Glaucon et tous les assistants le conjurèrent de se rendre. On voyait bien que Thrasymaque désirait de parler pour se faire applaudir, car il croyait qu'il dirait des merveilles. Cependant il faisait des façons et il insistait pour que je répondisse. A la fin, il céda.

1. — Thrasymaque. Voici le grand secret de Socrate : il ne veut rien enseigner aux autres, et il va lui-même de tous côtés mendier la science, sans en savoir gré à personne. — Socrate. Tu as raison, Thrasymaque, de dire que j'apprends volontiers des autres, mais tu as tort d'ajouter que je ne leur en sais aucun gré. Je leur témoigne ma reconnaissance autant qu'il est en moi : j'applaudis. C'est tout ce que je puis faire, n'ayant pas d'argent. Tu sauras avec quel plaisir j'applaudis à ce qui me paraît bien dit, aussitôt que tu auras répondu, car je suis convaincu que tu parleras bien. — Thrasymaque. Écoute donc. Je dis que la justice n'est autre chose que ce qui est avantageux au plus fort. Eh bien, pourquoi n'applaudis-tu pas? Tu t'en garderas bien. — Socrate. Attends du moins que j'aie compris ta pensée, car je ne l'entends pas encore. La justice est, dis-tu, ce qui est avantageux au plus fort. Qu'entends-tu par là, Thrasymaque? Veux-tu dire que, parce que l'athlète Polydamas est plus fort que nous et qu'il lui est utile pour l'entretien de ses forces de manger du bœuf, il est également juste et avantageux pour nous qui sommes plus faibles de manger de la même viande? — Thrasymaque. Tu es un mauvais plaisant, Socrate, et tu ne cherches qu'à donner un mauvais tour à tout ce que l'on dit. — Socrate. Point du tout, mon cher; mais dis plus clairement ce que tu penses. — Thrasymaque. Hé bien, ne sais-tu pas que les différents États sont tyranniques, démocratiques ou aristocratiques? — Socrate. Je le sais. — Thrasymaque. Dans chaque État, celui qui gouverne n'est-il pas le plus fort? — Socrate. Assurément. — Thrasymaque. Chacun d'eux ne fait-il pas des lois à son avantage : le peuple, des lois démocratiques; le tyran,

des lois tyraniques, et ainsi des autres? Et, quand ces lois sont faites, ne déclarent-ils pas que la justice, à l'égard des sujets, consiste dans l'observation de ces lois? Ne punissent-ils pas celui qui les transgresse, comme coupable d'une action injuste? Voici donc ma pensée : dans tout État, la justice est l'intérêt du gouvernement établi, c'est-à-dire du plus fort. D'où il suit pour tout homme qui raisonne juste que partout la justice et l'intérêt du plus fort sont la même chose. — Socrate. Je comprends maintenant ce que tu veux dire. Cela est-il vrai ou non? C'est ce que je vais tâcher d'examiner. Tu définis la justice ce qui est avantageux; cependant tu m'avais défendu de la définir ainsi. Il est vrai que tu ajoutes : au plus fort. — Thrasymaque. Ce n'est rien peut-être que cela. — Socrate. Je ne sais pas encore si c'est grand'chose : ce que je sais, c'est qu'il faut voir si ce que tu dis est vrai. Je conviens avec toi que la justice est quelque chose d'avantageux, mais tu ajoutes que c'est seulement au plus fort. Voilà ce que j'ignore et ce qu'il faut examiner. — Thrasymaque. Examine.

2. — Socrate. Tout à l'heure. Réponds-moi : ne dis-tu pas que la justice consiste à obéir à ceux qui gouvernent? — Thrasymaque. Oui. — Socrate. Mais ceux qui gouvernent dans les différents États sont-ils infaillibles ou peuvent-ils se tromper? — Thrasymaque. Ils peuvent fort bien se tromper. — Socrate. Ainsi, lorsqu'ils entreprendront de faire des lois, les unes seront bien, les autres mal instituées. — Thrasymaque. Je le pense. — Socrate. Ils font de bonnes lois, quand ils ordonnent des choses qui leur sont avantageuses, et de mauvaises lois, quand ils ordonnent des choses qui leur sont désavantageuses; n'est-ce pas? — Thrasymaque. Oui. — Socrate. Cependant les lois qu'ils établissent sont obligatoires

pour les sujets, et c'est en cela que consiste la justice. — THRASYMAQUE. Sans doute. — SOCRATE. Il est donc juste, selon toi, de faire non seulement ce qui est à l'avantage, mais encore ce qui est au désavantage du plus fort. — THRASYMAQUE. Que dis-tu là? — SOCRATE. Ce que tu dis toi-même, à ce qu'il me semble. Mais voyons la chose encore mieux. N'es-tu pas convenu que ceux qui gouvernent se trompent quelquefois sur leurs véritables intérêts dans les lois qu'ils imposent à leurs sujets, et qu'il est juste pour les sujets de faire sans distinction tout ce qui leur est ordonné? — THRASYMAQUE. Je le crois. — SOCRATE. Crois donc aussi qu'en disant qu'il est juste que les sujets fassent tout ce qui leur est commandé tu es convenu que la justice consiste à faire ce qui est désavantageux à ceux qui gouvernent, c'est-à-dire, aux plus forts, dans le cas où, sans le vouloir, ils commandent quelque chose de contraire à leurs intérêts. Et de là, très sage Thrasymaque, ne faut-il pas conclure qu'il est juste de faire tout le contraire de ce que tu dis, c'est-à-dire qu'il est ordonné au plus faible de faire ce qui est désavantageux au plus fort? — POLÉMARQUE. Voilà qui est bien évident, Socrate. — CLITOPHON. Si du moins tu prêtes à Polémarque l'autorité de ton témoignage. — POLÉMARQUE. A-t-on besoin de témoins? Thrasymaque convient lui-même que ceux qui gouvernent commandent quelquefois des choses contraires à leurs intérêts, et qu'il est juste, même en ce cas, que les sujets obéissent. — CLITOPHON. Thrasymaque a dit seulement qu'il était juste que les sujets fissent ce qui leur était ordonné. — POLÉMARQUE. Et de plus il a ajouté que la justice est ce qui est avantageux au plus fort. Ayant posé ces deux principes, il est ensuite demeuré d'accord que les plus forts ordonnent quelquefois à leurs inférieurs et à leurs sujets des choses qui sont contraires à leurs propres intérêts. Or, de tous ces aveux, il suit que la justice n'est pas plus ce qui est à l'avantage que ce qui est au désavantage du plus fort. — CLITOPHON. Mais, par l'avantage du plus fort, Thrasymaque a entendu ce que le plus fort croyait lui être avantageux ; il a prétendu que c'était là ce que devait faire le plus faible, et qu'en cela consistait la justice. — POLÉMARQUE. Pardonnez-moi : Thrasymaque ne s'est pas exprimé de la sorte. — SOCRATE. Cela n'y fait rien, Polémarque. Si Thrasymaque accepte cette explication, admettons-la.

3. Dis-moi donc, Thrasymaque, entendais-tu ainsi la définition que tu avais donnée de la justice? Voulais-tu dire que la justice est ce que le plus fort croit lui être avantageux, soit qu'il se trompe, ou non? — THRASYMAQUE. Moi ! point du tout. Crois-tu que j'appelle meilleur celui qui se trompe, en tant qu'il se trompe? — SOCRATE. Je pensais que c'est là ce que tu dis, quand tu conviens que ceux qui gouvernent ne sont pas infaillibles, mais qu'ils se trompent quelquefois. — THRASYMAQUE. Tu es un sycophante, Socrate, et tu calomnies mes paroles. Appelles-tu médecin celui qui se trompe à l'égard des malades, en tant qu'il se trompe, ou calculateur celui qui se trompe dans un calcul, en tant qu'il se trompe ? Il est vrai que l'on dit : le médecin, le calculateur, le grammairien s'est trompé ; mais, à mon avis, aucun d'eux ne se trompe, en tant qu'il est ce que nous disons qu'il est. Et pour parler d'une manière rigoureuse, puisque tu veux un langage rigoureux, aucun artiste ne se trompe, car il ne se trompe qu'autant que son art l'abandonne, et en cela il n'est point artiste. Il en est ainsi du savant et du magistrat, en tant que savant et magistrat, quoique dans le langage ordinaire on dise que le médecin s'est trompé et que le magistrat s'est trompé.

Suppose donc que j'ai parlé comme le vulgaire, mais maintenant je te dis avec toute l'exactitude possible que celui qui gouverne, en tant qu'il gouverne, ne se trompe pas, et que, s'il ne se trompe pas, il érige en loi ce qu'il y a de plus avantageux pour lui, et que le devoir du sujet est de s'y conformer. Ainsi, comme je le disais tout à l'heure, la justice consiste à faire ce qui est avantageux au plus fort[1].

4. — SOCRATE. Soit ; et tu crois que je suis un calomniateur ? — THRASYMAQUE. Très certainement. — SOCRATE. Tu crois que j'ai cherché à te tendre des pièges par des interrogations captieuses ? — THRASYMAQUE. Je l'ai bien vu, mais tu n'y gagneras rien. J'apercevrai toutes tes ruses, et une fois qu'elles seront éventées je te défie de me pousser à bout dans la dispute. — SOCRATE. Je n'ai garde de l'essayer, mon cher ; mais, afin que désormais il n'arrive rien de semblable, dis-moi s'il faut entendre dans le sens général ou dans le sens rigoureux ces expressions que tu employais tout à l'heure : « Celui qui gouverne, le plus fort, celui dont l'intérêt est la règle de justice à l'égard du plus faible. » — THRASYMAQUE. C'est dans le sens le plus rigoureux que j'entends cette expression : Celui qui gouverne. Maintenant mets en œuvre tes artifices et tes calomnies, si tu peux ; je ne demande point de quartier, mais je te porte un défi. — SOCRATE. Me crois-tu assez insensé pour essayer de tondre un lion[2] et de calomnier Thrasymaque ? — THRASYMAQUE. Tu viens de l'essayer, et cela t'a mal réussi. — SOCRATE. Brisons là-dessus, et réponds-moi. Le médecin, pris dans le sens rigoureux, tel que tu l'as défini tout à

1. Ici le plus fort signifie le meilleur : le mot κρείττων a les deux sens.

2. Proverbe pour dire que l'on entreprend une chose au-dessus de ses forces.

l'heure, a-t-il pour objet de s'enrichir ou de soigner les malades? Et parle-moi du vrai médecin.—THRASYMAQUE. Il n'a pas d'autre objet. —SOCRATE. Et le pilote, j'entends le vrai pilote, est-il chef des pilotes ou pilote? — THRASYMAQUE. Il est chef des pilotes. — SOCRATE. Peu importe qu'il soit comme eux sur le vaisseau[1]; il ne faut pas l'appeler pilote pour cela. Ce n'est pas parce qu'il va sur mer qu'il est appelé pilote, mais à cause de son art et de l'autorité qu'il a sur les matelots. — THRASYMAQUE. Cela est vrai. — SOCRATE. N'ont-ils pas un art qui est avantageux à chacun d'eux? — THRASYMAQUE. Oui. — SOCRATE. Et le but de l'art n'est-il pas de rechercher et de procurer à chacun ce qui lui est avantageux? — THRASYMAQUE. Oui. — SOCRATE. Mais un art quelconque a-t-il quelque autre intérêt que d'être aussi parfait que possible? — THRASYMAQUE. Quelle question me fais-tu là? — SOCRATE. Si tu me demandais s'il suffit au corps d'être corps, ou s'il lui manque encore quelque chose, je te répondrais que oui, et que c'est pour cela qu'on a inventé la médecine, parce que le corps est quelquefois malade, et que cet état ne lui convient pas. C'est donc pour procurer au corps ce qui lui est avantageux que l'art de la médecine a été inventé. Ai-je raison ou non? — THRASYMAQUE. Tu as raison. —SOCRATE. Je te demande de même si la médecine ou tout autre art a quelque imperfection, et s'il lui faut encore quelque vertu, comme aux yeux la faculté de voir, aux oreilles la faculté d'entendre, un autre art enfin qui remédie à ce défaut. Ces parties du corps ont-elles besoin d'un autre art qui leur cherche et leur procure ce qui leur est utile? L'art lui-même a-t-il aussi son imperfection et faut-il à chaque art

2. Il y a en grec tant d'anologie entre ναῦς, vaisseau, et ναύτης, pilote, qu'il serait assez naturel d'appeler matelot quiconque est sur un vaisseau, le pilote lui-même.

un autre art qui cherche son intérêt et à celui-ci un autre art encore et ainsi de suite à l'infini? Ou bien chaque art pourvoira-t-il lui-même à son intérêt? Ou plutôt n'a-t-il besoin ni de lui-même ni d'un autre art pour chercher le remède à son imperfection? L'art n'a point de défaut ni d'imperfection; la nature de l'art est de ne chercher que l'intérêt du sujet auquel il s'applique, tandis que lui-même reste pur, sans mélange, sain, autant de temps qu'il est parfait, entier, et qu'il conserve son essence. Examine donc d'une manière rigoureuse lequel de ces deux sentiments est le plus vrai. — THRASYMAQUE. C'est le dernier. — SOCRATE. La médecine ne cherche donc pas son propre intérêt, mais celui du corps. — THRASYMAQUE. Sans doute. — SOCRATE. L'équitation ne s'occupe pas non plus de ce qui lui est utile, mais de ce qui est utile aux chevaux. En général un art quelconque n'a pas en vue son intérêt, car il n'a besoin de rien, mais celui du sujet auquel il s'applique. — — THRASYMAQUE. Il est évident qu'il en est ainsi. — SOCRATE. Mais, Thrasymaque, les arts dominent et gouvernent le sujet sur lequel ils s'exercent.

Il eut de la peine à m'accorder ce point.

— SOCRATE. Il n'y a donc point de science qui se propose ni qui ordonne l'avantage du plus fort, mais celui du plus faible, c'est-à-dire du sujet gouverné par la science.

Il finit par accorder aussi ce point, mais après avoir essayé de le contester.

— SOCRATE. Ainsi le médecin, en tant que médecin, ne se propose pas et n'ordonne pas ce qui est avantageux au médecin, mais ce qui est avantageux au malade? Ne sommes-nous pas convenus que le médecin, en tant que médecin, gouverne le corps et n'est pas mercenaire?

Il le reconnut.

— SOCRATE. Et que le pilote, pour parler rigoureusement, est chef des matelots, et non matelot? — THRASYMAQUE. J'en suis convenu. — SOCRATE. Un tel pilote, un tel chef, n'aura donc pas en vue et n'ordonnera pas ce qui est avantageux au pilote, mais au matelot, son subordonné.

Il eut de la peine à l'accorder

— SOCRATE. Par conséquent, Thrasymaque, tout homme qui gouverne, considéré comme tel, et de quelque nature que soit son autorité, ne se propose jamais son intérêt personnel, mais celui de ses inférieurs. C'est à ce but qu'il vise, c'est pour leur procurer ce qui leur est convenable et avantageux qu'il dit tout ce qu'il dit, et qu'il fait tout ce qu'il fait.

VII. Nous en étions là et tous les assistants voyaient clairement que la définition de la justice était directement opposée à celle de Thrasymaque. Au lieu de répondre il me fit cette question.

THRASYMAQUE. As-tu une nourrice, Socrate ? — SOCRATE. Quoi donc? ne valait-il pas mieux me répondre que de me faire une semblable demande ?—THRASYMAQUE. C'est qu'elle te laisse morveux, au lieu de te moucher. Cependant tu en as bien besoin, car tu ne sais pas ce que c'est que troupeaux et berger.—SOCRATE. Explique-toi.—THRASYMAQUE. Tu crois que les bergers ou les bouviers pensent au bien des brebis ou des bœufs, qu'ils les engraissent et qu'ils les soignent dans une autre vue que leur propre intérêt et celui de leurs maîtres. Tu t'imagines que ceux qui gouvernent les États, j'entends toujours ceux qui gouvernent véritablement, sont dans d'autres sentiments à l'égard de leurs sujets que les bergers à l'égard de leurs troupeaux, et que jour et nuit ils sont occupés d'autre chose que de leur avantage personnel. Tu es si éloigné de connaître la nature du juste et de l'injuste, que tu ignores même que la justice est un bien pour tout autre que pour le juste, qu'elle est utile au plus fort qui commande, et nuisible au plus faible qui sert et qui obéit ; que l'injustice au contraire exerce son empire sur les personnes justes qui, dans leur simplicité, travaillent pour l'intérêt du plus fort et se mettent à son service pour faire son bonheur sans penser au leur. Voici, simple que tu es, comment il faut prendre la chose : le juste a toujours moins que l'homme injuste. D'abord dans les conventions mutuelles et dans le commerce de la vie, tu ne trouveras jamais qu'au moment de la dissolution de la société le juste a plus que l'homme injuste, mais toujours moins. Dans les affaires publiques, si les besoins de l'État exigent quelque contribution, le juste, avec des revenus égaux, fournira davantage, et l'autre moins. S'il y a au contraire quelque chose à recevoir, le juste n'a rien, l'homme injuste a beaucoup. Lorsque l'un et l'autre exercent une magistrature, le juste, si toutefois il ne lui arrive aucun autre dommage, laisse dépérir ses affaires domestiques par négligence, et la justice l'empêchera de les rétablir au préjudice de l'État. De plus il est odieux à ses amis et à ses proches, parce qu'il ne veut rien faire pour eux au delà de ce qui est équitable. C'est tout le contraire qui arrive à l'homme injuste. J'entends par là celui qui, ainsi que je l'ai déjà dit, peut avoir de grands avantages sur les autres. Voilà l'homme qu'il faut considérer, si tu veux comprendre combien l'injustice en soi lui est plus avantageuse que la justice. Tu le comprendras encore mieux, si tu considères l'injustice parvenue à son dernier degré, mettant le comble au bonheur de l'homme injuste, et rendant très malheureux ceux qui en sont les victimes et qui ne veulent pas repousser l'injustice par l'injustice. Je parle de la tyrannie qui ne met point en œuvre la fraude et la violence pour s'emparer peu à peu du bien d'autrui, et qui ne respecte ni le sacré ni le profane; ni les biens particuliers ni ceux de l'État, mais qui les envahit d'un seul coup. Pour chacun de ces délits, tout individu pris sur le fait est puni et reçoit les flétrissures les plus odieuses: on appelle sacrilèges, marchands d'esclaves, voleurs avec effraction, ravisseurs et fripons, tous ceux qui se rendent coupables de l'une de ces injustices. Mais, lorsqu'un tyran s'est emparé des biens des citoyens et même de leurs personnes en les réduisant à l'esclavage, alors, au lieu de ces noms injurieux, il est appelé homme heureux, homme privilégié, non seulement par les citoyens, mais encore par tous ceux qui savent qu'il n'y a aucune espèce d'injustice qu'il n'ait consommée; car, si l'on blâme l'injustice, ce n'est pas qu'on craigne de la commettre, c'est qu'on craint de la souffrir. Tant il est vrai, Socrate, que l'injustice portée à un certain point est plus forte, plus libre, plus puissante que la justice, et que, comme je le disais d'abord, la justice travaille pour l'intérêt du plus fort, et l'injustice pour ce qui est utile et profitable à elle-même.

VIII. Après ce long et impétueux discours, dont il avait comme inondé nos oreilles à la manière d'un baigneur, Thrasymaque voulait s'en aller. Mais les assistants le retinrent et l'obligèrent de rester pour rendre compte de ce qu'il avait avancé. Je l'en priai moi-même avec instance.

1.—Socrate. Quoi! divin Thrasymaque, c'est après nous avoir lancé un pareil discours que tu veux t'en aller, avant de nous faire voir d'une manière suffisante ou de voir toi-même si la chose est en effet comme tu dis. Crois-tu avoir entrepris de déterminer une chose de peu d'importance, et non la règle de conduite que chacun de nous doit suivre pendant toute sa vie pour avoir la plus grande somme d'avantages? — THRASYMAQUE. Je pense qu'il en est autrement. — SOCRATE. Tu m'as l'air de ne pas t'inquiéter de nous et de ne pas te soucier si nous vivrons plus ou moins heureux, faute de connaître ce que tu prétends savoir. Instruis-nous, de grâce, et sois sûr que tu n'auras pas obligé des ingrats. Pour moi, je te déclare que je ne suis pas persuadé et que je ne pense pas que l'injustice soit plus avantageuse que la justice, même en supposant que rien ne l'arrête et ne l'empêche de faire ce qu'elle veut. Oui, mon cher, l'homme injuste a beau exister et pouvoir faire le mal en secret ou à force ouverte, il ne me persuade pas encore que l'injustice est plus avantageuse que la justice. Je ne suis peut-être pas le seul ici à penser de la sorte. Prouve-nous donc d'une manière incontestable que nous avons tort de préférer la justice à l'injustice. — THRASYMAQUE. Et comment veux-tu que je te le prouve? Si ce que j'ai dit ne t'a pas persuadé, que puis-je faire de plus pour toi? Faut-il employer la force pour faire entrer mes raisons dans ton esprit? — SOCRATE. Point du tout; mais d'abord il faut t'en tenir à ce que tu auras dit une fois, ou, si tu changes quelque chose, fais-le ouvertement et ne nous trompe pas. Car, pour en revenir à notre discussion, tu vois, Thrasymaque, qu'après avoir donné la définition du vrai médecin tu n'as pas cru devoir conserver ensuite avec la même exactitude la définition du vrai berger. Tu penses qu'en tant que berger il ne prend pas soin du troupeau pour le plus grand bien des brebis, mais comme un ami de la bonne chère, qui l'engraisse pour un festin, ou comme un mercenaire qui veut en tirer de l'argent, et non comme un berger. Or, la profession de berger n'a d'autre but que de procurer la plus grande somme de bien au troupeau qui lui est confié. Quant à ce qui la concerne elle-même, elle a tout ce qu'il lui faut pour être parfaite, du moins tant qu'elle conserve son essence toute pastorale. Par la même raison, je croyais que nous étions forcés de convenir que toute autorité, publique ou particulière, en tant qu'autorité, ne s'occupait que du plus grand intérêt de la chose qui lui est soumise et dont elle est chargée. Mais toi, penses-tu que ceux qui gouvernent les États, j'entends ceux qui gouvernent véritablement, soient heureux de commander ? — THRASYMAQUE. Si je le crois? j'en suis sûr.

2. — SOCRATE. N'as-tu pas remarqué, Thrasymaque, à l'égard des autres charges, que personne ne veut les remplir pour elles-mêmes, mais qu'on exige un salaire, parce qu'on est persuadé qu'elles ne sont utiles qu'à ceux pour qui on les remplit ? Et dis-moi, je te prie : ne disons-nous pas que les arts se distinguent les uns des autres par leurs différents effets? Réponds selon ta pensée, mon cher, afin que nous arrivions à quelque conclusion. — THRASYMAQUE. Oui, ils se distinguent par leurs différents effets. — SOCRATE. Chacun d'eux nous procure donc un avantage particulier et non un avantage commun ; la médecine procure la santé ; le pilotage la sûreté de la navigation, et ainsi des autres. — THRASYMAQUE. Sans doute. — SOCRATE. Et l'avantage que procure l'art du mercenaire, n'est-ce pas le salaire? Car c'est là son effet propre. Confonds-tu ensemble la médecine et le pilotage? Ou, si tu veux continuer à parler avec précision, diras-tu que le pilotage et la médecine sont la même chose, s'il arrive qu'un pilote recouvre la santé en exerçant son art, parce qu'il lui est salutaire d'aller sur mer? — THRASYMAQUE. Non. — SOCRATE. Tu ne diras pas non plus que l'art du mercenaire et celui du

médecin sont la même chose, parce que le mercenaire se porte bien en exerçant son art? — THRASYMAQUE. Non. — SOCRATE. Ni que la profession de médecin soit la même que celle du mercenaire, parce que le médecin exige un salaire pour la guérison des malades. — THRASYMAQUE. Non. — SOCRATE. Ne sommes-nous pas convenus que chaque art procure un avantage particulier? — THRASYMAQUE. Soit. — SOCRATE. Si donc il est un avantage commun à tous les artistes, il est évident qu'il ne peut leur venir que d'un art qu'ils ajoutent tous à celui qu'ils exercent. — THRASYMAQUE. Cela peut être. — SOCRATE. Nous disons donc que le salaire que reçoivent tous les artistes provient de ce qu'ils ajoutent à leur profession celle de mercenaire.

Thrasymaque en convint avec peine.

— SOCRATE. Ce n'est donc pas de son art que chacun retire le profit qui y est attaché, c'est-à-dire le salaire, mais, à examiner la chose rigoureusement, la médecine produit la santé, et l'art du mercenaire produit le salaire; l'architecture fait la maison, et l'industrie qui suit l'architecture donne le salaire. Il en est de même des autres arts. Chacun d'eux fait l'œuvre qui lui est propre, toujours à l'avantage du sujet auquel il est appliqué. Quel profit en effet l'artiste retirerait-il de son art, s'il l'exerçait gratuitement? — THRASYMAQUE. Aucun. — SOCRATE. Son art cesse-t-il d'être utile quand il s'exerce gratuitement? — THRASYMAQUE. Je crois qu'il ne cesse pas d'être utile. — SOCRATE. Il est donc évident, Thrasymaque, qu'aucun art, aucune autorité n'envisage son propre intérêt, mais, comme nous l'avons déjà dit, il ne prépare et n'ordonne rien que l'intérêt de son sujet, en se proposant toujours l'avantage du plus faible et non du plus fort. C'est pour cela, mon cher Thrasymarque, que je disais tout à l'heure que personne ne veut accepter un emploi public ni traiter et guérir les maux d'autrui gratuitement, mais qu'on demandait un salaire, parce que celui qui veut exercer convenablement son art ne fait et n'ordonne jamais comme le prescrivent les règles de l'art, ce qui est le plus avantageux pour lui-même, mais pour son sujet. Il a donc fallu, pour attirer les hommes au pouvoir, une récompense, comme de l'argent, des honneurs ou un châtiment en cas de refus.

3.—Glaucon. Comment l'entends-tu, Socrate? Je connais bien les deux premières récompenses, mais je ne comprends pas ce que c'est que ce châtiment dont tu proposes l'exemption comme une troisième récompense. — Socrate. Tu ne connais pas la récompense des sages, celle qui détermine les honnêtes gens à prendre part aux affaires? Ne sais-tu pas que l'amour des richesses et des honneurs passe pour une chose honteuse et qu'il l'est en effet?— Glaucon. Je le sais. — Socrate. Les honnêtes gens ne veulent donc pas entrer dans les affaires pour les richesses ni pour les honneurs. S'ils acceptaient ouvertement un salaire pour exercer le pouvoir, ils craindraient d'être appelés mercenaires, ou voleurs, s'ils faisaient sur leurs fonctions des profits secrets. Ce ne sont point non plus les honneurs qu'ils ont en vue, car ils ne sont pas ambitieux. Il faut donc qu'il y ait pour eux une nécessité et un châtiment qui les détermine à prendre part aux affaires, et c'est pour cela peut-être qu'on attache une certaine honte à briguer les honneurs de son plein gré sans attendre la nécessité. Or, le plus grand châtiment pour celui qui ne veut pas gouverner, c'est d'être gouverné par un plus méchant que lui ; c'est cette crainte qui détermine les hommes de bien à entrer dans les affaires publiques, quand ils y entrent. Alors ils se mêlent aux affaires, non pour leur intérêt ni pour leur plaisir, mais par nécessité et parce qu'ils ne peuvent les confier à des hommes plus dignes ou du moins aussi digues qu'eux-mêmes. Si donc un État était composé uniquement de gens de bien, on y briguerait la condition de simple particulier comme on brigue aujourd'hui le pouvoir, et l'on verrait clairement que le vrai magistrat n'a point en vue son propre intérêt, mais celui du sujet. Ainsi chaque citoyen, persuadé de cette vérité, aimerait mieux être heureux par les soins d'autrui que de travailler au bonheur des autres. Je n'accorde pas à Thrasymaque que la justice soit l'intérêt du plus fort; mais nous examinerons ce point une autre fois. J'attache beaucoup plus d'importance à ce que dit Thrasymaque que la vie de l'homme injuste est plus heureuse que celle du juste. Quel parti prends-tu, Glaucon? Quelle est l'opinion la plus vraie? — Glaucon. Je crois que le sort du juste est le plus avantageux. — Socrate. Tu viens d'entendre l'énumération que Thrasymaque a faite des biens attachés à la vie de l'homme injuste. — Glaucon. Oui, mais je ne suis pas persuadé. — Socrate. Veux-tu que nous cherchions quelque moyen de lui prouver qu'il n'est pas dans le vrai? — Glaucon. Pourquoi ne le voudrais-je pas? — Socrate. Si dans notre discussion nous lui opposons un discours aussi long que le sien, pour faire ressortir tous les avantages de la justice, et lui encore un autre que nous ne laisserons pas sans réplique, il faudra compter et peser tous les avantages de part et d'autre, et de plus nous aurons besoin de juges pour prononcer, au lieu qu'en convenant à l'amiable de ce qui nous paraîtra vrai ou faux nous serons nous-mêmes à la fois juges et avocats. — Glaucon. Cela est vrai. — Socrate. Laquelle de ces deux méthodes te plaît davantage? — Glaucon. La seconde.

4. — Socrate. Allons! réponds-moi, Thrasymaque, en

partant du principe. Tu prétends que l'injustice parfaite est plus avantageuse que la justice parfaite? — THRASYMAQUE. Oui, et j'en ai dit les raisons. — SOCRATE. Fort bien, mais que penses-tu de ces deux choses? Donnes-tu à l'une le nom de vertu, à l'autre le nom de vice? — THRASYMAQUE. Sans doute. — SOCRATE. Tu donnes probablement le nom de vertu à la justice, celui de vice à l'injustice? — THRASYMAQUE. Apparemment, mon doux ami, moi qui dis que l'injustice est avantageuse, et que la justice ne l'est pas. — SOCRATE. Comment dis-tu donc? — THRASYMAQUE. Tout le contraire. — SOCRATE. Quoi! la justice est un vice? — THRASYMAQUE. Non, mais c'est une belle et grande simplicité. — SOCRATE. Appelles-tu l'injustice méchanceté? — THRASYMAQUE. Non, mais sagesse. — SOCRATE. Les hommes injustes te paraissent donc bons et sages, Thrasymaque? — THRASYMAQUE. Oui; ceux qui sont injustes parfaitement, et assez puissants pour soumettre à leur joug des États et des nations. Tu crois peut-être que je veux parler des coupeurs de bourse? Ce n'est pas que ce métier n'ait aussi ses avantages, tant qu'on n'est pas pris sur le fait; mais ces avantages ne sont rien au prix de ceux que je viens de dire. — SOCRATE. Je conçois très bien ta pensée, mais ce ce qui me surprend, c'est que tu donnes à l'injustice les noms de vertu et de sagesse, et à la justice des noms contraires. — THRASYMAQUE. C'est néanmoins ce que je fais. — SOCRATE. Cela est bien, mon cher, et je ne sais plus comment te réfuter. Si tu disais simplement que l'injustice est avantageuse et que tu convinsses comme d'autres qu'elle est cependant un vice et quelque chose de honteux, nous pourrions te dire ce qu'on dit d'ordinaire. Mais il est évident maintenant que tu lui attribueras aussi la force, la beauté et tous les autres titres que nous donnons à la justice, puisque tu as osé l'élever au rang de vertu et de sagesse. — THRASYMAQUE. Tu devines juste. — SOCRATE. Il ne faut pas que je me rebute dans cet examen, tant que j'aurai lieu de croire que tu parles sérieusement; car il me paraît, Thrasymaque, que ce n'est point une raillerie de ta part, mais que tu dis ce qui te paraît vrai. — THRASYMAQUE. Que t'importe que je dise ou non ce qui me paraît vrai? Réfute-moi seulement. — SOCRATE. Que m'importe sans doute? Mais tâche de répondre encore à ceci. Crois-tu que l'homme juste[1] voudrait l'emporter en quelque chose sur l'homme juste? — THRASYMAQUE. Jamais; car il ne serait ni aussi complaisant, ni aussi simple que je le suppose. — SOCRATE. Quoi! pas même pour une action juste? — THRASYMAQUE. Pas même pour cela. — SOCRATE. Voudrait-il du moins l'emporter sur l'homme injuste, et croirait-il pouvoir le faire justement? — THRASYMAQUE. Il croirait pouvoir le faire, il le voudrait même, mais il ferait d'inutiles efforts. — SOCRATE. Ce n'est pas là ce que je veux savoir; je ne te demande qu'une chose : si le juste n'aurait ni la prétention ni la volonté de l'emporter sur le juste, mais seulement sur l'homme injuste. — THRASYMAQUE. Oui, le juste est ainsi disposé. — SOCRATE. Et l'homme injuste, voudrait-il l'emporter sur le juste, même pour les actions justes? — THRASYMAQUE. Oui sans doute, puisqu'il veut l'emporter sur tout le monde. — SOCRATE. Il voudra donc aussi l'emporter sur l'homme injuste, même dans les actions injustes, et il s'efforcera de l'emporter sur tous? — THRASYMAQUE. Assurément.

5. — SOCRATE. Ainsi le juste, disons-nous, ne l'emporte pas sur son semblable, mais sur son contraire, tandis que l'homme injuste l'emporte sur l'un et sur

1. Il faut prendre ici l'homme dans le sens de parfaitement juste. Ce que Socrate dit un peu plus bas du médecin et du musicien doit s'entendre aussi dans le sens de médecin et de musicien parfaits

l'autre. — THRASYMAQUE. C'est fort bien dit. — SOCRATE. L'homme injuste est sage et bon ; le juste n'est ni l'un ni l'autre. — THRASYMAQUE. Cela est encore bien. — SOCRATE. L'homme injuste ressemble donc à l'homme qui est sage et bon, et le juste ne lui ressemble pas? — THRASIMAQUE. Celui qui est d'une façon ressemble à ceux qui sont tels qu'il est, et celui qui n'est pas de cette façon ne leur ressemble pas. Est-il possible qu'il en soit autrement? — SOCRATE. Très-bien : chacun d'eux est donc tel que ceux auxquels il ressemble? — THRASYMAQUE. — Mais qu'importe? — SOCRATE. Soit, Thrasymaque; ne dis-tu pas d'un homme qu'il est musicien, d'un autre, qu'il ne l'est pas? — THRASYMAQUE. Oui. — SOCRATE. Lequel des deux est sage [1], lequel ne l'est pas? — THRASYMAQUE. Le musicien est sage, l'autre ne l'est pas. — SOCRATE. L'un comme sage est bon [2], l'autre est méchant [3] par la raison contraire. — THRASYMAQUE. Oui. — SOCRATE. N'est-ce pas la même chose à l'égard du médecin? — THRASYMAQUE. Oui. — SOCRATE. Crois-tu qu'un musicien qui accorde sa lyre veuille, quand il tend ou détend les cordes, l'emporter sur un musicien, ou qu'il prétende avoir l'avantage sur lui? — THRASYMAQUE. Non. SOCRATE. Et sur un homme qui ne connaît pas la musique? — THRASYMAQUE. Oui, nécessairement. — SOCRATE. Et pour le médecin? Penses-tu que dans la prescription du boire et du manger, il veuille l'emporter sur un autre médecin, sur la personne même du médecin ou sur l'art

1. Le mot φρόνιμος signifie sage, intelligent dans son art. Quoique impropre dans ce passage, l'expression sage a été préférée, parce qu'elle fait mieux voir la suite du raisonnement et le caractère des sophistes, qui aimaient les mots à double sens.

2. Equivoque semblable pour les mots bon et méchant, c'est-à-dire habile et inhabile, ἀγαθός et κακός.

3. Les mots à deux nuances sont très-bien placés dans cette discussion préliminaire, dont la forme est à dessein sophistique.

qu'il professe? — THRASYMAQUE. Non. — SOCRATE. Et sur celui qui n'est pas médecin? — THRASYMAQUE. Oui. — SOCRATE. Pour toute science que l'on connaît ou que l'on ne connaît pas, vois s'il te semble que celui qui possède une science veuille, dans ce qu'il dit et dans ce qu'il fait, l'emporter sur celui qui la possède aussi, ou s'il veut dire et faire la même chose que son semblable dans les mêmes circonstances. — THRASYMAQUE. Peut-être est-ce nécessaire qu'il en soit ainsi.— SOCRATE. Que fera l'ignorant? Ne veut-il pas l'emporter à la fois sur celui qui sait et sur celui qui ne sait pas? — THRASYMAQUE. Peut-être. — SOCRATE. Mais le savant est sage? — THRASYMAQUE. Oui. — SOCRATE. Et le sage est bon? — THRASYMAQUE. Oui. — SOCRATE. Ainsi celui qui est sage et bon ne voudra pas l'emporter sur son semblable, mais sur son contraire. — THRASYMAQUE. A ce qu'il paraît. — SOCRATE. Mais celui qui est méchant et ignorant voudra l'emporter tout à la fois sur son semblable et sur son contraire. — THRASYMAQUE. Évidemment. — SOCRATE. Ainsi, Thrasymaque, l'homme injuste l'emporte-t-il sur son semblable et sur son contraire? Ne l'as-tu pas dit? — THRASYMAQUE. Oui. — SOCRATE. Et n'est-il pas vrai que le juste ne l'emportera pas sur son semblable, mais sur son contraire? — THRASYMAQUE. Oui.— SOCRATE. Le juste ressemble donc à l'homme sage et bon, et l'homme injuste ressemble au méchant et à l'ignorant. — THRASYMAQUE. Peut-être. — SOCRATE. Mais nous étions convenus qu'ils étaient l'un et l'autre tels que ceux à qu'ils ressemblaient. — THRASYMAQUE. Nous en étions convenus en effet. — SOCRATE. Il nous est donc démontré que le juste est bon et sage, et que l'homme injuste est ignorant et méchant.

IX. Thrasymaque convint de tout cela, mais pas

avec la même facilité que je le raconte ; je lui arrachai ces aveux avec une peine infinie. Il suait à grosses gouttes, d'autant plus qu'il faisait grand chaud, et pour la première fois je vis rougir Thrasymaque. Enfin nous tombâmes d'accord que la justice était sagesse et vertu, et que l'injustice était vice et ignorance.

1. — SOCRATE. Allons ! Voilà un point décidé ; mais nous avions dit que l'injustice a aussi la force en partage. T'en souviens-tu, Thrasymaque ? — THRASYMAQUE. Je m'en souviens ; mais je ne suis pas content de ce que tu viens de dire, et j'ai de quoi y répondre. Je sais bien que, si j'ouvre seulement la bouche, tu diras que je fais une harangue. Laisse-moi donc parler à ma guise, ou, si tu veux absolument interroger, fais-le ; je dirai oui à toutes les questions comme on fait pour les contes de vieilles femmes, et je répondrai par des signes de tête pour approuver ou pour désapprouver. — SOCRATE. Ne dis rien, je te prie, contre ta pensée. — THRASYMAQUE. Je ferai ce qu'il te plaira, puisque tu ne veux pas me laisser parler : que veux-tu davantage ? — SOCRATE. Rien. Fais comme tu l'entendras ; je vais t'interroger. — THRASYMAQUE. Interroge. — SOCRATE. Je te demande donc encore une fois, pour reprendre la discussion où nous l'avons laissée, ce que c'est que la justice comparée à l'injustice. Il a été dit, ce me semble, que l'injustice est plus forte et plus puissante que la justice. Mais maintenant, si la justice est sagesse et vertu, il sera facile de montrer qu'elle est plus forte que l'injustice, puisque l'injustice est ignorance. Il n'est personne qui l'ignore ; mais je ne veux pas ainsi trancher la question d'un seul coup ; je vais l'examiner sous cet autre point de vue. N'y a-t-il point d'État qui soit injuste, qui tâche d'asservir injustement, qui ait asservi, et qui tienne plusieurs autres États en esclavage ? — THRASYMAQUE. Sans doute : il y en a. Mais

cela n'arrive qu'à un État très bien gouverné et qui poussera l'injustice jusqu'à la dernière perfection. — SOCRATE. Je sais que c'est là ta pensée. Ce que je voudrais savoir, c'est si un État qui se rend maître d'un autre État peut venir à bout de cette entreprise sans la justice, ou s'il sera obligé d'y avoir recours. — THRASYMAQUE. Si, comme tu le disais tout à l'heure, la justice est sagesse, il faudra que cet État y ait recours ; mais, s'il en est comme je le disais, il emploiera l'injustice. — SOCRATE. Je suis charmé, Thrasymaque, que tu ne te contentes pas de signes de tête pour approuver ou pour désapprouver, et que tu répondes si bien.

2. — THRASYMAQUE. C'est pour t'obliger. — SOCRATE. Je t'en suis reconnaissant. Fais-moi encore la grâce de me dire si un État, une armée, une troupe de brigands, de voleurs, ou toute autre société de ce genre, pourrait réussir dans ses entreprises injustes, lorsque les membres qui la composent violeraient, les uns à l'égard des autres, les règles de la justice. — THRASYMAQUE. Non certes. — SOCRATE. Et s'ils les observaient? Ne pourraient-ils pas avoir plus de succès? — THRASYMAQUE. Ils le pourraient très bien. — SOCRATE. N'est-ce point parce que l'injustice ferait naître entre eux des haines et des luttes, au lieu que la justice y entretiendrait l'harmonie et la concorde? — THRASYMAQUE. Soit ; pour ne pas avoir de démêlé avec toi. — SOCRATE. Tu fais bien, mon cher. Mais réponds encore à cette question. Si c'est le propre de l'injustice d'engendrer des haines et des dissensions partout où elle se trouve, ne produira-t-elle pas le même effet parmi les hommes libres ou esclaves, et ne les mettra-t-elle pas dans l'impuissance de rien entreprendre en commun? — THRASYMAQUE. Oui. — SOCRATE. Et si elle se rencontre en deux hommes, ne seront-ils pas en dissension et en guerre ? Ne se haïront-ils pas mutuelle-

ment, comme ils haïssent les justes? — Thrasymaque. Oui. — Socrate. Et si, mon cher ami, elle ne se trouve que dans un seul homme, perdra-t-elle sa propriété, ou bien ne la conservera-t-elle pas moins? — Thrasymaque. Qu'elle la conserve, je le veux bien. — Socrate. Il est donc évident que la propriété de l'injustice, quelque part que celle-ci se trouve, dans une république, une nation, une armée ou une société quelconque, est d'abord de la mettre dans l'impuissance de rien faire en commun par suite des dissensions et des différends qu'elle y excite, ensuite de la rendre ennemie d'elle-même et de tous ceux qui lui sont contraires, c'est-à-dire des hommes justes, n'est-ce pas? — Thrasymaque. Oui. — Socrate. Ne se trouvât-elle que dans un seul homme, elle produira les mêmes effets : elle le mettra d'abord dans l'impossibilité d'agir, par les séditions qu'ella excitera dans son âme, et par l'opposition continuelle où il sera avec lui-même; ensuite elle le rendra son propre ennemi et l'ennemi de tous les justes : n'est-ce pas? — Thrasymaque. Oui. — Socrate. Mais, mon cher, les dieux aussi sont-ils justes? — Thrasymaque. Supposons-le. — Socrate. L'homme injuste sera donc aussi l'ennemi des dieux, et le juste sera leur ami. — Thrasymaque. Courage! Régale-toi de tes discours. Je ne te contredirai pas, pour ne point me brouiller avec ceux qui nous écoutent. — Socrate. Eh bien! prolonge pour moi la joie du festin, en continuant à répondre. Nous venons de voir que les gens de bien sont meilleurs, plus sages et plus forts que les méchants; que ceux-ci ne peuvent rien entreprendre, ni seuls ni avec d'autres; et quand nous avons supposé que des hommes injustes aient jamais fait en commun et de concert une œuvre durable, c'était une supposition gratuite, car ils ne se seraient pas épargnés les uns les autres, s'ils eussent été tout à fait injustes; mais il est évident qu'il y avait en eux un fonds de justice; que c'est la justice qui les empêchait de se faire du mal les uns aux autres en même temps qu'ils en faisaient aux peuples qu'ils attaquaient, et que c'est encore la justice qui les faisait réussir dans leurs entreprises. A la vérité, c'est l'injustice qui les avait engagés dans des entreprises criminelles ; mais elle ne les avait rendus méchants qu'à demi, car ceux qui sont entièrement méchants et injustes sont aussi dans une impuissance absolue de rien faire. C'est ainsi que je comprends la chose, et non pas comme tu disais d'abord. Il nous faut examiner maintenant si le sort du juste est meilleur et plus heureux que celui de l'homme injuste : question que nous avions réservée pour la fin. Or, cela est évident, je crois, d'après ce que nous avons dit. Mais examinons la chose plus à fond ; car il ne s'agit pas ici d'une bagatelle, mais de la règle de toute notre conduite. — THRASYMAQUE. Examine donc. — SOCRATE. C'est ce que je vais faire. Réponds-moi : le cheval n'a-t-il pas, à ton avis, une fonction qui lui est propre ? — THRASYMAQUE. Oui. — SOCRATE. N'appelles-tu pas fonction du cheval ou de quelque autre animal ce qu'on ne peut faire ou faire le mieux que par son moyen ? — THRASYMAQUE. Je ne comprends pas. — SOCRATE. Prenons-nous-y d'une autre manière. Peux-tu voir autrement que par les yeux ? — THRASYMAQUE. Non. — SOCRATE. Entendre autrement que par les oreilles ? — THRASYMAQUE. Non. — SOCRATE. Pouvons-nous dire avec raison que c'est là leur fonction ? — THRASYMAQUE. Oui. — SOCRATE. Ne pourrait-on pas tailler la vigne avec un couteau, un tranchet ou quelque autre instrument ? — THRASYMAQUE. Sans doute. — SOCRATE. Mais il n'en est point de plus commode qu'une serpette qui est faite exprès pour cela. — THRASYMAQUE. C'est vrai. — So-

CRATE. Ne dirons-nous donc pas que c'est là sa fonction? — THRASYMAQUE. Oui.

3. — SOCRATE. Tu comprends mieux maintenant, je pense, la question que je te faisais tout à l'heure, quand je te demandais si la fonction d'une chose n'est pas ce qu'elle seule peut faire, ou ce qu'elle fait mieux qu'aucune autre. — THRASYMAQUE. Je comprends et je crois que c'est bien définir la fonction d'une chose. — SOCRATE. Fort bien. Tout ce qui a une fonction particulière n'a-t-il pas aussi une vertu qui lui est propre? Et pour revenir aux exemples dont je me suis déjà servi, les yeux, disons-nous, n'ont-ils pas leur fonction? — THRASYMAQUE. Oui. — SOCRATE. Ils ont donc aussi une vertu qui leur est propre? — THRASYMAQUE. Oui. — SOCRATE. N'en est-il pas de même des oreilles et de toute autre chose? — SOCRATE. Arrête un moment. Les yeux pourraient-ils s'acquitter de leur fonction, s'ils n'avaient pas la vertu qui leur est propre, ou si au lieu de cette vertu ils avaient le vice contraire? — THRASYMAQUE. — Comment le pourraient-ils? Tu entends peut-être la cécité substituée à la faculté de voir. — SOCRATE. Quelle que soit la vertu des yeux, ce n'est pas encore là ce que je veux savoir. Je demande seulement si chaque chose s'acquitte bien de sa fonction par la vertu qui lui est propre, et mal par le vice contraire. — THRASYMAQUE. Cela est comme tu le dis. — SOCRATE. Ainsi les oreilles, privées de leur vertu propre, s'acquitteront mal de leur fonction? — THRASYMAQUE. Oui. — SOCRATE. En disons-nous autant de toutes les autres choses? — THRASYMAQUE. Je le pense ainsi. — SOCRATE. Eh bien, examine ceci maintenant. L'âme n'a-t-elle pas sa fonction qu'aucune autre chose qu'elle ne pourrait remplir, comme avoir soin, commander, délibérer, et le reste? Peut-on attribuer ces fonctions à autre chose qu'à l'âme, et n'avons-

nous pas droit de dire qu'elles lui sont propres? — Thrasymaque. On ne peut les attribuer à aucune autre chose. — Socrate. Vivre, n'est-ce pas encore une des fonctions de l'âme? — Thrasymaque. C'est la principale. — Socrate. L'âme n'a-t-elle pas aussi sa vertu particulière? — Thrasymaque. Oui. — Socrate. L'âme, privée de cette vertu, pourra-t-elle jamais s'acquitter bien de ses fonctions, ou est-ce impossible? — Thrasymaque. C'est impossible. — Socrate. C'est donc une nécessité qu'une âme qui est mauvaise gouverne mal, administre mal, et que l'âme qui est bonne remplisse bien toutes ces fonctions. — Thrasymaque. C'est une nécessité. — Socrate. Mais ne sommes-nous pas demeurés d'accord que la justice est une vertu, et l'injustice un vice de l'âme? — Thrasymaque. Nous en sommes demeurés d'accord. — Socrate. Par conséquent l'âme juste et l'homme juste vivront bien, et l'homme injuste vivra mal. — Thrasymaque. Évidemment, d'après ce que tu as dit. — Socrate. Mais celui qui vit bien est heureux : celui qui vit mal est malheureux. — Thrasymaque. Qui en doute? — Socrate. Donc le juste est heureux, et l'homme injuste est malheureux. — Thrasymaque. Soit. — Socrate. Mais il n'est point avantageux d'être malheureux; il l'est au contraire d'être heureux. — Thrasymaque. Qui te dit le contraire? — Socrate. Il est donc faux, divin Thrasymaque, que l'injustice soit plus avantageuse que la justice. — Thrasymaque. A merveille, Socrate, voilà ton festin des Bendidées. — Socrate. C'est toi qui as été mon hôte, cher Thrasymaque, puisque tu t'es adouci, et que tu as cessé ta mauvaise humeur contre moi. Cependant je ne me suis pas bien régalé; c'est ma faute, et non la tienne. J'ai fait comme les gourmands qui se jettent avidement sur tous les mets à mesure qu'ils arrivent, sans avoir suffisamment goûté aux mets qui ont été servis les premiers. Avant d'avoir résolu la première question que nous nous étions proposée sur la nature de la justice, j'ai abandonné cette question pour rechercher avec empressement si la justice est vice ou vertu, ignorance ou sagesse. Un autre propos est survenu ensuite, savoir que l'injustice est plus avantageuse que la justice, et je n'ai pu m'empêcher de quitter l'autre pour courir après celui-ci, de sorte que je n'ai rien appris de tout cet entretien, car, ne sachant pas ce que c'est que la justice, comment pourrais-je savoir si c'est une vertu ou non, et si celui qui la possède est heureux ou malheureux?

LIVRE SECOND

—

ARGUMENT

Avant d'établir la justice, Platon examine les opinions reçues dans le monde à ce sujet. Il montre que ces opinions conduisent directement à l'hypocrisie, c'est-à-dire à tous les crimes revêtus des apparences de la vertu. On instruit la jeunesse dans cette pensée, que la vertu ne produit que des peines ; on ajoute que pour avoir le sort le plus heureux il suffit de savoir allier l'injustice aux apparences de l'honnêteté. Un pareil état de choses serait la mort de la république. Tableau du juste et du méchant. Il ne s'agit pas de savoir si l'injustice triomphe toujours, mais si l'homme injuste est heureux : ainsi la question s'agrandit. Le résultat de ce livre sera de montrer les différences essentielles du bien et du mal, et de cette distinction bien établie sortira naturellement la définition du juste et de l'injustice.

I. Après avoir ainsi parlé, je croyais l'entretien terminé, mais, à ce qu'il paraît, ce n'en était encore que le prélude. Glaucon, avec le courage qu'il apporte en tout, n'approuva pas la retraite de Thrasymaque.

1. — Glaucon. Veux-tu, Socrate, paraître nous avoir persuadés, ou nous persuader en effet que, sous tous les rapports, il vaut mieux être juste qu'injuste? — Socrate. Je voudrais vous le persuader en effet, si cela était en mon pouvoir. — Glaucon. Tu ne fais donc pas ce que tu veux. Car dis-moi : n'est-il pas une sorte de biens que nous recherchons sans nous mettre en peine de leurs suites et que nous aimons pour eux-mêmes, comme la joie et les voluptés sans mélange de mal, dussions-nous n'en retirer jamais d'autre avantage que le plaisir

qu'elles donnent? — SOCRATE. Oui : il y a, ce me semble, des biens de cette nature. — GLAUCON. N'en est-il pas d'autres que nous aimons pour eux-mêmes et pour leurs suites, comme le bon sens, la vue, la santé? Car de tels biens nous sont chers à double titre. — SOCRATE. Oui. — GLAUCON. Ne vois-tu pas une troisième espèce de biens : les exercices gymnastiques, les soins qu'on reçoit quand on est malade, l'art du médecin et les autres professions lucratives? Ces biens, dirions-nous, sont des biens pénibles, mais utiles; nous ne les recherchons pas pour eux-mêmes, mais pour les récompenses et les autres avantages qui viennent à leur suite. — SOCRATE. Je reconnais cette troisième[1] espèce de biens. Mais où en veux-tu venir? — GLAUCON. Dans laquelle de ces trois classes mets-tu la justice? — SOCRATE. Dans la plus belle, selon moi, parmi les biens qu'il faut aimer pour eux-mêmes et pour leurs suites, quand on veut être heureux. — GLAUCON. Ce n'est pas le sentiment de la plupart des hommes : ils mettent la justice au rang des biens pénibles qu'il faut rechercher pour les récompenses et pour l'honneur qu'ils procurent, mais qu'on doit fuir pour eux-mêmes, parce qu'ils coûtent trop à la nature.

2. — SOCRATE. Je sais que c'est l'opinion générale, et voilà pourquoi Thrasymaque vient de blâmer la justice et de faire l'éloge de l'injustice. Mais j'ai l'esprit obtus, à ce qu'il paraît : car je ne le comprends pas. — GLAUCON. Voyons maintenant, écoute-moi; peut-être seras-tu de mon avis. Il me semble que Thrasymaque s'est rendu trop tôt au charme de tes discours, comme le serpent[2] qui se laisse fasciner. Pour moi, je ne suis pas tout à fait content de ce qui a été dit de part et d'autre sur la

1. Sur les trois sortes de biens, voyez le Philèbe.
2. Virgile, *Églogue*, 8, v. 71.

justice et sur l'injustice. Je désire connaître leur nature et les effets que chacune d'elles produit immédiatement dans l'âme, sans que l'on fasse la moindre attention aux récompenses et aux avantages qui en sont la suite. Voici donc ce que je vais faire, si tu le trouves bon. Je reprendrai sous une nouvelle forme la discussion de Thrasymaque d'abord sur la nature de la justice et de son origine, d'après l'opinion générale ; je ferai voir ensuite que ceux qui la pratiquent le font malgré eux, parce qu'ils la regardent comme une nécessité et non comme un bien ; en troisième lieu je montrerai qu'ils ont raison d'en agir ainsi : car le sort de l'homme injuste est bien meilleur que celui du juste, comme on dit. Pour moi, Socrate, je ne partage point cette opinon, mais je ne sais à quoi m'en tenir, tant j'ai les oreilles rebattues des discours de Thrasymaque et d'une foule d'autres. Je n'ai encore entendu personne prouver comme je le veux que la justice est meilleure que l'injustice. Je veux entendre louer la justice pour elle-même, et c'est de toi principalement que j'attends cet éloge. Aussi je vais m'étendre un peu sur les avantages de la condition du méchant et je montrerai par là comment je désire t'entendre blâmer l'injustice et louer la justice. Vois si ces conditions te plaisent. — Socrate. Très bien : est-il un sujet sur lequel un homme sensé puisse s'entretenir souvent avec plus de plaisir? — Glaucon. C'est fort bien dit; écoute maintenant ce que je t'ai promis d'exposer en premier lieu sur la nature et l'origine de la justice.

II. — Glaucon. C'est, dit-on, un bien en soi de commettre l'injustice et un mal de la souffrir; mais il y a plus de mal à la souffrir que de bien à la commettre. Tour à tour on fut injuste et on souffrit l'injustice; on goûta de l'un et de l'autre; à la fin ceux qui ne pouvaient ni échapper à l'oppression ni opprimer jugèrent qu'il était de l'intérêt commun de convenir qu'on ne ferait désormais et qu'on ne recevrait aucune injustice. De là prirent naissance les lois et les conventions. On appela légitime et juste ce qui était ordonné par la loi. Telle est l'origine et l'essence de la justice : elle tient le milieu entre le plus grand bien qui est de commettre l'injustice impunément, et le plus grand mal qui consiste à ne pas pouvoir se venger de l'injustice. Dans cette position intermédiaire, on s'attacha à la justice, non qu'elle fût un bien en soi, mais parce que l'impuissance où l'on était de faire du mal la faisait respecter. Car celui qui peut commettre l'injustice et qui est vraiment homme n'a garde de convenir qu'on ne fera et qu'on ne souffrira rien d'injuste ; ce serait folie de sa part. Voilà, Socrate, quelle est la nature et l'essence de la justice ; voilà quelle est l'origine qu'on lui donne.

2. Pour nous faire comprendre encore mieux qu'on n'embrasse la justice que malgré soi, et parce qu'on est hors d'état de commettre l'injustice, faisons une supposition. Donnons au juste et à l'homme injuste le pouvoir de faire tout ce qui leur plaira. Suivons-les ensuite, et voyons où la passion les conduira l'un et l'autre. Nous ne tarderons pas à surprendre le juste marchant sur la trace de l'homme injuste, entraîné comme lui par le désir d'avoir plus que les autres : désir dont la nature poursuit l'accomplissement, comme d'une chose bonne en soi, mais que la loi réprime et réduit par force au respect de l'égalité. Quant au pouvoir de tout faire que nous leur accordons, qu'il aille aussi loin que celui de Gygès[1], l'aïeul du Lydien[2]. On dit que Gygès

1. Fondateur de la dynastie des Mermnades qui régna sur la Lydie de 708 à 547 avant J.-C.

2. Il s'agit sans doute du fameux Crésus, le dernier roi de la dy-

était un berger au service du roi[1] de Lydie. Après un violent orage et des secousses nombreuses, la terre s'entr'ouvrit et il se fit un gouffre à l'endroit où Gygès faisait paître ses troupeaux. La fable rapporte qu'à cette vue et après un moment de surprise il descendit dans le gouffre et vit, entre autres merveilles, un cheval d'airain creux et percé de petites portes, à travers lesquelles ayant passé la tête il aperçut dans l'intérieur un cadavre d'une taille en apparence plus qu'humaine, qui n'avait autre chose qu'un anneau d'or à la main. Gygès prit l'anneau et se retira. C'était la coutume des bergers de s'assembler tous les mois pour envoyer rendre compte au roi de l'état des troupeaux. Gygès se rendit aussi à cette assemblée avec son anneau et il s'assit parmi les bergers. Par hasard il tourna le chaton en dedans et aussitôt il devint invisible pour ceux qui étaient placés auprès de lui ; alors ils en parlaient comme s'il était parti. Étonné de ce prodige, il ramena doucement le chaton en dehors et redevint visible. Cette merveille excite son attention, et, pour savoir si c'est une vertu propre à l'anneau, il répète l'expérience. Toutes les fois qu'il tourne l'anneau en dedans, il devient invisible ; toutes les fois qu'il le tourne en dehors, il redevient visible. Sûr de son fait, il emploie tous les moyens pour se faire nommer parmi les bergers qui doivent aller rendre compte au roi. Il arrive, séduit la reine, s'entend avec elle pour se défaire du roi[2], le tue et s'empare du royaume. Or, s'il y avait deux anneaux de cette sorte et qu'on donnât l'un à l'homme de bien et l'autre au mé-

nastie des Mermnades qui régna de 559 à 547 avant J.-C. Il fut battu par Cyrus à la bataille de Thymbrée, qui mit fin au royaume de Lydie.

1. Le roi qui régnait alors s'appelait Candaule.
2. Avec Candaule finit la dynastie des Héraclides.

chant, on ne trouverait aucun homme d'un caractère assez inébranlable pour persévérer dans la justice et pour avoir le courage de ne pas toucher au bien d'autrui, alors qu'il pourrait enlever impunément de la place publique tout ce qu'il voudrait, entrer dans les maisons, abuser de toute sorte de personnes, tuer les uns, briser les fers des autres et faire tout à son gré comme un dieu parmi les hommes. En agissant ainsi, le juste ne différerait pas du méchant, mais ils tendraient tous deux au même but, et rien ne prouverait mieux qu'on n'est pas juste de son plein gré, mais par nécessité, comme si ce n'était pas un bien en soi d'être juste, puisqu'on devient injuste dès le moment qu'on croit pouvoir l'être sans crainte. Tout homme croit dans le fond de son âme que l'injustice est plus utile que la justice et il a raison de le croire, comme le disent les partisans de la doctrine que j'expose. Car quiconque, avec un tel pouvoir, ne voudrait ni commettre l'injustice ni toucher au bien d'autrui, serait regardé par tous ceux qui seraient dans le secret comme le plus malheureux et le plus insensé des hommes; tous cependant feraient en public son éloge, se trompant mutuellement dans la crainte d'éprouver eux-mêmes quelque injustice. Voilà pour le premier point.

3. Maintenant je ne vois qu'un moyen de bien juger la condition des deux hommes dont nous parlons : c'est de les considérer à part l'un et l'autre dans le plus haut degré de justice et d'injustice. En quoi consiste donc cette séparation? Le voici. N'ôtons rien à l'injustice de l'un ni à la justice de l'autre, mais supposons-les parfaits chacun dans le genre de vie qu'il a embrassé. Et d'abord, que le méchant fasse comme les artistes habiles. Un pilote d'un mérite supérieur ou un médecin distingue les moyens impossibles dans son

art et les moyens possibles, il essaie les uns, il laisse les autres de côté et, s'il fait une faute, il sait la réparer. Il faut de même que l'homme injuste, s'il veut être injuste dans la perfection, conduise ses entreprises injustes avec tant d'habileté qu'il reste caché ; celui qui se laisse surprendre doit être regardé comme un homme qui ne sait pas son métier. Le chef-d'œuvre de l'injustice est de paraître juste sans l'être. Ainsi donnons à l'homme parfaitement injuste l'injustice la plus parfaite, au lieu de la lui enlever : qu'il commette les plus grands crimes et qu'il se fasse la plus grande réputation de justice; s'il fait un faux pas, qu'il puisse se relever; qu'il soit capable de persuader les juges de son innocence, si quelque chose de ses injustices vient à se découvrir; que par son courage et sa force, ou par le concours de ses amis et par ses richesses, il sache emporter violemment ce qu'il ne peut avoir d'une autre manière. En face de ce personnage que nous venons de dépeindre plaçons le juste, homme simple et généreux qui, selon l'expression d'Eschyle, veut être bon et non le paraître. Aussi ôtons-lui cette apparence, qui lui vaudra des honneurs et des récompenses; alors on ne saura plus s'il est juste pour la justice elle-même ou pour ces honneurs et ces récompenses. Il faut le dépouiller de tout, excepté de la justice, et en faire tout à fait l'opposé de l'autre. Sans commettre l'injustice, qu'il ait la plus grande réputation d'injustice, afin que son attachement à la justice soit mis à l'épreuve de l'infamie et de ses conséquences; que jusqu'à la mort il marche d'un pas ferme, passant toute sa vie pour un homme injuste, quelque juste qu'il soit, afin qu'une fois qu'ils seront arrivés tous deux au dernier degré, l'un de la justice, l'autre de l'injustice, on puisse juger lequel des deux est le plus heureux.

4. — Socrate. Admirable ! mon cher Glaucon ; avec

quelle force tu mets à nu chacun de ces hommes, comme une statue, pour les faire juger ! — GLAUCON. Autant que je le puis. Ces deux hommes étant tels que je viens de le supposer, il n'est pas difficile, ce me semble, de dire le sort qui les attend l'un et l'autre. Disons-le néanmoins, et s'il m'échappe quelque parole trop dure, souviens-toi, Socrate, que ce n'est pas moi qui parle, mais ceux qui préfèrent l'injustice à la justice. A les entendre, le juste, tel qu'il vient d'être représenté, sera fouetté, mis à la torture, chargé de fers ; on lui brûlera les yeux ; à la fin, après avoir souffert tous les maux, il sera mis en croix, et alors il verra bien qu'il ne s'agit pas d'être juste, mais de le paraître. C'est à l'homme injuste qu'il aurait bien mieux valu appliquer les paroles d'Eschyle, car, diront-ils, c'est bien lui qui s'attache à quelque chose de réel au lieu de régler sa vie sur l'apparence, et qui veut non paraître injuste, mais l'être :

Son esprit est un sillon profond et fertile, où germent en foule les [sages projets[1].

Avec sa réputation d'honnête homme, il a toute autorité dans l'État, il s'allie à qui il veut, lui et ses enfants, il forme des liaisons de plaisir ou d'affaires avec qui bon lui semble, et outre cela il tire avantage de tout, parce que l'injustice ne l'effraie pas. A quelque chose qu'il prétende, soit en public, soit en particulier, il l'emporte sur tous ses concurrents : à force d'attirer tout à lui, il s'enrichit, fait du bien à ses amis, du mal à ses ennemis, offre aux dieux des sacrifices et des présents avec une grande magnificence, et se concilie bien mieux que le juste la bienveillance des

1. Les sept chefs devant Thèbes, v. 578.

dieux et des hommes auxquels il veut plaire : d'où l'on peut tirer la conséquence qu'il est aussi plus chéri des dieux. C'est ainsi, Socrate, que les partisans de l'injustice prétendent que l'homme injuste, par rapport aux dieux et aux hommes, se fait un sort plus heureux que le juste.

III. Quand Glaucon eut fini de parler, j'avais l'intention de lui répondre ; mais son frère Adimante prit la parole.

1. — Adimante. Crois-tu, Socrate, que la question a été suffisamment développée? — Socrate. Pourquoi pas? — Adimante. C'est précisément l'essentiel qu'on a oublié. — Socrate. Eh bien, tu connais le proverbe : que le frère vienne au secours de son frère. Ainsi supplée à ce qu'il a omis. Cependant il en a dit assez pour me mettre hors de combat et dans l'impuissance de défendre la justice. — Adimante. Toutes ces défaites sont inutiles : il faut que tu écoutes ce que j'ai à te dire. Je vais t'exposer un discours tout contraire au sien ; c'est celui des partisans de la justice contre l'injustice, pour rendre plus sensible ce que Glaucon me paraît avoir en vue : Les pères recommandent à leurs enfants la pratique de la justice, et toute personne fait la même recommandation à ceux dont le soin lui est confié, non pas en vue de la justice même, mais des avantages qui y sont attachés, afin que la réputation d'honnête homme leur procure des dignités, des alliances honorables et tous les autres avantages que Glaucon vient d'énumérer et qu'une bonne renommée procure à l'homme injuste. Ils portent encore plus loin les avantages de l'apparence ; ils l'étendent jusqu'auprès des dieux, ils ne tarissent pas sur les biens dont ils disent que les dieux comblent les justes, et ils citent le bon Hésiode et Homère. L'un dit

que les dieux ont fait les chênes pour les justes ; pour eux :

La cime des chênes porte des glands et leur tronc des abeilles :
Les brebis succombent sous le poids de leur toison [1].

Et il ajoute mille autres choses semblables. Homère tient à peu près le même langage :

Lorsqu'un bon roi, image des dieux, rend la justice à ses sujets, la terre ouvre pour lui son sein fertile : ses vergers abondent en fruits, la fécondité multiplie ses troupeaux, et la mer fournit à sa table les mets les plus exquis [2].

Musée et son fils enchérissent sur eux et de la part, des dieux ils promettent aux justes des récompenses encore plus grandes. Ils les conduisent après la mort dans les Champs-Élysées, les font asseoir couronnés de fleurs aux banquets des hommes vertueux, et là tout le temps se passe à s'enivrer, comme si la plus belle récompense de la vertu était une ivresse éternelle. D'autres prolongent encore ces récompenses des dieux : ils disent que les enfants [3] des enfants et toute la postérité de l'homme saint et fidèle à ses serments se perpétuent sans cesse. C'est ainsi et de plusieurs autres manières qu'ils font l'éloge de la justice. Pour les impies et les méchants, ils les plongent aux enfers dans la boue, et les condamnent à porter de l'eau dans un crible : déjà ils les vouaient à l'infamie pendant leur vie, et ce que Glaucon dit des supplices des justes qui passent pour des hommes injustes, ils le disent des méchants et rien de plus. Telle est leur manière de louer la justice et de blâmer l'injustice.

1. Hésiode, *les Œuvres et les Jours*, v. 232.
2. Homère, *Odyssée*, XIX, v. 109.
3. Hésiode, *les Œuvres et les Jours*, v. 282.

2. Écoute maintenant, Socrate, un autre langage sur la justice et sur l'injustice ; il est emprunté au peuple et aux poètes. Tous n'ont qu'une voix pour célébrer la beauté de la sagesse et de la justice, et pour dire qu'elles sont difficiles et pénibles, tandis que la licence et l'injustice sont douces et faciles ; l'opinion seule et la loi y attachent de la honte. Ils disent que généralement l'injustice est plus avantageuse que la justice ; ils sont portés à regarder comme heureux les méchants qui ont des richesses et d'autres moyens de puissance, à les honorer en public et en particulier, à mépriser et à dédaigner les justes, quand ils sont faibles et pauvres, et pourtant ils avouent que ceux-ci sont meilleurs que ceux-là. Mais de tous ces discours les plus étranges sont ceux qu'ils tiennent sur les dieux et sur la vertu. Les dieux, disent-ils, n'ont souvent pour les hommes vertueux que des maux et des disgrâces, tandis qu'ils comblent les méchants de prospérités. De leur côté, des sacrificateurs mendiants et des devins qui assiègent les portes des riches leur persuadent qu'ils ont obtenu des dieux, par des sacrifices et des enchantements, le pouvoir de leur remettre, au moyen de jeux et de fêtes, les injustices qu'ils ont pu commettre, eux ou leurs ancêtres. Si quelqu'un a un ennemi auquel il veut nuire, homme de bien ou méchant, peu importe, il peut à peu de frais lui faire du mal : ils ont des secrets magiques et des enchantements pour persuader aux dieux, comme ils disent, de les servir à leur gré. Pour preuve de tout ce qu'ils avancent, ils apportent le témoignage des poètes. Tantôt, pour montrer combien la pente du mal est glissante, ils citent ces vers d'Hésiode :

On peut aisément suivre la foule dans le chemin du vice ;
La voie est unie et près de chacun de nous. Au contraire,

Les dieux ont placé devant la vertu les travaux et les sueurs [1];
Le sentier qui y conduit est long et escarpé.

Tantôt, pour faire voir que les hommes peuvent apaiser les dieux, ils prennent Homère à témoin et ils disent avec lui :

Les dieux eux-mêmes se laissent fléchir [2]; avec des sacrifices,
D'agréables prières, des libations et la fumée des victimes,
Les hommes les apaisent, quand ils ont transgressé la loi
Et commis quelque injustice.

Pour les rites des sacrifices, ils produisent une foule de livres composés par Musée et par Orphée, enfants de la lune et des neuf Muses, et sur ces autorités ils persuadent non seulement à de simples particuliers, mais encore à des États, qu'il y a pour les vivants et pour les morts des absolutions et des purifications accompagnées de sacrifices et de jeux solennels qui ont la vertu de nous délivrer des tourments des enfers : ils disent qu'on ne peut les négliger sans s'attendre à de terribles supplices.

3. Tous ces discours, mon cher Socrate, et mille autres semblables sur la vertu, sur le vice et sur le degré d'estime que leur accordent les hommes et les dieux, quelle impression pensons-nous qu'ils produisent sur les jeunes gens qui les entendent ? Que fera un jeune homme heureusement doué, qui prend pour ainsi dire son vol pour aller les entendre et qui est déjà capable de tirer des conséquences par rapport à ce qu'il doit être et à la route qu'il doit prendre pour arriver au bonheur le plus parfait ? N'est-il pas vraisemblable qu'il se dira à lui-même avec Pindare [3] :

1. Hésiode, *Œuvres et Jours*, v. 290.
2. Homère, *Iliade*, 9, v. 493.
3. Pindari Fragmenta, 232, page 671. Édition Boeckh.

Monterai-je directement vers le palais trop élevé qu'habite la justice ou suivrai-je des sentiers obliques et tortueux, pour assurer ainsi le bonheur de ma vie?

Tout ce qu'on dit m'affirme que, si je suis juste sans le paraître, je n'ai aucun avantage à en retirer, mais que des travaux et des dommages certains me sont réservés, tandis que, si je suis injuste avec l'art de me faire une réputation de justice, on me promet le sort le plus heureux. Or, puisque l'apparence, comme le disent les sages, est plus forte que la vérité[1] et peut tout sur le bonheur, je vais me tourner tout entier de ce côté; je m'envelopperai des dehors de la vertu, et je traînerai après moi le renard[2] rusé et trompeur du très habile Archiloque. Mais, dira-t-on, il n'est pas facile au méchant de se cacher toujours. Je répondrai qu'il n'y a rien de facile dans les grandes entreprises, et qu'après tout, pour être heureux, il n'y a point d'autre route à suivre que celle qui m'est tracée par ces discours. Pour éviter d'être découvert, j'aurai des conjurés et des amis; j'aurai aussi des maîtres qui m'apprendront l'art de tromper le peuple et les juges. J'emploierai tantôt la persuasion et tantôt la violence pour me soustraire à la vengeance des lois. Mais il n'est pas possible de tromper les dieux ni de leur opposer la force. S'il n'y a point de dieux et s'ils ne s'occupent point des choses humaines, qu'ai-je besoin de m'occuper du soin de me cacher? S'il y en a, et s'ils prennent quelque souci de mes affaires, je ne le sais que par ouï-dire et par les poètes qui ont fait la généalogie des dieux. Or, ces mêmes poètes disent qu'on peut fléchir les dieux et détourner leur colère par des

1. Simonidis Fragmenta, 123, page 394, tome I. Edition Gaisford.
2. Archilochi Fragmenta, 36 et 39, page 307 et 308, tome I. Edition Gaisford.

sacrifices, d'agréables prières et des offrandes. Il faut les croire en tout ou ne les croire en rien. S'il faut les croire, je commettrai l'injustice et je ferai des sacrifices avec le produit de mes injustices. Juste, c'est seulement de la part des dieux que je n'aurai rien à craindre, mais je me priverai des profits de l'injustice : injuste, j'ai un profit assuré ; ensuite mes supplications après la transgression et la violation de la loi fléchiront les dieux et me déroberont au châtiment. Mais je serai puni aux enfers dans ma personne ou dans celle des enfants de mes enfants pour le mal que j'aurai fait ici-bas. Il est, répondra un homme qui raisonne, il est pour cela des purifications qui ont un grand pouvoir ; il est des dieux libérateurs, s'il faut en croire de grands États et les poètes qui sont les enfants des dieux et les prophètes des dieux.

4. Pour quelle raison m'attacherai-je donc encore à la justice de préférence à l'injustice ? Si nous couvrons celle-ci des apparences de la vertu, nous réussirons auprès des dieux et auprès des hommes pendant la vie et après la mort, comme le disent à la fois le peuple et les sages. Après tout ce que je viens de dire, comment peut-il se faire, Socrate, qu'un homme qui a quelque vigueur d'âme et de corps avec des richesses ou de la naissance puisse se résoudre, je ne dis pas à embrasser le parti de la justice, mais à ne pas rire des éloges qu'on lui donnera en sa présence ? Je dis plus : quand même quelqu'un serait persuadé que ce que j'ai dit est faux et qu'il croirait que la justice est le plus grand des biens, loin de s'emporter contre les hommes injustes, il est plein d'indulgence pour eux ; il sait qu'à l'exception de ceux à qui l'excellence de leur caractère inspire une horreur naturelle pour le vice, ou qui s'en abstiennent parce qu'ils en connaissent la laideur, per-

sonne n'aime la justice pour elle-même, et que, si quelqu'un blâme l'injustice, c'est que la lâcheté, la vieillesse ou quelque autre infirmité le mettent dans l'impuissance de mal faire. En voici la preuve : c'est qu'entre les gens de ce caractère, le premier qui reçoit le pouvoir d'être injuste est le premier à en user, autant qu'il dépend de lui.

La cause de tout ce malentendu n'est autre que celle même qui nous a engagés, mon frère et moi, dans cette discussion avec toi, Socrate : je veux dire que parmi vous tous qui vous dites les défenseurs de la justice, à commencer par les anciens héros, dont les discours se sont conservés jusqu'à nous, personne n'a jamais blâmé l'injustice ni loué la justice qu'en vue de la gloire, des honneurs et des récompenses qui y sont attachés ; personne n'a jamais considéré l'une et l'autre telles qu'elles sont en elles-mêmes dans l'âme humaine, loin des regards des dieux et des hommes, et n'a montré d'une manière suffisante, ni en vers ni en prose, que l'injustice est le plus grand mal de l'âme, et la justice, son plus grand bien. Si dès le commencement vous nous aviez tous parlé dans ce sens, si vous nous aviez inculqué ce principe dès notre enfance, au lieu d'être en garde contre l'injustice d'autrui, chacun de nous serait en garde contre la sienne, et craindrait de lui donner entrée dans son âme comme au plus grand des maux. Thrasymaque, ou quelque autre, en aurait peut-être dit autant et plus que moi sur la justice et l'injustice, bouleversant témérairement, à mon avis, la nature de l'une et de l'autre.

Pour moi, je ne te cache pas que ce qui m'a porté à prolonger ces objections, c'est le désir d'entendre ce que tu y répondras. Ne te borne donc pas à nous montrer que la justice est préférable à l'injustice. Explique-nous les effets que chacune produit par elle-même dans l'âme, et qui font que l'une est un bien et l'autre un mal. Laisse de côté l'opinion, comme Glaucon te l'a recommandé. Car, si tu ne repousses pas absolument l'opinion vraie sur le juste et sur l'injuste, et si en même temps tu admets l'opinion fausse, nous dirons que tu ne loues point la justice, mais l'apparence ; que tu ne blâmes point l'injustice, mais l'apparence ; que tu conseilles à l'homme injuste de se cacher et que tu conviens avec Thrasymaque que la justice n'est utile qu'au plus fort et non à celui qui la possède, et que l'injustice, utile et avantageuse en elle-même, n'est nuisible qu'au plus faible.

Puisque tu es convenu que la justice est un de ces biens excellents qui méritent d'être recherchés pour les avantages qui en résultent et encore plus pour eux-mêmes, comme la vue, l'ouïe, la raison, la santé et tous les autres biens féconds de leur nature, indépendamment de l'opinion des hommes, loue la justice en ce qu'elle a en soi d'avantageux pour celui qui la possède, et blâme l'injustice par ce qu'elle a en soi de nuisible. Laisse à d'autres les éloges fondés sur les récompenses et sur l'opinion. Je pourrais peut-être souffrir dans la bouche d'un autre cette manière de louer la justice et de blâmer l'injustice par leurs effets extérieurs ; mais je ne pourrais te le pardonner, à moins que tu ne le voulusses absolument, d'autant que, pendant tout le cours de ta vie, la justice a été l'unique objet de tes réflexions. Ne te borne donc pas à nous montrer que la justice vaut mieux que l'injustice : fais-nous voir les effets que l'une et l'autre, connues des dieux et des hommes ou inconnues, produisent par elles-mêmes dans l'âme où elles habitent, pour être l'une un bien et l'autre un mal.

IV. J'avais toujours admiré l'heureux naturel de Glaucon et d'Adimante, mais dans cette circonstance surtout je fus ravi de leurs discours et je leur dis :

— Socrate. Enfants d'un tel père, ce n'est pas sans raison que l'amant de Glaucon a commencé ainsi l'élégie qu'il composa pour vous, quand vous vous fûtes distingués à la journée de Mégare :

Fils d'Ariston, couple divin issu d'un illustre héros.

Cet éloge semble vous convenir parfaitement, ô mes amis ! car il faut qu'il y ait en vous quelque chose de vraiment divin, pour que vous ne soyez pas persuadés que l'injustice vaut mieux que la justice, lorsque vous avez si bien parlé sur cette question. Or, il me semble que réellement vous n'en êtes pas persuadés ; vos mœurs et votre caractère me le prouvent assez, quand même vos discours m'en feraient douter. Mais plus cette conviction est profonde en moi, plus je suis embarrassé sur le parti que je dois prendre. D'un côté, je ne sais comment défendre la justice ; il me semble que je n'en ai pas la force, et en voici la preuve : je croyais avoir clairement prouvé contre Thrasymaque que la justice vaut mieux que l'injustice ; et cependant mes raisons ne vous ont pas satisfaits. D'un autre côté, je ne sais comment ne pas défendre la justice ; je crains que ce ne soit une impiété de souffrir qu'on l'injurie devant moi sans la défendre, quand il me reste encore un souffle de vie et assez de force pour parler. Ainsi je ne vois rien de mieux à faire que de lui prêter mon appui comme je pourrai.

Aussitôt Glaucon et les autres me conjurèrent d'employer à sa défense tout ce que j'avais de force, de ne pas abandonner la discussion, mais de rechercher avec eux la nature de la justice et de l'injustice et ce qu'il y a de réel dans les avantages qu'on leur attribue. Je leur dis qu'il me semblait que la recherche que nous voulions entreprendre n'était qu'une affaire de peu d'importance et qu'elle demandait un esprit clairvoyant.

— SOCRATE. Puisqu'il me semble que nous ne sommes pas capables de faire nous-mêmes cette recherche, voici comment il faut s'y prendre. Si l'on ordonnait à des personnes qui n'ont pas la vue très perçante de lire de loin des lettres écrites en petit caractère, et qu'une d'elles eût remarqué que ces mêmes lettres se trouvent écrites ailleurs en gros caractère sur une plus grande surface, il leur serait, je crois, très avantageux d'aller lire d'abord les grandes lettres et de les comparer ensuite avec les petites, pour voir si ce sont bien les mêmes? — ADIMANTE. C'est vrai, mais quel rapport y vois-tu avec notre recherche sur la nature de la justice? — SOCRATE. Je vais te le dire. La justice ne se rencontre-t-elle pas dans un homme et dans un État? — ADIMANTE. Oui. — SOCRATE. Mais un État est plus grand qu'un seul homme? — ADIMANTE. Sans doute. — SOCRATE. Par conséquent la justice pourrait bien s'y trouver en caractères plus grands et plus faciles à discerner. Ainsi nous chercherons d'abord, si vous le trouvez bon, quelle est la nature de la justice dans les États ; ensuite nous l'observerons dans chaque individu et, comparant ces deux espèces de justice, nous verrons la ressemblance de la petite à la grande. — ADIMANTE. C'est fort bien dit. — SOCRATE. Mais, si nous examinions par la pensée la manière dont se forme un État, peut-être découvririons-nous comment la justice et l'injustice y prennent naissance? — ADIMANTE. Cela pourrait être. — SOCRATE. Nous aurions l'espérance de découvrir plus aisément ce que nous cherchons. — ADIMANTE. Assurément. — SOCRATE. Eh bien, voulez-vous que nous commencions ? Ce n'est pas une petite entreprise que celle que nous formons. Délibérez. — ADIMANTE. Notre parti est pris. Fais comme tu dis.

V. — 1. SOCRATE. Ce qui donne naissance à un État, c'est, je crois, l'impuissance où se trouve chaque individu de se suffire à lui-même et le besoin qu'il a d'une foule de choses ; ou bien à quelle autre cause attribues-tu l'origine d'un État ? — ADIMANTE. A aucune autre. — SOCRATE. Ainsi, le besoin d'une chose ayant engagé un homme à se joindre à un autre homme, et le besoin d'une autre chose à un autre homme encore, la multiplicité des besoins a réuni dans une même habitation plusieurs hommes dans la vue de s'entr'aider, nous avons donné à cette association le nom d'État : n'est-ce pas ? — ADIMANTE. Oui. — SOCRATE. Mais on ne communique à un autre ce qu'on a et on n'échange ce qu'on n'a pas qu'en croyant y trouver son avantage. — ADIMANTE. Sans doute. — SOCRATE. Voyons donc, jetons par la pensée les fondements d'un État. Ces fondements seront vraisemblablement nos besoins. — ADIMANTE. Sans contredit. — SOCRATE. Le premier et le plus grand de tous, c'est la nourriture, d'où dépend la conservation de notre être et de notre vie. — ADIMANTE. Oui, certainement. — SOCRATE. Le second besoin est celui du logement ; le troisième celui du vêtement et de toutes les choses qui s'y rapportent. — ADIMANTE. Oui. — SOCRATE. Mais voyons ; comment l'État suffira-t-il à tous ces besoins ? Ne faudra-t-il pas pour cela que l'un soit laboureur, un autre architecte, un autre tisserand ? Ajouterons-nous encore un cordonnier ou quelque autre artisan pour les besoins du corps ? — ADIMANTE. C'est de toute nécessité. — SOCRATE. Tout État est donc essentiellement composé de quatre ou cinq personnes. — ADIMANTE. Évidemment.

— SOCRATE. Mais quoi! faut-il que chacun fasse pour tous les autres le métier qui lui est propre? que le laboureur, par exemple, prépare à manger pour quatre, qu'il mette par conséquent quatre fois plus de temps et de peine pour la préparation de la nourriture et qu'il la partage avec les autres, ou bien vaut-il mieux que, sans s'embarrasser des autres, et travaillant pour lui seul, il employe la quatrième partie du temps à préparer sa nourriture, et les trois autres parties à se bâtir une maison, à se faire des habits et des souliers, sans se donner la peine de rien préparer pour les autres, faisant ses propres affaires lui-même pour lui-même? — ADIMANTE. Peut-être, Socrate, la première manière serait-elle plus commode. — SOCRATE. Je n'en suis pas surpris : car au moment où tu parles je fais réflexion que chacun de nous n'apporte pas en naissant les mêmes aptitudes, et que l'un a plus de disposition pour faire une chose, l'autre pour faire une autre chose. Ne le penses-tu pas? — ADIMANTE. Je suis de ton avis. — SOCRATE. Les choses en iraient-elles mieux, si un seul faisait plusieurs métiers, ou si chacun se bornait au sien? — ADIMANTE. Si chacun se bornait au sien. — SOCRATE. Il est encore évident, ce me semble, qu'une chose est manquée, lorsqu'elle n'est pas faite en son temps. — ADIMANTE. Cela est évident. — SOCRATE. Car l'ouvrage n'attend pas la commodité de l'ouvrier, mais il faut que l'ouvrier s'accommode à la nature de son ouvrage, et qu'il n'y donne pas seulement ses heures de loisir, comme à un hors-d'œuvre. — ADIMANTE. Il le faut. — SOCRATE. D'où il suit qu'il se fait plus de choses, qu'elles se font mieux et plus aisément, lorsque chacun fait celle à laquelle il est propre, dans le temps marqué, et sans prendre souci des autres. — ADIMANTE. Assurément. — SOCRATE. Ainsi, il nous faut plus de quatre citoyens pour les besoins dont nous venons de parler. Le laboureur ne doit pas faire lui-même sa charrue pour son propre usage, s'il veut qu'elle soit bien faite, ni sa bêche ni les autres instruments qui servent au labourage. Il en est de même de l'architecte, auquel il faut beaucoup d'outils, du tisserand et du cordonnier. — Adimante. C'est vrai. — Socrate. Voilà donc les charpentiers, les forgerons et les autres ouvriers de ce genre qui vont entrer dans notre petit État et l'agrandir. — Adimante. Absolument comme tu dis. — Socrate. Ce ne sera pas l'agrandir beaucoup que d'y ajouter des bouviers, des pâtres et des bergers de toute espèce, afin que le laboureur ait des bœufs pour le labourage, l'architecte, des bêtes de somme pour le transport de ses matériaux, le cordonnier et le tisserand, des peaux et des laines. — Adimante. Un État qui réunit tant de personnes n'est déjà plus si petit. — Socrate. Ce n'est pas tout : il est presque impossible de fonder un État dans un lieu où l'on n'ait pas besoin de denrées importées. — Adimante. Cela est impossible en effet. — Socrate. Notre État aura donc encore besoin d'autres personnes, qui seront chargées d'aller chercher dans d'autres États ce qui lui manque. — Adimante. Oui. — Socrate. Mais, si ces personnes arrivent les mains vides, sans rien apporter en échange de ce qui leur manque à elles-mêmes, elles s'en retourneront aussi les mains vides; n'est-ce pas? — Adimante. Il me le semble. — Socrate. Il faudra donc travailler non-seulement pour les besoins de l'État, mais encore pour ceux des étrangers, en proportion de ces besoins. — Adimante. Il le faudra. — Socrate. L'État aura donc besoin d'un plus grand nombre de laboureurs et d'autres ouvriers. — Adimante. Oui. — Socrate. Il lui faudra donc encore d'autres personnes pour l'importation et pour l'exportation, c'est-à-dire des commerçants : n'est-ce pas? — Adimante. Oui. — Socrate. Nous aurons donc besoin de commerçants. — Adimante. Certainement. — Socrate. Et si le commerce se fait par mer, il nous faudra encore un grand nombre de personnes habiles dans ce genre de commerce. — Adimante. Oui, un grand nombre.

2. — Socrate. Mais dans l'intérieur même de l'État, comment les citoyens se feront-ils part les uns aux autres de leur travail? C'est pour cela, en effet, que nous les avons associés en formant un État. — Adimante. Il est évident que ce sera par vente et par achat. — Socrate. De là nous arrivera la nécessité d'un marché et d'une monnaie, signe de la valeur des objets échangés. — Adimante. Certainement. — Socrate. Mais, si le laboureur ou quelque autre artisan, ayant porté au marché ce qu'il a à vendre, n'a pas pris justement le temps où les autres ont besoin d'échanger sa marchandise, interrompra-t-il son travail et restera-t-il oisif dans le marché? — Adimante. Point du tout. Il y a des gens qui ont vu cet inconvénient et qui se sont offerts pour ce service; et dans les États bien policés, ce sont ordinairement les personnes les plus faibles de santé, incapables de tout autre travail. Leur état est de rester au marché, d'acheter aux uns ce qu'elles ont à vendre et de revendre aux autres ce qu'elles ont besoin d'acheter. Ce service donne naissance dans notre État à la catégorie des marchands. — Socrate. Ne donnons-nous pas le nom de marchands à ceux qui s'établissent sur le marché pour l'achat et pour la vente, et le nom de commerçants à ceux qui voyagent d'un Etat à l'autre? — Adimante. Oui. — Socrate. Il y a encore, ce me semble, des gens de peine, gens peu dignes de faire partie de l'État, mais dont la force de corps est à l'épreuve de la fatigue. Ils trafiquent des forces de leur corps, et ap-

pellent salaire l'argent que leur procure ce trafic : d'où leur vient, je crois, le nom de mercenaires : n'est-ce pas ? — Adimante. Oui. — Socrate. Les mercenaires font le complément d'un État, à ce qu'il me semble. — Adimante. Oui. — Socrate. Cher Adimante, notre État a-t-il pris assez d'accroissements pour être parfait ? — Adimante. Peut-être. — Socrate. Où pourrons-nous y trouver la justice et l'injustice ? Où prennent-elles naissance parmi tous les éléments que nous avons examinés ? — Adimante. Je ne le vois pas, Socrate, à moins que ce ne soit dans les rapports mutuels qui naissent du besoin des citoyens. — Socrate. Peut-être as-tu raison ; mais il faut voir encore, sans nous rebuter. Considérons d'abord quelle sera la vie que mèneront ces hommes ainsi organisés. Ils se procureront de la nourriture, du vin, des vêtements, des chaussures ; ils se bâtiront des maisons ; pendant l'été, ils travailleront ordinairement peu vêtus et nu-pieds ; pendant l'hiver, bien vêtus et bien chaussés. Pour leur nourriture, ils prépareront des pâtes de farine, d'orge et de froment, qu'ils pétriront et feront cuire ; ils serviront des pains et des gâteaux sur du chaume ou sur des feuilles toutes fraîches ; couchés sur des lits de petites branches d'if et de myrte, ils prendront leurs repas avec leurs enfants, boiront du vin, se couronneront de fleurs, chanteront les louanges des dieux et passeront leur vie les uns avec les autres dans le bonheur et dans la joie. D'ailleurs ils proportionneront à leur fortune le nombre de leurs enfants, dans la crainte de la pauvreté et de la guerre.

3. — Glaucon. Il me paraît, dit-il en m'interrompant, que tu ne leur donnes rien à manger avec leur pain. — Socrate. Tu as raison : j'avais oublié qu'ils auront avec leur pain du sel, des olives, du fromage ; ils feront cuire des oignons, des légumes et des plantes potagères

qui viennent dans les champs. Je ne veux pas même les priver de dessert. Ils auront des figues, des pois, des fèves, feront griller sous la cendre des baies de myrte et des faînes qu'ils mangeront en buvant modérément, et c'est ainsi que jouissant, pendant toute leur vie, de la paix et de la santé, ils parviendront à une grande vieillesse, et qu'en mourant ils laisseront à leurs enfants l'héritage d'une vie heureuse. — GLAUCON. Si tu formais un État de pourceaux, les engraisserais-tu autrement? — SOCRATE. Que faut-il donc faire, mon cher Glaucon? — GLAUCON. Ce qu'on fait d'ordinaire. Si tu veux qu'ils soient à leur aise, fais-les coucher sur des lits et donne-leur des tables avec les mets et les desserts qui sont en usage aujourd'hui. — SOCRATE. Fort bien; j'entends. Ce n'est pas simplement l'origine d'un État que nous cherchons, mais d'un État qui regorge de délices. Peut-être n'est-ce pas un mal. Nous pourrions bien découvrir de cette manière par où la justice et l'injustice s'introduisent dans les États. Quoi qu'il en soit, le véritable État, celui dont la constitution est saine, c'est l'État que nous venons de décrire. Maintenant, si vous voulez que nous jettions un coup d'œil sur un État malade et gonflé d'humeurs, rien ne nous en empêche. Il y a apparence que plusieurs ne seront pas contents de cette organisation ni de ce régime. Ils y ajouteront des lits, des tables, des meubles de toute espèce, des mets variés, des parfums, des odeurs, des courtisanes, des friandises, et de tout cela en abondance. Il ne faut plus mettre simplement au rang des choses nécessaires celles dont nous parlions tout à l'heure, une demeure, des vêtements, une chaussure : on va désormais mettre en œuvre la peinture avec ses mille couleurs; il faut avoir de l'or, de l'ivoire et des matières précieuses de toute espèce: n'est-ce pas? — GLAUCON. Oui.

4. — Socrate. Il faut donc agrandir encore l'État, car cet État sain dont j'ai parlé n'est plus suffisant. Il faut le remplir d'une foule de gens que le luxe, et non plus le besoin, a introduits dans les États, comme les chasseurs de toute espèce et tous ceux dont l'art consiste à imiter par des figures, des couleurs et des sons ; de plus tous les musiciens, les poètes avec leur cortège ordinaire, les rapsodes, les acteurs, les danseurs, les entrepreneurs, les ouvriers en tout genre, surtout ceux qui travaillent pour les parures de femme, et encore une foule de gens employés à leur service. N'aurons-nous pas besoin aussi de gouverneurs, de gouvernantes, de nourrices, de coiffeuses, de barbiers, de traiteurs et de cuisiniers, et même de porchers ? Tout cela ne se trouvait pas dans notre premier État, car il n'en avait pas besoin, mais on ne pourra pas s'en passer dans celui-ci, non plus que de toutes les espèces d'animaux dont il prendra fantaisie à chacun de manger : n'est-ce pas ? — Glaucon. Comment s'en passer en effet ? — Socrate. Ainsi nous aurons bien plus souvent besoin de médecins avec ce train de vie qu'avec l'autre. — Glaucon. Bien plus souvent. — Socrate. Et le pays qui suffisait auparavant à l'entretien de ses habitants ne deviendra-t-il pas petit, de suffisant qu'il était ? — Glaucon. C'est vrai. — Socrate. Il nous faudra donc empiéter sur le pays de nos voisins, si nous voulons que le nôtre suffise au pâturage et à la culture ; et nos voisins en feront autant par rapport à nous, s'ils se lancent eux-mêmes dans une insatiable cupidité, qui dépasse toutes les bornes du nécessaire. — Glaucon. Nécessairement, Socrate. — Socrate. Nous ferons donc la guerre après cela, Glaucon ? Ou qu'arrivera-t-il ? — Glaucon. Nous ferons la guerre. — Socrate. Ne parlons point encore des biens ni des maux que la guerre apporte avec elle. Disons seulement

que nous avons découvert l'origine de ce fléau, si funeste aux États et aux particuliers, quand il arrive. — GLAUCON. Ce n'est que trop vrai. — SOCRATE. Si l'État s'agrandit encore, il lui faut non pas une petite armée, mais une armée tout entière. Elle se mettra en campagne pour défendre le territoire et tous les biens dont nous avons fait l'énumération et combattra l'invasion. — GLAUCON. Quoi donc? les citoyens ne pourront-ils donc pas le faire eux-mêmes? — SOCRATE. Non, si le principe dont nous sommes convenus quand nous dressions le plan de l'État reste vrai. Or, nous sommes convenus, s'il t'en souvient, qu'il est impossible qu'un seul homme fasse plusieurs métiers à la fois. — GLAUCON. Cela est vrai. — SOCRATE. Quoi donc? n'est-ce pas un métier, à ton avis, que de faire la guerre? — GLAUCON. Certainement. — SOCRATE. Crois-tu que l'État ait plus besoin d'un bon cordonnier que d'un bon guerrier? — GLAUCON. Nullement. — SOCRATE. Nous n'avons pas voulu que le cordonnier fût en même temps laboureur, tisserand ou architecte, mais seulement cordonnier, afin qu'il en fît mieux son métier. Nous avons de même appliqué chacun au métier auquel il est propre, sans lui permettre de se mêler de tout autre métier, ni d'avoir pendant toute sa vie d'autre objet que de perfectionner le sien. Penses-tu que le métier de la guerre ne soit pas de la plus grande importance, ou qu'il soit si facile à apprendre, qu'un laboureur, un cordonnier ou quelque autre artisan puisse être en même temps guerrier, tandis qu'on ne peut devenir bon joueur d'osselets ou de dés, si on ne s'applique à ces jeux dès l'enfance et non à temps perdu? Quoi! il suffira de prendre un bouclier ou quelque autre arme et instrument de guerre pour devenir tout à coup bon soldat dans la grosse infanterie ou dans tout autre service militaire, tandis qu'un instrument de quelque autre art que ce soit aura beau être pris en main, il ne fera jamais un artisan ni un athlète, et qu'il sera toujours inutile sans la connaissance des principes de chaque art et sans un apprentissage suffisant! — GLAUCON. Si cela était, les instruments auraient alors une grande valeur.

5. — SOCRATE. Ainsi, plus le métier des gardiens de l'État est important, plus il demande de loisir, d'art et de soin. — GLAUCON. Je le pense aussi. — SOCRATE. Ne demande-t-il pas encore une aptitude naturelle? — GLAUCON. Sans contredit. — SOCRATE. C'est à nous de choisir, je pense, si toutefois nous en sommes capables, la nature et le genre des dispositions convenables pour la garde de l'État. — GLAUCON. Oui, ce choix nous regarde. — SOCRATE. Ha! nous nous sommes chargés d'une affaire bien difficile; cependant il ne faut pas nous décourager, autant du moins que nos forces nous le permettront. — GLAUCON. Non, il ne faut pas nous décourager. — SOCRATE. Ne crois-tu pas qu'il y a quelque ressemblance entre les qualités d'un chien de bonne race et celles d'un jeune et vaillant guerrier, quand il s'agit de garde? — GLAUCON. Que veux-tu dire? — SOCRATE. Qu'ils doivent avoir l'un et l'autre de la sagacité pour découvrir l'ennemi, de la vitesse pour le poursuivre, de la force pour le combattre, s'il le faut, quand ils l'auront atteint. — GLAUCON. En effet, toutes ces qualités sont nécessaires. — SOCRATE. Et du courage encore, pour bien combattre. — GLAUCON. Sans contredit. — SOCRATE. Mais un cheval, un chien, un animal quelconque, peut-il être courageux, s'il n'est porté à la colère? N'as-tu pas remarqué que la colère est quelque chose d'indomptable, et qu'elle rend l'âme intrépide et incapable de céder au danger? — GLAUCON. Je l'ai remarqué. — SOCRATE. Voilà donc évidemment quelles sont les qualités que le

gardien doit avoir pour le corps. — GLAUCON. Oui. — SOCRATE. Et pour l'âme, c'est le penchant à la colère. — GLAUCON. Oui. — SOCRATE. Mais, mon cher Glaucon, nos guerriers ne seront-ils pas féroces entre eux et à l'égard des autres citoyens, avec ce naturel irascible? — GLAUCON. Il est bien difficile qu'il en soit autrement. — SOCRATE. Il faut cependant qu'ils soient doux envers leurs amis et rudes envers leurs ennemis. Sans cela, ils n'attendront pas que d'autres viennent les détruire ; ils les préviendront et se détruiront eux-mêmes. — GLAUCON. C'est la vérité. — SOCRATE. Que faire donc? où trouver un caractère à la fois doux et irascible? La douceur est l'opposé de la colère. — GLAUCON. C'est évident. — SOCRATE. Cependant, quelle que soit celle des deux qui manque, il n'y a pas de bon gardien : les avoir toutes deux, c'est chose impossible: d'où il arrive qu'un bon gardien ne se trouve nulle part. — GLAUCON. Peut-être.

J'hésitai quelque temps et je réfléchis à ce que nous venions de dire.

— SOCRATE. Cher Glaucon, si nous sommes dans l'embarras, nous le méritons bien, pour avoir abandonné la comparaison que nous avions établie. — GLAUCON. Comment dis-tu ? — SOCRATE. Nous n'avons pas songé qu'il se trouve en effet de ces natures que nous jugions impossibles et qui réunissent ces deux qualités opposées. — GLAUCON. Où donc ? — SOCRATE. On peut les voir dans différents animaux, et surtout dans celui que nous comparions au gardien. Tu sais que le naturel des chiens de bonne race est d'être aussi doux que possible envers ceux qu'ils connaissent jusqu'à la familiarité, et d'être tout le contraire à l'égard de ceux qu'ils ne connaissent pas. — GLAUCON. Je le sais. — SOCRATE. La chose est donc possible, et quand nous cherchons un gardien de ce caractère, nous ne demandons rien qui soit contre nature. — GLAUCON. Non.

6. — SOCRATE. Ne te semble-t-il pas qu'il manque encore quelque chose à notre futur gardien, et qu'outre la colère, il faut qu'il soit naturellement philosophe? — GLAUCON. Comment cela? Je ne te comprends pas. — SOCRATE. Tu peux voir cet instinct dans le chien, et c'est une qualité bien admirable dans cet animal. — GLAUCON. Quel instinct? — SOCRATE. D'aboyer contre ceux qu'il ne connaît pas, quoiqu'il n'en ait reçu aucun mal, et de flatter ceux qu'il connaît, quoiqu'ils ne lui aient fait aucun bien : n'as-tu pas admiré cet instinct dans le chien? — GLAUCON. Je n'y ai pas fait beaucoup d'attention jusqu'ici ; mais la chose est comme tu dis. — SOCRATE. Cependant il y a dans cette nature quelque chose de singulier et de vraiment philosophique. — GLAUCON. — En quoi, s'il te plaît? — SOCRATE. En ce qu'il ne distingue l'ami de l'ennemi que parce qu'il connaît l'un, et ne connaît pas l'autre. Or, comment ne serait-il pas avide d'apprendre, puisque la règle qui lui fait disdinguer l'ami de l'étranger est qu'il connaît l'un et ne connaît pas l'autre? — GLAUCON. Il n'est pas possible qu'il en soit autrement. — SOCRATE. Le naturel avide d'apprendre n'est-il pas le même que le naturel philosophique? — GLAUCON. Oui, le même. — SOCRATE. Concluons donc avec confiance que l'homme aussi, pour être doux envers ses amis et ses connaissances, doit être naturellement philosophe et avide d'apprendre. — GLAUCON. Oui. — SOCRATE. Par conséquent le gardien de l'État, pour être excellent, sera naturellement philosophe, colère, agile et fort. — GLAUCON. C'est tout à fait cela. — SOCRATE. Tel sera donc le caractère de nos guerriers. Mais de quelle manière leur formerons-nous l'esprit et le corps? Cette recherche peut-elle nous servir pour dé-

couvrir le but de notre entretien, qui est d'examiner comment la justice et l'injustice prennent naissance dans un État? C'est ce qu'il faut considérer pour ne pas abandonner une question importante ou pour éviter des longueurs. — LE FRÈRE DE GLAUCON. Je pense que cette recherche nous est utile pour arriver à notre but. — SOCRATE. Alors, mon cher Adimante, il ne faut pas l'abandonner, quelque longue qu'elle puisse être. — ADIMANTE. Non, sans doute. — SOCRATE. Eh bien! comme ceux qui racontent des fables, faisons en parole l'éducation de nos guerriers et tout à notre aise.

VI. 1. — SOCRATE. Quelle sera leur éducation? Est-il facile d'en trouver une meilleure que celle qui est en usage chez nous depuis longtemps, et qui consiste à former le corps par la gymnastique et l'âme par la musique? — ADIMANTE. Non. — SOCRATE. Ne commencerons-nous pas leur éducation par la musique[1] plutôt que par la gymnastique? — ADIMANTE. Comment? — SOCRATE. Les discours font-ils partie de la musique? — ADIMANTE. Oui. — SOCRATE. Y a-t-il deux sortes de discours, les uns vrais, les autres mensongers? — ADIMANTE. Oui. — SOCRATE. Les uns et les autres doivent servir à l'éducation, et d'abord ceux qui sont des mensonges. — ADIMANTE. Je ne comprends pas ce que tu veux dire. — SOCRATE. Tu ne comprends pas que nos premiers discours aux enfants sont des fables? En général elles sont remplies de mensonges; il y a pourtant aussi des vérités. On amuse les enfants avec ces fables avant de les envoyer au gymnase. — ADIMANTE. C'est vrai. — SOCRATE. C'est pour cela que j'ai dit qu'il faut commencer par la gymnastique plutôt

1. Platon entend par ce mot l'assemblage de toutes les sciences et de tous les arts qui forment l'esprit : chant, danse, poésie, éloquence, philosophie.

que par la musique. — ADIMANTE. Tu as eu raison. — SOCRATE. Sais-tu que le commencement en toute chose est toujours ce qu'il y a de plus important, surtout pour des êtres jeunes et tendres? Car c'est alors que se forme et se façonne le caractère qu'on veut leur imprimer. — ADIMANTE. — Parfaitement. — SOCRATE. Souffrirons-nous que les enfants écoutent toutes sortes de fables imaginées par le premier venu et qu'ils reçoivent dans leur esprit des opinions la plupart du temps contraires à celles dont nous reconnaissons qu'ils ont besoin dans l'âge mûr. — ADIMANTE. Non, jamais. — SOCRATE. Il nous faut d'abord, à mon avis, surveiller ceux qui ont composé des fables, choisir les bonnes et rejeter les mauvaises. Nous engagerons les nourrices et les mères à raconter aux enfants les fables choisies et à mettre encore plus de soin à former leurs âmes qu'elles n'en mettent à former leurs corps. Il faut écarter la plupart des fables qu'elles racontent aujourd'hui. — ADIMANTE. Lesquelles? — SOCRATE. Nous jugerons des plus petites par les plus grandes, car les unes et les autres doivent être faites sur le même modèle et produire le même effet : n'est-ce pas? — ADIMANTE. Oui, mais je ne vois pas quelles sont ces grandes fables dont tu parles. — SOCRATE. Celles qu'Hésiode et Homère ont composées, ainsi que les autres poètes : fables mensongères qui n'ont pour but que d'amuser les hommes dans tous les temps. — ADIMANTE. Quelles sont ces fables et qu'y blâmes-tu? — SOCRATE. Ce qu'il faut blâmer d'abord et avant tout, c'est-à-dire d'affreux mensonges. — ADIMANTE. Que veux-tu dire? — SOCRATE. Que celui dont les paroles ne représentent pas les dieux et les hommes tels qu'ils sont ressemble à un peintre qui ne saisit pas la ressemblance des personnes dont il veut faire le portrait. — ADIMANTE. En effet, ces reproches sont mérités : mais comment conviennent-ils aux poètes et qu'avons-nous à leur reprocher? — SOCRATE. D'abord il a imaginé sur les plus grands des dieux le plus grand des mensonges, celui qui raconte qu'Uranus[1] a fait ce que lui attribue Hésiode[2], et comment Cronus s'en vengea. Quand même la conduite de Cronus et la manière dont il fut traité à son tour par son fils seraient vraies, je crois qu'il ne faudrait pas les raconter si légèrement à des êtres dépourvus de raison, à des enfants, mais qu'il vaudrait mieux les ensevelir dans le plus profond silence, et que, s'il est nécessaire d'en parler, on doit le faire d'une manière mystérieuse, devant le plus petit nombre d'auditeurs qu'il sera possible, après leur avoir fait immoler non un porc[3], mais une victime précieuse et rare, pour réduire le plus qu'on pourra le nombre des auditeurs. — ADIMANTE. Sans doute, car ces récits sont dangereux. — SOCRATE. Aussi, mon cher Adimante, seront-ils interdits dans notre État. Il n'y sera pas permis de dire devant un jeune homme qui écoute qu'il ne fait rien d'extraordinaire en commettant les plus grands crimes, ni en tirant la plus cruelle vengeance des injustices qu'il aura reçues de son père, mais qu'il ne fait qu'une chose dont les premiers et les plus grands des dieux lui ont donné l'exemple. — ADIMANTE. Certes il ne me paraît pas non plus que de pareilles choses soient bonnes à dire. — SOCRATE. Il faut encore se bien garder de dire que les dieux font la guerre aux dieux, qu'ils se tendent des pièges et qu'ils se querellent; car cela n'est pas vrai. Si nous voulons que les futurs

1. Uranus, le plus ancien des dieux, eut dix-huit enfants, entre autres Saturne, les Cyclopes et les Titans, qui se révoltèrent contre lui et le détrônèrent.

2. Hésiode, Théogonie, v. 154 et 178.

3. Il fallait immoler un porc avant d'être initié aux mystères d'Eleusis.

gardiens de l'État regardent comme le comble de la honte de se haïr les uns les autres sans motif sérieux, il faut éviter de leur faire connaître, soit par des récits, soit par des représentations figurées, les combats des géants et ces haines de toute espèce qui ont armé les dieux et les héros contre leurs proches et leurs amis. Au contraire, si nous voulons persuader que jamais la discorde n'a divisé les citoyens d'un même État et qu'elle ne le peut sans crime, il faut que, dès l'âge le plus tendre des enfants, les vieillards des deux sexes et tous ceux qui ont la supériorité de l'âge ne disent rien aux enfants qui ne tende à cette fin, et il faut aussi obliger les poètes à se proposer le même but dans leurs fictions. Il ne sera pas admis parmi nous de dire que Junon a été enchaînée par son fils, et Vulcain précipité du ciel par son père, pour avoir voulu secourir sa mère, pendant qu'il la frappait[1] lui-même, et de raconter tous ces combats des dieux imaginés par Homère avec allégorie ou non ; car un enfant n'est pas en état de discerner ce qui est allégorique de ce qui ne l'est pas, mais tous les principes qu'il reçoit à cet âge deviennent indélébiles et inébranlables. C'est pour cela qu'il est de la dernière importance que les premières fables que les enfants entendront soient les plus propres à les conduire à la vertu.

2. — Adimante. Ce que tu dis est très sensé ; mais, si on nous demandait quelles sont ces fables et quels sont ces discours, que dirions-nous ? — Socrate. Adimante, nous ne sommes pas poètes ici ni toi ni moi, mais fondateurs d'un État. C'est à eux qu'il appartient de connaître les modèles d'après lesquels les poètes doivent composer leurs fables et de leur défendre de s'en écarter, mais ce n'est pas à eux qu'il ap-

1. Iliade, I, v. 588.

partient d'être poètes. — Adimante. Fort bien ; mais encore quelles règles prescriras-tu pour les fables qui concernent les dieux ? — Socrate. Les voici : dans l'épopée, comme dans l'ode et la tragédie, il faut toujours représenter Dieu tel qu'il est. — Adimante. Il le faut. — Socrate. Dieu n'est-il pas essentiellement bon et n'est-ce pas ainsi qu'on doit en parler ? — Adimante. Qui en doute ? — Socrate. Rien de ce qui est bon n'est nuisible : n'est-ce pas ? — Adimante. Non, ce me semble. — Socrate. Ce qui n'est pas nuisible nuit-il en effet ? — Adimante. Nullement. — Socrate. Ce qui ne nuit pas fait-il quelque mal ? — Adimante. Pas davantage. — Socrate. Ce qui ne fait pas de mal ne peut pas être cause d'un mal ? — Adimante. Comment le serait-il ? — Socrate. Quoi donc ? ce qui est bon est bienfaisant ? — Adimante. Oui. — Socrate. Et par conséquent cause de ce qui se fait de bien ? — Adimante. Oui. — Socrate. Ce qui est bon n'est donc pas cause de tout ; il est cause du bien, mais il n'est pas cause du mal. — Adimante. C'est de toute nécessité. — Socrate. Ainsi Dieu, étant essentiellement bon, n'est pas cause de tout, comme on le dit ordinairement ; il n'est cause que d'une faible partie des choses qui arrivent aux hommes, et il ne l'est point du reste ; car nos biens sont en beaucoup plus petit nombre que les maux. On doit n'attribuer les biens qu'à lui seul ; quant aux maux, il faut en chercher une autre cause que Dieu. — Adimante. Rien de plus vrai, à mon avis. — Socrate. Il ne faut donc pas admettre l'erreur d'Homère ou de tout autre poète assez insensé pour blasphémer contre les dieux et pour dire que

Dans le palais de Jupiter il y a deux tonneaux pleins, l'un de destinées heureuses, l'autre de destinées malheureuses[1] ;

1. Iliade, XXIV, v. 527.

que, lorsqu'il les verse ensemble sur un mortel,

> Sa vie est mêlée de bons et de mauvais événements[1],

mais que, lorsqu'il ne verse sur un homme que le second,

> Le malheur le poursuit partout[2].

Il ne faut pas croire non plus que

> Jupiter soit le distributeur des biens et des maux[3].

5. Si un poète dit que la violation des serments et de la trêve par Pandare[4] se fit à l'instigation de Minerve et de Jupiter, nous nous garderons bien de l'approuver. Il en sera de même de la querelle des dieux apaisée par Thémis et par Jupiter[5], ainsi que de ces vers d'Eschyle que nous ne souffrirons pas qu'on dise devant nos jeunes gens,

> Que Dieu, lorsqu'il veut détruire une famille de fond en comble, fait naître l'occasion de la punir[6].

Si quelque poète représente sur la scène où ces iambes se récitent les malheurs de Niobé, des Pélopides, des Troyens, ou tout autre sujet semblable, il ne faut pas lui laisser dire que ces malheurs sont l'ouvrage de Dieu, ou, s'il le dit, il faut qu'il en trouve une raison comme celle que nous cherchons maintenant ; il doit dire que Dieu n'a

1. Iliade, XXIV, v. 530.
2. *Ibid.*, XXIV, v. 532.
3. *Ibid.*, IV, v. 84.
4. *Ibid.*, IV, v. 55.
5. *Ibid.*, XX, v. 1-30.
6. Ces vers iambiques sont probablement tirés de la tragédie de Niobé, qui est perdue. Voyez Wyttenbach, sur Plutarque, tome I, p. 134 et suivantes.

rien fait que de juste et de bon et que ce châtiment a tourné à l'avantage de ceux qui l'ont reçu. Ce qu'il ne faut pas laisser dire au poète, c'est que ceux qui sont punis sont malheureux et que leur malheur soit attribué à Dieu. Si au contraire il dit que les méchants sont malheureux, qu'ils ont eu besoin d'un châtiment, mais que ce châtiment a été un bienfait de Dieu, il faut leur en laisser la liberté. Dire que Dieu, essentiellement bon, est auteur de quelque mal, voilà ce qu'il faut combattre à toute outrance, si nous voulons que l'État soit bien réglé, et nous ne permettrons, ni aux vieux ni aux jeunes, de dire ou d'entendre de pareils discours, soit en vers, soit en prose, parce qu'ils sont impies, nuisibles et absurdes. — ADIMANTE. Cette loi me plaît beaucoup, et je souscris volontiers à son établissement. — SOCRATE. Ainsi la première loi sur les dieux [1] et la première règle prescrira de reconnaître dans les discours ordinaires et dans les compositions poétiques que Dieu n'est pas l'auteur de tout, mais seulement du bien. — ADIMANTE. Cela suffit. — SOCRATE. Que vas-tu dire de cette seconde loi? Crois-tu que Dieu soit un enchanteur capable de nous tendre des pièges et de prendre mille formes diverses, tantôt réellement présent et changeant son image en une foule de formes différentes, tantôt nous trompant et nous faisant croire que les apparences sont des réalités? Ou plutôt n'est-ce pas un être simple, le moins capable de sortir de la forme qui lui est propre? — ADIMANTE. Je ne sais que te répondre pour le moment. — SOCRATE. Mais quoi! lorsqu'un être se transforme, ne faut-il pas nécessairement que cette transformation vienne de lui ou d'un autre? — ADIMANTE. Oui. — SOCRATE. D'abord, pour les changements qui viennent d'une cause étrangère, les êtres le mieux

1. Platon dit tantôt Dieu, tantôt les dieux. La crainte d'une mort semblable à celle de Socrate explique assez sa réserve.

constitués ne sont-ils pas ceux qui y sont le moins sujets et le moins soumis? Par exemple, le corps le moins éprouvé par la nourriture, la boisson et le travail, le plant le moins sensible aux ardeurs du soleil, aux vents et autres accidents de cette nature, n'est-ce pas le plus sain et le plus robuste? — Adimante. Sans doute. — Socrate. Et l'âme la plus courageuse et la plus sage n'est-elle pas celle qui est le moins troublée et le moins altérée par les accidents extérieurs? — Adimante. Oui. — Socrate. Par la même raison, tous les ouvrages de main d'homme, les meubles, les édifices, les vêtements, résistent au temps et à tout ce qui peut les détruire, à proportion qu'ils sont bien travaillés et faits de bons matériaux. Adimante. C'est la vérité. — Socrate. En général, tout être parfait, soit qu'il tienne sa perfection de la nature ou de l'art, ou de l'un et de l'autre, est ce qu'il y a de moins exposé au changement qui vient d'une cause étrangère. — Adimante. Cela doit être. — Socrate. Mais Dieu est parfait, ainsi que tout ce qui tient à sa nature. — Adimante. Sans contredit. — Socrate. Ainsi l'être qui peut le moins recevoir plusieurs formes, c'est Dieu. — Adimante. Très certainement.

4. — Socrate. Serait-ce donc de lui-même qu'il changerait de forme? — Adimante. Évidemment, s'il en change. — Socrate. Prendrait-il une forme meilleure et plus belle ou une forme inférieure et plus laide? — Adimante. Nécessairement, si Dieu change, ce ne peut être qu'en mal; car nous ne dirons pas qu'il manque à Dieu aucune perfection de beauté ou de vertu. — Socrate. Très bien. Cela posé, crois-tu, Adimante, qu'un être quel qu'il soit, homme ou dieu, consente à prendre une forme moins belle que la sienne? — Adimante. Impossible. — Socrate. Il est donc impossible à un dieu de se changer et chacun des dieux, étant aussi beau et aussi

bon qu'il peut l'être, conserve avec une immuable simplicité la forme qui lui est propre. — ADIMANTE. Il me semble que cela est de toute nécessité. — SOCRATE. Qu'aucun poète ne s'avise donc de nous dire que

> . . . Les dieux, prenant la figure de voyageurs de divers pays,
> Parcourent les villes sous des déguisements[1] de toute espèce, . . .

ni de nous débiter des mensonges sur Protée[2] et Thétis[3], ni de nous représenter dans la tragédie ou dans tout autre poème Junon sous la figure d'une prêtresse qui mendie

> Pour les enfants bienfaisants du fleuve Argien Inachus[4],

ni d'inventer beaucoup d'autres fictions de cette nature. Que les mères, remplies de ces fictions, n'épouvantent pas leurs enfants, en leur racontant mal à propos qu'il y a des dieux qui errent de tous côtés pendant la nuit, déguisés en voyageurs de tous les pays, et qu'elles n'aillent pas tout à la fois blasphémer contre les dieux et rendre les enfants encore plus timides. — ADIMANTE. Qu'elles s'en gardent bien. — SOCRATE. Mais est-il vrai que les dieux, incapables par eux-mêmes de tout changement, nous font croire qu'ils se montrent sous une grande variété de formes étrangères, par des prestiges et des enchantements? — ADIMANTE. Peut-être. — SOCRATE. Quoi donc ! un dieu voudrait-il mentir en parole ou en action, en nous présentant un fantôme au lieu de lui-même? — ADIMANTE. Je ne sais pas. — SOCRATE. Quoi ! tu ne sais pas que le vrai mensonge, si je puis

1. Odyssée, XVII, v. 485.
2. *Ibid.*, IV, v. 364.
3. Pindare, Néméennes, III, v. 60.
4. Inachus, drame satirique, attribué à Sophocle, Eschyle ou Euripide.

parler ainsi, est également détesté de tous les dieux et de tous les hommes? — ADIMANTE. Qu'entends-tu par là? — SOCRATE. J'entends que personne ne veut loger le mensonge dans la partie la plus noble de lui-même, et par rapport aux choses de la plus grande importance; qu'au contraire il n'est rien qu'on craigne davantage. — ADIMANTE. Je ne te comprends pas encore. — SOCRATE. Tu crois que je dis quelque chose de bien relevé. Je dis seulement que personne ne veut tromper ni être trompé dans son âme sur la nature des choses, c'est-à-dire ignorer la vérité, avoir et garder le mensonge dans son âme, et que c'est là qu'il excite le plus de haine. — ADIMANTE. Tu as parfaitement raison. — SOCRATE. Le vrai mensonge, c'est donc, avec toute la justesse de l'expression, l'ignorance qui affecte l'âme de celui qui a été trompé; car le mensonge dans les paroles n'est qu'une imitation du sentiment que l'âme éprouve, un fantôme qui se produit plus tard; ce n'est pas un mensonge pur : n'est-il pas vrai? — ADIMANTE. Tout à fait.

5. — SOCRATE. Le vrai mensonge est donc également détesté des dieux et des hommes. — ADIMANTE. Je le pense. — SOCRATE. Mais quoi? le mensonge dans les paroles n'est-il pas utile quelquefois et à quelques personnes, au point de perdre ce qu'il a d'odieux? N'a-t-il pas quelque utilité contre les ennemis ou même avec ceux qu'on appelle amis, lorsque la fureur ou la démence porte ceux-ci à une action mauvaise et qu'il devient alors un remède pour les détourner de leur dessein? Et dans les compositions poétiques dont nous venons de parler, lorsque nous ignorons la vérité exacte sur les faits anciens, et que nous assimilons le mensonge à toute la vraisemblance possible, ne rendons-nous pas ainsi le mensonge utile? — ADIMANTE. Très

certainement. — SOCRATE. Mais pour laquelle de ces raisons le mensonge serait-il utile à Dieu? L'ignorance de ce qui s'est passé dans les temps anciens le réduirait-elle à déguiser le mensonge sous les couleurs de la vraisemblance? — ADIMANTE. Il serait ridicule de le dire. — SOCRATE. Par conséquent, il n'y a pas en Dieu un poète menteur. — ADIMANTE. Je ne le crois pas. — SOCRATE. La crainte de ses ennemis le ferait-elle mentir? — ADIMANTE. Il s'en faut de beaucoup. — SOCRATE. Ce serait peut-être la démence ou la fureur de ses ennemis? — ADIMANTE. Mais les insensés et les furieux ne sont pas aimés de Dieu. — SOCRATE. Il n'y a donc point de raison pour que Dieu mente. — ADIMANTE. Non, il n'y en a point. — SOCRATE. Dieu, et tout ce qui est divin, est donc incapable de mentir. — ADIMANTE. Tout à fait. — SOCRATE. Essentiellement simple et vrai en parole et en action, Dieu ne change pas de forme et ne trompe personne ni par des fantômes, ni par des discours, ni par des signes qu'il envoie pendant la veille ou pendant les rêves. — ADIMANTE. J'en suis convaincu par tes discours. — SOCRATE. Tu approuves donc cette seconde loi qui nous défend, dans les discours ordinaires et dans les compositions poétiques, de représenter les dieux comme des enchanteurs qui prennent différentes formes et nous trompent en parole ou en action. — ADIMANTE. Je l'approuve. — SOCRATE. Ainsi, tout en louant bien des choses dans Homère, nous ne louerons pas le passage où il dit que Jupiter envoya un songe[1] à Agamemnon, ni le passage d'Eschyle où Thétis rappelle[2] qu'Apollon, chantant à ses noces,

> Avait prédit son bonheur de mère et lui avait promis des enfants exempts de maladies, qui parviendraient à une heureuse

1. Iliade, II, v. 6.
2. Psychostasie, pièce perdue d'Eschyle.

vieillesse. Après m'avoir annoncé sans réserve un sort chéri des dieux, il applaudit à mon bonheur dans un hymne qui me combla de joie. Je ne croyais pas que le mensonge pût sortir de cette bouche divine, d'où sortent tant d'oracles. Cependant ce dieu qui a chanté mon bonheur, ce dieu qui, témoin de mon hyménée, m'a annoncé un sort si digne d'envie, ce même dieu est le meurtrier de mon fils.

Quand un poète parlera ainsi des dieux, nous le repousserons avec indignation, nous ne lui permettrons pas de faire représenter son œuvre et nous ne souffrirons pas non plus que les maîtres s'en servent pour l'éducation de la jeunesse, si nous voulons que les gardiens de l'État soient des hommes religieux et semblables aux dieux, autant que le comporte la faiblesse humaine. — Adimante. Je trouve ces règles fort sages, et je suis d'avis qu'on en fasse autant de lois.

LIVRE TROISIÈME

ARGUMENT

On ne doit offrir à la jeunesse que les images du beau et du bon, afin de la porter naturellement à aimer ce qui est beau et bon. Dans ce but, Platon se hâte d'effacer des poésies les fictions qui peuvent amollir le courage et tromper la conscience, tout ce qui tend à dégrader le caractère des héros et à donner de fausses idées de la bonté des dieux. Critique d'Homère. Le législateur bannit le poète pour avoir mal parlé de la divinité; mais en le bannissant de la République, il chante ses louanges, et lui met une couronne sur la tête. Il définit ensuite la médecine et la jurisprudence, et veut qu'elles se bornent à la conservation de ceux qui ont reçu de la nature un corps sain et une belle âme. La tempérance bannira les médecins, et la justice bannira les juges. Platon aborde ensuite une question difficile, que jusqu'à ce jour les législateurs ont vainement essayé de résoudre. Il s'agit de donner le commandement à ceux qui sont dignes de commander. Le législateur veut fonder une inégalité juste et reporter incessamment à leur place tous les genres de mérite. Il divise la nation en trois classes : les guerriers, les magistrats et les mercenaires, auxquelles classes correspondent trois races d'hommes : les races d'or, d'argent et d'airain. Ces races, il les prend de la main de la nature, comme la nature les lui donne, et il les soumet à une éducation dont le but est de tirer à part les races d'or pour les porter au sommet de la société.

I. 1. — Socrate. Tels sont, à l'égard des dieux, les discours qu'il convient, ce me semble, de faire entendre et de ne pas faire entendre à des enfants qui devront un jour honorer les dieux et leurs parents et attacher un grand prix à l'amitié et à la concorde entre les citoyens. — Adimante. Ce que nous avons réglé sur ce point me paraît très raisonnable. — Socrate. Maintenant, si nous voulons qu'ils soient courageux, ne faut-il pas leur dire des choses qui les empêchent autant que possible de craindre la mort ? Ou penses-tu que l'on puisse devenir courageux quand on a cette crainte en soi-même ? — ADIMANTE. Non certes, je ne le pense pas. — SOCRATE. Quoi donc ? Penses-tu qu'un homme qui croit aux enfers et à l'horreur qui règne dans ce séjour soit sans crainte de la mort, et que dans les combats il préfère la mort à la défaite et à l'esclavage ? — ADIMANTE. Jamais. — SOCRATE. Il nous faut donc surveiller encore ceux qui racontent ces fables et leur recommander de changer leurs calomnies en éloges ; car tous ces récits ne sont ni vrais ni propres à inspirer de la confiance à des guerriers. — ADIMANTE. Oui, il le faut. — SOCRATE. Nous effacerons par conséquent tous les passages de ce genre, à commencer par ces vers :

Je préférerais à l'empire des morts la condition d'esclave et de laboureur chez un homme esclave lui-même, pauvre et vivant du [travail de ses mains[1].]

Et :

Platon craignait que ce séjour[2] de ténèbres et d'horreur profonde,
redouté des dieux eux-mêmes, ne se découvrît aux regards
des mortels et des immortels,

Et :

Hélas ! il ne reste donc plus de nous, après la mort,
Dans les demeures de Pluton, qu'une âme[3] et
Une vaine image, mais privée de sentiment
Et de raison.

Et :

Le seul Tirésias pense ; les autres ne sont que
des ombres errantes[4].

1. Odyssée, XI, v. 488.
2. Iliade, XX, v. 64.
3. *Ibid.*, XXXIII, v. 103.
4. Odyssée, X, v. 495.

Et :

> Son âme, s'envolant de son corps, s'enfuit dans les enfers,
> déplorant sa destinée, regrettant sa force et sa jeunesse [1].

Et ceci :

> Son âme, telle qu'une vapeur légère, s'enfuit
> sous terre, en gémissant [2].

Et encore :

> Telles des chauves-souris dans le fond d'un antre sacré
> voltigent avec des cris, quand une de la troupe
> est tombée du rocher, et s'attachent l'une à l'autre ;
> telles s'en allaient ensemble en gémissant [3].....

Nous conjurerons Homère et les autres poètes de ne pas trouver mauvais que nous effacions ces passages et tous ceux qui leur ressemblent. Ce n'est pas qu'ils ne soient poétiques et qu'ils ne flattent agréablement l'oreille du peuple : mais plus ils sont beaux, plus il est dangereux qu'ils soient entendus par des enfants et des hommes qui, destinés à être libres, doivent moins redouter la mort que l'esclavage. — ADIMANTE. Tu as parfaitement raison.

2. — SOCRATE. Ainsi nous devrons rejeter encore ces noms affreux et terribles de Cocyte, de Styx, d'enfers, de mânes, et d'autres du même genre qui font frissonner ceux qui les entendent. Peut-être ont-ils leur utilité sous quelque autre rapport ; mais nous craignons que la frayeur qu'ils inspirent ne refroidisse et n'amollisse le courage de nos guerriers. — ADIMANTE. Cette crainte est bien fondée. — SOCRATE. Faut-il les effacer? — ADIMANTE. Oui. — SOCRATE. Faut-il en prose et en poésie

1. Iliade, XVI, v. 856.
2. *Ibid.*, XXIII, v. 100.
3. Odyssée, XXIV, v. 6.

nous servir de mots d'un caractère tout différent? — ADIMANTE. Évidemment. — SOCRATE. Retrancherons-nous aussi les lamentations et les regrets qu'on met quelquefois dans la bouche des grands hommes? — ADIMANTE. C'est une suite nécessaire de ce que nous avons dit. — SOCRATE. Examine si la raison nous autorise ou non à faire ce retranchement. Nous disons que le sage ne regardera pas la mort comme un mal pour un autre sage dont il est l'ami. — ADIMANTE. Oui. — SOCRATE. Il ne pleurera donc pas sur lui, comme s'il lui était arrivé quelque malheur. — ADIMANTE. Non. — SOCRATE. Nous disons aussi que, s'il est un homme qui puisse se suffire à lui-même pour être heureux, c'est le sage, et qu'il a sur tous les autres l'avantage de n'avoir pour ainsi dire besoin de personne. — ADIMANTE. C'est la vérité. — SOCRATE. C'est donc lui qui ressentira le moins le malheur de perdre un fils, un frère, des richesses ou quelque autre bien de cette nature. — ADIMANTE. Oui certainement. — SOCRATE. C'est donc encore lui qui s'affligera le moins et qui se résignera le mieux, quand un de ces accidents lui arrivera. — ADIMANTE. De beaucoup. — SOCRATE. Nous aurons donc raison d'ôter aux hommes illustres les pleurs et les gémissements, et de les laisser aux femmes, encore aux femmes ordinaires, et aux hommes lâches, afin que ceux que nous destinons à la garde de l'État rougissent de pareilles faiblesses. — ADIMANTE. Fort bien. — SOCRATE. Nous prierons de nouveau Homère et les autres poètes de ne pas nous représenter dans leurs fictions Achille, le fils d'une déesse,

> Tantôt couché sur le côté, ou sur le dos ou la face contre terre;
> tantôt errant sur le rivage de la mer, en proie à la douleur;
> puis tout à coup se levant et errant, dans un profond chagrin,
> sur les bords de la mer immense[1];

1. Iliade, XXIV, v. 10 et suivants.

ni

> Prenant à deux mains la poussière brûlante
> et s'en couvrant la tête [1];

ou pleurant et sanglotant sans fin; ni Priam, ce roi presque égal aux dieux, suppliant tous ses guerriers et

> . . . . se roulant dans la poussière,
> appelant tour à tour chacun d'eux par son nom [2].

Encore plus les prierons-nous de ne pas supposer dans leurs vers que des dieux se lamentent et s'écrient :

> Hélas! malheureuse que je suis d'être la mère d'un héros [3]!

Et, si nous les en prions pour les autres dieux, nous le ferons pour le plus grand des dieux qu'Homère a osé défigurer au point de lui faire dire :

> Hélas! j'aperçois de mes yeux un héros qui m'est cher.
> Il est poursuivi autour des remparts; mon cœur
> en est troublé [4].

Et ailleurs :

> Hélas! hélas! voici le moment où Sarpédon,
> le mortel que je chéris le plus, doit fatalement
> tomber sous les coups de Patrocle, fils de Ménætius [5].

3. Si, en effet, mon cher Adimante, les jeunes gens écoutent ces récits d'une manière sérieuse, au lieu de s'en moquer comme de faiblesses indignes des dieux, il leur sera difficile de les croire indignes d'eux-mêmes, puisque après tout ils ne sont que des hommes, et de se faire

1. Iliade, XVIII, v. 23.
2. *Ibid.*, XXII, v. 414.
3. *Ibid.*, XVIII, v. 54.
4. *Ibid.*, XXII, v. 168.
5. *Ibid.*, XVI, v. 433.

des reproches lorsqu'il leur viendra à l'idée de dire ou de faire des choses semblables ; mais aux moindres disgrâces ils s'abandonneront sans honte et sans courage aux gémissements et aux larmes. — ADIMANTE. Rien n'est plus vrai que ce que tu dis. — SOCRATE. Or, cela ne doit pas être : nous en avons donné la raison, et il faut l'accepter, tant qu'on ne nous en trouvera pas une meilleure. — ADIMANTE. Non, cela ne doit pas être. — SOCRATE. Il ne faut pas non plus que nos jeunes gens soient portés au rire ; car un rire excessif est presque toujours la marque d'une agitation excessive dans l'âme. — ADIMANTE. Il me semble. — SOCRATE. Il ne faut donc pas représenter des hommes graves comme étant dominés par le rire, encore moins des dieux. — ADIMANTE. Non assurément. — SOCRATE. Nous n'approuverons donc pas ce passage d'Homère sur les dieux :

> Un rire inextinguible éclata parmi les dieux bienheureux,
> Lorsqu'ils virent Vulcain s'agiter en boitant
> Dans la salle du festin[1].

Ce passage ne doit pas être approuvé, s'il faut t'en croire. — ADIMANTE. Si du moins tu veux m'en croire, il ne doit pas être approuvé. — SOCRATE. Ou plutôt s'il faut s'en rapporter à la vérité, dont nous devons tenir le plus grand compte. Car, si nous avions raison de dire tout à l'heure que le mensonge est inutile aux dieux, mais qu'il est utile aux hommes sous forme de remède, il est évident qu'il doit être permis aux médecins, et que les particuliers ne doivent pas y toucher. — ADIMANTE. Cela est évident. — SOCRATE. C'est donc aux magistrats plus qu'à tous autres qu'il appartient de mentir pour tromper l'ennemi ou les citoyens dans l'intérêt de l'État.

1. Iliade, v. 599.

Tous les autres doivent s'interdire le mensonge, et nous dirons que le citoyen qui trompe les magistrats est aussi coupable et même plus coupable que le malade qui trompe son médecin, que l'élève qui cache au gymnasiarque les défauts de son corps ou que le matelot qui n'informe pas le pilote de ce qu'il fait lui ou son camarade de navigation pour le vaisseau et l'équipage. — ADIMANTE. C'est parfaitement vrai. — SOCRATE. Par conséquent, si le magistrat surprend en flagrant délit de mensonge un citoyen quelconque

> De la classe des artisans,
> soit devin, soit médecin ou charpentier [1],

il le punira sévèrement, comme introduisant dans l'État, ainsi que dans un vaisseau, un mal capable de le renverser et de le perdre. — ADIMANTE. C'est ce qui arriverait, si les actions répondaient aux paroles. — SOCRATE. Quoi donc? ne nous faudra-t-il pas aussi élever les jeunes gens dans la tempérance? — ADIMANTE. Assurément. — SOCRATE. Les plus grands effets de la tempérance ne sont-ils pas ordinairement de nous rendre soumis à ceux qui gouvernent, et maîtres de nous-mêmes en tout ce qui concerne le boire, le manger et les plaisirs des sens? — ADIMANTE. Oui, il me le semble. — SOCRATE. Alors nous approuverons ce passage d'Homère, où Diomède dit à Sthénélus :

> Ami, assieds-toi en silence et suis mes conseils [2].

Et celui-ci encore :

> Les Grecs s'avançaient pleins d'ardeur,
> montrant par leur silence leur crainte respectueuse pour leurs chefs [3].

1. Odyssée, XVII, v. 383.
2. Iliade, III, v. 8.
3. *Ibid.*, IV, v. 412.

Et les passages semblables. — ADIMANTE. Bien. — SOCRATE. Mais approuverons-nous aussi ce vers :

> Ivrogne, qui as les yeux d'un dogue et le cœur d'une biche[1]....

Et ceux qui les suivent, et toutes les injures que les poètes et les autres écrivains font dire à des inférieurs à leurs supérieurs ? — ADIMANTE. Non, sans doute. — SOCRATE. Je crois que de pareils discours ne sont guère propres à inspirer de la modération aux jeunes gens, et, s'ils leur procurent quelque autre plaisir, il ne faut pas s'en étonnner. Qu'en penses-tu ? — ADIMANTE. Je pense comme toi.

4. — SOCRATE. Hé quoi ! lorsque Homère fait dire au sage Ulysse que rien ne lui paraît plus beau que des tables couvertes

> De mets délicieux, et un échanson qui puise dans le cratère
> un vin généreux qu'il porte et verse dans les coupes[2],...

Et ailleurs :

> La mort la plus triste est de périr par la faim[3],

ou lorsqu'il nous représente Jupiter prompt à oublier, dans l'ardeur qui l'entraîne vers les plaisirs de l'amour, les desseins qu'il a formés, quand seul il veillait pendant le sommeil des dieux et des hommes, et tellement transporté à la vue de Junon, qu'il ne veut pas rentrer dans son palais, mais satisfaire sa passion dans le lieu même où il se trouve, lui protestant que jamais il n'éprouva de si vifs désirs, pas même le jour où ils se virent pour la première fois

> . . . . . à l'insu de leurs parents[4] . . . . .

1. Iliade, I, v. 225.
2. Odyssée, IX, v. 8.
3. *Ibid.*, XI, 342.
4. Iliade, XIV, v. 291.

ou lorsqu'il raconte comment à la suite de pareils plaisirs Mars et Vénus furent surpris dans les filets de Vulcain [1]. — ADIMANTE. Certes tous ces récits ne sont pas convenables. — SOCRATE. Mais, si les héros montrent dans leurs paroles ou dans leurs actions un courage à toute épreuve, c'est alors qu'il faut admirer et l'écouter comme dans ces vers :

> Ulysse, frappant sa poitrine, parla ainsi à son âme :
> Courage, ô mon âme ! tu as déjà supporté de plus grands maux [2].

— ADIMANTE. Oui, assurément.

— SOCRATE. Il ne faut pas souffrir que les guerriers aiment les présents ni les richesses. — ADIMANTE. Non, sans doute. — SOCRATE. Il ne faut pas non plus chanter ce vers devant eux :

> Les présents [3] persuadent les dieux et les rois vénérables,

ni louer Phénix, gouverneur d'Achille, de lui avoir conseillé de secourir les Grecs, si on lui fait des présents, sinon de garder son ressentiment [4]. Nous refusons de croire et d'avouer qu'Achille ait été avide au point de recevoir des présents d'Agamemnon [5] et de ne vouloir rendre un *cadavre* [6] qu'après avoir reçu la rançon. — ADIMANTE. La justice ne permet pas de louer de pareils traits. — SOCRATE. Je n'ose dire, par respect pour Homère, que c'est une impiété d'accuser Achille de pareilles actions ou de croire ses accusateurs. Je n'ose pas dire non

1. Odyssée, VIII, v. 266.
2. *Ibid.*, XX, v. 17.
3. Euripide, Médée, v. 934.
4. Iliade, IX, v. 435.
5. *Ibid.*, XIX, v. 278.
6. *Ibid.*, XXIV, v. 175.

plus que ce héros ait jamais fait de pareille menace à Apollon :

> Tu m'as frappé, Apollon[1], le plus cruel de tous les dieux !
> Ah ! je t'en punirais, si j'en avais le pouvoir.

Il ne faut pas croire qu'il ait été rebelle à la voix d'un dieu, le fleuve Xanthe, contre lequel il était prêt à se battre[2], ni qu'il ait dit à l'autre fleuve, le Sperchius, auquel sa chevelure avait été consacrée :

> Je veux donner cette chevelure au héros Patrocle.

ni qu'il n'ait rendu à un mort cet hommage promis à un dieu. Nous nierons qu'il ait traîné le cadavre d'Hector autour du tombeau[4] de Patrocle, égorgé et fait brûler des captifs[5] troyens sur le bûcher de son ami. Nous soutiendrons que tous ces récits sont des mensonges et nous ne souffrirons pas qu'on fasse croire à nos guerriers qu'Achille, le fils d'une déesse et du sage Pélée, l'arrière-petit-fils de Jupiter, l'élève du sage Chiron, ait eu l'âme assez désordonnée pour renfermer en elle deux vices contraires, la bassesse jointe à la cupidité, et un orgueil qui insultait aux dieux et aux hommes. — ADIMANTE. Tu as raison.

5.— SOCRATE. Gardons-nous aussi de croire et de laisser dire que Thésée, fils de Neptune, et Pirithoüs, fils de Jupiter, aient tenté des enlèvements aussi criminels que ceux qu'on leur attribue, ni qu'aucun autre enfant des dieux, aucun héros ait osé commettre des cruautés et des impiétés aussi horribles que celles dont les poètes

1. Iliade, XXII, v. 15.
2. *Ibid.*, XXI, v. 12.
3. *Ibid.*, XXIII, v. 151.
4. *Ibid.*, XXII, v. 394.
5. *Ibid.*, XXIII, v. 175.

les accusent faussement. Contraignons-les de reconnaître que les héros n'ont jamais commis de telles actions ou qu'ils ne sont pas les enfants des dieux; ne leur permettons pas de dire les deux choses à la fois et d'essayer de persuader à nos jeunes gens que les dieux ont produit quelque chose de mauvais et que les héros ne sont pas meilleurs que les hommes; car nous avons dit que ces discours ne sont ni religieux ni vrais, et nous avons montré aussi qu'il répugne que les dieux soient auteurs d'aucun mal. — ADIMANTE. Sans contredit. — SOCRATE. Ajoutons que ces discours sont dangereux pour ceux qui les entendent. Quel homme, en effet, ne se pardonnera le mal qu'il a fait, une fois qu'il sera persuadé que les héros font et ont fait les mêmes choses?

> Les héros, vrais enfants des dieux,
> tout près de Jupiter, qui ont, au sommet de l'Ida,
> leur autel paternel, dans les pures régions de l'air,
> et qui sentent encore couler dans leurs veines le sang des
> [immortels[1].

Ces raisons nous obligent à mettre une fin à toutes ces fictions, dans la crainte qu'elles ne donnent aux jeunes gens une trop grande facilité de faire le mal. — ADIMANTE. Oui, sans doute. — SOCRATE. Puisque nous avons commencé à déterminer quels discours on doit tenir ou ne pas tenir devant les jeunes gens, en est-il encore quelque espèce dont nous ayons à parler? Nous avons déjà traité de ce qu'il faut dire au sujet des dieux, des génies, des héros et des enfers. — ADIMANTE. Oui. — SOCRATE. Serait-ce à présent le lieu de régler la matière des discours qui regardent les hommes? — ADIMANTE. Sans doute. — SOCRATE. Mais, mon cher ami, il nous est im-

1. Vers attribués par Lucien à un poète tragique dont il ne donne pas le nom.

possible pour le moment d'en fixer les règles. — ADIMANTE. Pourquoi? — SOCRATE. Parce que nous dirions, je pense, que les poètes et les conteurs de fables se trompent au sujet des hommes dans les choses de la plus grande importance, lorsqu'ils disent que généralement les hommes injustes sont heureux, et les justes malheureux; que l'injustice est utile, tant qu'elle demeure cachée; qu'au contraire la justice est un bien pour celui qui ne la possède pas, et un mal pour celui qui la possède. Nous leur interdirions de pareils discours, et nous prescririons à l'avenir de dire le contraire en vers et en prose : n'est-il pas vrai? — ADIMANTE. J'en suis persuadé. — SOCRATE. Mais, si tu conviens que j'ai raison en cela, en conclurai-je que tu conviens aussi de ce que nous cherchions depuis longtemps? — ADIMANTE. Ta réflexion est juste. — SOCRATE. Ainsi remettons-nous à dire quels sont les discours qu'il faut tenir en parlant des hommes, lorsque nous aurons découvert ce que c'est que la justice, si elle est utile par elle-même à celui qui la possède, soit qu'il passe ou non pour juste? — ADIMANTE. Très-bien. — SOCRATE. C'en est assez sur le discours en lui-même; passons maintenant à ce qui regarde la diction, et alors nous aurons traité d'une manière complète du fond et de la forme qu'il faut donner au discours.

II. 1. — ADIMANTE. Je ne comprends pas ce que tu veux dire. — SOCRATE. Il le faut pourtant. Peut-être comprendras-tu mieux de cette manière. Tout ce que disent les conteurs de fables et les poètes, n'est-ce pas un récit de choses passées, présentes ou futures? — ADIMANTE. Sans doute. — SOCRATE. N'emploient-ils pas pour cela le récit simple, imitatif ou composé? — ADIMANTE. Je te prie de m'expliquer encore ceci plus clairement. — SOCRATE. Je suis un plaisant maître, à ce qu'il paraît; je ne sais pas me faire entendre. Comme ceux qui n'ont pas la facilité de s'expliquer, je vais tâcher de te faire saisir ma pensée non sous des formes générales, mais partiellement. Réponds-moi : tu sais les premiers vers de l'Iliade, où Homère raconte que Chrysès pria Agamemnon de lui rendre sa fille, que celui-ci refusa avec emportement et qu'alors Chrysès, n'ayant pas obtenu l'objet de sa demande, supplia Apollon de le venger de ce refus sur l'armée des Grecs. — ADIMANTE. Oui. — SOCRATE. Tu sais encore que jusqu'à ces vers :

> ...... Il implorait tous les Grecs
> et surtout les deux Atrides, chefs des peuples [1],

le poète parle en son nom, et ne cherche point à détourner la pensée sur un autre que lui, comme s'il ne parlait pas lui-même. Mais après ces vers il parle comme s'il était devenu Chrysès, et il emploie tout son art pour nous persuader que ce n'est plus Homère qui parle, mais ce vieillard, prêtre d'Apollon. Il a adopté ce genre de récit pour la plupart des évènements qui se sont passés à Ilion, à Ithaque et dans toute l'Odyssée. — ADIMANTE. Cela est exact. — SOCRATE. N'est-ce pas toujours un récit, soit que le poète parle, soit qu'il fasse parler les autres ? — ADIMANTE. Sans doute. — SOCRATE. Mais, lorsqu'il parle sous le nom d'un autre, ne dirons-nous pas qu'il fait tous ses efforts pour ressembler par le langage à celui dont il aura annoncé le discours ? — ADIMANTE. Oui, nous le dirons. — SOCRATE. Or, se rendre semblable à quelqu'un par le langage ou par les gestes, n'est-ce pas l'imiter ? — ADIMANTE. Oui. — SOCRATE. Ainsi, dans ces occasions, il semble qu'Homère et les autres poètes se

1. Iliade, I, v. 15 et 16.

servent de l'imitation pour faire leurs récits. — ADIMANTE. Tout à fait. — SOCRATE. Au contraire, si le poète ne se cachait jamais sous un autre nom, tout son poème, tout son récit serait sans imitation. Mais, pour t'empêcher de dire que tu ne comprends pas comment cela peut se faire, je vais te l'expliquer. Si Homère, après avoir dit que Chrysès vint au camp avec la rançon de sa fille et supplia les Grecs, surtout les deux rois, n'eût point parlé comme s'il était devenu Chrysès, mais toujours sous le nom d'Homère, sais qu'alors il n'y aurait pas imitation, mais récit simple. Voici quelle forme il aurait prise ; je me servirai de la prose, car je ne suis pas poète : « Le prêtre, étant venu [1] au camp, exprima le vœu que les dieux rendissent les Grecs maîtres de Troie et leur accordassent un retour heureux. Ensuite il pria les Grecs, au nom d'Apollon, de lui rendre sa fille et d'accepter sa rançon. Tous les Grecs furent pénétrés de respect pour ce vieillard et ils accueillirent sa prière. Agamemon s'emporta ; il lui ordonna de se retirer et de ne plus revenir, de peur que le sceptre et les bandelettes du dieu ne fussent pas pour lui un secours suffisant. Il ajouta que sa fille ne serait délivrée que lorsqu'elle aurait vieilli avec lui dans Argos. En conséquence, il lui renouvela l'ordre de se retirer et de ne pas l'irriter, s'il voulait retourner chez lui sain et sauf. Le vieillard, à ces mots, trembla et se retira en silence. Dès qu'il fut éloigné du camp, il adressa une touchante prière à Apollon, l'invoquant par tous ses noms, le suppliant et lui rappelant le souvenir de tout ce qu'il avait fait pour lui plaire, les temples qu'il avait bâtis en son honneur, les victimes choisies qu'il avait immolées ; il lui demanda pour récompense de punir les

1. Iliade, I, v. 15.

Grecs des larmes qu'ils lui faisaient répandre et de lancer ses flèches sur eux ». Voilà, mon cher, un récit sans imitation, un récit simple. — ADIMANTE. Je comprends.

2. — SOCRATE. Comprends aussi qu'il est une espèce de récit opposé à celui-là. C'est lorsque le poète, supprimant tout ce qu'il entremêle en son nom aux discours de ceux qu'il fait parler, ne laisse que le dialogue. — ADIMANTE. Je comprends encore : c'est le récit propre à la tragédie. — SOCRATE. Justement. Je crois maintenant te faire entendre ce que je ne pouvais t'expliquer auparavant, savoir que dans la poésie et dans toute fiction il y a des récits de trois sortes. L'un est tout à fait imitatif, et, comme tu dis, il appartient à la tragédie et à la comédie. L'autre se fait au nom du poète : tu le trouveras employé le plus souvent dans les dithyrambes. Le troisième est un mélange de l'un et de l'autre. On s'en sert dans l'épopée et dans beaucoup d'autres poèmes : tu m'entends? — ADIMANTE. J'entends maintenant ce que tu voulais dire. — SOCRATE. Rappelle-toi aussi qu'antérieurement à ceci nous disions que ce qui concerne le fond du discours avait déjà été dit et qu'il nous restait à en examiner la forme. — ADIMANTE. Je me le rappelle. — SOCRATE. Je voulais donc te dire qu'il nous fallait discuter ensemble si nous permettrions aux poètes le récit purement imitatif, ou le récit tantôt simple et tantôt imitatif; quelles règles nous leur prescririons pour ces deux espèces de récits, ou si nous leur interdirions toute imitation. — ADIMANTE. Je devine ta pensée : tu veux examiner si nous recevrons ou non la tragédie et la comédie dans notre État. — SOCRATE. Peut-être, et quelque chose encore de plus : car je n'en sais rien pour le moment. Mais il me faut aller où me poussera le souffle de la raison. — ADIMANTE. C'est bien dit.

— Socrate. Examine maintenant, mon cher Adimante, si les gardiens de l'État doivent être ou non habiles dans l'art d'imiter. Ne suit-il pas de ce que nous avons dit plus haut que chacun ne peut bien faire qu'une seule chose, et qu'en faire plusieurs à la fois, c'est le moyen de les manquer toutes, de manière à ne se rendre jamais célèbre. — Adimante. Cela ne doit-il pas être? — Socrate. N'en est-il pas de même par rapport à l'imitation? Le même homme ne peut pas imiter aussi bien plusieurs choses qu'une seule. — Adimante. Non. — Socrate. Encore moins pourra-t-il s'appliquer à quelque chose de sérieux, imiter plusieurs choses en même temps, et se faire imitateur de profession; d'autant plus que le même homme ne peut bien réussir dans deux imitations qui paraissent tenir beaucoup l'une de l'autre, comme la tragédie et la comédie. Ne les appelais-tu pas tout à l'heure des imitations? — Adimante. Oui, et tu as raison de dire qu'on ne peut pas exceller à la fois dans l'une et l'autre. — Socrate. On ne peut pas même être à la fois rhapsode[1] et acteur. — Adimante. C'est la vérité. — Socrate. La comédie et la tragédie demandent des acteurs différents; et cependant tout cela est de l'imitation : n'est-ce pas? — Adimante. Oui. — Socrate. Les facultés humaines, Adimante, me semblent partagées en fractions encore plus petites, de sorte qu'il leur est impossible de bien imiter plusieurs choses ou de faire sérieusement les choses qu'elles reproduisent par l'imitation. — Adimante. Rien de plus vrai.

3. — Socrate. Si donc nous maintenons le premier règlement qui veut que les guerriers abandonnent tous les autres arts, se livrent tout entiers et sans réserve à celui qui défend la liberté de l'État et négligent tout ce

1. Les rhapsodes récitaient par cœur les vers héroïques d'Homère ou de quelque autre poète.

qui ne s'y rapporte pas, il faut qu'ils ne fassent pas autre chose, ni réellement ni par imitation; ou, s'ils imitent quelque chose, il faut qu'ils imitent les qualités qu'il leur convient d'acquérir dès l'enfance : le courage, la tempérance, la sainteté, la grandeur d'âme et les autres vertus ; qu'ils ne fassent rien de bas ni de honteux, et qu'ils n'aient pas même le talent d'imiter des choses de cette nature, de peur que l'imitation ne leur donne une partie de la réalité. N'as-tu pas remarqué en effet que l'imitation, lorsqu'on en contracte l'habitude dès la jeunesse, passe dans les mœurs, devient une seconde nature et change l'extérieur, le ton et le caractère? — ADIMANTE. Parfaitement. — SOCRATE. Nous ne souffrirons pas que ceux dont nous prétendons diriger l'éducation et à qui nous faisons un devoir de la vertu aillent, tout hommes qu'ils sont, représenter en l'imitant une femme, jeune ou vieille, querellant son mari, s'égalant aux dieux dans son orgueil, enivrée de son bonheur, ou s'abandonnant, lorsqu'elle est malheureuse, aux plaintes et aux lamentations. Encore moins leur permettrons-nous de la représenter malade, amoureuse ou dans les douleurs de l'enfantement. — ADIMANTE. Non certes. — SOCRATE. Ni de s'abaisser à des rôles d'esclaves de l'un ou l'autre sexe dans leur basse condition. — ADIMANTE. Non. — SOCRATE. Ni à ceux d'hommes méchants et lâches, qui font le contraire de ce que nous avons dit, qui se querellent, s'insultent et tiennent des propos honteux, soit dans l'ivresse ou de sang-froid, ni à tous les discours et à toutes les actions dont ces gens se rendent coupables envers eux et envers les autres. Je ne pense pas non plus qu'ils doivent s'habituer à contrefaire les paroles et les actions de ceux qui sont en fureur. Il faut connaître les furieux et les méchants, hommes et femmes, mais il ne faut ni faire ni imiter ce qu'ils font. — ADIMANTE. Rien n'est plus vrai. — SOCRATE. Quoi donc? doivent-ils imiter encore les forgerons et les autres ouvriers, les rameurs, les patrons de galère et tous les gens de cette classe? — ADIMANTE. Comment le devraient-ils, puisqu'il ne leur sera pas même permis de s'appliquer à aucun de ces métiers? — SOCRATE. Ou bien imiteront-ils le hennissement des chevaux, le mugissement des taureaux, le bruit des fleuves, le sifflement de la mer, le fracas du tonnerre et autres choses semblables? — ADIMANTE. Mais il leur a été défendu de se laisser aller à la fureur et d'imiter les actes des furieux. — SOCRATE. Si je comprends bien ce que tu veux dire, il est une manière de parler et de raconter dont se sert celui qui est véritablement honnête homme, quand il a quelque chose à raconter, et une autre toute différente à laquelle s'attache et se tient toujours celui qui a reçu une nature et une éducation opposées. — ADIMANTE. Quelles sont ces deux manières? — SOCRATE. L'honnête homme, lorsque son discours le conduira au récit de ce qu'a dit ou fait un homme de bien, voudra, je crois, le représenter dans sa personne, sans rougir de cette imitation, surtout quand celui qu'il imite montre de la fermeté et de la sagesse, et il y mettra moins de soin et d'application, quand celui-ci est abattu par la maladie, vaincu par l'amour, dans l'ivresse ou dans quelque situation fâcheuse; mais, quand l'occasion s'offrira de représenter un homme au-dessous de lui, jamais il ne voudra imiter sérieusement un plus méchant que lui-même, ou ce ne sera qu'en passant, lorsque cet homme aura fait quelque chose de bien; au contraire il en rougira, parce qu'il n'est point exercé à imiter ces sortes de personnes et qu'il s'en voudrait, s'il se moulait et se formait sur le modèle de ceux qui valent moins que lui : comme il les méprise, il ne les imitera jamais, à moins que ce ne soit pour rire un moment. — ADIMANTE. Cela doit être.

4. — SOCRATE. Son récit sera donc tel que celui d'Homère dont nous parlions tout à l'heure, en partie simple, en partie imitatif, de manière cependant que l'imitation n'ait qu'une faible part dans toute la suite du discours : ai-je raison? — ADIMANTE. Oui, c'est ainsi que doit parler un homme de ce caractère. — SOCRATE. Pour celui qui est d'un caractère opposé, plus il sera vicieux, plus il sera porté à tout imiter : il ne croira rien au-dessous de lui; ainsi il se fera une étude d'imiter sérieusement et en public tout ce que nous avons énuméré tout à l'heure : le tonnerre, le bruit des vents, de la grêle, des essieux, des roues, le son des trompettes, des flûtes, des chalumeaux, de tous les instruments, et le cri des chiens, des brebis, des oiseaux; son discours ne sera presque tout entier qu'une invitation par la voix et par les gestes, et il y entrera à peine quelque chose du récit simple : n'est-ce pas? — ADIMANTE. Nécessairement. — SOCRATE. Telles sont les deux espèces de récits dont je voulais parler. — ADIMANTE. Elles existent en effet. — SOCRATE. La première, comme tu vois, n'admet que très peu de passage[1]; et dès qu'on a trouvé l'harmonie[2] et le nombre[3] qui lui conviennent, on n'a presque plus besoin pour bien dire que de conserver le même nombre et la même harmonie. — ADIMANTE.

1. Le changement d'un genre de rhythme à un autre genre s'appelle passage. En musique, le mot passage a une signification analogue à celle dont il s'agit ici.

2. L'harmonie est l'accord des sons.

3. Le nombre ou rhythme signifie l'espace des temps. Dans Platon et Quintilien ces deux expressions se confondent. *Numeros* ῥυθμους *accipi volo. Institutio oratoria*, liber IX, caput IV. *Ego certe posco hoc mihi, ut, quum pro composito dixero numerum, et ubicumque jam dixi, oratorium dicere intelligar.* Quintilien, *idem.*

C'est tout à fait comme tu dis. — SOCRATE. La seconde n'est-elle pas tout le contraire? N'a-t-elle pas besoin de toutes les harmonies et de tous les nombres pour s'exprimer convenablement, parce qu'elle embrasse toutes les formes imaginables de passages? — ADIMATE. Cela est exactement vrai. — SOCRATE. Est-ce que tous les poètes et en général ceux qui racontent quelque chose emploient l'un ou l'autre de ces récits ou bien leur composé? — ADIMANTE. Nécessairement. — SOCRATE. Que ferons-nous donc? Admettrons-nous ces trois genres dans notre État? Adopterons-nous l'un des deux genres purs ou leur composé? — ADIMANTE. Si mon avis l'emporte, nous nous déciderons en faveur du genre simple, qui imite l'homme de bien. — SOCRATE. Oui ; mais, mon cher Adimante, le récit mélangé a bien de l'agrément, et le récit opposé à celui que tu choisis plaît infiniment aux enfants, à ceux même qui gouvernent la jeunesse, et surtout au peuple. — ADIMANTE. J'en conviens. — SOCRATE. Peut-être allègueras-tu avec raison qu'il ne s'accorde pas avec notre plan d'État, parce qu'il n'y a point chez nous d'homme qui réunisse les talents de deux ou de plusieurs hommes, et que chacun n'y fait qu'une chose. — ADIMANTE. C'est justement ma raison. — SOCRATE. Aussi est-ce pour cela que notre État est le seul où le cordonnier est simplement cordonnier, et non pas pilote avec cela; le laboureur, laboureur, et non pas juge en même temps; le guerrier, guerrier, et non pas encore commerçant, et ainsi des autres. — ADIMANTE. Cela est vrai. — SOCRATE. Si donc un homme habile à prendre toute sorte de formes et à tout imiter venait dans notre État pour faire admirer sa personne et ses poésies, nous lui rendrions hommage comme à un être sacré, merveilleux, ravissant, mais nous lui dirions qu'il n'y a pas d'homme comme lui dans notre

État, qu'il ne peut y en avoir, et nous le congédierions, après lui avoir versé des parfums sur la tête et l'avoir orné de bandelettes ; nous nous contenterions du poète et du conteur plus austère et moins agréable, mais plus utile, qui imiterait le ton de l'honnête homme et suivrait scrupuleusement les formules que nous avons prescrites dès l'origine, en essayant de tracer le plan de l'éducation de nos guerriers. — ADIMANTE. Nous ferions de même, si le choix dépendait de nous. — SOCRATE. Il me semble maintenant, cher ami, que nous avons complètement terminé cette partie de la musique qui a rapport aux discours et aux fables, car nous avons exposé quels doivent en être le fond et la forme. — ADIMANTE. Il me le semble aussi.

III. 1. — SOCRATE. Il nous reste à parler de cette autre partie de la musique qui regarde le chant et la mélodie. — ADIMANTE. Oui. — SOCRATE. Or, est-il possible de ne pas voir tout d'abord quelles règles nous devons prescrire pour être d'accord avec nos principes? — GLAUCON souriant. Pour moi, Socrate, je risque bien de faire exception. Je ne suis pas en état pour le moment de conjecturer ce que nous devons dire, mais je m'en doute à peu près. — SOCRATE. Il est certain que tu es du moins en état de nous dire tout d'abord que la mélodie se compose de trois éléments, les paroles, l'harmonie et le nombre. — ADIMANTE. Oh! pour cela oui. — SOCRATE. Quant aux paroles, chantées ou non, ne doivent-elles pas toujours être composées selon les lois que nous avons déjà prescrites? — GLAUCON. Sans doute. — SOCRATE. Il faut aussi que l'harmonie et le nombre répondent aux paroles. — GLAUCON. Oui. — SOCRATE. Nous avons dit qu'il fallait bannir du discours les plaintes et les lamentations. — GLAUCON. En effet, il n'en a pas besoin. — SOCRATE. Quelles sont donc les harmonies plaintives? Dis-le moi, car tu es musicien. — GLAUCON. C'est la lydienne mixte, la lydienne aiguë et quelques autres semblables. — SOCRATE. Il faut par conséquent les retrancher, car elles sont inutiles et ne conviennent pas aux femmes d'un caractère estimable, à plus forte raison aux hommes. — GLAUCON. Certainement. — SOCRATE. Rien n'est plus inconvenant pour les gardiens de l'État que l'ivresse, la mollesse et l'indolence. — GLAUCON. Sans contredit. — SOCRATE. Quelles sont donc les harmonies molles et usitées dans les festins? — GLAUCON. L'ionienne et la lydienne qu'on appelle harmonies lâches. — SOCRATE. Peux-tu, mon cher ami, les rendre utiles aux gens de guerre? — GLAUCON. Nullement; il ne te reste plus guère que la dorienne et la phrygienne. — SOCRATE. Je ne connais pas toutes les espèces d'harmonies : mais laisse-nous cette harmonie qui pourrait imiter convenablement le ton et les mâles accents d'un homme de cœur qui est jeté dans la mêlée ou dans toute autre action violente, et qui, précipité dans le malheur, comme lorsqu'il est obligé par le sort de s'exposer aux blessures et de courir à la mort ou lorsqu'il tombe dans quelque horrible accident, supporte dans toutes ces circonstances les coups de la fortune avec un courage inébranlable et repousse tous ses assauts; laisse-nous encore cette autre harmonie qui le représenterait dans des pratiques pacifiques, douces et toutes volontaires, suppliant Dieu par ses prières, persuadant l'homme par ses leçons et par ses conseils, ou se montrant lui-même sensible aux prières, aux leçons et aux conseils de ses semblables, et ainsi réussissant toujours à souhait, sans jamais s'enorgueillir, sage, modéré dans toute sa conduite et content de ce qui lui arrive. Laisse-nous ces deux modes d'harmonie, l'un énergique, l'autre d'un mouvement tranquille, qui imiteront parfaitement les accents de l'homme sage et courageux dans la bonne et dans la mauvaise fortune. — GLAUCON. Les harmonies que tu m'engages à laisser sont précisément celles que je viens de nommer. — SOCRATE. Nous n'aurons donc pas besoin dans nos chants et notre mélodie d'instruments qui aient des cordes nombreuses et qui rendent toutes les harmonies. — GLAUCON. Évidemment non. — SOCRATE. Nous n'aurons donc pas d'ouvriers à nourrir pour fabriquer des triangles, des pectis et tous ces instruments à cordes nombreuses et à plusieurs harmonies. — GLAUCON. Non, sans doute. — SOCRATE. Recevras-tu dans notre État les faiseurs et les joueurs de flûte? Cet instrument n'équivaut-il pas à celui qui aurait le plus de cordes, et même les instruments qui rendent toutes les harmonies sont-ils autre chose qu'une imitation de la flûte? — GLAUCON. Rien autre chose. — SOCRATE. Ainsi pour la ville on te laisse la lyre et le luth comme instruments utiles, et pour les champs les bergers auront le pipeau. — ADIMANTE. C'est une conséquence toute simple. — SOCRATE. Au reste, mon cher ami, nous ne faisons rien de nouveau en préférant Apollon et les instruments d'Apollon à Marsyas et à ses instruments. — ADIMANTE. J'en atteste Jupiter. — SOCRATE. Par le chien[1], nous avons bien réformé, sans nous en apercevoir, notre État qui, disions-nous tout à l'heure, regorgeait de délices. — GLAUCON. Et nous avons fait sagement.

2. — SOCRATE. Achevons notre réforme, et disons du rhythme[2] ce que nous avons dit de l'harmonie, c'est-à-dire qu'il faut en éviter la variété et la multiplicité, pour

1. C'est le serment de Rhadamante qui, pour éviter de jurer par les dieux, inventa des serments insignifiants.

2. Il faut se rappeler que rhythme est synonyme de nombre.

ne chercher que les rhythmes qui conviennent à une vie sage et courageuse. Après les avoir trouvés, nous assujettirons le nombre et la mélodie aux paroles, et non les paroles au nombre et à la mélodie; mais quels que soient ces rhythmes, c'est à toi qu'il appartient de les désigner, comme tu as fait pour les différentes harmonies. — GLAUCON. En vérité, je ne puis te satisfaire. Je te dirai bien, pour en avoir fait une étude sérieuse, qu'il y a trois temps qui forment toutes les mesures, et quatre tons principaux d'où résultent toutes les harmonies; mais je ne saurais te dire quelles mesures représentent telle ou telle situation de la vie. — SOCRATE. Nous examinerons dans la suite avec Damon[1] quelles mesures expriment la bassesse, l'insolence, la fureur et les autres vices, ainsi que celles qu'il faut réserver pour les vertus opposées. Je crois l'avoir entendu parler assez confusément de certains mètres qu'il appelait celui-ci énople, composé de plusieurs autres, celui-là dactyle, cet autre héroïque, et qu'il arrangeait je ne sais comment, d'un pied qui commençait et finissait par la même mesure, d'un autre qui était composé d'une brève et d'une longue, et qu'il appelait iambe, à ce que je crois, et de je ne sais quel autre qu'il nommait trochée; il employait des longues et des brèves. Je crois aussi que dans certaines occasions il approuvait ou condamnait autant les inflexions de chaque pied que les rhythmes eux-mêmes, ou je ne sais quoi qui résulte de l'un et de l'autre, car je ne puis bien te dire ce que c'est[2]; mais

1. Célèbre musicien qui fut le maître de Périclès.

2. Tout cet endroit est obscur et embarrassé, parce que Socrate ne parle qu'à demi-mot, comme un homme qui affecte de n'être pas instruit sur la matière dont il parle. On voit seulement qu'il s'agit de différentes combinaisons de longues et de brèves pour former les pieds, les mesures, les rhythmes, les nombres ou les cadences.

remettons, comme j'ai dit, à conférer là-dessus avec Damon. Cette discussion demanderait en effet beaucoup de temps ; n'est-ce pas? — GLAUCON. Oui certes.

— SOCRATE. Au moins tu pourras me dire que l'agrément se trouve où est la beauté du rhythme, et que le contraire de l'agrément se trouve où la beauté du rhythme n'est pas. — GLAUCON. Sans doute. — SOCRATE. Mais la beauté du rhythme et de l'harmonie suit, en l'imitant, la beauté des paroles, de même que les paroles sans beauté suivent un rhythme et une harmonie analogues ; car nous avons dit que le rhythme et l'harmonie sont faits pour les paroles, et non les paroles pour le rhythme et l'harmonie. — GLAUCON. L'un et l'autre doivent se conformer au discours. — SOCRATE. Mais qu'est-ce que la manière de dire, et le discours lui-même? Ne suivent-ils pas le caractère de l'âme? — GLAUCON. Sans doute. — SOCRATE. Et tout le reste accompagne la diction? — GLAUCON. Oui. — SOCRATE. Ainsi la beauté des paroles, l'harmonie, la grâce, le rhythme sont l'expression de la bonté de l'âme ; et je n'entends point par ce mot la stupidité qu'on appelle, par une espèce d'adoucissement, bonhomie; j'entends le caractère d'une âme qui sait vraiment allier la bonté à la beauté. — GLAUCON. A merveille. — SOCRATE. Nos jeunes guerriers ne doivent-ils pas dans toutes les occasions rechercher ces heureuses qualités, s'ils veulent bien remplir leur devoir? — GLAUCON. Oui. — SOCRATE. C'est là aussi le but de la peinture et de tous les beaux-arts, de l'art du tisserand, de la broderie, de l'architecture, de tous les autres arts et de la nature elle-même dans la production des corps et des plantes. La grâce ou le défaut de grâce se rencontre dans tous leurs ouvrages, et comme le défaut de grâce, de rhythme et d'harmonie est la marque naturelle d'un mauvais esprit et d'un mauvais cœur, de même les qualités opposées sont l'image et l'expression fidèles de la sagese et de la bonté de l'âme. — GLAUCON. Tout à fait.

3 — SOCRATE. Suffira-il de veiller sur les poètes et de les contraindre à nous offrir dans leurs vers un modèle de bonnes mœurs, sinon de renoncer parmi nous à la poésie? Ne faudra-il pas encore surveiller les autres artistes et les empêcher de nous offrir dans la peinture des êtres vivants, dans les ouvrages d'architecture ou dans tout autre genre, une imitation vicieuse, sans correction, sans noblesse et sans grâce et interdire à tout artiste incapable de se conformer à cette règle, l'exercice de son art, dans la crainte que les gardiens de l'État, élevés au milieu de ces images détestables, comme dans de mauvais pâturages, et y trouvant chaque jour leur entretien et leur nourriture, ne finissent par contracter peu à peu, sans qu'ils s'en aperçoivent, quelque grand vice dans l'âme? Ne devons-nous pas au contraire chercher des artistes habiles, capables de suivre à la trace la nature du beau et du gracieux, afin que nos jeunes gens, élevés au milieu de beaux ouvrages, comme dans un air pur et sain que le vent leur apporte d'une heureuse contrée, en reçoivent de salutaires impressions par les yeux et les oreilles, et qu'elle les porte insensiblement dès l'enfance, à imiter ce qui est beau et raisonnable, à l'aimer et à établir entre lui et eux un parfait accord? — GLAUCON. Cette éducation serait excellente. — SOCRATE. N'est-ce pas aussi pour cette raison, mon cher Glaucon, que la musique[1] est la partie principale de l'éducation, parce que le nombre et l'harmonie ont au suprême degré la puissance de pénétrer dans l'âme, s'en emparent fortement, y introduisent la grâce et la beauté, lorsque cette partie de l'éducation

1. Comme dans le second livre, le mot musique signifie l'assemblage de toutes les sciences qui forment et polissent l'esprit.

est donnée comme il convient, au lieu que le contraire arrive quand on la néglige? Et encore parce qu'un jeune homme élevé comme il faut, dans la musique, saisira avec la plus grande justesse ce qu'il y a d'imparfait et de défectueux dans les ouvrages de la nature et de l'art, et que par un sentiment dont il n'est pas le maître, il louera avec transport ce qu'il y remarquera de beau, lui donnera entrée dans son âme, en fera sa nourriture et se formera ainsi au beau et au bien; tandis que d'un autre côté il aura un mépris et une aversion légitimes pour tout ce qu'il y trouvera de laid, et cela dès l'âge le plus tendre, avant de pouvoir s'en rendre compte au nom de la raison, qui ne sera pas plutôt venue qu'il s'attachera à elle par un rapport intime et familier que l'éducation qu'il a reçue mettra entre la raison et lui? — Glaucon. Tels sont les avantages que l'on attend de l'éducation par la musique. — Socrate. De même donc qu'en apprenant la lecture, nous n'étions suffisamment instruits qu'autant que nous savions reconnaître le petit nombre de lettres élémentaires dans toutes leurs combinaisons, dans toutes les phrases grandes et petites, sans en dédaigner aucune, ni grande ni petite, et que nous nous appliquions à les distinguer parfaitement dans tous les mots, persuadés qu'il n'y a pas d'autre moyen de devenir grammairien. — Glaucon. C'est vrai. — Socrate. De même encore que si nous ne connaissons les lettres en elles-mêmes, jamais nous n'en reconnaîtrons l'image reflétée dans les eaux ou dans les miroirs, car tout cela est l'objet du même art et de la même étude.—Glaucon. Sans contredit.—Socrate. Ainsi, au nom des dieux immortels, ne pourrai-je pas dire que nous ne serons jamais musiciens, ni nous, ni les gardiens que nous nous faisons un devoir de former, si, en présence de la tempérance, de la force, de la générosité, de la grandeur d'âme et des autres vertus, leurs sœurs, et des vices contraires qui sont répandus partout, nous ne savons pas reconnaître chacune d'elles, ni voir en qui elles résident, ni les distinguer non-seulement en elles-mêmes, mais encore dans leurs images, sans en dédaigner aucune, ni grande ni petite, persuadés qu'elles sont toutes l'objet du même art et de la même étude? — GLAUCON. Il est impossible de dire autrement. — SOCRATE. Et le plus beau des spectacles pour quiconque pourrait le contempler, ne serait-ce pas celui d'une âme et d'un corps également beaux, également pourvus de qualités qui se correspondraient dans une parfaite harmonie? — GLAUCON. Oui certes. — SOCRATE. Mais ce qui est très beau est aussi très aimable. — GLAUCON. Sans doute. — SOCRATE. Le musicien[1] aimera donc d'un vif amour les hommes en qui il rencontrera ce bel accord; et ceux en qui il remarquera quelque chose de discordant, il ne les aimera pas. — GLAUCON. J'en conviens, si l'âme a quelque défaut; mais si le défaut n'est que dans le corps, le musicien ne dédaignera pas pour cela d'aimer. — SOCRATE. Je vois que tu aimes ou que tu as aimé un tel objet, et je te le pardonne; mais, dis-moi, la tempérance et le plaisir excessif peuvent-ils se rencontrer quelque part? — GLAUCON. Comment cela pourrait-il être, puisque le plaisir excessif ne trouble pas moins l'âme que l'excès de la douleur? — SOCRATE. Se rencontre-t-il du moins avec les autres vertus? — GLAUCON. Pas davantage. — SOCRATE. Ne s'accorde-il pas plutôt avec l'emportement et la licence? — GLAUCON. Plus qu'avec toute autre chose. — SOCRATE. Connais-tu un plaisir plus grand et plus vif que celui de l'amour sensuel? — GLAUCON. Non, je n'en connais pas même de plus

1. Le véritable philosophe qui connaît le beau et l'honnête.

furieux. — SOCRATE. Au contraire, l'amour qui est selon la raison, est un amour sage et réglé du beau et de l'honnête. — GLAUCON. Certainement. — SOCRATE. Il ne faut donc laisser approcher de cet amour raisonnable rien de forcené ni de licencieux! — GLAUCON. Non. — SOCRATE. Par conséquent la volupté ne doit pas en approcher; l'amant et l'objet aimé doivent la bannir de leur commerce? — GLAUCON. Oui, Socrate, il faut l'en éloigner entièrement. — SOCRATE. Ainsi, dans l'État dont nous traçons le plan, tu ordonneras par une loi expresse que les marques de tendresse, d'union, d'attachement, que l'amant donnera à l'objet aimé, s'il le persuade, soient de même nature que celles d'un père à son fils, pour une fin honnête, et que dans le commerce qu'il aura avec celui qui est l'objet de ses soins, il ne laisse jamais supposer qu'il aille plus loin, s'il ne veut pas encourir le reproche d'homme sans éducation, qui n'a pas le sentiment du beau. — GLAUCON. Oui. — SOCRATE. Te semble-t-il comme à moi, que notre entretien sur la musique soit terminé? Il a fini où il doit finir; car il faut que tout entretien sur la musique aboutisse à l'amour du beau. — GLAUCON. Je partage ton avis.

IV. 1. — SOCRATE. Après la musique, c'est par la gymnastique qu'il faut élever les jeunes gens. — GLAUCON. Sans doute. — SOCRATE. Il faut qu'ils s'en occupent sérieusement dès l'enfance pendant toute la vie. Voici ma pensée à ce sujet; vois si c'est aussi la tienne. Ce n'est pas, à mon avis, le corps, quelque bien constitué qu'il soit, qui par sa vertu rend l'âme bonne; c'est au contraire l'âme qui, lorsqu'elle est bonne, donne au corps par sa vertu propre toute la perfection dont il est capable; que t'en semble-t-il? — GLAUCON. Je suis de ton avis. — SOCRATE. Si donc, après avoir cultivé l'âme avec tout le soin nécessaire, nous lui laissions la surveillance et la direction de tout ce qui regarde le corps, en nous bornant à présenter le modèle qui doit la guider, sans nous perdre en de longs discours, ne ferions nous pas bien? — GLAUCON. Oui. — SOCRATE. Nous avons déjà défendu l'ivresse à nos guerriers, parce qu'il convient à un gardien de l'État moins qu'à tout autre de s'enivrer et de ne pas savoir où il est. — GLAUCON. Il serait ridicule en effet qu'un gardien eût besoin lui-même d'un gardien. — SOCRATE. Que règlerons-nous sur la nourriture? Les guerriers ne sont-ils pas des athlètes destinés au plus grand combat? — GLAUCON. Oui. — SOCRATE. Le régime des athlètes ordinaires leur conviendrait-il? — GLAUCON. Peut-être. — SOCRATE. Ce régime accorde trop au sommeil et soumet la santé à beaucoup d'accidents. Ne vois-tu pas que les gens de ce métier passent leur vie à dormir, et que, pour peu qu'ils s'écartent du régime qu'on leur a prescrit, ils tombent dans de grandes et dangereuses maladies? — GLAUCON. Je le vois. — SOCRATE. Il faut un régime moins scrupuleux pour des athlètes guerriers qui doivent être toujours alertes comme les chiens, avoir la vue perçante et l'oreille fine, changer souvent de nourriture et de boisson pendant la guerre, s'exposer au froid et au soleil brûlant, enfin avoir une santé à l'épreuve de toutes les fatigues. — GLAUCON. Je pense comme toi. — SOCRATE. La meilleure gymnastique n'est-elle pas sœur de cette musique simple dont nous parlions il n'y a qu'un moment? — GLAUCON. Comment dis-tu? — SOCRATE. J'entends une gymnastique simple, modérée, telle qu'elle doit être surtout pour des guerriers. — GLAUCON. En quoi consiste-t-elle? — SOCRATE. On peut l'apprendre d'Homère. Tu sais qu'à la guerre, dans les repas des héros, il ne les nourrit jamais ni de poissons, et cela quoiqu'ils se trouvent sur les bords de la mer, auprès de l'Hellespont, ni de viandes bouillies, mais seulement de viandes rôties, apprêt commode pour des gens de guerre, à qui il est toujours plus aisé de se servir simplement du feu que de traîner avec eux des ustensiles de cuisine. — GLAUCON. J'en conviens. — SOCRATE. Je ne crois pas non plus qu'Homère parle jamais de ragoûts : les athlètes ordinaires ne savent-ils pas qu'il faut s'en abstenir quand on veut avoir une bonne santé? — GLAUCON. Ils le savent bien et ils s'en abstiennent. — SOCRATE. Si ce genre de vie te plaît, tu n'approuves donc pas les festins de Syracuse, ni cette variété de mets qui est à la mode en Sicile. — GLAUCON. Non. — SOCRATE. Tu ne crois pas non plus qu'une jeune Corinthienne doive plaire à des hommes qui veulent jouir d'une santé robuste. — GLAUCON. Non, certes. — SOCRATE. Ne blâmes-tu pas aussi la délicatesse si renommée de la pâtisserie attique? — GLAUCON. Nécessairement. — SOCRATE. En général, on pourrait dire que cette multiplicité et cette délicatesse de mets sont à la gymnastique ce que la mélodie et le chant où entrent tous les tons et tous les rhythmes, sont à la musique. — GLAUCON. Cette comparaison est juste. — SOCRATE. Ici la variété produit le désordre; là, elle engendre la maladie. Dans la musique, la simplicité rend l'âme sage; dans la gymnastique, elle rend le corps sain. — GLAUCON. Rien de plus vrai. — SOCRATE. Mais quand la licence et les maladies se multiplient dans un État, ne faut-il pas que les tribunaux et les hospices s'y ouvrent en grand nombre? Ne faut-il pas que la chicane et la justice y soient en honneur, lorsqu'une foule de citoyens bien nés recherchent ces deux professions? — GLAUCON. Comment en serait-il autrement?

2. — SOCRATE. Est-il dans un État une marque plus sûre d'une éducation mauvaise et honteuse que le besoin de

médecins et de juges habiles non seulement pour le bas peuple et les artisans, mais encore pour ceux qui se piquent d'avoir reçu une éducation libérale? N'est-ce pas une honte et une grande preuve de manque d'éducation, d'être forcé d'avoir recours à une justice d'emprunt et de se donner des étrangers pour maîtres et juges de son droit, faute d'être juste soi-même? — Glaucon. Rien n'est plus honteux. — Socrate. A ton avis, n'est-il pas encore plus honteux, non seulement de passer toute sa vie devant les tribunaux à soutenir ou à poursuivre des procès, mais encore d'avoir des sentiments assez bas pour tirer vanité même de savoir être injuste, et de pouvoir éviter, à travers tous les détours, toutes les ruses, toutes les feintes et tous les subterfuges possibles, le châtiment mérité, et cela pour de vils et méprisables intérêts, parce qu'on ne sait pas combien il est plus beau et plus avantageux d'arranger sa vie de manière à n'avoir pas besoin d'un juge qui sommeille sans cesse? — Glaucon. Oui, cela est encore plus honteux. — Socrate. D'un autre côté, recourir à l'art du médecin, non pour des blessures ni pour quelqu'une de ces maladies qu'amènent les saisons, mais pour les suites de cette vie molle que nous avons décrite, se remplir d'humeurs et de vapeurs malsaines, comme le font les marécages, mettre les dignes enfants d'Esculape dans la nécessité d'inventer pour ces maladies les mots nouveaux de fluxion et de catarrhe, n'est-ce pas là encore une chose honteuse à ton avis? — Glaucon. Ce sont là en effet des noms de maladie très nouveaux et très extraordinaires. — Socrate. Tels qu'il n'en existait pas, je pense, du temps d'Esculape. Ce qui me le fait conjecturer, c'est que ses deux fils[1], pendant le siège de Troie, ne blâ-

1. Machaon et Podalire : Illiade II, v. 729.

mèrent point la femme qui pour guérir la blessure d'Eurypyle, lui avait fait prendre dans du vin de Pramne de la farine qu'elle y avait répandue et du fromage râpé, toutes choses propres à engendrer la pituite, et ne désapprouvèrent point Patrocle qui pansa la plaie. — GLAUCON. Il était étrange cependant de donner un pareil breuvage à un homme dans cet état. — SOCRATE. Non, si tu réfléchis qu'avant Hérodicus, les disciples d'Esculape ne se servaient pas de la méthode actuelle de conduire les maladies par la main pour ainsi dire. Hérodicus avait été maître de gymnase; devenu valétudinaire, il a fait un mélange de médecine et de gymnastique, qui servit d'abord à le tourmenter surtout lui-même, et beaucoup d'autres après lui. — GLAUCON. Comment donc? — SOCRATE. En se ménageant une mort lente. Comme sa maladie était mortelle, il la suivait pas à pas sans pouvoir la guérir; il négligeait tout pour la soigner, et il était toujours dévoré d'inquiétudes, pour peu qu'il s'écartât de son régime. A force d'industrie, il parvint jusqu'à la vieillesse en traînant une vie languissante. — GLAUCON. Voilà un beau service que lui rendit son art. — SOCRATE. Il le méritait bien, pour n'avoir pas su que ce ne fut pas par ignorance ou par inexpérience de ce genre de médecine, qu'Esculape ne le transmit pas à ses descendants, mais parce qu'il savait que dans tout État bien policé, chaque citoyen a un emploi à remplir, et que personne n'a le loisir de passer sa vie dans les maladies et dans les remèdes. Nous sentons le ridicule de cet abus chez les artisans, mais chez les riches et les prétendus heureux, nous ne nous en apercevons pas. — GLAUCON. Comment?

3. — SOCRATE. Un charpentier malade demande au mé-

1. Platon, qui cite de mémoire, confond deux endroits très distincts de l'Iliade, l'un XI, v. 623; l'autre, XI, v. 829.

decin un vomitif, une purgation, le feu ou le fer pour se débarrasser ; mais si le médecin lui prescrit un long régime avec des compresses autour de la tête et tout ce qui s'ensuit, il lui dit bientôt qu'il n'a pas le temps d'être malade et qu'il ne tient pas à la vie pour ne s'occuper que de sa maladie et négliger le travail qu'il a devant les mains : ensuite il congédie le médecin, reprend son train de vie ordinaire et recouvre sa santé par l'exercice de son métier ; ou bien si son corps n'est pas assez fort pour supporter la maladie, la mort vient le tirer d'embarras. — GLAUCON. Voilà bien la médecine qui convient à cet homme. — SOCRATE. Est-ce parce qu'il a un métier, et que s'il ne l'exerce pas, il ne lui est pas utile de vivre? — GLAUCON. Évidemment. — SOCRATE. Mais le riche, disons-nous n'a pas de travail dont la privation forcée l'empêche de vivre. — GLAUCON. On le dit ainsi. — SOCRATE. N'entends-tu pas Phocylide [1] dire qu'il faut cultiver la vertu quand on a de quoi vivre [2] ? — GLAUCON. Je pense qu'il le faut, même avant d'avoir de quoi vivre. — SOCRATE. Ne contestons pas à Phocylide la vérité de cette maxime, mais voyons par nous-mêmes si le riche doit pratiquer la vertu, et s'il lui est impossible de vivre quand il ne la pratique pas, ou si la manie de nourrir chez soi la maladie, manie qui empêche le charpentier et les autres artisans par les soins qu'elle nécessite de vaquer à leur métier, n'empêche pas aussi le riche d'accomplir le précepte de Phocylide. — GLAUCON. Oui, par Jupiter, elle l'empêche. Rien du moins n'y apporte plus d'obstacle que ce soin

1. Phocylide, poète gnomique, vivait à Milet vers la fin du sixième siècle avant notre ère. Il avait composé des poèmes héroïques et des élégies, dont il ne reste plus que 217 vers considérés comme apocryphes.

2. Voyez ce passage dans la collection de Gaisford, t. I, p. 444, fragment VIII.

immodéré du corps, qui va au-delà des règles de la gymnastique ; car ce soin est très gênant pour les affaires domestiques, les expéditions militaires et les emplois civils. — SOCRATE. Mais ce qu'il y a de plus fâcheux, c'est qu'il est incompatible avec l'étude de quelque science que ce soit, avec toute réflexion et tout exercice de la pensée. On appréhende sans cesse des maux de tête et des éblouissements qu'on ne manque pas d'imputer à la philosophie, de sorte que partout où ce soin se rencontre, il empêche de s'exercer à la vertu et de s'y distinguer, parce qu'il fait qu'on croit toujours être malade et qu'on ne cesse de se créer quelque nouvelle maladie. — GLAUCON. Cela doit être. — SOCRATE. Disons donc que telles sont les raisons qui ont déterminé Esculape à ne prescrire de traitement que pour ceux qui ayant une bonne constitution et menant une vie frugale sont surpris de quelque maladie passagère, et qu'il les a guéris par des potions et par des incisions sans leur permettre de rien changer à leur train de vie ordinaire, pour ne pas faire tort à l'État. Disons qu'à l'égard des corps malsains par leur constitution, il n'a pas voulu prolonger leur vie et leurs souffrances par des injections et des purgations ménagées à propos, et les mettre dans le cas de produire d'autres êtres destinés probablement à leur ressembler, et qu'il a cru qu'il ne fallait pas traiter ceux qui ne peuvent pas vivre le temps marqué par la nature, parce que cela n'est avantageux ni pour eux ni pour l'État. — GLAUCON. Tu fais d'Esculape un politique. — SOCRATE. Il est évident qu'il l'était, et ses fils en seraient la preuve. Ne vois-tu pas que tout en combattant avec intrépidité au siége de Troie, ils exerçaient la médecine dans le sens que je viens de dire. Ne te rappelles-tu pas que lorsque Ménélas fut blessé d'une flèche par Pindare, ils se contentèrent de sucer[1] le sang de la blessure et d'y appliquer des remèdes salutaires, sans lui prescrire, non plus qu'à Eurypyle, ce qu'il fallait boire ou manger ? Ils savaient que des remèdes simples suffisaient pour guérir des guerriers qui avant leurs blessures étaient sobres et d'un tempérament sain, eussent-ils pris dans le moment même le breuvage[2], le mélange dont nous avions parlé ; quant à ceux qui sont sujets aux maladies et à l'intempérance, les fils d'Esculape n'ont pas cru qu'il fût de l'intérêt public, qu'on prolongeât leur vie, ni que la médecine fût faite pour eux, ni que l'on dût en prendre soin, fussent-ils plus riches que n'était Midas[3]. — GLAUCON. Tu dis là des choses merveilleuses des fils d'Esculape.

4. — SORCATE. Je n'en dis rien que de convenable. Cependant les poètes tragiques et Pindare[4] ne sont pas de notre avis. Ils disent d'Esculape qu'il était fils d'Apollon, et en même temps qu'il se laissa gagner par argent pour guérir un homme riche qui était attaqué d'une maladie mortelle, et que c'est pour cette raison qu'il fut frappé de la foudre. Pour nous, suivant ce que nous avons dit plus haut, nous n'ajouterons pas foi aux deux parties de ce récit : car si Esculape était fils d'un dieu, disons-nous, il n'était point avide d'un gain sordide, ou bien, s'il en était avide, il n'était pas fils d'un dieu. — GLAUCON. Tu as parfaitement raison sur ce point, Socrate ; mais sur cet autre, que dis-tu ? Ne faut-il pas que l'État possède de bons médecins ? Or, les bons médecins ne sont-ils pas ceux qui ont traité le plus de tempéraments bons et mauvais? Et de même les bons

1. Iliade, IV. v. 218.
2. Iliade XI, v. 623 et 829.
3. Allusion à un vers de Tyrtée, *Élégie* III, v. 6.
4. Voyez Pindare, *Pyth.* III, v. 96, édition de Heyne.

juges ne sont-ils pas ceux qui ont vécu avec toute sorte de caractères ? — SOCRATE. Oui, sans doute, je répute les uns et les autres pour bons ; mais sais-tu qui j'entends par là ? — GLAUCON. Je le saurai, si tu me le dis. — SOCRATE. C'est ce que je vais tâcher de faire ; mais tu as compris dans la même question deux choses bien différentes. — GLAUCON. Comment? — SOCRATE. Le plus habile médecin serait celui qui, après avoir commencé dès sa jeunesse à étudier les principes de son art, aurait traité le plus grand nombre de corps et les plus mal constitués, et qui lui-même, étant d'une santé assez mauvaise, aurait eu toute sorte de maladies ; car, à mon avis, ce n'est point par le corps que les médecins guérissent le corps — autrement il ne serait pas possible qu'ils fussent ou qu'ils eussent été malades — mais c'est par l'âme qu'ils guérissent le corps, et l'âme qui a été ou qui est malade elle-même, ne peut bien guérir quelque mal que ce soit. — GLAUCON. Cela est juste. — SOCRATE. Mais, mon cher, le juge commande à l'âme d'autrui par son âme et il ne convient pas que son âme ait été nourrie de bonne heure avec des âmes mauvaises, qu'elle les ait fréquentées et qu'elle ait parcouru elle-même la série de tous les crimes, afin que sa propre injustice la rende habile à connaître promptement les injustices d'autrui, comme les maladies du médecin lui servent de diagnostic pour celles des autres. Au contraire, il faut que dès l'enfance son âme soit pure, exempte de vices, afin que sa beauté et sa bonté lui fassent distinguer d'une manière saine la justice de l'injustice. C'est pour cela que les gens de bien dans la jeunesse sont simples et facilement trompés par les méchants, parce qu'ils n'éprouvent en eux-mêmes rien de ce qui se passe dans le cœur des méchants. — GLAUCON. Il est vrai qu'il leur arrive souvent d'être trompés. —

Socrate. Aussi un jeune homme ne saurait-il être bon juge. Il faut que l'âge l'ait mûri, qu'il ait appris tard ce que c'est que l'injustice, qu'il l'ait étudiée longtemps non en lui-même, mais dans les autres et qu'il la distingue de la justice par la science plutôt que par sa propre expérience. — Glaucon. Oui, c'est bien là le vrai juge. — Socrate. Et de plus, ce serait un bon juge, tel que tu le demandais ; car celui qui a l'âme bonne est bon. Au contraire, cet homme habile et prompt à soupçonner le mal, qui a commis souvent l'injustice et qui se croit d'une adresse et d'une prudence consommée, paraît sans doute avoir un tact merveilleux lorsqu'il se trouve avec ses semblables, parce que sa propre conscience l'avertit d'être en garde contre eux ; mais quand il se rencontre avec des hommes de bien déjà avancés en âge, alors son incapacité apparaît dans ses défiances déplacées ; on voit qu'il ne connaît pas d'une manière juste les différents caractères de l'honnêteté, parce qu'il n'en a point le modèle en lui-même. Mais comme il fréquente plutôt les méchants que les hommes de bien, il se croit plus habile qu'ignorant et il passe pour tel aux yeux des autres. — Glaucon. Rien de plus vrai.

5. — Socrate. Ce n'est donc pas dans cet homme qu'il faut chercher le bon et habile juge, mais dans celui que j'ai dépeint d'abord. Car la perversité ne saurait à la fois se connaître elle-même et connaître la vertu, mais la vertu, dans son développement naturel, pourra avec le temps se connaître elle-même et connaître le vice. Il me semble donc que c'est à l'homme vertueux plutôt qu'au méchant qu'il appartient de devenir habile. — Glaucon. Il me le semble comme à toi. — Socrate. Ainsi tu établiras dans l'État une discipline et une jurisprudence telles que nous l'entendons, se bornant à donner des soins aux citoyens qui seront bien

constitués de corps et d'âme. Quant à ceux qui ne sont pas sains de corps, on les laissera mourir, et ceux dont l'âme est méchante et incorrigible, on les mettra à mort. — GLAUCON. C'est évidemment ce qu'il y a de mieux à faire pour ceux qui souffrent et pour l'État. — SOCRATE. Il est évident que les jeunes guerriers élevés dans les principes de cette musique simple qui fait naître la tempérance dans l'âme, feront en sorte de n'avoir pas besoin de la jurisprudence. — GLAUCON. Sans doute. — SOCRATE. N'est-il pas vrai qu'en suivant les mêmes règles, le musicien qui s'applique à la gymnastique parviendra à se passer de la médecine, si ce n'est dans les cas de nécessité? — GLAUCON. Il me le semble. — SOCRATE. Dans les exercices gymnastiques et dans les fatigues qu'il s'imposera, il aura en vue de développer sa force morale et de l'éveiller plutôt que d'augmenter sa force physique. Au lieu d'imiter les autres athlètes, il ne suivra pas un régime et des exercices pénibles pour devenir plus robuste. — GLAUCON. Fort bien. — SOCRATE. Crois-tu, mon cher Glaucon, ainsi que certaines personnes se l'imaginent, que la musique et la gymnastique aient été établies, l'une pour former l'âme, l'autre pour former le corps? — GLAUCON. Pourquoi me fais-tu cette question? — SOCRATE. C'est qu'il me semble que l'une et l'autre ont été établies principalement pour l'âme. — GLAUCON. Comment cela. — SOCRATE. Ne remarques-tu pas la disposition du caractère de ceux qui ne se sont exercés qu'à la gymnastique pendant toute leur vie, sans toucher à la musique, ou de ceux qui ont fait le contraire. — GLAUCON. Que veux-tu dire, Socrate? — SOCRATE. Relativement à la dureté et à l'inflexibilité ou à la douceur et à la mollesse? — GLAUCON. J'ai remarqué que ceux qui s'exercent purement à la gymnastique, y contractent trop de rudesse, et que ceux qui cultivent exclusivement la musique, sont d'une mollesse qui ne leur fait pas honneur. — SOCRATE. Et cependant cette dureté est le signe d'un naturel ardent ; bien dirigée, elle produirait le courage ; mais si elle est poussée trop loin, elle dégénère en rudesse et en violence selon la pente naturelle des choses. — GLAUCON. Je le crois. — SOCRATE. Et la douceur n'est-elle pas le signe d'un naturel philosophe ? Trop relâchée, elle l'amollit plus qu'il ne faut ; mais si elle est bien dirigée, elle lui donne la politesse et la dignité. — GLAUCON. Cela est vrai. — SOCRATE. Or, nous voulons que nos guerriers réunissent en eux ces deux caractères. — GLAUCON. Il le faut. — SOCRATE. Il faut donc trouver le moyen de les mettre en harmonie l'un avec l'autre. — GLAUCON. Sans doute. — SOCRATE. Leur harmonie rend l'âme tout à la fois courageuse et modérée. — GLAUCON. Oui. — SOCRATE. Leur désaccord la rend lâche ou farouche. — GLAUCON. Certainement.

6. — SOCRATE. Si donc un homme permet à la musique de couler et de verser doucement dans son âme par le canal de l'ouïe ces harmonies douces, molles, plaintives dont nous venons de parler, et s'il passe toute sa vie à chanter d'une voix mélodieuse et à se délecter de la beauté des airs ; d'abord il ne fait qu'adoucir l'énergie de son courage naturel, comme le feu amollit le fer, et comme lui, il perd cette dureté qui le rendait auparavant inutile et inflexible ; mais si, au lieu de s'arrêter, il tient son âme sous le charme, alors son courage ne tarde pas à se dissoudre et à se fondre jusqu'à ce qu'il soit entièrement dissipé, et que son âme énervée, après avoir brisé tous ses ressorts, ne laisse plus de lui qu'un guerrier sans vie[1]. — GLAUCON. Je suis tout à fait de ton avis. — SOCRATE. Cet effet ne tardera point à arri-

1. Iliade, XVII, v. 588.

ver si cet homme a reçu un naturel sans courage. S'il est naturellement courageux, bientôt il affaiblit son courage et devient emporté ; la moindre chose l'irrite et l'apaise ; au lieu d'être courageux, il est vif, emporté et plein de mauvaise humeur. — GLAUCON. Cela est parfaitement vrai. — SOCRATE. Que le même homme se livre tout entier à la gymnastique, qu'il fasse bonne chère, qu'il néglige entièrement la musique et la philosophie, n'a-t-il pas d'abord le sentiment de ses forces qui le remplit de courage et d'exaltation et ne devient-il pas plus intrépide qu'auparavant ? — GLAUCON. Certainement. — SOCRATE. Mais ensuite, s'il ne fait pas autre chose, s'il n'entretient pas le moindre commerce avec la muse de la philosophie, c'est en vain que son âme aurait quelque désir de s'instruire. Du moment qu'elle n'a pas le goût de la science, de la réflexion, de la conversation ni d'aucune partie de la musique, ne devient-elle pas faible, sourde, aveugle faute d'exercice et de culture, parce que ses facultés languissent dans un état permanent de stagnation ? — GLAUCON. Il en est ainsi. — SOCRATE. Le voilà donc devenu ennemi des discours et des muses. Il ne se sert plus de la voie de la persuasion pour venir à ses fins, mais comme une bête féroce, il se rue toujours sur la force et la violence. Il vit dans l'ignorance et la grossièreté, sans harmonie et sans grâce. — GLAUCON. C'est l'exacte vérité. — SOCRATE. Il y a deux choses dans l'âme, le courage et la sagesse ; et hors de l'âme, deux autres choses, la musique et la gymnastique. Il me semble qu'un dieu a donné ces deux arts à l'homme, non point pour que celui-ci formât l'âme et le corps, car le corps ne profite de son union avec l'âme que d'une manière accessoire, mais pour qu'il les mît en harmonie l'une avec l'autre en tendant et relâchant les ressorts à propos et dans une juste mesure. — GLAUCON. C'est ce qu'il me semble. — SOCRATE. Il est donc parfaitement juste de dire que celui qui saura mêler la gymnastique à la musique de la manière la plus habile et les appliquer à l'âme avec le plus de mesure, est excellent musicien, excellent harmoniste, beaucoup plus que celui qui met d'accord les cordes d'un instrument, — GLAUCON. Sans doute, Socrate. — SOCRATE. L'État, mon cher Glaucon, aura-t-il toujours besoin d'un chef de ce caractère, s'il veut subsister? — GLAUCON. Il en aura toujours le plus grand besoin.

V. 1. — SOCRATE. Tel est notre plan général de discipline et d'éducation ; car à quoi bon nous étendre ici sur les chœurs de danse, les différentes espèces de chasse, les combats gymniques et les luttes à cheval? Il est évident que les règles à prescrire doivent être conformes aux principes que nous avons établis et qu'elles ne sont plus difficiles à trouver. — GLAUCON. Je ne crois pas que cela soit difficile. — SOCRATE. Soit. Qu'avons-nous à régler maintenant? N'est-ce pas le choix de ceux qui doivent commander ou obéir? — GLAUCON. Oui. — SOCRATE. N'est-il pas évident que les vieux doivent commander, et les jeunes obéir? — GLAUCON. Sans doute. — SOCRATE. Et que parmi les vieillards, il faut choisir les meilleurs? — GLAUCON. Cela est encore vrai. — SOCRATE. Quels sont les meilleurs laboureurs? Ceux sans doute qui entendent le mieux l'agriculture? — GLAUCON. Oui. — SOCRATE. Or, puisque parmi les gardiens de l'État il doit y en avoir d'excellents, ne sont-ce pas ceux qui sont les plus capables de bien garder l'État? — GLAUCON. Oui. — SOCRATE. Ne faut-il pour cela qu'à la prudence et à l'énergie ils joignent le dévouement à l'État? — GLAUCON. Certainement. — SOCRATE. Mais pour se dévouer, il faut aimer. — GLAUCON. Nécessairement. — SOCRATE. Or, nous aimons ce qui nous paraît être en communauté d'intérêt avec nous, ce dont le succès ou l'insuccès est intimement lié au nôtre. — GLAUCON. Oui. — SOCRATE. Choisissons donc parmi les gardiens de l'État ceux que nous aurons vus faire avec le plus grand dévouement pendant toute leur vie ce qu'ils ont cru utile à l'État, sans jamais avoir voulu faire le contraire. — GLAUCON. Voilà bien les hommes qui conviennent. — SOCRATE. Je suis d'avis qu'il faut les observer dans les différents âges pour voir s'ils ont été constamment fidèles à cette maxime, et si la séduction ou la contrainte ne leur a jamais fait abandonner ni oublier la pensée qu'ils doivent faire ce qui importe le plus à l'État. — GLAUCON. Mais qu'entends-tu par cet abandon?

2. — SOCRATE. Je vais te l'expliquer. Selon moi, une opinion nous sort de l'esprit de notre plein gré ou malgré nous. Nous renonçons de plein gré à l'opinion fausse, lorsqu'on nous détrompe ; nous abandonnons malgré nous toute opinion vraie.—GLAUCON. Je comprends comment l'une sort de notre plein gré, mais j'ai besoin d'apprendre comment l'autre sort malgré nous. — SOCRATE. Quoi ! ne conçois-tu pas que les hommes renoncent aux biens avec peine et aux maux avec plaisir? Se faire illusion sur la vérité, n'est pas un mal ? Être dans le vrai, n'est-ce pas un bien? Ou bien, à ton avis, n'est-ce pas être dans le vrai que d'avoir une opinon juste de chaque chose ? — GLAUCON. Tu as raison, et je crois que c'est en effet malgré eux que les hommes sont privés d'une opinion vraie. — SOCRATE. C'est donc par surprise, enchantement ou violence que ce malheur arrive. — GLAUCON. Je ne t'entends plus. — SOCRATE. Je m'exprime apparemment avec l'obscurité des tragiques. Par surprise, j'entends la dissuasion et l'oubli ; celui-ci

est l'ouvrage insensible du temps, celle-là de la raison qui enlève et change les opinions. Tu m'entends à présent? — GLAUCON. Oui. — SOCRATE. Par violence, j'entends le chagrin et la douleur qui obligent quelqu'un à changer d'opinion. — GLAUCON. Je comprends et tu as raison. — SOCRATE. Tu n'auras pas de peine à dire toi-même, je pense, que l'enchantement agit sur ceux qui changent d'opinion, séduits par l'attrait du plaisir ou par la crainte de quelque mal. — GLAUCON. Sans doute, et l'on peut regarder comme un enchantement tout ce qui nous fait illusion.

3. — SOCRATE. Ainsi, comme je le disais tout à l'heure, il faut chercher ceux qui sont les plus fidèles observateurs de la maxime qu'on doit faire tout ce qu'on regarde comme le plus avantageux à l'État, les éprouver dès l'enfance, en les mettant dans les circonstances où ils pourraient le plus facilement oublier cette maxime et se laisser tromper, choisir à l'exclusion des autres celui qui la conservera dans sa mémoire et qu'il sera difficile de tromper, et rejeter tout autre : n'est-ce pas? — GLAUCON. Oui. — SOCRATE. Les soumettre ensuite à l'épreuve des travaux, des douleurs, des combats, et voir comment ils la soutiendront. — GLAUCON. Fort bien. — SOCRATE. Enfin les mettre aux prises avec le troisième genre d'illusion ou l'enchantement, et de même qu'on expose les jeunes chevaux au bruit et au tumulte pour voir s'ils sont craintifs, transporter les guerriers, pendant qu'ils sont jeunes, au milieu d'objets terribles ou séduisants, pour éprouver avec plus de soin qu'on n'éprouve l'or par le feu, si dans toutes ces circonstances, ils résistent au charme et gardent la belle attitude de la vertu, si toujours attentifs à veiller sur eux-mêmes et fidèles au culte de la musique, dont ils ont reçu les leçons, ils montrent dans toute leur conduite une âme

réglée selon les lois du rhythme et de l'harmonie, s'ils sont tels enfin qu'ils doivent être pour rendre les plus grands services à eux-mêmes et à l'État. Celui qui dans l'enfance, dans l'âge viril, aura passé par toutes ces épreuves et en sera sorti pur, il faut l'établir chef et gardien de l'État; il faut le combler d'honneurs pendant sa vie, et après sa mort, lui ériger le tombeau et les autres monuments qui peuvent le plus illustrer sa mémoire. Celui qui n'a pas ce mérite, il faut bien se garder de le choisir. Voilà, mon cher Glaucon, pour donner un modèle sans entrer dans les détails, comment nous devons choisir et établir les magistrats et les gardiens de l'État. — GLAUCON Je suis de ton avis. — SOCRATE. Le titre de gardiens de l'État et de gardiens parfaits n'est-il pas le plus juste et le plus vrai qu'on puisse appliquer à ces hommes tant à l'égard des ennemis de l'extérieur que des faux amis de l'intérieur, puisqu'ils ôteront aux uns la volonté, aux autres le pouvoir de lui nuire? Et ne faut-il pas l'enlever aux jeunes guerriers pour leur donner celui d'instruments auxiliaires de la pensée des magistrats? — GLAUCON. Il me le semble du moins.

VI. 1.—SOCRATE. Maintenant comment nous y prendre avec l'un de ces mensonges nécessaires dont nous avons parlé et qui a son importance? Comment persuader surtout les magistrats eux-mêmes ou du moins les autres citoyens? — GLAUCON. Quel est ce mensonge? — SOCRATE. Rien de nouveau; il a pris naissance en Phénicie; c'est quelque chose qui est arrivé jadis en plusieurs endroits, comme les poètes le disent et l'ont fait croire, mais qui n'est point arrivée de nos jours et peut-être n'arrivera jamais; quelque chose de bien difficile à persuader. — GLAUCON. Que tu as de peine à nous dire ce que c'est! — SOCRATE. Tu verras que ce n'est pas sans raison que je crains de parler, une fois que je te l'aurai dit. — GLAUCON. Dis et ne crains rien. — SOCRATE. Je vais le dire : mais en vérité je ne sais où prendre la hardiesse et les expressions dont j'ai besoin. Je tâcherai d'abord de persuader aux magistrats et aux guerriers, ensuite au reste des citoyens que cette éducation et tous les soins que nous leur avons donnés sont comme autant de songes; qu'ils croient les avoir reçus et en avoir éprouvé le bienfait; qu'en réalité, ils ont été élevés et formés dans le sein de la terre, eux, leurs armes et tout ce qui leur appartient; qu'après les avoir formés, la terre, leur mère, les a mis au jour; qu'ainsi ils doivent regarder la terre qu'ils habitent comme leur mère et leur nourrice, la défendre contre quiconque oserait l'attaquer, et traiter les autres citoyens comme leurs frères, sortis comme eux du sein de la terre. — GLAUCON. Ce n'est pas sans cause que tu as hésité si longtemps à nous conter cette fable. — SOCRATE. J'en conviens. Mais puisque j'ai commencé, écoute le reste. Vous tous qui faites partie de l'État, vous êtes frères, leur dirai-je en continuant cette fiction; mais le dieu qui vous a formés, a fait entrer l'or dans la composition de ceux d'entre vous qui sont propres à gouverner les autres. Aussi sont-ils les plus précieux. Il a mêlé l'argent dans la formation des guerriers; le fer et l'airain dans celle des laboureurs et des autres artisans. Puisque donc vous avez tous une origine commune, vous aurez pour l'ordinaire des enfants qui vous ressembleront. Mais il pourra se faire quelquefois que l'or produise une génération d'argent, et l'argent une génération d'or, et que la même chose arrive pour les deux autres métaux à l'égard l'un de l'autre. Or, ce dieu ordonne aux magistrats, avant tout et de la manière la plus spéciale, de prendre garde au métal qui se trouvera mêlé à l'âme de chaque enfant, et si leurs propres enfants ont quelque mélange de fer ou d'airain, le dieu veut absolument qu'ils soient sans pitié pour eux, qu'ils ne leur fassent pas plus d'honneur qu'il ne convient à leur nature et qu'ils les relèguent dans la classe des artisans ou des laboureurs. Il veut en même temps que si ces derniers ont des enfants qui viennent au monde avec une veine d'or ou d'argent, on élève ceux-là au rang de magistrats, ceux-ci au rang de guerriers, parce qu'il y a un oracle qui dit que la république périra lorsqu'elle sera gouvernée par le fer ou par l'airain. Sais-tu quelque moyen de les faire croire à cette fable? — GLAUCON. Je n'en vois aucun pour ceux dont tu parles, mais pour leurs enfants, leurs petits-enfants et ceux qui naîtront dans la suite. — SOCRATE. Cela nous suffira pour leur inspirer encore plus l'amour de leur patrie et de leurs concitoyens; je comprends à peu près ce que tu veux dire.

2. Que cette invention ait donc tout le succès qu'il plaira à la Renommée de lui donner. Pour nous, armons à présent ces fils de la terre, et faisons-les avancer sous la conduite de leurs chefs. Qu'ils s'approchent et qu'ils choisissent dans notre État un lieu pour camper, où ils soient le mieux à portée de réprimer les séditions du dedans et de repousser les attaques du dehors, si l'ennemi vient comme un loup fondre sur le troupeau. Qu'après avoir assis leur camp, et fait des sacrifices à qui il convient, ils dressent pour eux des tentes : n'est-ce pas? — GLAUCON. Sans doute. — SOCRATE. Telles qu'elles puissent les garantir du froid et du chaud. — GLAUCON. Sans contredit, car tu parles apparemment de leurs habitations. — SOCRATE. Oui, d'habitations de guerriers et non de banquiers. — GLAUCON. Quelle dif-

férence y mets-tu ? — SOCRATE. Je vais tâcher de te l'expliquer. Rien ne serait plus triste et plus honteux pour des bergers que de nourrir, pour les aider dans la garde de leurs troupeaux, des chiens que l'intempérance, la faim ou quelque autre appétit désordonné porterait à nuire aux brebis et à devenir loups, de chiens qu'ils devraient être. — GLAUCON. Cela serait fort triste assurément. — SOCRATE. Prenons donc toutes les précautions possibles pour que nos guerriers ne fassent pas de même à l'égard des autres citoyens, d'autant plus qu'ils ont la force en main ; prenons garde qu'au lieu d'être leurs défenseurs et leurs protecteurs, ils ne deviennent leurs maîtres et leurs tyrans. — GLAUCON. Il faut y prendre garde. — SOCRATE. Mais la meilleure manière de prévenir ce danger, n'est-ce pas de leur donner une bonne éducation ? — GLAUCON. Ils l'ont déjà reçue. — SOCRATE. Je ne voudrais pas encore l'affirmer, mon cher Glaucon, mais ce que j'ose affirmer, comme nous le disions tout à l'heure, c'est qu'il faut qu'ils aient reçu une bonne éducation, quelle qu'elle soit, pour obtenir le point le plus important, qui est d'avoir de la douceur entre eux et dans leurs rapports avec ceux qu'ils sont chargés de défendre. — GLAUCON. Bien. — SOCRATE. Outre cette éducation, tout homme sensé reconnaîtra qu'il faut leur donner des habitations et une fortune qui ne les empêche pas d'être d'excellents gardiens et ne les porte point à nuire à leurs concitoyens. — GLAUCON. Il aura raison. — SOCRATE. Vois si pour être tels, ils doivent vivre et se loger comme je vais dire. Je veux premièrement qu'aucun d'eux ne possède rien en propre, à moins que cela ne soit absolument nécessaire ; ensuite, qu'ils n'aient ni maison, ni magasin où tout le monde ne puisse entrer ; que relativement à la nourriture indispensable à des guerriers sobres et courageux, ils s'im-

8

posent l'obligation de n'en recevoir des autres citoyens, comme salaire de leurs services, ni plus ni moins qu'il ne leur en faut pour les besoins de l'année; qu'ils mangent à des tables communes, et qu'ils vivent ensemble comme des guerriers au camp. Je veux aussi qu'on leur dise qu'ils ont dans leur âme quelque chose de divin et qu'ils n'ont pas besoin de ce qui vient des hommes; que la religion ne permet pas de souiller la possession du métal divin par l'alliage du métal humain; que celui qu'ils possèdent en eux est pur, tandis que celui qui circule parmi les hommes a été profané par de nombreuses impiétés; qu'ainsi entre tous les citoyens, ils sont les seuls à qui il n'est pas permis de manier, même de toucher l'or ou l'argent, d'habiter sous le même toit avec ces métaux, d'en couvrir leurs vêtements et de boire dans des coupes d'or ou d'argent; que c'est l'unique moyen d'assurer leur salut et celui de l'État; que dès qu'ils auront en propre des terres, des maisons, de l'argent, alors, de gardiens qu'il sont, ils deviendront économes et laboureurs; de défenseurs de l'État, ses ennemis et ses tyrans; qu'ils passeront leur vie à se haïr mutuellement, à se dresser des embûches les uns aux autres, qu'ils auront plus à craindre des ennemis du dedans que de ceux du dehors et qu'ils couront à grands pas vers leur ruine, eux et la république. Voilà les raisons qui m'ont engagé à régler ainsi le logement des guerriers et tout ce qui doit leur appartenir. En ferons-nous une loi ou non? — GLAUCON. Très volontiers.

LIVRE QUATRIÈME

ARGUMENT

L'éducation de la jeunesse étant complète, la république est constituée. L'opulence et la pauvreté en seront également bannies. Elle sera prudente, car elle est gouvernée par un petit nombre d'hommes d'élite et de bon conseil. Elle sera forte, car l'éducation a empreint la justice dans le cœur des guerriers : ils savent ce qu'il faut craindre et ce qu'il faut aimer. Elle sera tempérante, car elle se commande à elle-même, elle règle ses plaisirs et ses passions ; la partie la plus estimable de l'homme gouverne celle qui l'est le moins. Enfin elle sera juste, car c'est être juste que d'agir par ces trois principes : la prudence, la force et la tempérance. Le but de ce livre est donc de nous faire connaître la nature du bien et du mal. En le terminant, Platon peut dire cette parole profonde que la justice n'est autre chose que l'ordre établi dans les actions de l'homme maître de lui-même.

I. Ici Adimante prit la parole à son tour.

— Adimante. Que répondrais-tu, si l'on t'objecte que tu ne rends pas tes guerriers fort heureux, et cela de leur faute, puisqu'ils sont les véritables maîtres de l'État ? Ils ne jouissent d'aucun des avantages qu'il procure, ils n'ont point, comme d'autres, des terres, des maisons belles, grandes et convenablement meublées, ils ne font point aux dieux des sacrifices domestiques, ils n'exercent pas l'hospitalité, ils ne possèdent pas les biens dont tu parlais tout à l'heure, l'or et l'argent, et en général tout ce qui dans l'opinion des hommes, rend la vie heureuse. En vérité, tu les traites, dira-t-on, comme des troupes mercenaires entretenues par l'Etat, sans autre emploi que celui de le garder. — Socrate. Oui, ajoute que leur solde ne consiste que dans la nourriture et qu'ils n'ont pas outre cela une paye comme les troupes ordinaires, ce qui ne leur permet ni de voyager pour leur plaisir, ni de faire des présents à des courtisanes, ni de se laisser aller à la dépense comme les hommes qui ont la réputation d'être heureux. Voilà des chefs d'accusation que tu omets avec beaucoup d'autres semblables. — ADIMANTE. Ajoute-les, si tu veux, à ceux que j'ai déjà établis. — SOCRATE. Tu demandes ce que je répondrai? — ADIMANTE. Oui. — SOCRATE. Sans nous écarter de la route que nous avons suivie jusqu'ici, nous trouverons, je pense, ce qu'il faut répondre. D'abord, dirons-nous, il serait possible que la condition des guerriers, telle qu'elle est, fût très heureuse ; mais, au reste, nous fondons un État, non pour qu'une classe particulière de citoyens soit éminemment heureuse, mais pour que l'État tout entier soit aussi heureux que possible, persuadés que c'est dans un État comme le nôtre que nous aurions le plus de chances de rencontrer la justice et que nous ne trouverions que l'injustice dans un État mal constitué, et qu'ainsi, après avoir examiné l'un et l'autre, nous pourrions nous prononcer sur ce que nous cherchons depuis longtemps. Or, maintenant c'est l'État heureux que nous croyons former sans faire acception de personne et sans y comprendre seulement un petit nombre de citoyens, mais nous avons en vue l'État tout entier ; bientôt nous examinerons l'État fondé sur un principe contraire. Si nous étions occupés à peindre des statues et que quelqu'un vînt nous objecter que nous n'employons pas les plus belles couleurs pour peindre les plus belles parties du corps et que nous peignons les yeux, cette beauté suprême du corps, non avec de la pourpre, mais avec du noir, nous croirions avoir bien répondu à ce censeur en lui disant : Mon ami, ne crois pas que nous devions peindre les yeux si beaux que ce ne soient plus des yeux, et faire de même pour les autres parties du corps, mais examine plutôt si, en donnant à chaque partie la couleur qui lui convient, nous produisons un bel ensemble. C'est la même chose ici : ne nous force pas d'attacher à la condition des gardiens un bonheur qui en fera tout autre chose que des gardiens. Nous pourrions, si nous voulions, donner à nos laboureurs des robes traînantes, les couvrir d'or et ne les faire travailler à la terre que pour leur plaisir. Nous pourrions étendre mollement le potier auprès de son foyer, le faire boire et manger, arrêter sa roue jusqu'à ce qu'il lui plaise de reprendre son travail, et rendre heureuses de la même manière toutes les classes de citoyens, afin que tout l'État fût dans la joie. Garde pour toi tes conseils ; si nous les écoutions, le laboureur cesserait d'être laboureur, le potier d'être potier, et l'on verrait disparaître toutes les conditions dont l'ensemble forme l'État. Encore les autres métiers ont peu d'importance : que les cordonniers deviennent mauvais, qu'ils se gâtent ou qu'ils se fassent passer pour cordonniers, sans l'être, il n'en résultera pas un grand dommage pour l'État. Mais si les gardiens des lois et de l'État ne le sont que de nom, tu vois aussitôt qu'ils entraînent l'État entier à sa ruine, et que seuls ils ont le talent de lui donner une bonne administration et le bonheur. Si donc nous formons de vrais gardiens de l'État, des gardiens tout à fait incapables de lui nuire, et que celui qui parle ainsi en fasse des laboureurs et comme d'heureux convives dans une panégyrie[1] et non pas des citoyens, il aurait en vue autre chose qu'un État. Voyons donc si, en instituant les gardiens de l'État, nous avons en vue de leur donner la plus

1. Fête populaire générale, à laquelle la Grèce entière prenait part, et où tout différend politique était oublié.

grande somme de bonheur possible, ou si notre objet n'est pas de la donner à l'État tout entier, s'il ne faut pas employer la force et la persuasion auprès de ses guerriers défenseurs et gardiens de la patrie ainsi qu'auprès de tous les autres citoyens, afin qu'ils remplissent de leur mieux les fonctions dont ils sont chargés, et, lorsque l'État aura pris son accroissement avec une sage administration, ne laisser chaque classe prendre au bonheur public la part que lui assigne la nature. — ADIMANTE. Ce que tu dis me paraît fort sensé.

2. — SOCRATE. Te semble-t-il aussi qu'il soit sensé de te faire ce raisonnement du même genre ? — ADIMANTE. Lequel ? — SOCRATE. Vois si ce n'est pas là ce qui perd les autres artisans au point de les rendre mauvais ? — ADIMANTE. Qu'est-ce ? — SOCRATE. L'opulence et la pauvreté. — ADIMANTE. Comment ? — SOCRATE. Voici. Crois-tu que le potier devenu riche voudra encore s'occuper de son métier ? — ADIMANTE. Non. — SOCRATE. N'en deviendra-t-il pas paresseux et négligent, plus qu'il ne l'a jamais été ? — ADIMANTE. D'une manière sensible. — SOCRATE. Ne devient-il donc pas aussi plus mauvais potier ? — ADIMANTE. Oui, et d'une manière très sensible. — SOCRATE. D'un autre côté, si la pauvreté lui ôte les moyens de se procurer les outils et tout ce qui est nécessaire à son art, son travail n'en souffrira-t-il pas ? Les enfants et les autres ouvriers qu'il forme n'en deviendront-ils pas moins habiles ? — ADIMANTE. Est-il possible qu'il en soit autrement ? — SOCRATE. Aussi la pauvreté et l'opulence perdent les arts et ceux qui les exercent. — ADIMANTE. Evidemment. — SOCRATE. Voilà donc encore deux autres choses auxquelles nos magistrats prendront bien garde de donner entrée dans notre État à leur insu. — ADIMANTE. Quelles sont-elles ? — SOCRATE. L'opulence et la pauvreté : l'une engendre la mollesse,

l'oisiveté et le goût des nouveautés, l'autre la bassesse des sentiments et l'envie de mal faire, indépendamment de l'amour des nouveautés. — ADIMANTE. J'en conviens, mais, Socrate, considère comment notre État pourra faire la guerre s'il n'a point de trésor, et surtout s'il est obligé de faire la guerre à un État riche et puissant. — SOCRATE. Il est évident qu'il la fera avec plus de peine contre un seul, et avec plus de facilité contre deux de même force. — ADIMANTE. Comment as-tu dit? — SOCRATE. D'abord, s'il en faut venir aux mains, nos soldats bien aguerris n'auront-ils pas à combattre des ennemis riches? — ADIMANTE. Oui. — SOCRATE. Mais, Adimante, crois-tu qu'un lutteur aussi bien exercé qu'il est possible de l'être ne vienne pas facilement à bout de deux adversaires qui ne sont pas lutteurs, mais riches et chargés d'embonpoint? — ADIMANTE. Non, du moins s'il avait affaire aux deux à la fois. — SOCRATE. Pas même s'il pouvait fuir, revenir ensuite pour frapper celui qui le suivrait de plus près et employer souvent la même ruse au soleil et pendant la plus grande chaleur? Ne pourrait-il pas de cette manière réduire même plus de deux adversaires? — ADIMANTE. Sans doute, il n'y aurait rien d'étonnant. — SOCRATE. Ne crois-tu pas que les riches soient plus habiles et plus exercés à la lutte qu'à la guerre? — ADIMANTE. Je n'en doute pas. — SOCRATE. Ainsi, selon les apparences, nos athlètes se battront sans peine contre des riches deux ou trois fois plus nombreux. — ADIMANTE. J'en conviendrai avec toi, car il me semble que tu as raison. — SOCRATE. Et s'ils envoyaient une ambassade à un autre État en disant, ce qui du reste ne serait que la vérité : « L'or et l'argent ne sont pas en usage chez nous ; il ne nous est pas même permis d'en avoir, mais vous le pouvez. Venez donc combattre avec nous et gardez pour vous les dépouilles de l'ennemi. » Crois-tu qu'après avoir entendu une pareille proposition, on aimerait mieux faire la guerre à des chiens maigres et vigoureux que de la faire avec eux à des brebis grasses et délicates? — ADIMANTE. Je ne le pense point. Mais si les richesses des autres États s'accumulent ainsi dans un seul, prends garde qu'elles ne soient un danger pour l'État qui n'est pas riche. — SOCRATE. Que tu es bon de penser qu'un autre État que le nôtre mérite de porter ce nom ! — ADIMANTE. Pourquoi pas? — SOCRATE. Il faut donner aux autres États un nom d'une signification plus étendue, car chacun d'eux n'est pas un, mais plusieurs, comme on dit au jeu [1]. Tout État en renferme pour le moins deux qui se font la guerre, l'un composé de riches, l'autre de pauvres ; chacun d'eux se subdivise encore en plusieurs autres. Si tu les attaques tous comme ne faisant qu'un seul État, tu ne réussiras pas ; mais si tu regardes chacun de ces États comme étant composé de plusieurs, et que tu abandonnes à une classe de citoyens les richesses, le pouvoir et la vie des autres, tu auras toujours beaucoup d'alliés et peu d'ennemis. Ton État, aussi longtemps qu'il conservera les sages institutions qui viennent d'y être établies, sera très grand, je ne dis pas en apparence, mais en réalité, quand même il ne pourrait mettre sur pied que mille combattants ; car tu ne trouveras pas facilement un État aussi grand ni chez les Grecs ni chez les barbares, quoiqu'il y en ait beaucoup qui semblent le surpasser plusieurs fois en grandeur. Penses-tu le contraire? — ADIMANTE. Non, assurément.

3. — SOCRATE. Ainsi donc nous avons déterminé la plus juste limite que nos magistrats puissent donner à l'accroissement de l'État et de son territoire, en renonçant

1. Il y avait alors au jeu de dés une partie où l'on jouait des villes.

à toute autre idée d'agrandissement. — ADIMANTE. Quelle est cette limite? — SOCRATE. La voici, je pense : que l'État s'agrandisse tant qu'il voudra sans cesser d'être un, qu'il s'agrandisse jusque-là, mais pas au delà. — ADIMANTE. Fort bien. — SOCRATE. Ainsi nous prescrirons à nos magistrats de veiller avec le plus grand soin à ce que l'État ne paraisse ni grand ni petit, mais à ce qu'il tienne un juste milieu et soit toujours un. — ADIMANTE. Ceci n'est pas de grande importance. — SOCRATE. Il y avait moins d'importance encore à leur recommander plus haut de renvoyer dans une autre condition le fils dégénéré du guerrier et d'élever au rang de guerrier l'enfant bien doué qui serait né dans une classe inférieure. Nous voulions leur faire entendre qu'il faut donner à chaque citoyen la tâche unique à laquelle la nature l'a destiné, afin que chacun s'acquittant de l'emploi qui lui convient soit un, absolument un, et qu'ainsi l'État tout entier soit un, absolument un. — ADIMANTE. En effet, ce point est encore moins important que l'autre. — SOCRATE. Tout ce que nous leur prescrivons ici, mon cher Adimante, n'est pas aussi important qu'on pourrait se l'imaginer : ce n'est rien; il ne s'agit que d'observer un point, le seul important, ou plutôt le seul qui suffise. — ADIMANTE. Quel est ce point? — SOCRATE. L'éducation de l'enfance et de la jeunesse : si les jeunes gens bien élevés deviennent des hommes accomplis, ils verront aisément par eux-mêmes l'importance de tous ces points et de bien d'autres que nous omettons ici, la propriété des femmes, les mariages et la procréation des enfants, toutes choses qui, selon le proverbe, doivent être aussi communes[1] que possible entre amis. — ADIMANTE. Ce sera parfaitement bien. — SOCRATE. Si une

1. Allusion à la maxime pythagoricienne : Tout est commun entre amis.

fois l'État a reçu une bonne impulsion et qu'il ait bien commencé, il va toujours s'agrandissant comme le cercle. Un bon système d'éducation et d'instruction, conservé dans ce qu'il a d'excellent, fait d'heureux naturels, et, à leur tour, ces excellents naturels, grâce à l'éducation qu'ils ont reçue, deviennent meilleurs que ceux qui les ont précédés, sous divers rapports et entre autres sous celui de la procréation, comme cela arrive dans les autres animaux. — ADIMANTE. Cela doit être. — SOCRATE. Ainsi, pour tout dire en quelques mots, ceux qui sont à la tête de l'État s'attacheront à ce que rien ne corrompe insensiblement l'éducation, mais surtout à ce qu'aucune innovation ne s'introduise dans la gymnastique et la musique contre les règles établies; ils doivent faire les plus grands efforts pour l'empêcher, dans la crainte que si un poète dit :

Les chants les plus nouveaux sont ceux qui plaisent davantage.

on ne s'imagine, comme cela arrive souvent, que le poète parle non d'airs nouveaux, mais d'une nouvelle manière de les chanter, et qu'on n'en fasse l'éloge ; or il ne faut ni louer ni introduire aucune innovation pareille. Il faut donc prendre garde de rien innover en musique, parce que c'est risquer de tout perdre. Jamais on ne peut toucher aux règles de la musique sans ébranler les lois fondamentales de l'État, comme dit Damon, et je suis de son avis. — ADIMANTE. Compte-moi aussi parmi ceux qui pensent de même.

4. — SOCRATE. Les gardiens devront donc, à ce qu'il semble, regarder la musique comme la citadelle la plus importante à bâtir pour la sauvegarde de l'État. — ADI-

1. Odyssée, I, v. 351.

MANTE. Et pourtant voici que le mépris des lois s'y glisse facilement sans qu'on s'en aperçoive. — SOCRATE. Oui, sous la forme d'un jeu et sans avoir l'air de faire du mal. — ADIMANTE. En effet, il ne fait d'abord que s'insinuer peu à peu et s'infiltrer doucement dans les mœurs et dans les usages ; ensuite il grandit, il se mêle dans les relations sociales, il s'avance avec audace jusqu'aux lois et aux principes du gouvernement, et il ne s'arrête pas, Socrate, qu'il n'ait consommé la ruine totale de l'État et des particuliers. — SOCRATE. Est-il vrai qu'il en soit ainsi ? — ADIMANTE. Il me le semble. — SOCRATE. Il faut donc, comme nous le disions en commençant, que nos enfants, dès leurs premières années, ne se permettent que des jeux assujettis à une règle plus sévère, parce que, s'il n'y a point de règle pour les jeux, il n'y en aura point pour les enfants et qu'alors ils ne pourront point, dans l'âge mûr, devenir des hommes vertueux et soumis à la loi. — ADIMANTE. Comment ne serait-ce pas impossible ? — SOCRATE. Au lieu que si les enfants commencent de bonne heure à suivre une règle dans leurs jeux et que l'amour des lois s'introduise dans leur âme par la musique, il arrive le contraire de ce que nous venons de dire : cet amour des lois les accompagne toujours, il les développe et redresse ce qu'il peut y avoir à redresser dans l'État. — ADIMANTE. Ce que tu dis est vrai. — SOCRATE. Alors ils retrouvent eux-mêmes des règlements qui paraissent de peu d'importance, et que leurs prédécesseurs avaient laissés tomber entièrement en désuétude. — ADIMANTE. Quels sont ces règlements ? — SOCRATE. Par exemple : observer le silence convenable devant les vieillards, leur céder la place d'honneur, se lever quand ils paraissent, entourer les parents de tous les soins qui leur sont dus, suivre l'usage dans la manière de se couper les cheveux, de s'habiller, de se chausser, dans tout ce qui regarde le corps et dans mille autres choses semblables. Ne crois-tu pas qu'ils retrouvent d'eux-mêmes tous ces règlements? — ADIMANTE. Je le crois. — SOCRATE. Ce serait, à mon avis, une grande simplicité de faire des lois à ce sujet; il n'y en a point de pareilles nulle part, et d'ailleurs elles n'en seraient pas mieux observées pour être imposées de vive voix et par écrit. — ADIMANTE. Et comment cela serait-il? — SOCRATE. On pourrait dire, mon cher Adimante, que la première éducation entraîne cette conséquence que tout le reste de la vie doit lui ressembler. Le semblable n'attire-t-il pas toujours à lui son semblable? — ADIMANTE. Sans doute. — SOCRATE. Enfin nous pourrions dire, et tel est mon avis, que l'éducation aboutit à un dernier et grand résultat, soit en bien, soit en mal. — ADIMANTE. Cela ne doit-il pas être? — SOCRATE. Voilà pourquoi je ne voudrais jamais entreprendre de faire des lois sur ces sortes de choses. — ADIMANTE. Et avec raison.

— SOCRATE. Mais au nom des dieux, oserons-nous porter des lois sur les contrats de vente ou d'achat, les conventions pour la main-d'œuvre, les insultes, les violences, l'ordre des procès, l'établissement des juges, la levée ou l'imposition forcée des deniers pour l'entrée et la sortie des marchandises, soit par terre, soit par mer, en un mot sur tout ce qui concerne le marché, la ville ou le port, et sur tout le reste? — ADIMANTE. Il ne convient pas de rien prescrire là-dessus à d'honnêtes gens; ils trouveront facilement d'eux-mêmes la plupart des règlements qu'il faut faire. — SOCRATE. Oui, mon cher ami, si Dieu leur donne de conserver dans toute leur pureté les lois que nous avons d'abord établies. — ADIMANTE. Sinon, ils passeront la vie à faire sans cesse une foule de règlements semblables, à y ajouter corrections sur corrections, s'imaginant qu'ils saisiront ce qu'il y a de plus parfait. — SOCRATE. C'est-à-dire qu'ils vivront comme ces malades qui ne veulent point par intempérance renoncer à un train de vie qui altère leur santé. —ADIMANTE. Justement. —SOCRATE. En vérité la conduite de ces malades a quelque chose de plaisant. Ils sont toujours dans les remèdes et pourtant ils n'y gagnent rien que de compliquer et d'aggraver leurs maladies, espérant sans cesse, à chaque remède qu'on leur conseille, qu'il leur rendra la santé. — ADIMANTE. Voilà précisément la situation de ces malades. — SOCRATE. N'est-ce pas chez eux une chose plaisante de regarder comme leur plus mortel ennemi celui qui ne leur dit pourtant que la vérité lorsqu'il leur déclare que s'ils ne cessent de boire et de manger avec excès, de vivre dans le libertinage et la fainéantise, ni les remèdes, ni le fer, ni le feu, ni les enchantements, ni les amulettes, ni les autres choses de ce genre ne leur serviront de rien. — ADIMANTE. Pas très-plaisante ; car il n'y a rien de plaisant à s'emporter contre un homme qui donne de bons conseils. — SOCRATE. Il me paraît que tu n'es pas trop partisan de ces sortes de gens. — ADIMANTE. Non assurément.

5. — SOCRATE. Ainsi, pour revenir à ce que nous disions, tu n'approuveras pas davantage un État qui tiendrait une pareille conduite. Or, qu'en penses-tu ? N'est-ce pas là ce que font les États mal gouvernés qui défendent aux citoyens, sous peine de mort, de toucher à leur constitution, tandis que celui qui traite le plus agréablement les vices du gouvernement, qui va au devant de ses désirs, qui prévoit de loin ses intentions et qui est assez habile pour les remplir, celui-là passera pour un citoyen vertueux, un profond politique et sera comblé d'honneurs. — ADIMANTE. Oui, ces Etats font précisément la même chose, et je suis bien éloigné

de les approuver. — Socrate. Quoi donc ! n'admires-tu pas ceux qui consentent, qui s'empressent même à donner leurs soins à de pareils États ? N'admires-tu pas leur courage et leur habile complaisance ? — Adimante. Oui, j'admire ces hommes, excepté ceux qui se laissent tromper et qui s'imaginent qu'ils sont réellement des hommes d'État, à cause des applaudissements que leur donne la multitude. — Socrate. Que dis-tu ? Ne veux-tu pas les excuser ? Crois-tu qu'un homme qui ne sait pas mesurer, puisse s'empêcher de croire qu'il a quatre coudées, lorsqu'il l'entend dire à beaucoup de personnes ? — Adimante. Je ne le crois pas. — Socrate. Ne t'emporte donc pas contre eux. Ce sont les gens les plus divertissants du monde avec leurs règlements dont nous avons parlé plus haut et des corrections qu'ils y ajoutent sans cesse, dans l'espoir qu'ils trouveront la fin des abus qui se glissent dans les conventions et les autres choses dont je parlais tout à l'heure. Ils ne voient pas qu'en réalité ils coupent les têtes d'une hydre. — Adimante. En effet, ils ne font pas autre chose. — Socrate. Ainsi, je ne crois pas que dans un État, bien ou mal gouverné, un véritable législateur doive se mettre en peine de lois et de règlements semblables : dans l'un, ils sont inutiles, et on n'y gagne rien ; dans l'autre, le premier venu en trouvera une partie, et l'autre partie découlera comme d'elle-même des institutions déjà établies.

— Adimante. Que nous reste-t-il donc encore à faire en législation ? — Socrate. Rien ; mais c'est à Apollon, au dieu de Delphes qu'il appartient de faire les plus grandes, les plus belles, et les premières de toutes les lois. — Adimante. Lesquelles. — Socrate. Ce sont celles qui regardent la construction des temples, les sacrifices, le culte des dieux, des génies et des héros, les funérailles et les cérémonies qui apaisent les mânes des morts. Nous ne savons que régler là-dessus, et puisque nous fondons un État, nous ne devons pas, si nous sommes sages, nous en rapporter aux autres hommes, ni consulter d'autre interprète que le dieu du pays. Or, ce dieu est l'interprète naturel de tous les hommes en pareille matière, puisqu'il a placé le sanctuaire où il réside au centre même de la terre pour rendre de là ses oracles. — ADIMANTE. Bien, nous devons faire comme tu dis.

II. 1. — SOCRATE. Fils d'Ariston, voilà notre État fondé. Maintenant prends où tu voudras un flambeau suffisant ; appelle ton frère, Polémarque, tous ceux qui sont ici et cherche avec eux si nous verrons où résident la justice et l'injustice, en quoi elles diffèrent l'une de l'autre et à laquelle des deux on doit s'attacher pour être heureux, qu'on échappe ou non aux regards des dieux et des hommes. — GLAUCON. Ce n'est pas à nous qu'il faut t'adresser ; car tu as promis de faire cette recherche toi-même, comme si c'était une impiété pour toi de refuser à la justice tous les secours qui sont en ton pouvoir. — SOCRATE. Tu me rappelles ma promesse telle que je l'ai faite ; il faut donc que je la remplisse, mais il faut aussi que tu m'aides. — GLAUCON. Nous t'aiderons. — SOCRATE. J'espère que nous allons trouver ce que nous cherchons. Si notre État est bien constitué, je pense qu'il est parfait. — GLAUCON. Il doit l'être nécessairement. — SOCRATE. Il est donc évident qu'il est sage, courageux, tempérant et juste. — GLAUCON. Oui. — SOCRATE. Quelle que soit celle de ces vertus que nous trouvions en lui, le reste sera ce que nous n'aurons pas trouvé ? — GLAUCON. Sans doute. — SOCRATE. Si de quatre choses[1]

1. Socrate parle ici de quatre choses, dont une renferme les trois autres : la justice renferme la prudence, la force et la tempérance.

nous en cherchions une et qu'elle se présentât d'abord à nous, nous bornerions là nos recherches : et si nous connaissions d'abord les trois premières, par cela même nous connaîtrions celle que nous cherchons ; car il est évident qu'elle ne pourrait être que celle qui restait à trouver. — GLAUCON. Tu as raison. — SOCRATE. Et ne devons-nous pas appliquer cette méthode à notre recherche, puisque les vertus dont il s'agit sont au nombre de quatre? — GLAUCON. Évidemment. — SOCRATE. Il est évident que c'est la prudence qui se montre d'abord dans cette recherche; mais je trouve qu'elle a quelque chose de singulier. — GLAUCON. Quoi ? — SOCRATE. La prudence règne dans notre État, car le bon conseil y règne, n'est-ce par? — GLAUCON. Oui. — SOCRATE. Il n'est pas moins clair que là où est le bon conseil, il y a science; car ce n'est point l'ignorance, mais la science qui fait prendre de justes mesures. — GLAUCON. Évidemment. — SOCRATE. Mais il y a dans l'État une grande diversité de sciences. — GLAUCON. Sans doute. — SOCRATE. Est-ce pour la science des charpentiers qu'il faut dire que l'État est prudent et sage dans ses conseils ? — GLAUCON. Non, mais cette science fera dire qu'il est habile dans l'art du charpentier. — SOCRATE. Ce n'est pas non plus pour l'art du menuisier et ses perfectionnements qu'il faudra dire que l'État est prudent. — GLAUCON. Non. — SOCRATE. Est-ce pour la science qui s'occupe des ouvrages en airain ou en quelque autre métal ? — GLAUCON. En aucune façon. — SOCRATE. Ni pour celle qui a pour objet la production des fruits de la terre; car c'est l'affaire de l'agriculture. — GLAUCON. Il me le semble. — SOCRATE. Quoi donc ! est-il dans l'État que nous venons de former une science particulière à quelque-uns de ses membres, et dont le but soit de délibérer, non sur quelque partie de l'État, mais sur l'État tout entier, pour régler le mieux possible son organisation intérieure et ses rapports avec les autres États? — GLAUCON. Sans doute, il en est une. — SOCRATE. Quelle est cette science, et dans quels citoyens réside-t-elle? GLAUCON. C'est la science qui se propose la garde de l'État; elle réside dans les magistrats que nous appelions les véritables gardiens de l'État. — SOCRATE. Par rapport à cette science, comment qualifies-tu l'État? — GLAUCON. Je dis qu'il est vraiment prudent et sage dans ses conseils. — SOCRATE, Crois-tu qu'il y ait dans notre État un plus grand nombre de forgerons que de véritables gardiens? — GLAUCON. Il y a beaucoup plus de forgerons. — SOCRATE. En général, de tous les corps qui tirent leur nom de la profession qu'ils exercent, celui des gardiens de l'État ne sera-t-il pas le moins nombreux? — GLAUCON. De beaucoup. — SOCRATE. C'est donc au corps le moins nombreux et à la plus petite partie de lui-même, c'est à la science qui y réside, c'est enfin à ce qui est à la tête et à ce qui gouverne, que l'État constitué naturellement doit d'être sage; et il paraît que c'est dans le plus petit nombre possible que la nature produit les hommes à qui il appartient de se mêler de cette science qui, seule entre toutes les sciences, mérite le nom de prudence. — GLAUCON. Rien de plus vrai. — SOCRATE. Je ne sais par quel bonheur nous avons trouvé une des quatre choses que nous cherchions et en quelle partie de l'État elle réside. — GLAUCON. Pour moi du moins, elle me paraît suffisamment trouvée.

2. — SOCRATE. Quant au courage lui-même, il est très facile de le découvrir, lui et la partie de l'État où il réside et qui fait donner à l'État le nom de courageux. — GLAUCON. Comment? — SOCRATE. Pour dire qu'un État est lâche ou courageux, faut-il jeter les yeux sur autre chose que sur la partie des citoyens chargée de faire la

guerre et de combattre pour lui? — GLAUCON. Non jamais. — SOCRATE. Que les autres citoyens soient lâches ou courageux, ils ne peuvent faire par eux-mêmes que l'État soit l'un ou l'autre. — GLAUCON. Non. — SOCRATE. L'État est donc courageux par une partie de lui-même, c'est-à-dire parce qu'il possède en elle la vertu de conserver invariablement sur les choses qui sont à craindre l'opinion qu'elles sont exactement telles que le législateur les a désignées dans l'éducation. N'est ce pas là ce que tu appelles courage? — GLAUCON. Je n'ai pas bien compris ce que tu viens de dire : répète-le. — SOCRATE. Je dis que le courage est une espèce de conservation. — GLAUCON. Quelle conservation? — SOCRATE. De l'opinion que les lois nous ont donnée par le moyen de l'éducation sur les choses qui sont à craindre, sur leur nature et leurs caractères. Je disais que le courage conserve invariablement cette opinion, parce qu'en effet il la conserve dans la douleur, le plaisir, le désir, la crainte, et que jamais il ne la rejette. Je vais t'expliquer ceci par une comparaison, si tu veux. — GLAUCON. Je le veux bien. — SOCRATE. Tu sais la manière dont s'y prennent les teinturiers, lorsqu'ils veulent teindre la laine en pourpre. Ils commencent par choisir entre des laines de toute sorte de couleurs celle qui est blanche, ensuite ils la préparent avec beaucoup de soin, afin qu'elle prenne la couleur dans tout son éclat, après quoi ils la teignent. Cette sorte de teinture est inaltérable, et l'étoffe, lavée à l'eau simple ou savonnée, ne perd jamais son éclat. A défaut de ces précautions, tu sais ce qui arrive quand on emploie des laines d'une autre couleur, ou même la laine blanche sans la préparer. — GLAUCON. Je sais que la couleur passe et que l'effet est ridicule. — SOCRATE. Imagine-toi que nous aussi, nous avons fait la même opération de notre mieux, en choisissant les guerriers avec tant de précautions, et en les préparant par la musique et la gymnastique. Sois en bien convaincu : notre intention bien arrêtée était qu'ils prissent une teinture profonde des lois et que leur âme bien née et bien élevée eût une opinion tellement ineffaçable sur les choses qui sont à craindre et sur tout le reste, qu'aucune sorte de lotion ne pût l'effacer, ni le plaisir qui a pour cet effet plus d'énergie que la chaux et les lavages, ni la douleur, la crainte et le désir, qui sont les dissolvants les plus actifs. C'est là cette puissance et cette perpétuité d'opinion juste et légitime sur les choses qui sont à craindre et sur celles qui ne le sont pas, que j'appelle courage et que je pose en principe, si tu n'es pas d'un autre avis. — Glaucon. Je n'en ai pas d'autre ; car il me paraît que, si l'opinion juste qui fait le courage n'est pas le fruit de l'éducation et si elle est brutale et servile, tu ne la regardes pas comme légitime, et que tu l'appelles tout autrement que courage. — Socrate. Ce que tu dis est parfaitement vrai. — Glaucon. J'admets donc la définition que tu as donnée du courage. — Socrate. Admets aussi que le courage est une vertu politique, et tu ne te tromperas pas. Mais nous en parlerons encore mieux une autre fois, si tu veux ; car ce n'est pas le courage que nous cherchons dans ce moment, mais la justice. Il me semble que nous en avons assez dit à ce sujet.

5. — Socrate. Il nous reste encore deux choses à trouver dans notre État, la tempérance et enfin la justice qui est l'objet de toutes nos recherches. — Glaucon. Oui. — Socrate. Comment pourrions-nous trouver la justice, sans nous mettre en peine de chercher d'abord la tempérance ? — Glaucon. Je n'en sais rien : mais je serais fâché qu'elle se découvrît à nous la première, puisqu'alors nous ne nous mettrions

plus en peine d'examiner ce que c'est que la tempérance. Mais si tu veux me faire plaisir, examine la tempérance avant la justice. — SOCRATE. Je le veux bien ; j'aurais tort de ne pas y consentir. — GLAUCON. Examine donc. — SOCRATE. C'est ce que je vais faire. Autant que je puis voir d'ici, la tempérance consiste plus dans un certain accord et une certaine harmonie, que les vertus précédentes. — GLAUCON. Comment ? — SOCRATE. La tempérance n'est qu'un certain ordre, un frein qu'on met à ses plaisirs et à ses passions. De là vient cette expression que je n'entends pas trop, maître de soi-même, et quelques autres semblables qui sont, pour ainsi dire, autant de traces de cette vertu : n'est-ce pas ? — GLAUCON. Oui assurément. — SOCRATE. Cette expression, maître de soi, prise à la lettre, n'est-elle pas ridicule ? Celui qui est maître de lui-même serait alors en même temps esclave de lui-même, et celui qui est son propre esclave serait son maître, car c'est toujours à la même personne que se rapportent toutes ces expressions. — GLAUCON. Sans doute. — SOCRATE. Mais voici, je crois, ce qu'elle veut dire. Il y a dans l'âme de l'homme deux parties, l'une meilleure, l'autre moins bonne ; quand la partie meilleure par sa nature commande à celle qui est moins bonne, on dit d'un homme qu'il est maître de lui-même, et c'est un éloge ; mais quand par suite d'une mauvaise éducation ou de quelque mauvaise fréquentation, la partie meilleure est envahie et vaincue par la partie moins bonne, on dit de l'envahisseur, et c'est un terme de reproche, qu'il est esclave de lui-même et déréglé dans ses désirs. — GLAUCON. Cette explication me paraît juste. — SOCRATE. Considère maintenant notre nouvel État, et tu y trouveras l'un de ces deux cas. Tu pourras dire avec raison qu'il est maître de lui-même, si partout où la partie supérieure commande à la partie inférieure, il faut dire que celle-là est sage et maîtresse d'elle même. — GLAUCON. Je regarde et je vois que tu dis vrai. — SOCRATE. Ce n'est pas cependant qu'on n'y trouve partout une grande multitude de passions, de plaisirs et de peines dans les femmes, les esclaves et la plupart des hommes qu'on appelle libres et qui ne valent pas grand'chose. — GLAUCON. On en trouve sans doute. — SOCRATE. Mais pour les sentiments simples et modérés, fondés sur l'opinion juste et gouvernés par la raison, tu ne les rencontreras que rarement; et ce ne sera que dans ceux qui joignent à un excellent naturel une excellente éducation. — GLAUCON. Cela est vrai. — SOCRATE. Ne vois-tu pas aussi que dans notre État les désirs de la multitude composée d'hommes vicieux sont réglés et modérés par les désirs et la prudence du plus petit nombre qui est celui des sages? — GLAUCON. Je le vois.

4. — SOCRATE. Si donc l'on peut dire d'un État qu'il est maître de ses plaisirs, de ses passions et de lui-même, c'est de celui-ci qu'on doit le dire. — GLAUCON. Assurément. — SOCRATE. Ne doit-on pas ajouter que pour toutes ces raisons il est tempérant? — GLAUCON. Très certainement. — SOCRATE. Et si dans un autre État, magistrats et sujets ont la même opinion sur les qualités exigibles de ceux qui doivent commander, cet accord se rencontre aussi dans notre État : n'est-ce pas? — GLAUCON. Je n'en fais pas le moindre doute. — SOCRATE. Et quand l'État est ainsi disposé, en qui diras-tu que réside la tempérance, dans ceux qui commandent ou dans ceux qui obéissent? — GLAUCON. Dans les uns et dans les autres. — SOCRATE. Tu vois que notre conjecture était bien fondée lorsque nous avons comparé la tempérance à une sorte d'harmonie? — GLAUCON.

Que veux-tu dire ? — Socrate. Qu'il n'en est pas d'elle comme de la prudence et du courage qui, bien qu'ils résident chacun dans une seule partie de l'État, le rendent néanmoins prudent et courageux, tandis que la tempérance, répandue dans tout le corps de l'État, établit entre les classes les plus faibles, les plus puissantes et les classes intermédiaires, un accord parfait sous le rapport de la prudence, de la force, du nombre, des richesses ou d'autres choses semblables, quelles qu'elles puissent être : de sorte qu'on peut dire avec raison que la tempérance consiste dans cette concorde, que c'est une harmonie établie par la nature entre la partie supérieure et la partie inférieure d'un État ou d'un individu, pour décider entre elles quelle est la partie qui doit commander à l'autre. — Glaucon. Je suis tout à fait de ton avis.

— Socrate. Soit : Voilà donc trois vertus qui ont été découvertes dans l'État, à ce qu'il semble ; mais il en reste encore une qui complète pour l'État l'idée entière de la vertu ; quelle est-elle ? Il est évident que c'est la justice. — Glaucon. Cela est évident. — Socrate. Maintenant, mon cher Glaucon, il nous faut faire une battue comme des chasseurs, pour envelopper le fort comme dans un cercle, en prenant toutes les précautions possibles pour que la justice ne puisse pas nous échapper et disparaître à nos yeux. Il est évident qu'elle est ici quelque part. Regarde donc et cherche à la voir ; peut-être la verras-tu le premier et me donneras-tu le signal. — Glaucon. Plût aux dieux ! Mais plutôt, ce sera beaucoup pour moi de te suivre et de voir les choses à mesure que tu me les montreras ; c'est tout le parti que tu pourras tirer de moi. — Socrate. Suis donc, après avoir fait ta prière avec moi. — Glaucon. Je te suivrai ; seulement guide mes pas. — Socrate. L'endroit me paraît couvert et d'un accès pénible ; il est obscur et les recherches y sont difficiles ; mais cependant il faut marcher. — GLAUCON. Oui, il faut marcher. — SOCRATE. Ha ! ha ! cher Glaucon, m'écriai-je, après avoir regardé quelque temps ; nous pourrions bien avoir sa trace, et il me semble qu'elle ne pourra pas nous échapper. — GLAUCON. Bonne nouvelle ! — SOCRATE. En vérité, nous sommes bien peu clairvoyants l'un et l'autre. — GLAUCON. Comment ? — SOCRATE. Il y a longtemps qu'elle semble se rouler à nos pieds depuis le commencement de cet entretien, et nous ne la voyions pas ; nous étions bien ridicules. Comme ceux qui cherchent quelquefois ce qu'ils ont entre les mains, nous ne l'apercevions pas et nous portions nos regards bien loin ; aussi elle nous échappait. — GLAUCON. Comment dis-tu ? — SOCRATE. Je dis que depuis longtemps nous en parlons dans cet entretien sans comprendre de nous-mêmes que nous l'avons presque nommée. — GLAUCON. Voilà un long préambule, quand je désire n'entendre qu'un mot.

5. — SOCRATE. Eh bien ! écoute si j'ai raison. Ce que nous avons établi au commencement, comme un devoir universel, lorsque nous jetions les fondements de l'État, c'est la justice, ce me semble ; ou du moins c'en est une image très ressemblante. Or, nous posions en principe, et nous avons souvent répété, si tu t'en souviens, que chaque citoyen ne doit avoir dans l'État qu'un seul emploi, celui pour lequel il a apporté, en naissant, le plus de dispositions. — GLAUCON. C'est ce que nous disions. — SOCRATE. Mais nous avons entendu dire à d'autres, et souvent nous avons dit nous-mêmes que la justice consistait à s'occuper uniquement de ses affaires, sans se mêler de celles d'autrui. — GLAUCON. Oui, nous l'avons dit. — SOCRATE. Encore un coup, mon cher ami,

il me semble que la justice pourrait bien consister en ce que chacun ne s'occupe que de ce qu'il a à faire : Sais-tu ce qui me porte à le croire ? — GLAUCON. Non, dis-le. — SOCRATE. Il me semble que dans l'État, le complément des vertus que nous avons examinées, la tempérance, le courage et la prudence, c'est le principe qui leur a donné la puissance de naître, et qui après leur naissance, les conserve, tant qu'il demeure avec elles. Or, nous avons dit que le complément à découvrir serait la justice, une fois que nous aurions trouvé les trois premières vertus. — GLAUCON. Il faut bien que ce soit elle. — SOCRATE. S'il fallait décider quelle est celle de ces vertus qui contribue le plus à la perfection de l'État, il serait difficile de dire si c'est la concorde des magistrats et des citoyens, ou dans les guerriers le maintien de l'opinion légitime sur ce qui est à craindre et sur ce qui ne l'est pas, ou la prudence et la vigilance dans ceux qui gouvernent, ou si enfin ce qui contribue le plus à la perfection de l'État est la pratique de cette vertu par laquelle femmes, enfants, hommes libres, esclaves, artisans, magistrats et citoyens se bornent chacun à leur emploi, sans se mêler de celui des autres. — GLAUCON. Oui certes, une pareille question serait difficile à décider. — SOCRATE. Ainsi, à ce qu'il semble, cette vertu qui contient chacun dans les limites de ses propres affaires, ne contribue pas moins que la prudence, le courage et la tempérance à la perfection de l'État. — GLAUCON. Non certes. — SOCRATE. Or, cette vertu que tu fais concourir avec les autres à la perfection de l'État, n'est-ce pas la justice, à ton avis ? — GLAUCON. Oui assurément. — SOCRATE. Examine encore la question sous ce nouveau point de vue, pour voir si tu conserveras la même opinion. Chargeras-tu les magistrats de juger les procès ? — GLAUCON. Oui sans doute. — SOCRATE.

Quelle autre fin se proposeront-ils dans leurs jugements, sinon d'empêcher que personne ne s'empare du bien d'autrui ou ne soit privé du sien? — GLAUCON. Aucune autre fin. — SOCRATE. N'est-ce point parce que cela est juste? — GLAUCON. Oui. — SOCRATE. C'est donc encore une preuve que la justice assure à chacun la possession de ce qui lui appartient, et l'exercice libre de l'emploi qui lui convient. — GLAUCON. Cela est certain.

III. 1. — SOCRATE. Vois si tu es du même avis que moi. Que le charpentier s'ingère d'exercer le métier du cordonnier, qu'ils fassent un échange de leurs outils et du salaire qu'ils reçoivent, ou que le même homme fasse les deux métiers à la fois, avec tous les changements qui s'ensuivent, crois-tu, que ce désordre puisse causer un grand mal à l'État? — GLAUCON. Je ne le crois pas du tout. — SOCRATE. Mais si celui que la nature a destiné à être artisan ou mercenaire, enorgueilli de ses richesses, de son crédit, de sa force, ou de quelque autre avantage semblable, entreprenait de s'élever au rang des guerriers, et le guerrier au rang de magistrat et de gardien, sans en être digne ; s'ils faisaient un échange des instruments propres à leurs emplois et des avantages qui y sont attachés; ou si le même homme voulait remplir en même temps ces différents emplois, alors je crois et tu crois sans doute avec moi qu'un tel désordre et une telle confusion entraîneraient la ruine de l'État. — GLAUCON. Infailliblement. — SOCRATE. La confusion de ces trois ordres et le passage de l'un à l'autre sont donc ce qui peut arriver de plus funeste à à l'État. On peut dire que c'est un véritable crime. — GLAUCON. Oui certainement. — SOCRATE. Or, le plus grand crime qu'on puisse commettre envers sa propre patrie, ne l'appelleras-tu pas injustice? — GLAUCON. Sans contredit.

— SOCRATE. C'est donc en cela que consiste l'injustice.

2. Revenons maintenant. Quand chaque ordre de l'État, celui des mercenaires, celui des guerriers et celui des magistrats, se tient dans les bornes de son emploi spécial, ce doit être le contraire de l'injustice, et ce qui fait que l'État est juste. — GLAUCON. Il me semble qu'il ne peut pas en être autrement. Ne l'assurons pas encore d'une manière définitive; si l'idée de la justice, telle que nous venons de l'exposer, s'applique à chaque homme en particulier, et qu'elle soit encore reconnue comme vraie et représente la justice, alors nous l'affirmerons sans hésiter; car que pourrions-nous dire de plus? Sinon, nous tournerons nos recherches d'un autre côté. Mettons fin maintenant à la recherche où nous nous sommes engagés, dans la persuasion où nous étions qu'il nous serait plus facile de connaître quelle est la nature de la justice dans l'homme, si nous essayions auparavant de la contempler dans quelque modèle plus grand qui la contiendrait; or, il nous a semblé que ce modèle était un État. Alors nous avons jeté les fondements d'un État aussi parfait que possible, parce que nous savions bien que la justice se trouverait dans un État bien gouverné. Ce que nous y avons découvert, transportons-le dans l'individu. Si tout se rapporte de part et d'autre, la chose ira bien; s'il y a quelque différence dans l'individu, nous reviendrons à l'État et nous examinerons encore, et peut-être, en les comparant et en les frottant l'un contre l'autre, en ferons-nous jaillir la justice comme le feu du sein de matières inflammables, et l'éclat qu'elle jettera nous la fera reconnaître d'une manière infaillible. — GLAUCON. C'est procéder avec méthode; voilà ce qu'il faut faire. — SOCRATE. Lorsqu'on dit de deux choses, l'une plus grande, l'autre plus petite, qu'elles sont la même chose, sont-

elles dissemblables par ce qui fait dire d'elles qu'elles sont une même chose, ou sont-elles semblables par là ? — GLAUCON. Elles sont semblables. — SOCRATE. Ainsi l'homme juste, en tant que juste, ne différera en rien d'un État juste, mais il lui sera semblable. — GLAUCON. Oui. — SOCRATE. Or, l'État nous a paru juste, lorsque chacun des trois ordres de citoyens qui le composent, remplit les fonctions qui lui sont propres, et il nous a paru tempérant, courageux, prudent par certaines qualités et dispositions de ces trois ordres. — GLAUCON. Cela est vrai. — SOCRATE. Si donc, mon ami, nous trouvons dans l'âme de l'homme trois parties qui correspondent aux trois ordres de l'État, pourvu qu'elles aient les mêmes qualités, nous serons parfaitement autorisés à leur donner les mêmes noms qu'aux trois ordres de l'État. — GLAUCON. C'est de toute nécessité. — SOCRATE. Nous voilà tombés, mon cher ami, dans une question fâcheuse à l'égard de l'âme. Il s'agit de savoir si elle a, ou non en soi les trois parties dont nous venons de parler. — GLAUCON. Pas si fâcheuse, à mon avis. Peut-être, Socrate, le proverbe a-t-il raison de dire que le beau est difficile. — SOCRATE. Je le pense comme toi ; sache de plus, Glaucon, que dans mon opinion, la méthode que suivent nos discussions ne nous fera jamais découvrir d'une manière exacte ce que nous cherchons ; la route qui y conduit est plus longue et plus compliquée ; cependant peut-être que la méthode dont nous nous servons peut nous amener encore à une solution qui convienne à nos discussions et à ce que nous avons examiné jusqu'à présent. — GLAUCON. Ne faut-il pas nous en contenter ? Pour le moment elle me suffirait. — SOCRATE. Elle me suffira très bien à moi aussi. — GLAUCON. Ne te décourage donc pas ; poursuis tes recherches. — SOCRATE. N'est-ce pas une absolue nécessité de convenir que chacun de nous a le même caractère et les mêmes mœurs que l'État? Ce ne peut être que de là qu'ils ont passé dans l'État. En effet, il serait ridicule de prétendre que ce caractère irascible qu'on attribue à certains peuples, comme les Thraces, les Scythes et en général les habitants du Nord, ou ce goût d'instruction qui paraît naturel aux habitants de notre pays, ou cette avidité de gain qui caractérise surtout les Phéniciens et les Égyptiens, n'ont pas passé de l'individu dans l'État. — GLAUCON. Assurément. — SOCRATE. La chose est ainsi : il n'est pas difficile de le reconnaître. — GLAUCON. Non assurément.

3. — SOCRATE. Ce qui est véritablement difficile, c'est de décider si, dans chacune de nos actions, nous agissons par le même principe ou par trois principes différents, c'est-à-dire s'il est en nous un principe par lequel nous connaissons, un autre par lequel nous nous irritons, un troisième par lequel nous désirons les plaisirs attachés à la nourriture, à la reproduction de l'espèce et les autres plaisirs de cette nature, ou si l'âme tout entière intervient dans chacune de ces opérations. Voilà ce qu'il sera difficile de déterminer d'une manière satisfaisante. — GLAUCON. Il me le semble aussi. — SOCRATE. Essayons de déterminer de cette manière s'il n'y a dans l'âme qu'un seul et même principe, ou s'il y a trois principes différents. — GLAUCON. De quelle manière? — SOCRATE. Il est évident que le même sujet considéré en lui-même et relativement au même objet ne pourra pas produire ou éprouver en même temps des effets contraires : de sorte que si nous découvrons ici un fait semblable, nous reconnaîtrons qu'il n'y a pas unité, mais diversité de principes. — GLAUCON. Soit. — SOCRATE. Fais attention à ce que je te dis. — GLAUCON. Dis. — SOCRATE. Le même corps, considéré sous le même rapport, peut-il être au même instant en repos et en mouvement? —

GLAUCON. Point du tout. — SOCRATE. Assurons-nous en d'une manière encore plus exacte, de peur que dans la suite il ne nous survienne des doutes. Si quelqu'un disait qu'un homme qui se tient debout, et qui remue seulement les mains et la tête, est tout à la fois en repos et en mouvement, nous répondrions, je pense, qu'il ne faut pas s'exprimer ainsi, mais qu'il faut dire qu'une partie de son corps est en repos et l'autre en mouvement : n'est-ce pas ? — GLAUCON. Oui. — SOCRATE. Si donc celui qui parle ainsi poussait plus loin la plaisanterie et la subtilité en disant de la toupie, lorsque toujours fixée au même endroit, elle tourne sur sa pointe, ou de de l'un ces corps qui tournent sur leur axe sans changer de place, qu'ils sont à la fois en repos et en mouvement dans toutes leurs parties, nous n'admettrions pas que ces corps soient à la fois en repos et en mouvement sous le même rapport ; nous dirions qu'il faut distinguer en eux deux choses, l'axe et la circonférence, que selon leur axe ils sont en repos, puisque cet axe n'incline d'aucun côté, mais que selon leur circonférence, ils se meuvent d'un mouvement circulaire et que, si en même temps que le corps tourne, l'axe venait à pencher à droite ou à gauche, en avant ou en arrière, ce corps ne serait nullement en repos. — GLAUCON. Et ce serait bien répondu. — SOCRATE. Ces sortes de difficultés ne nous effrayeront pas ; jamais elles ne nous persuaderont que la même chose, considérée sous le même rapport et relativement au même objet éprouve [1] ou produise des effets

1. Les éditions de Tauchnitz, Bekker, Schneider et Didot portent une interpolation ἢ καὶ εἴη entre πάθοι et ἢ καὶ ποιήσειεν. Stallbaum et Cousin la rejettent parce que, dans deux passages de la loi des contraires, Platon ne sépare pas les verbes πασχεῖν et ποιεῖν ou les substantifs ποιημάτων et παθημάτων : 1er passage. — Δῆλον ὅτι ταὐτόν τἀναντία ποιεῖν ἢ πάσχειν κατὰ ταὐτόν γε καὶ πρὸς ταὐτὸν οὐκ' ἐθελήσει ἅμα..... page 140, édition Tauchnitz : 2e passage. — πάντα

contraires. — Glaucon. Du moins ne sera-ce pas moi. — Socrate. Cependant, pour ne pas être obligés de nous arrêter longtemps à parcourir toutes les objections semblables et à démontrer qu'elles sont fausses, supposons notre principe vrai et allons en avant, après être convenus toutefois que si dans la suite il est démontré faux toutes les conclusions que nous en aurons tirées seront nulles. — Glaucon. Voilà ce qu'il faut faire.

4. — Socrate. Dis-moi maintenant : faire signe qu'on veut et faire signe qu'on ne veut pas, désirer une chose et la refuser, l'attirer à soi et la repousser, sont-ce des choses opposées, actions ou passions, peu importe ? — Glaucon. Ce sont des choses opposées. — Socrate. La faim, la soif, et en général les appétits naturels, le désir, la volonté, tout cela n'est-il pas compris sous le genre des choses dont nous venons de parler? — Par exemple, ne diras-tu pas d'un homme qui a quelque désir, que son âme tend à ce qu'elle désire, qu'elle attire à soi la chose qu'elle voudrait avoir, et qu'en tant qu'elle souhaite qu'une chose lui soit donnée, elle fait signe qu'elle la veut, comme si on l'interrogeait là-dessus, en se portant elle-même en quelque sorte au-devant de l'accomplissement de son désir? — Glaucon. Oui. — Socrate. Ne pas consentir, ne pas vouloir, ne pas désirer, n'est-ce pas la même chose que repousser et éloigner de soi? et ces opérations de l'âme ne sont-elles pas contraires aux précédentes ? — Glaucon. Sans contredit. — Socrate. Cela posé, n'avons-nous pas des désirs naturels et les plus apparents ne sont-ils pas ceux que nous appelons la faim et la soif? — Glaucon. Oui, —

τὰ τοιαῦτα τῶν ἐναντίων θείης εἴτε ποιημάτων εἴτα παθημάτων; page 141, même édition. Cette interpolation ne peut venir que de la maladresse d'un copiste : elle s'est répandue dans la plupart des manuscrits et des éditions.

SOCRATE. L'une n'a-t-elle pas pour objet le boire, l'autre le manger? — GLAUCON. Sans doute. — SOCRATE. La soif, en tant que soif, est-elle autre chose dans l'âme que le désir de boire et rien de plus? Par exemple, la soif en soi a-t-elle pour objet une boisson chaude ou froide, en grande ou en petite quantité, en un mot telle ou telle boisson? Ou plutôt n'est-il pas vrai que, s'il se joint à la soif une impression de chaud ou de froid, cette impression ajoute au désir de boire, celui de boire froid ou chaud; que si la soif est grande, on veut boire beaucoup; si elle est petite, on veut boire peu; tandis que la soif prise en soi est simplement le désir de la chose qu'il est dans la nature de la soif de désirer, c'est-à-dire le désir de boire, comme la faim est simplement le désir de manger? — GLAUCON. Cela est vrai. Chaque désir pris en lui-même se porte naturellement vers son objet pris en lui-même : ce sont les qualités accidentelles qui, se joignant à chaque désir, font qu'il se porte vers telle ou telle modification de son objet. — SOCRATE. Qu'on ne vienne point nous troubler à l'imprévu, en disant que personne ne désire simplement la boisson, mais une bonne boisson; ni le manger, mais un bon manger : car tous désirent les bonnes choses. Si donc la soif est un désir, c'est le désir de quelque chose de bon, quel que soit son objet, soit la boisson, soit autre chose. Il en est ainsi des autres désirs. — GLAUCON. Cette objection cependant semble avoir quelque importance. — SOCRATE. Mais les choses qui ont avec d'autres quelque rapport, ne se rapportent à telle ou telle autre chose que par leur caractère relatif, à ce qu'il me semble; par leur caractère propre, elles se rapportent simplement à elles-mêmes. — GLAUCON. Je n'entends pas. — SOCRATE. Tu n'entends pas que ce qui est plus grand, n'est tel qu'en vertu de son rapport à une autre chose? —

GLAUCON. J'entends bien cela du moins. — SOCRATE. A une chose plus petite? — GLAUCON. Oui. — SOCRATE. Et que s'il est beaucoup plus grand, c'est par rapport à une chose beaucoup plus petite; n'est-il pas vrai? — GLAUCON. Oui. — SOCRATE. Et que s'il a été, ou s'il doit être un jour plus grand, c'est par rapport à une chose qui a été, ou qui sera plus petite? — GLAUCON. Sans contredit. — SOCRATE. Le plus a-t-il rapport au moins, le double à la moitié, le plus pesant au plus léger, le plus vite au plus lent, le chaud au froid, et en est-il de même de toutes les choses semblables? — GLAUCON. Tout à fait. — SOCRATE. Que dirai-je des sciences? N'en est-il pas de même? La science en soi est la science de ce qui peut ou doit être connu, quel qu'il soit; mais une science particulière a pour objet telle ou telle connaissance particulière; par exemple, aussitôt que naquit la science de construire une maison, ne se distingua-t-elle pas des autres sciences, au point qu'on lui donna le nom d'architecture? — GLAUCON. Hé bien? — SOCRATE. N'est-ce point parce qu'elle était telle qu'elle ne ressemblait à nulle autre science? — GLAUCON. Oui. — SOCRATE. Et si elle était telle, n'est-ce point parce qu'elle avait tel objet particulier? Ne faut-il pas en dire autant des autres arts et des autres sciences? — GLAUCON. Oui.

5. — SOCRATE. Si donc tu m'as compris maintenant, reconnais que je voulais dire que les choses relatives, prises en soi, se rapportent purement et simplement à elles-mêmes, et que les choses qui ont tel ou tel rapport à un objet se rapportent à cet objet. Du reste, je ne veux pas dire par là qu'une chose soit telle que son objet; par exemple, que la science des choses qui servent ou qui nuisent à la santé, soit saine ou malsaine, ni que la science du bien ou du mal soit bonne ou mauvaise : je prétends seulement

que, puisque la science du médecin n'a pas le même objet que la science en général, mais un objet déterminé, c'est-à-dire ce qui est utile ou nuisible à la santé, cette science est aussi déterminée : ce qui fait qu'on ne lui donne pas simplement le nom de science, mais celui de médecine, en la caractérisant par son objet. — GLAUCON. Je comprends ta pensée et je la crois vraie. — SOCRATE. Ne mets-tu pas la soif par sa nature au nombre des choses qui ont rapport à une autre ? — GLAUCON. La soif se rapporte-t-elle à quelque chose ? — GLAUCON. Oui, à la boisson. — SOCRATE. Ainsi telle soif a rapport à telle boisson ; au lieu que la soif en soi n'est pas la soif d'une boisson, en grande ou en petite quantité, bonne ou mauvaise, enfin de telle ou telle boisson, mais de la boisson simplement. — GLAUCON. Tout à fait. — SOCRATE. Ainsi l'âme de l'homme qui a simplement soif, ne veut rien autre chose que boire ; c'est là ce qu'elle désire, c'est là qu'elle se porte. — GLAUCON. La chose est évidente. — SOCRATE. Si donc, lorsque l'âme a soif, quelque chose l'en détourne et la tire en arrière, ce doit être un principe différent de celui qui excite la soif et l'entraîne comme une brute vers le boire ; car, disons-nous le même principe ne peut pas à la fois et par lui-même produire deux effets contraires sur le même objet. — GLAUCON. Cela ne peut être. — SOCRATE. De même, à mon avis, on aurait tort de dire d'un archer, que de ses mains il tire l'arc à soi et le repousse en même temps ; mais on dit très bien qu'il tire l'arc à soi d'une main et qu'il le repousse de l'autre. — GLAUCON. Fort bien. — SOCRATE. Dirons-nous qu'il se trouve quelquefois des gens qui ont soif et qui ne veulent pas boire ? — GLAUCON. On en trouve souvent et en grand nombre. — SOCRATE. Que penser de ces gens, sinon qu'il y a dans leur âme un principe qui leur ordonne de boire, et un autre qui le défend et qui l'emporte sur le premier? — Glaucon. Pour moi, je le pense. — Socrate. Ce principe qui leur défend de boire ne vient-il pas de la raison? Celui qui les y porte et les y entraîne ne vient-il pas à la suite de la souffrance et de la maladie?—Glaucon. Évidemment. — Socrate. Nous n'aurons donc pas tort de penser que ce sont deux principes distincts l'un de l'autre et d'appeler raisonnable cette partie de l'âme par laquelle elle raisonne, tandis que cette autre partie qui aime, qui a faim et soif, qui s'emporte dans son vol impétueux vers tous les désirs, nous l'appellerons déraisonnable et concupiscible, comme ne poursuivant que les jouissances et les plaisirs. — Glaucon. Il ne sera pas déraisonnable de notre part, mais au contraire fort raisonnable de penser ainsi. — Socrate. Posons donc pour certain que ces deux parties se trouvent dans l'âme : mais celle qui est le siège de la colère et la cause du courage, forme-t-elle une troisième partie ou rentre-t-elle dans l'une des deux autres? — Glaucon. Peut-être rentre-t-elle dans la partie qui est le siège du désir. — Socrate. On m'a dit une chose que je crois vraie. La voici : Léonce, fils d'Aglaïon, revenant un jour du Pyrée, le long de la partie extérieure de la muraille septentrionale, aperçut des cadavres étendus sur le lieu des supplices; il sentit à la fois un grand désir de les voir et une répugnance qui l'en détournait. Il résista d'abord et se couvrit le visage; mais enfin, cédant à la violence de son désir, il courut vers ces cadavres, ouvrit de grands yeux et s'écria : Hé bien! malheureux, rassasiez-vous de ce beau spectacle. — Glaucon. J'ai entendu raconter la même chose. — Socrate. Ce récit est une preuve que la colère s'oppose quelquefois en nous au désir, et, par conséquent, qu'elle en est distincte. — Glaucon. Oui, c'est une preuve.

6. — SOCRATE. Ne remarquons-nous pas aussi dans plusieurs occasions que, lorsqu'on se sent entraîné par ses désirs malgré la raison, on se fait des reproches à soi-même, on s'emporte contre ce qui nous fait violence et que dans ce conflit qui s'élève comme entre deux personnes, la colère se range en auxiliaire du côté de la raison? Mais tu n'as jamais remarqué en toi-même ni dans les autres que la colère se soit mise du côté du désir, quand la raison décide qu'il ne faut pas faire telle ou telle chose. — GLAUCON. Non assurément. — SOCRATE. N'est-il pas vrai que, si l'on croit avoir tort, plus on a de générosité dans les sentiments, moins on peut se fâcher, quelque chose que l'on souffre de la part d'un autre, comme la faim, le froid ou tout autre mauvais traitement, lorsqu'on croit qu'il a raison de nous traiter de la sorte; en un mot que la colère ne saurait s'élever dans notre âme contre lui? — GLAUCON. C'est la vérité. — SOCRATE. Mais si l'on se croit victime d'une injustice, n'est-il pas vrai qu'on s'enflamme, on s'irrite, on prend le parti de ce qui paraît juste; la faim, le froid et tous les tourments qu'il faut souffrir, on les endure avec constance, on les surmonte et on ne cesse pas de faire de généreux efforts jusqu'à ce qu'on ait obtenu satisfaction, ou que l'on succombe, ou que rappelé à soi par la raison, toujours présente en nous, on ait calmé sa colère, comme un berger apaise son chien? — GLAUCON. Cette comparaison est d'autant plus juste que, dans notre État, nous avons posé en principe que les guerriers doivent être soumis aux magistrats, comme des chiens à leurs bergers.

— SOCRATE. Tu comprends fort bien ce que je veux dire; mais fais-tu aussi cette réflexion? — GLAUCON. Laquelle? — SOCRATE. C'est que la colère est évidemment tout autre qu'elle ne nous a paru tout à l'heure. Nous pensions qu'elle se rattachait à la partie concupiscible; maintenant nous disons qu'elle en est très éloignée, nous penserions plutôt que, lorsqu'il s'élève quelque sédition dans l'âme, c'est la colère qui prend les armes en faveur de la raison. — GLAUCON. Tout à fait. — SOCRATE. Est-ce comme étant différente de la raison ou comme étant seulement une des formes de la raison, de sorte qu'il n'y aurait pas dans l'âme trois parties, mais deux seulement, la partie raisonnable et la partie concupiscible? Ou bien, de même que notre État est composé de trois ordres, des mercenaires, des guerriers et des magistrats, y a-t-il aussi dans l'âme une troisième partie, l'appétit irascible, qui soit l'auxiliaire naturel de la raison, à moins qu'il n'ait été corrompu par une mauvaise éducation? — GLAUCON. Il forme nécessairement une troisième partie. — SOCRATE. Oui, sans doute, s'il se montre distinct de la partie raisonnable, comme il s'est montré distinct de la partie concupiscible. — GLAUCON. Cela n'est pas difficile à reconnaître. Nous voyons en effet que les enfants, aussitôt qu'ils sont nés, sont déjà très sujets à la colère; que la raison ne vient jamais à quelques-uns, et qu'elle ne vient que tard au plus grand nombre. — SOCRATE. Tu as parfaitement raison. On peut encore en voir la preuve dans ce qui se passe chez les animaux. Le vers d'Homère que nous avons cité plus haut peut encore servir de témoignage.

Ulysse, se frappant la poitrine, réprimande ainsi son âme [1].

Il est évident qu'Homère représente ici deux principes distincts : d'une part, la raison qui gourmande le courage, après avoir réfléchi sur ce qu'il faut faire et ne

1. Odyssée, XX, v. 17.

pas faire; de l'autre, le courage qui s'irrite d'une manière déraisonnable. — GLAUCON. Cela est parfaitement bien dit.

IV. 1. — SOCRATE. Enfin nous sommes parvenus à travers bien des difficultés, à nous accorder suffisamment sur ce point qu'il y a dans l'État et dans l'âme d'un individu des parties correspondantes et égales en nombre. — GLAUCON. Oui. — SOCRATE. N'est-ce pas une nécessité que le particulier soit prudent de la même manière et par la même cause que l'État? — GLAUCON. Sans doute. — SOCRATE. Que l'État soit courageux de la même manière et par la même cause que le particulier; enfin que tout ce qui contribue à la vertu se rencontre également dans l'un et dans l'autre? — GLAUCON. Oui, c'est une nécessité. — SOCRATE. Ainsi, mon cher Glaucon, si je ne me trompe, nous dirons que ce qui rend l'État juste, rend également le particulier juste. — GLAUCON. C'est aussi une conséquence nécessaire. — SOCRATE. Sans doute nous n'avons pas oublié que l'État est juste, lorsque chacun des trois ordres qui le composent, remplit uniquement le devoir qui lui est propre. — GLAUCON. Pour ma part, je ne crois pas que nous l'ayons oublié. — SOCRATE. Souvenons-nous donc que chacun de nous sera juste et remplira son devoir, lorsque chacune des parties de lui-même remplira sa tâche. — GLAUCON. Oui certes, il faut s'en souvenir. — SOCRATE. N'appartient-il pas à la raison de commander, puisque c'est en elle que réside la sagesse et qu'elle est chargée de la surveillance de l'âme tout entière, et n'appartient-il pas à la colère d'obéir et de seconder la raison? — GLAUCON. Tout à fait. — SOCRATE. N'est-ce pas le mélange de la musique et de la gymnastique, comme nous le disions plus haut, qui entretiendra un parfait accord entre ces deux parties, fortifiant et nourrissant la raison par de beaux préceptes et par les sciences, relâchant, apaisant, adoucissant la colère par le nombre et par l'harmonie? — GLAUCON. Parfaitement. — SOCRATE. Ces deux parties ainsi élevées, instruites et exercées à remplir les devoirs qui leur sont propres, devront gouverner la partie concupiscible qui occupe la plus grande place dans l'âme de chacun de nous et qui est naturellement très insatiable de richesses. Elles devront prendre garde que celle-ci, après s'être accrue et fortifiée par la jouissance des plaisirs du corps, ne cesse de remplir les devoirs qui lui sont propres et ne prétende se donner sur toutes les deux une autorité qui ne lui appartient pas, et qui apporterait dans toutes les âmes un étrange désordre. — GLAUCON. Sans doute. — SOCRATE. En présence des ennemis du dehors, ne prendront-elles pas les meilleures mesures pour la sûreté de l'âme et du corps? L'une délibérera; l'autre, soumise à son commandement combattra et exécutera avec courage les ordres qu'elle aura reçus. — GLAUCON. Fort bien. — SOCRATE. Et nous appelons courageux un homme quelconque, pourvu que cette partie de l'âme où réside la colère suive toujours, au milieu des peines et des plaisirs, les ordres de la raison, soit qu'il y ait danger ou non à les exécuter. — GLAUCON. Bien. — SOCRATE. Nous l'appelons prudent à cause de cette petite partie qui a exercé le commandement et donné des ordres, parce que seule elle possède en elle-même la science de ce qui est utile à chacune des trois parties et à toutes ensemble. — GLAUCON. Parfaitement. — SOCRATE. Et ne l'appelons-nous pas tempérant à cause de l'amitié et de l'harmonie qui règnent entre la partie qui commande et celles qui obéissent, lorsque ces deux dernières demeurent d'accord que c'est à la raison de commander et qu'elles ne sont point en dissension avec elle? — GLAUCON. La tempérance n'est pas autre chose dans l'État et dans l'individu. — SOCRATE. Enfin il sera juste par la raison et de la manière que nous avons souvent exposée. — GLAUCON. Nécessairement. — SOCRATE. N'y a-t-il plus rien qui obscurcisse la justice et l'empêche de paraître dans l'individu la même qu'elle s'est montrée dans l'État? — GLAUCON. Je ne le crois pas. — SOCRATE. S'il restait encore quelque doute dans notre âme, nous le ferions disparaître complétement, en lui opposant des conséquences absurdes. — GLAUCON. Lesquelles? — SOCRATE. Par exemple, s'il s'agissait, à l'égard de notre État et de l'individu formé sur son modèle par la nature et par l'éducation, d'examiner entre nous si cet homme pourrait détourner à son profit un dépôt d'or ou d'argent, penses-tu que personne le crût plus capable d'une telle action qu'aucun de ceux qui ne lui ressemblent pas? — GLAUCON. Je ne le pense point. — SOCRATE. Ne sera-t-il pas également incapable de piller les temples, de dérober, de trahir ses amis ou sa patrie? — GLAUCON. Oui. — SOCRATE. De manquer d'une manière quelconque à ses serments et à ses autres engagements? — GLAUCON. Sans doute. — SOCRATE. L'adultère, le manque de respect envers les parents et de piété envers les dieux sont encore des fautes dont il se rendra coupable moins que personne. — GLAUCON. Oui. — SOCRATE. La cause de tout cela, n'est-ce pas que chacune des parties de son âme remplit son devoir, soit pour commander soit pour obéir. — GLAUCON. C'est cela, et pas autre chose. — SOCRATE. Doutes-tu encore que la justice soit autre chose que cette puissance qui fait de tels hommes et de tels États?

2. — SOCRATE. Nous voyons donc maintenant tout à fait réalisé ce qui d'abord ne nous apparaissait que comme un rêve : nous jetions à peine les fondements de notre

État qu'un dieu nous a fait rencontrer comme par hasard le commencement et comme un modèle de la justice. — GLAUCON. Oui vraiment. — SOCRATE. Ainsi, mon cher Glaucon, nous tracions l'image de la justice, et c'est pour cela que nous avons réussi, lorsque nous exigions que celui qui était né pour être cordonnier, charpentier ou tout autre artisan fît bien son métier et ne se mêlât point d'autre chose. — GLAUCON. Évidemment. — SOCRATE. En effet, la justice était quelque chose de semblable, à cela près qu'elle ne s'arrête point aux actions extérieures de l'homme, et qu'elle en règle l'intérieur pour lui-même et pour ses devoirs, ne permettant à aucune des parties de l'âme de faire quelque chose qui lui soit étranger ni d'empiéter sur leurs fonctions réciproques. Elle veut que l'homme, après avoir bien déterminé à chacune les fonctions qui lui sont propres, après avoir pris le commandement de lui-même, après avoir établi en soi l'ordre et la concorde, mis entre elles un accord parfait comme entre les trois tons extrêmes de l'harmonie, l'octave, la basse et la quinte, et les autres tons intermédiaires, s'il en existe, et lié ensemble tous les éléments qui le composent, de manière à ce que malgré leur diversité, il soit un, mesuré, plein d'harmonie ; elle veut, dis-je, qu'alors seulement l'homme commence à agir, soit qu'il déploie son activité dans l'acquisition des richesses, dans les affaires publiques ou dans les rapports de la vie privée ; elle veut que toujours il juge et nomme juste et belle toute action qui fait naître et qui entretient en lui ce bel ordre, qu'il donne le nom de prudence à la science qui dirige cette action, et qu'au contraire il appelle injuste l'action qui détruit toujours cet ordre, et ignorance l'opinion qui préside à une semblable action. — GLAUCON. Mon cher Socrate, rien de plus vrai que ce que tu dis. — So-

CRATE. Soit; si nous disions que nous avons trouvé ce que c'est qu'un homme juste, un État juste, et en quoi consiste la justice qui est dans l'un et dans l'autre, il me semble qu'on ne pourrait pas dire que nous nous sommes trompés beaucoup. — GLAUCON. Certainement non. — SOCRATE. Dirons-nous que nous ne nous sommes point trompés? — GLAUCON. Nous le dirons.

3. — SOCRATE. J'y consens. Il nous reste maintenant, je crois, à examiner l'injustice. — GLAUCON. Oui. — SOCRATE. Peut-elle être autre chose qu'une sédition entre les trois parties de l'âme, un empressement à se mêler de toute chose, une usurpation de l'emploi d'autrui, une révolte d'une partie de l'âme contre le tout pour se donner une autorité qui ne lui appartient point, parce que de sa nature elle est faite pour obéir à ce qui est fait pour commander? C'est de là, dirons-nous, c'est de ce désordre et de ce trouble que naissent l'injustice et l'intempérance, la lâcheté, en un mot, tous les vices. — GLAUCON. Cela est certain. — SOCRATE. Puisque nous connaissons la nature de la justice et de l'injustice, nous connaissons donc clairement la nature des actions justes et injustes. — GLAUCON. Comment? — SOCRATE. Les choses saines engendrent la santé; les choses malsaines la maladie; — GLAUCON. Oui. — SOCRATE. De même, les actions justes n'engendrent-elles pas la justice, et les actions injustes l'injustice? — GLAUCON. Nécessairement. — SOCRATE. Engendrer la santé, c'est établir entre les divers éléments du corps l'équilibre naturel qui les soumet les uns aux autres : engendrer la maladie, c'est faire qu'un de ces éléments en domine un autre ou soit dominé par lui contre les lois de la nature. — GLAUCON. Cela est vrai. — SOCRATE. Par la même raison, engendrer la justice, c'est établir entre les parties de l'âme la subordination qu'y a mise la na-

ture; engendrer l'injustice, c'est donner à une partie sur une autre un empire qui est contre nature. — GLAUCON. Fort bien.

— SOCRATE. La vertu est donc, à mon avis, santé, beauté, bonne disposition de l'âme; le vice au contraire est maladie, laideur, faiblesse. — GLAUCON. Il en est ainsi. — SOCRATE. Les actions honnêtes ne contribuent-elles pas à faire naître en nous la vertu, et les actions honteuses à y produire le vice? — GLAUCON. Nécessairement. — SOCRATE. Nous n'avons plus maintenant qu'à examiner s'il est utile de faire des actions justes, de s'appliquer à ce qui est honnête et d'être juste, qu'on soit ou non connu pour tel; ou de commettre des injustices et d'être injuste, quand même on n'en serait jamais puni et qu'on ne deviendrait pas meilleur par le châtiment. — GLAUCON. Mais, Socrate, il me paraît ridicule de s'arrêter désormais à un pareil examen. Car si, lorsque la santé du corps est entièrement ruinée, la vie paraît insupportable même au milieu des plaisirs de la table, au sein de l'opulence et des honneurs, à plus forte raison nous sera-t-elle à charge, lorsque l'âme qui en est le principe, est altérée et corrompue, eût-on d'ailleurs le pouvoir de tout faire, excepté ce qui pourrait délivrer l'âme de l'injustice et du vice, et favoriser l'acquisition de la justice et de la vertu. Celà me paraît évident, surtout après le jugement que nous venons de porter sur la nature de l'une et de l'autre. — SOCRATE. Il serait ridicule en effet de s'arrêter à cet examen, Mais, puisque nous en sommes venus au point de nous convaincre avec la dernière évidence que telle est la vérité, il ne faut pas en rester là par lassitude. — GLAUCON. Non, il ne faut pas nous décourager le moins du monde. — SOCRATE. Approche-toi pour voir sous combien de formes, selon moi, le vice se présente ; j'entends de formes dignes d'être observées. — GLAUCON. Je te suis : montre-les-moi. — SOCRATE. De la hauteur où la suite de cet entretien nous a conduits, il me semble apercevoir que la forme de la vertu est une, et que les formes du vice sont sans nombre, mais qu'il en est quatre dignes d'appeler notre attention. — GLAUCON. Que veux-tu dire? — SOCRATE. Il se peut bien que l'âme ait autant de formes qu'il y a d'espèces de gouvernements. — GLAUCON. Combien en comptes-tu? — SOCRATE. Cinq de part et d'autre. — GLAUCON. Nomme-les. — SOCRATE. Je dis d'abord que la forme de gouvernement que nous venons d'exposer est une, mais qu'on peut lui donner deux noms. Si parmi les magistrats un seul gouverne, on appellera le gouvernement monarchie, et si l'autoritée est partagée entre plusieurs, on l'appellera aristocratie. — GLAUCON. Bien. — SOCRATE. Je dis qu'il n'y a ici qu'une seule forme de gouvernement. Qu'importe en effet qu'il soit entre les mains de plusieurs ou entre les mains d'un seul? Rien ne sera changé aux lois fondamentales de l'État, tant qu'ils maintiendront en vigueur les principes d'éducation et d'instruction que nous avons établis. — GLAUCON. Il n'y a pas d'apparence.

LIVRE CINQUIÈME

ARGUMENT

Après avoir réglé l'éducation des hommes, Platon s'occupe de l'éducation des femmes ; il veut que ces deux éducations soient identiques : les femmes apprendront le maniement des armes, elles iront à la guerre ; bien plus, elles seront communes, elles appartiendront à tous, en sorte que les enfants ne connaîtront pas leurs pères, et que les pères ne connaîtront pas leurs enfants. En voulant détruire les priviléges de la naissance, le législateur détruit la famille : la tendresse conjugale et l'amour des parents pour leurs enfants sont bannis de sa république. Deux graves questions l'occupent ensuite : la question de l'esclavage et celle de la guerre ; il s'agit d'établir l'un et l'autre selon la justice. Les républiques grecques sont toutes alliées et amies, elles appartiennent pour ainsi dire à la même nation. Or, l'homme parfaitement juste ne réduira point à la servitude son allié ou son ami ; donc les Grecs ne prendront point leurs esclaves chez les Grecs, ils ne les prendront que chez les barbares. Le droit et l'humanité apparaissent ici pour la première fois. De la question d'esclavage, Platon passe à la question de la guerre, et encore ici, il trouve le moyen d'introduire les sentiments d'humanité au moins entre les Grecs. Il n'ose dire qu'une lutte des peuples libres et amis serait un crime, mais il ne veut pas que cette lutte s'appelle guerre. Il change son nom pour en adoucir les horreurs : ce sera une discorde ; et, dans la discorde, les Grecs se battront, mais ils ne ravageront pas, ils ne brûleront pas, ils n'écraseront pas comme des ennemis tous les habitants d'un État ; enfin ils ne frapperont que le petit nombre de ceux qui auront suscité la discorde, le plus grand nombre se composant d'amis. Ici encore le droit et l'humanité apparaissent pour la première fois ; le cercle est encore étroit, mais l'idée est produite, le flambeau est allumé, il ne peut plus s'éteindre, il doit, comme le soleil, éclairer le genre humain.

I. — Socrate. Je donne donc à ce gouvernement, soit dans un État, soit dans un individu, le nom de gouvernement légitime et bon : j'ajoute que, si cette forme de gouvernement est bonne, les autres sont mauvaises et pour administrer les États et pour régler les mœurs des individus. On peut réduire ces formes à quatre. — Glaucon. Quelles sont-elles ?

Et moi, j'allais en faire le dénombrement dans l'ordre où elles me paraissaient se former les unes des autres, lorsque Polémarque, qui était assis à quelque distance d'Adimante, avançant la main, le tira par le manteau à l'endroit de l'épaule et lui dit à l'oreille, en se penchant vers lui quelques mots dont nous n'entendîmes que ceux-ci : Le laisserons-nous passer outre ? Ou que ferons-nous ? — Point du tout, répondit Adimante, élevant déjà la voix.

Socrate. Que voulez-vous donc ne pas laisser passer ? — Adimante. Toi-même. — Socrate. Moi, et pour quelle raison? — Adimante. Il nous semble que tu y mets un peu de paresse, et que, pour ne pas avoir d'explication à donner, tu nous dérobes une partie de cet entretien, qui n'est pas la moins intéressante. Tu as cru nous échapper en disant, d'une manière un peu légère, qu'à l'égard des femmes et des enfants il était évident pour tout le monde, qu'il y aura communauté comme entre amis. — Socrate. N'ai-je pas eu raison, Adimante ? — Adimante. Oui; mais ce point, ainsi que les autres, a besoin d'explication. Cette communauté peut se pratiquer de plusieurs manières. Dis-nous donc quelle est celle dont tu veux parler. Il y a longtemps que nous attendons, espérant toujours que tu diras un mot de la procréation des enfants, de la manière de les élever et de tout ce qui se rapporte à la communauté des femmes et des enfants ; car nous sommes persuadés que le parti, bon ou mauvais, qu'on prendra à cet égard, aura de grandes conséquences, ou plutôt qu'il décide de tout pour la société. Maintenant donc que tu passes à une autre forme de gouvernement avant d'avoir suffisamment développé ce point, nous avons résolu, comme tu viens de l'entendre, de ne pas te laisser aller plus loin, avant que tu n'aies expliqué tout cela, comme tu as fait pour le reste. — GLAUCON. Rangez-moi aussi à cette opinion. — THRASYMAQUE. Oui, Socrate, c'est un parti pris par nous tous.

2. — SOCRATE. Qu'avez-vous fait, en vous emparant ainsi de moi! Quelle discussion allez-vous soulever de nouveau sur l'Etat? Je me félicitais d'être sorti d'un mauvais pas, trop heureux qu'on voulût bien s'en tenir à ce que j'ai dit alors. Quand vous ramenez ce sujet, vous ne savez pas quel essaim de nouvelles disputes vous allez réveiller. Je le voyais bien, mais je l'évitais, de peur qu'il ne causât de grands troubles. — THRASYMAQUE. Quoi donc! crois-tu que nous soyons venus ici pour fondre de l'or[1] et non pour entendre des discours? — SOCRATE. A la bonne heure, mais des discours qui aient quelque mesure. — GLAUCON. La mesure de semblables entretiens est la vie entière pour des hommes sensés. Mais laisse-nous le soin de nos propres affaires; pour toi, ne te lasse pas de répondre à nos questions et songe à nous dire ta pensée sur la manière dont s'établira entre nos gardiens la communauté des femmes et des enfants et sur la manière dont les enfants seront élevés à partir du jour de leur naissance jusqu'à l'éducation proprement dite, époque qui demande les soins les plus pénibles. Essaye donc de nous dire comment il faut s'y prendre. — SOCRATE. C'est ce qu'il n'est pas facile de dire, mon cher, et ce qui trouvera encore moins de croyance dans les esprits que tout ce qui précède.

1. Proverbe pour dire : concevoir de grandes espérances, qu'on est forcé d'abandonner.

On ne croira pas que la chose soit possible ; et, quand même on en verrait la possibilité, on ne pourra jamais se persuader qu'il n'y a rien de mieux à faire. Voilà pourquoi je crains d'aborder un tel sujet ; je crains, cher ami, que ma pensée ne soit prise pour un vain souhait. — GLAUCON. Ne crains rien. Tu parleras à des gens qui ne sont ni déraisonnables, ni obstinés dans leur incrédulité, ni mal disposés à ton égard. — SOCRATE. Excellent jeune homme, n'est-ce pas pour me rassurer que tu me parles ainsi ? — GLAUCON. Oui. — SOCRATE. Eh bien, tes paroles produisent sur moi un effet tout contraire. Si j'étais bien persuadé moi-même de la vérité de ce que je vais dire, tes encouragements viendraient à propos ; car on parle en sûreté et avec confiance devant des auditeurs pleins de discernement et de bienveillance, lorsqu'on sait qu'on leur dira la vérité sur des sujets importants, auxquels ils prennent un grand intérêt. Mais quand on n'a pas confiance en soi et que cependant on cherche à parler, comme je le fais maintenant, il est dangereux, et on doit craindre, non de faire rire (cette crainte serait puérile), mais de s'écarter du vrai, et d'entraîner dans sa chute ses amis pour des choses où il est de la dernière importance de ne pas se tromper. Je conjure donc Adrastée[1] de ne pas s'offenser de ce que je vais dire ; car je regarde comme un moindre crime de tuer quelqu'un sans le vouloir que de le tromper sur le beau, le bon, le juste et les lois. Encore vaut-il mieux encourir le danger avec ses ennemis qu'avec ses amis : voilà pourquoi tu as tort de me presser ainsi. — GLAUCON, *souriant*. Si tes discours nous jettent dans quelque erreur, Socrate nous t'en absoudrons comme d'un homicide involontaire ; nous ne te regar-

1. Adrastée ou Némésis, fille de Jupiter, punissait les meurtres même involontaires.

derons pas comme un trompeur. Rassure-toi donc et parle. — SOCRATE. A la bonne heure ; puisque dans le premier cas on est déclaré innocent aux termes de la loi, quand il y a désistement, il est assez probable qu'il doit en être de même dans le second cas. — GLAUCON. C'est une raison de plus pour toi de parler. — SOCRATE. Je vais donc reprendre le fil d'une matière que j'aurais peut-être mieux fait de traiter de suite quand l'occasion s'en est présentée. Aussi bien ne sera-t-il pas hors de propos qu'après avoir déterminé dans toutes ses parties le rôle des hommes, nous déterminions aussi celui des femmes, d'autant plus que tu m'y invites.

3. Pour des hommes nés et élevés comme nous avons dit, il n'y a rien de mieux à faire, selon moi, touchant la possession et l'usage des femmes et des enfants, qu'à suivre la route que nous avons tracée en commençant. Or, nous avons représenté les hommes comme les gardiens d'un troupeau. — GLAUCON. Oui. — SOCRATE. Suivons donc cette idée, en donnant aux enfants une naissance et une éducation qui y répondent, et voyons si cela nous réussira ou non. — GLAUCON. Comment? — SOCRATE. Le voici. Croyons-nous que les femelles des chiens doivent veiller comme eux à la garde des troupeaux, aller à la chasse avec eux et faire tout en commun, ou bien qu'elles doivent rester au logis, comme si la nécessité d'avoir des petits et de les nourrir les rendait incapables d'autre chose, tandis que le travail et le soin des troupeaux seront réservés exclusivement aux mâles. — GLAUCON. Nous voulons que tout leur soit commun. Seulement dans les services qu'on en tire, on on a égard à la faiblesse des femelles et à la force des mâles. — SOCRATE. Peut-on tirer d'un animal les services qu'on tire d'un autre, s'il n'a été nourri et élevé de la même manière? — GLAUCON. Non. — SOCRATE. Par

conséquent, si nous exigeons des femmes les mêmes services que des hommes, il faut leur donner la même éducation. — GLAUCON. Sans doute. — SOCRATE. Nous avons donné aux hommes les principes de la musique et de la gymnastique. — GLAUCON. Oui. — SOCRATE. Il faudra donc aussi enseigner aux femmes ces deux arts, les former au métier de la guerre et les traiter en tout de la même manière que les hommes. — GLAUCON. C'est une conséquence de ce que tu dis. — SOCRATE. Mais peut-être aussi beaucoup de ces choses, parce qu'elles sont contraires à l'usage, paraîtront-elles ridicules, si l'on en vient de la parole à l'exécution. — GLAUCON. Très ridicules. — SOCRATE. Mais que trouves-tu dans tout cela de plus ridicule? Ce serait sans doute de voir des femmes nues s'exercer au gymnase avec des hommes ; je ne dis pas seulement les jeunes femmes, mais les vieilles ; à l'exemple des vieillards qui se plaisent encore à ces exercices, quoique ridés et peu agréables de leur personne. — GLAUCON. Oui certes, dans l'état actuel de nos mœurs, cela paraîtrait ridicule. — SOCRATE. Puisque nous avons commencé, il ne faut pas craindre les railleries des beaux esprits qui ne manqueront pas de plaisanter au sujet d'une pareille innovation, quand ils verront des femmes s'exercer à la musique et à la gymnastique, surtout quand ils les verront apprendre à manier les armes et à monter à cheval. — GLAUCON. Tu as raison. — SOCRATE. Puis donc que nous avons commencé, suivons notre route, et allons tout d'abord à ce que cette institution a de révoltant. Prions ces railleurs de quitter leur rôle et d'être sérieux. Rappelons-leur qu'il n'y a pas longtemps que les Grecs croyaient encore, comme le croient aujourd'hui la plupart des peuples barbares, que la vue d'un homme nu est un spectacle honteux et ridicule ; et que, lorsque les gymnases furent ouverts pour la première fois d'abord en Crète, ensuite à Lacédémone, les plaisants d'alors avaient quelque droit d'en faire des railleries. Qu'en penses-tu ? — GLAUCON. Je pense comme toi. — SOCRATE. Mais, à mon avis, lorsque l'expérience eut fait voir qu'il valait mieux être nu qu'habillé dans les exercices gymnastiques, alors le ridicule que les yeux attachaient à la nudité fut dissipé par la raison qui venait de découvrir ce qui était le mieux, et il se prouva de soi-même qu'il n'y a qu'un homme superficiel qui trouve du ridicule autre part que dans ce qui est mauvais en soi ; qui cherche à faire rire, en prenant pour objet de ses railleries autre chose que ce qui est déraisonnable et vicieux ; ou qui poursuit sérieusement un autre but que le bien. — GLAUCON. Rien de plus vrai.

4. — SOCRATE. Ne faut-il pas décider d'abord dans cette question si ce que nous proposons est possible ou non, et donner à qui voudra, homme léger ou sérieux, la liberté d'examiner si dans la nature humaine, les femmes sont capables des mêmes exercices que les hommes, ou si elles ne sont pas même propres à un seul de ces exercices, ou enfin si elles sont capables des uns et incapables des autres ? Après quoi nous verrons dans quelle classe il faut ranger les exercices de la guerre. N'est-il pas probable que, si le commencement est si beau, il donne les plus belles espérances pour la fin ? — GLAUCON. Assurément. — SOCRATE. Veux-tu que nous nous chargions nous-mêmes de faire valoir les raisons de nos adversaires, pour ne pas assiéger une place sans défense ? — GLAUCON. Rien n'empêche. — SOCRATE. Voici ce qu'ils pourraient nous dire : « Socrate et Glaucon, nous n'avons pas besoin d'autres contradicteurs que vous-mêmes. Vous êtes convenus, lorsque vous jetiez les fondements de votre État, que chacun devait se borner à l'uniqu[e] fonction qui est propre à sa nature. — GLAUCON. Nous

sommes convenus, il est vrai. — SOCRATE. Se peut-il qu'il n'y ait pas une extrême différence entre la nature de l'homme et celle de la femme? — GLAUCON. Comment n'y aurait-il pas une différence extrême? — SOCRATE. Il faut donc assigner à l'un et à l'autre des fonctions différentes selon la nature de chacun d'eux.— GLAUCON. Sans contredit.— SOCRATE. Comment n'est-ce pas une erreur de votre part et une contradiction manifeste de dire que les hommes et les femmes doivent remplir les mêmes fonctions malgré la distance prodigieuse de leur nature? » Mon cher Glaucon, aurais-tu quelque chose à répondre à cela? — GLAUCON. Y répondre sur-le-champ, ce n'est pas chose facile; mais je te prierai et je te prie en effet de te charger de nous défendre comme tu voudras. — SOCRATE. Il y a longtemps, mon cher Glaucon, que j'avais prévu cette difficulté et beaucoup d'autres semblables. Voilà pourquoi j'hésitais et je craignais d'aborder la loi sur la possession et l'éducation des femmes et des enfants. — GLAUCON. Non, par Jupiter, cela ne paraît pas facile. — SOCRATE. Non certes, mais voici une vérité : qu'un homme tombe dans un étang ou en pleine mer, il ne se met pas moins à nager. — GLAUCON. Sans doute. — SOCRATE. Eh bien, il nous faut aussi nous jeter à la nage et essayer de nous sauver de cette difficulté. Peut-être trouverons-nous quelque dauphin[1] pour nous porter ou quelque autre secours merveilleux. — GLAUCON. Cela pourrait être. — SOCRATE. Voyons donc si nous trouverons quelque issue. Nous sommes convenus qu'une différence de nature entraînait une différence de fonctions. Nous reconnaissons d'ailleurs que l'homme et la femme sont d'une nature différente, et cependant nous prétendons les appliquer l'un et l'autre

1. Allusion à la fable d'Arion.

aux mêmes emplois. N'est-ce pas là ce que vous nous objectez? — GLAUCON. Oui. — SOCRATE. En vérité, mon cher Glaucon, l'art de la dispute a un merveilleux pouvoir. — GLAUCON. Que veux-tu dire? — SOCRATE. Il me paraît qu'on tombe souvent dans la dispute sans le vouloir, et que l'on croit discuter tandis qu'on ne fait que disputer. Cela vient de ce que, faute de ne pouvoir distinguer les différents sens d'une proposition, on en tire des contradictions apparentes, et de ce que l'on chicane au lieu d'employer la dialectique en s'interrogeant mutuellement. — GLAUCON. C'est en effet le travers habituel d'une foule de personnes. Mais cela nous regarderait-il dans la question présente? — SOCRATE. Oui, certainement, et je crains que nous ne soyons entraînés malgré nous dans la dispute. Nous nous attachons bravement et en vrais disputeurs à la lettre de cette proposition : que des natures différentes doivent avoir des emplois différents, tandis que nous n'avons pas encore examiné le moins du monde de quelle espèce de différence et d'identité il s'agit, ni ce que nous avions en vue en les distinguant l'une de l'autre, lorsque nous avons assigné des fonctions différentes aux natures différentes et les mêmes fonctions aux mêmes natures. — GLAUCON. Il est vrai que nous n'avons pas encore examiné ce point. — SOCRATE. Dès lors il ne tient qu'à nous de nous demander à nous-mêmes si les hommes chauves et les hommes chevelus sont de même nature ou de nature différente, et quand nous serons convenus qu'ils sont de nature différente, si les hommes chauves font le métier de cordonnier, nous l'interdirons aux hommes chevelus, et réciproquement. — GLAUCON. — Mais une pareille défense serait ridicule. — SOCRATE. Pourquoi? N'est-ce point parce que, dans l'assignation des divers emplois, nous n'établissions pas d'une manière absolue la différence et l'identité des natures, et que nous ne considérions leur différence et leur ressemblance que sous leur rapport avec les emplois eux-mêmes? Par exemple, n'est-ce pas ainsi que nous donnions la même nature au médecin et à l'homme qui est propre à la médecine? — GLAUCON. Oui. — SOCRATE. Et une nature différente à celui qui a la vocation de la médecine et au charpentier? — GLAUCON. Sans doute.

5. — SOCRATE. Si donc nous trouvons que la nature de l'homme diffère de celle de la femme par rapport à certain art et à certaine fonction, nous conclurons qu'il faut assigner cet art ou cette fonction à l'un ou à l'autre; mais si la différence des deux sexes consiste en ce que le mâle engendre et la femelle enfante, nous ne regarderons pas pour cela comme une chose démontrée que la femme diffère de l'homme dans le point dont il s'agit ici, et nous n'en persisterons pas moins à croire que les gardiens et leurs femmes doivent remplir les mêmes fonctions. — GLAUCON. Et avec raison. — SOCRATE. Maintenant ne prions-nous pas notre contradicteur de nous apprendre quel est dans l'État l'art ou l'emploi pour léquel la femme n'ait pas reçu de la nature les mêmes dispositions que l'homme. — GLAUCON. Cette demande est juste. — SOCRATE. Peut-être nous répondra-t-il ce que tu disais tout à l'heure, qu'il n'est pas aisé de nous satisfaire sur-le-champ, mais qu'avec un peu de réflexion, cela n'est pas difficile. — GLAUCON. Il pourrait nous faire cette réponse. — SOCRATE. Veux-tu prier notre adversaire de nous suivre, tandis que nous tâcherons de lui montrer qu'il n'est dans l'État aucun emploi qui soit exclusivement propre aux femmes? — GLAUCON. J'y consens. — SOCRATE. Réponds, lui dirons-nous : la différence entre celui qui a de l'aptitude pour une chose et celui qui n'en a point, consiste-t-elle,

selon toi, en ce que le premier apprend aisément, le second avec peine; en ce que l'un, avec un peu d'étude, porte ses découvertes bien au delà de ce qu'on lui a enseigné, tandis que l'autre, avec beaucoup d'étude et de soin, ne peut pas même retenir ce qu'il a appris; enfin, en ce que dans l'un les dispositions du corps secondent les opérations de l'esprit, et que dans l'autre elles lui font obstacle? Est-il d'autres signes par lesquels tu distingues des dispositions heureuses pour une chose quelconque des dispositions contraires? — Glaucon. Tout le monde dira que non. — Socrate. Connais-tu une seule profession humaine dans laquelle, sous tous ces rapports, les hommes ne se montrent bien supérieurs aux femmes? Faut-il nous arrêter à quelques exceptions, telles que les ouvrages de laine, la manière de faire les gâteaux et d'apprêter certains mets, ouvrages dans lesquels les femmes paraissent avoir quelque mérite et où l'infériorité serait pour elles le comble du ridicule? — Glaucon. Tu as raison de dire qu'en tout, pour ainsi dire, les hommes ont une supériorité marquée sur les femmes. Ce n'est pas que beaucoup de femmes ne l'emportent sur bien des hommes en plusieurs points; mais en général, la chose est comme tu dis. — Socrate. Tu vois donc, mon cher ami, qu'il n'est point dans un État de fonction exclusivement affectée à l'homme ou à la femme, à raison de leur sexe; mais les facultés sont également partagées entre les deux sexes. La nature a donné à la femme aussi bien qu'à l'homme une part dans toutes les fonctions, de manière cependant que la femme est toujours inférieure à l'homme. — Glaucon. Certainement. — Socrate. Assignerons-nous donc aux hommes toutes les fonctions de l'État, sans en laisser aucune aux femmes? — Glaucon. Quelle en serait la raison? — Socrate. Il y a, dirons-nous plutôt, des femmes qui sont propres à la médecine ou à la musique, et d'autres qui ne le sont pas. — GLAUCON. Sans doute. — SOCRATE. N'y a-t-il pas aussi des femmes qui sont propres aux exercices gymniques et militaires, et d'autres qui ne le sont pas? — GLAUCON, Je le pense. — SOCRATE. Enfin, n'est-il pas des femmes philosophes et des femmes courageuses, et d'autres qui ne sont ni l'un ni l'autre? — GLAUCON. Oui. — SOCRATE. Il y a donc des femmes qui sont propres à veiller à la garde de l'État, et d'autres qui ne le sont point. N'avons-nous pas déjà déterminé en quoi consiste ce genre d'aptitude à l'égard des gardiens de l'État? — GLAUCON. Oui. — SOCRATE. Donc la femme et l'homme ont une même nature propre à la garde de l'État; il n'y a de différence que du plus au moins. — GLAUCON. Évidemment.

6. — SOCRATE. Voilà les femmes que nos gardiens doivent choisir pour compagnes et pour veiller avec eux à la garde de l'État, puisqu'elles en sont capables, et qu'elles ont reçu de la nature les mêmes dispositions. — GLAUCON. Parfaitement. — SOCRATE. Mais ne faut-il pas assigner les mêmes fonctions aux mêmes natures? — GLAUCON. Les mêmes. — SOCRATE. Ainsi nous revenons par un circuit au point d'où nous sommes partis, et nous reconnaissons qu'il n'est pas contre nature d'appliquer les femmes de nos guerriers à la musique et à la gymnastique. — GLAUCON. Oui vraiment. — SOCRATE. La loi que nous établissons étant conforme à la nature n'est donc ni une chimère ni un vain souhait. Ce qui est contraire à la nature, c'est bien plutôt l'usage opposé qu'on suit aujourd'hui. — GLAUCON. On le croirait. — SOCRATE. N'avions-nous pas à examiner si notre institution était possible et si elle était la plus avantageuse? — GLAUCON. Oui. — SOCRATE. Or, nous venons de voir qu'elle est possible. — GLAUCON. Oui. — SOCRATE. Ainsi

ne nous reste-t-il pas à nous convaincre qu'elle est la plus avantageuse? — GLAUCON. Évidemment. — SOCRATE. N'est-il pas vrai que la même éducation qui a servi à former nos guerriers servira aussi à former leurs femmes, puisqu'elle a la même nature à cultiver? — GLAUCON. Elle sera la même. — SOCRATE. Quelle est ton opinion sur ceci? — GLAUCON. Sur quoi? — SOCRATE. Admets-tu que tous les hommes sont inégaux en mérite, ou crois-tu qu'ils soient tous égaux? — GLAUCON. Je crois qu'ils sont très inégaux. — SOCRATE. Dans l'État dont nous traçons le plan, le guerrier qui aura reçu l'éducation dont nous avons parlé vaudra-t-il mieux, à ton avis, que le cordonnier élevé dans sa profession? — GLAUCON. Tu me fais une question ridicule. — SOCRATE. Je comprends. Les guerriers ne sont-ils pas la portion la plus estimable de l'État? — GLAUCON. Sans comparaison. — SOCRATE. Leurs femmes ne seront-elles pas aussi l'élite des autres femmes? — GLAUCON. A beaucoup près. — SOCRATE. Mais est-il rien de plus avantageux à un État que d'avoir beaucoup d'excellents citoyens de l'un et de l'autre sexe? — GLAUCON. Non, rien n'est plus avantageux. — SOCRATE. Ne parviendront-ils pas à ce degré d'excellence, en cultivant la musique et la gymnastique, ainsi que nous l'avons dit? — GLAUCON. Sans doute. — SOCRATE. Notre institution n'est donc pas seulement possible, elle est encore ce qu'il y a de plus avantageux à l'État. — GLAUCON. Oui. — SOCRATE. Ainsi les femmes de nos guerriers quitteront leurs vêtements, puisque la vertu leur en tiendra lieu; elles partageront avec leurs époux les travaux et tous les soins qui se rapportent à la défense de l'État sans s'occuper d'autre chose : seulement la faiblesse de leur sexe leur fera attribuer dans le service la part la moins lourde. Quant à celui qui plaisante à la vue de femmes nues, lorsque leurs exercices ont un but excellent, il cueille hors de saison, en raillant de la sorte, les fruits de sa sagesse, il ne sait vraiment ni de quoi il rit, ni ce qu'il fait ; car on a et on aura toujours raison de dire que l'utile est beau, et qu'il n'y a de honteux que ce qui est nuisible. — GLAUCON. Tu as pleinement raison.

II. 1. — SOCRATE. Le règlement que nous venons de faire au sujet des femmes ne peut-il pas être comparé à une vague à laquelle nous venons d'échapper à la nage? Loin d'avoir été submergés, en établissant que, dans l'État, tous les emplois doivent être communs entre les guerriers et leurs femmes, nous croyons avoir prouvé par le fait même que ce règlement est à la fois possible et avantageux? — GLAUCON. Vraiment, c'est à une vague terrible que tu viens d'échapper. — SOCRATE. Tu ne diras pas cela, quand tu auras vu celle qui vient après. — GLAUCON. Parle donc : montre-la-moi. — SOCRATE. Cette loi et les lois précédentes sont suivies naturellement de celle-ci. — GLAUCON. Laquelle? — SOCRATE. La voici : les femmes de nos guerriers seront communes toutes à tous; aucune d'elle n'habitera en particulier avec aucun d'eux ; les enfants aussi seront communs, et les parents ne connaîtront pas leurs enfants ni ceux-ci leurs parents. — GLAUCON. Tu auras beaucoup plus de peine à faire passer cette loi, et à montrer qu'elle ne prescrit rien que de possible et d'utile. — SOCRATE. Je ne crois pas qu'on me conteste les grands avantages de la communauté des femmes et des enfants, si elle peut se réaliser ; mais je pense qu'on m'en contestera surtout la possibilité. — GLAUCON. On pourra très bien contester l'un et l'autre. — SOCRATE. C'est-à-dire que

1. Parole de Pindare. Voyez Stobée : *Sermones*, CCXI.

voilà deux difficultés qui se réunissent contre moi. J'espérais me sauver de l'une des deux, que tu conviendrais des avantages, et qu'il ne me resterait qu'à en discuter la possibilité. — GLAUCON. Nous avons bien vu que tu voulais nous échapper; mais réponds à ces deux difficultés. — SOCRATE. Je vois bien qu'il en faudra passer par là; mais accorde-moi une grâce. Laisse-moi prendre un peu congé, comme ces esprits oisifs qui ont coutume de se repaître de leurs rêveries, lorsqu'ils peuvent se donner carrière. Ces sortes de personnes négligent de chercher par quels moyens elles obtiendront l'objet de leurs désirs, dans la crainte de se fatiguer en examinant si la chose est possible ou impossible, elles la supposent accomplie, arrangent tout le reste à leur gré, se plaisent à énumérer les choses qu'ells feront après le succès, et augmentent par là l'indolence naturelle à leur âme. Eh bien, je suis effrayé comme elles, et je désire renvoyer à un autre temps l'examen de la possibilité de ce que je propose. Pour le moment, je la suppose démontrée, et je vais, si tu me le permets, examiner les arrangements que prendront les magistrats pour l'exécution, et faire voir que rien ne serait plus utile à l'État et aux guerriers. Voilà, si tu le permets, ce que j'essayerai d'abord d'examiner avec toi; j'aborderai ensuite l'autre question. — GLAUCON. Je te le permets; commence ton examen. — SOCRATE. Je crois donc que nos magistrats et nos guerriers, s'ils sont dignes du nom qu'ils portent, seront dans la disposition, ceux-ci de faire ce qu'on leur commandera, ceux-là de ne rien ordonner que ce qui est prescrit par la loi, et d'en suivre l'esprit dans les règlements que nous abandonnons à leur prudence. — GLAUCON. Cela doit être. — SOCRATE. Toi donc, en qualité de législateur, après avoir choisi parmi les femmes comme tu as fait parmi les hommes, tu les assortiras le plus possible selon leurs caractères. Or, toute cette jeunesse ayant même demeure, même table et ne possédant rien en propre sera toujours ensemble, et comme elle se trouvera toujours mêlée dans les gymnases et dans tous les exercices, il est impossible, je crois, qu'elle ne soit pas portée par un sentiment bien naturel à former des unions : n'est-ce pas une nécessité que cela arrive? — GLAUCON. Si ce n'est pas une nécessité géométrique, c'est une nécessité fondée sur l'amour, et celui-ci pourrait bien avoir plus de force que l'autre pour persuader et entraîner la foule.

2. — SOCRATE. Ce que tu dis est vrai. Mais, mon cher Glaucon, il n'est pas permis de former des unions au hasard ou de commettre des fautes du même genre dans un État où les citoyens doivent être heureux; les magistrats ne le souffriront pas. — GLAUCON. En effet, cela n'est pas conforme à la justice. — SOCRATE. Il est donc évident qu'après cela, nous ferons des mariages aussi saints qu'il nous sera possible, et les plus avantageux à l'État seront les plus saints. — GLAUCON. Cela est évident. — SOCRATE. Mais comment seront-ils très avantageux? C'est à toi, Glaucon, de me le dire. Je vois que tu élèves dans ta maison des chiens de chasse et beaucoup d'oiseaux de belle espèce. As-tu pris garde à ce qu'on fait pour les accoupler et en avoir des petits? — GLAUCON. Que fait-on? — SOCRATE. Parmi ces animaux, quoique tous de bonne race, n'en est-il pas quelques-uns qui sont ou qui deviennent supérieurs aux autres? — GLAUCON. Oui. — SOCRATE. Veux-tu avoir des petits de tous également, ou aimes-tu mieux en avoir de ceux qui l'emportent sur les autres? — GLAUCON. J'aime mieux en avoir de ceux-ci. — SOCRATE. Des plus jeunes, des plus vieux ou de ceux qui sont dans toute la force de l'âge? — GLAUCON. De ces derniers. — SOCRATE. Si on

n'apportait pas toutes ces précautions, n'es-tu pas persuadé que la race de tes chiens et de tes oiseaux dégénérerait bientôt? — GLAUCON. Oui. — SOCRATE. Crois-tu qu'il n'en soit pas de même des chevaux et des autres animaux? — GLAUCON. Il serait absurde de ne pas le croire. — SOCRATE. Grands dieux, mon cher Glaucon, s'il en est de même à l'égard de l'espèce humaine, quels hommes supérieurs nous faudra-t-il pour magistrats! — GLAUCON. Il en est de même; mais pourquoi parles-tu ainsi? — SOCRATE. Parce qu'ils seront dans la nécessité d'employer un grand nombre de remèdes. Or, un médecin, même au-dessous de l'ordinaire, nous paraît suffire pour les malades qui n'ont pas besoin de remèdes et qui consentent à suivre un régime; mais nous savons que pour l'emploi des remèdes, il faut un médecin plus habile. — GLAUCON. J'en conviens; mais à quel propos dis-tu cela? — SOCRATE. Le voici. Il me paraît que nos magistrats seront souvent obligés de recourir au mensonge et à la tromperie pour le bien des citoyens; et nous avons dit quelque part que le mensonge est utile lorsqu'on s'en sert comme d'un remède. — GLAUCON. C'est avec raison que nous l'avons dit. — SOCRATE. S'il y a une occasion où le mensonge puisse être permis, c'est surtout dans ce qui regarde les mariages et la reproduction de l'espèce. — GLAUCON. Comment cela? — SOCRATE. Il faut, selon nos principes, rendre les rapports très fréquents entre les hommes et les femmes d'élite, et très rares entre les sujets inférieurs de l'un ou de l'autre sexe. De plus, il faut élever les enfants des premiers et non ceux des seconds, si l'on veut avoir un troupeau qui conserve toute sa beauté sans dégénérer; il faut aussi que toutes ces mesures restent cachées, excepté aux magistrats, pour qu'il y ait le moins de discorde parmi les guerriers. — GLAUCON. Très bien. — So-

CRATE. Il sera donc à propos d'instituer des fêtes, où nous rassemblerons les époux futurs avec leurs épouses. Ces fêtes seront accompagnées de sacrifices et des épithalames que nos poètes approprieront à la solennité. Nous laisserons aux magistrats le soin de régler le nombre des mariages, afin qu'ils maintiennent le même nombre d'hommes, en réparant les pertes de la guerre, des maladies et des autres accidents, et que l'État ne puisse en quelque sorte, ni augmenter ni diminuer. — GLAUCON. Bien. — SOCRATE. Ensuite on fera tirer les époux au sort, mais avec une telle adresse que les sujets inférieurs accusent la fortune et non les magistrats du lot qui décidera de leur union. — GLAUCON. Parfaitement.

5. — SOCRATE. Quant aux jeunes gens qui se seront signalés à la guerre ou partout ailleurs, on leur accordera entre autres récompenses, des relations plus fréquentes avec les femmes. Ce sera un prétexte pour que la plupart des enfants proviennent de ces unions. — GLAUCON. Très bien. — SOCRATE. Les enfants, à mesure qu'ils naîtront, seront remis entre les mains d'hommes ou de femmes, ou bien d'hommes et de femmes réunis, qui auront été préposés à ce soin; car les charges publiques sont communes aux deux sexes. — GLAUCON. Oui. — SOCRATE. Ils porteront au bercail commun les enfants des sujets d'élite et les confieront à des nourrices, qui auront leur demeure à part dans un quartier de la ville. Pour les enfants des sujets inférieurs, et même pour ceux des autres qui auraient quelque difformité, on les cachera, comme il convient, dans quelque endroit secret, et qu'il sera interdit de révéler. — GLAUCON. Si l'on veut conserver dans toute sa pureté la race des guerriers. — SOCRATE. Les préposés se chargeront aussi de la nourriture des enfants, conduiront les mères au bercail, à l'époque de l'éruption du lait, et prendront tous

les moyens possibles pour qu'aucune d'elles ne puisse reconnaître son enfant. Si les mères ne suffisent point à les allaiter, ils les feront aider par d'autres; pour celles qui ont suffisamment de lait, ils auront soin qu'elles ne donnent le sein que pendant un temps mesuré. Quant aux veilles et aux autres soins minutieux, ils en chargeront les nourrices et les gouvernantes. — GLAUCON. En vérité, tu rends la maternité bien facile aux femmes des guerriers. — SOCRATE. J'ai mes raisons pour cela, mais poursuivons ce que nous avons commencé.

Nous avons dit que c'est dans la force de l'âge que doit se faire la procréation des enfants. — GLAUCON. Oui. — SOCRATE. Ne te semble-t-il pas que la durée de la force de l'âge est de vingt ans pour la femme et de trente ans pour l'homme? — GLAUCON. Mais comment places-tu ce temps pour chaque sexe? — SOCRATE. Les femmes donneront des enfants à l'État depuis vingt ans jusqu'à quarante, et les hommes, après avoir laissé passer la première fougue de l'âge, jusqu'à cinquante-cinq. — GLAUCON. C'est en effet, pour les deux sexes, le temps de la plus grande vigueur du corps et de l'esprit. — SOCRATE. Si donc il arrive qu'un citoyen au-dessous de cet âge ou au-dessus prenne part à cette œuvre génératrice qui ne doit avoir d'autre objet que l'intérêt général, nous le déclarerons coupable d'impiété et d'injustice pour avoir donné la vie à un enfant dont la naissance, faute de publicité, n'aura été accompagnée ni des sacrifices, ni des prières que les prêtres, les prêtresses et l'État tout entier adresseront aux dieux pour chaque mariage, en leur demandant que de citoyens vertueux et utiles, naisse une postérité plus vertueuse et plus utile encore; loin de là, une telle naissance ne sera qu'une œuvre de ténèbres et d'affreux libertinage. — GLAUCON. Bien. — SOCRATE. La même loi est applicable à celui qui, ayant encore l'âge d'engendrer, fréquenterait une femme qui l'aurait également, mais sans avoir pris l'aveu du magistrat. Nous déclarerons que son enfant est illégitime, né d'un concubinage et sans les auspices religieux. — GLAUCON. Très bien. — SOCRATE. Mais lorsque l'un et l'autre sexe aura passé l'âge de donner des enfants à l'État, nous laisserons aux hommes la liberté d'avoir commerce avec telles femmes qu'ils voudront, hormis leurs filles, leurs mères, leurs petites-filles et leurs aïeules, et aux femmes, la même liberté par rapport aux hommes, hormis leurs fils, leurs pères et leurs parents dans la ligne descendante ou ascendante, et nous leur recommanderons surtout de prendre toutes les précautions possibles pour ne pas mettre au jour un fruit conçu dans ce commerce, et si, malgré leurs précautions, il en naissait un, d'observer rigoureusement le principe que l'État ne se charge point de le nourrir. — GLAUCON. Très bien ; mais comment distingueront-ils leurs pères, leurs filles et les autres parents dont tu viens de parler ? — SOCRATE. Ils ne les distingueront pas. Mais à partir du jour où un guerrier aura eu commerce avec une femme, il regardera les enfants mâles qui naîtront le septième ou le dixième mois, comme ses fils, et ceux du sexe féminin comme ses filles ; ces enfants l'appelleront du nom de père ; les enfants de ceux-ci seront pour lui ses petits-enfants, ils l'appelleront grand-père et sa femme grand'mère ; et tous ceux qui seront nés dans la période où leurs pères et mères donnaient des enfants à l'État, se traiteront de frères et de sœurs. Toute alliance entre ces personnes sera interdite, comme nous l'avons dit : toutefois les frères et les sœurs pourront s'unir légitimement, si le sort le veut ainsi et qu'Apollon y donne son approbation. — GLAUCON. Fort bien.

4. — SOCRATE. Telle est en elle-même, mon cher Glaucon, la communauté des femmes et des enfants qu'il s'agit d'établir parmi les gardiens de l'État. Il faut maintenant prouver que cette institution s'accorde avec les autres et qu'elle est à beaucoup près la meilleure. N'est-ce pas là ce que nous avons à faire ? — GLAUCON. Oui, c'est cela même. — SOCRATE. Pour nous en convaincre, ne faut-il pas commencer par nous demander à nous-mêmes quel est, dans la fondation d'un État, le plus grand bien, celui que le législateur doit se proposer comme la fin de ses lois, et quel est aussi le plus grand mal? Ensuite ne faut-il pas examiner si cette communauté que nous avons expliquée nous met sur la trace de ce grand bien, et nous éloigne de ce grand mal? — GLAUCON. On ne peut pas mieux dire. — SOCRATE. Avons-nous un plus grand mal pour un État que ce qui le divise et en fait plusieurs États au lieu d'un seul ? Ou un plus grand bien que ce qui en lie toutes les parties et les rend un? — GLAUCON. Non. — SOCRATE. La communauté de la joie et de la douleur n'est-elle pas un lien, lorsque, autant que possible, tous les citoyens se réjouissent et s'affligent également des mêmes évènements heureux ou malheureux? — GLAUCON. Assurément. — SOCRATE. Et n'est-ce pas l'égoïsme dans ces sentiments qui divise un État, lorsque les uns se réjouissent et que les autres s'affligent des mêmes évènements publics et particuliers? — GLAUCON. Sans doute. — SOCRATE. D'où vient cette opposition de sentiment, sinon de ce que tous les citoyens ne disent pas d'une voix unanime : ceci m'intéresse, ceci ne m'intéresse pas, ceci m'est étranger? — GLAUCON. Sans aucun doute. — SOCRATE. Si les citoyens disent presque tous sur les mêmes choses : ceci m'intéresse, ceci ne m'intéresse pas, l'État ne va-t-il pas le mieux du monde? — GLAUCON. Certainement.

— SOCRATE. L'État est alors comme un seul homme ; je m'explique : lorsque l'un de nous a été blessé au doigt, la sympathie du corps et de l'âme dont l'unité est l'œuvre de la partie supérieure de l'âme est éveillée par une sensation ; l'homme tout entier souffre avec l'une de ses parties, et c'est ainsi que nous disons qu'il a mal au doigt. Il en est de même de toute autre partie du corps, soit qu'il s'agisse du sentiment de la souffrance ou du bien-être que donne la guérison. — GLAUCON. Oui, il en est de même ; et, comme tu dis, c'est l'image la plus parfaite de l'État qui est le mieux gouverné. — SOCRATE. Qu'il arrive à un citoyen du bien ou du mal, l'État, tel que nous le concevons, y prendra part comme s'il le ressentait lui-même ; il se réjouira ou s'affligera tout entier avec le citoyen. — GLAUCON. Cela doit être dans un État régi par de bonnes lois. — SOCRATE. Il serait temps de revenir à notre État, et de voir si tout ce que nous venons de reconnaître pour vrai lui convient mieux qu'à tout autre. — GLAUCON. Voyons donc.

III. 1. — SOCRATE. Dans les autres États, comme dans le nôtre, n'y a-t-il pas les magistrats et le peuple ? — GLAUCON. Oui. — SOCRATE. Qui se donnent tous entre eux le nom de citoyens ? — GLAUCON. Sans doute. — SOCRATE. Mais outre ce nom de citoyens, quel titre particulier le peuple donne-t-il dans les autres États à ceux qui le gouvernent ? — GLAUCON. Dans la plupart, il les appelle maîtres, et dans les gouvernements démocratiques, archontes. — SOCRATE. Chez nous, quel nom le peuple ajoutera-t-il à celui de citoyens qu'il donne aux magistrats ? — GLAUCON. Celui de sauveurs et de défenseurs. — SOCRATE. Ceux-ci, à leur tour, comment appelleront-ils le peuple ? — GLAUCON. Celui qui leur donne le salaire et la nourriture. — SOCRATE. Comment, dans les autres États, les chefs traitent-ils les peuples? — GLAUCON. D'esclaves. — SOCRATE. Entre eux, comment les chefs se traitent-ils? — GLAUCON. De collègues dans l'autorité. — SOCRATE. Et chez nous? — GLAUCON. De gardiens du même troupeau. — SOCRATE. Pourrais-tu me dire si dans les autres États les magistrats en usent les uns avec les autres en partie comme avec des amis, en partie comme avec des étrangers? — GLAUCON. Rien n'est plus ordinaire. — SOCRATE. Ainsi, ils pensent et disent que les intérêts des uns les touchent, et que ceux des autres ne les touchent pas. — GLAUCON. Oui. — SOCRATE. Parmi nos gardiens, au contraire, en est-il un seul qui puisse penser ou dire de quelqu'un de ceux qui veillent comme lui à la sûreté publique, qu'il lui est étranger? — GLAUCON. Point du tout, puisque chacun croira voir dans les autres un frère ou une sœur, un père ou une mère, un fils ou une fille, ou quelque parent dans l'ordre descendant ou ascendant. — SOCRATE. Très-bien. Mais réponds encore : leur feras-tu des lois seulement pour consacrer la parenté dans les paroles? N'exigeras-tu pas en outre que les actions répondent aux paroles, et que les citoyens aient pour leurs pères tout le respect, toutes les attentions, toute la soumission que la loi prescrit aux enfants envers leurs parents? Ne déclareras-tu pas que manquer à ces devoirs, c'est encourir la haine des dieux et des hommes, puisque c'est se rendre coupable d'impiété et d'injustice? Tous les citoyens feront-ils retentir de bonne heure aux oreilles des enfants d'autres maximes de conduite à l'égard de ceux qu'on leur désignera comme leurs pères ou leurs proches? — GLAUCON. Non sans doute; il serait ridicule qu'ils eussent sans cesse à la bouche les noms qui expriment la parenté, sans en remplir les devoirs. — SOCRATE. Ainsi dans notre État, plus que dans tous les autres.

comme nous le disions tout à l'heure, lorsqu'il arrivera du bien ou du mal à un citoyen, tous diront ensemble : mes affaires vont bien ou mes affaires vont mal. — GLAUCON. Cela est très vrai. — SOCRATE. N'avons-nous pas ajouté qu'en conséquence de cette persuasion et de cette manière de parler, il y aura entre eux communauté de joies et de douleurs ? — GLAUCON. Et nous l'avons dit avec raison. — SOCRATE. Ainsi donc les citoyens ne prendront-ils pas tous en commun leur part aux intérêts de chaque individu, comme si ces intérêts leur étaient personnels, et en vertu de cette union, ne partageront-ils pas les mêmes joies et les mêmes douleurs? — GLAUCON. Oui. — SOCRATE. A quoi attribuer ces heureux effets, si ce n'est à la constitution de notre État et surtout à la communauté des femmes et des enfants entre les guerriers? — GLAUCON. Oui, c'en est la cause principale.

2. — SOCRATE. Mais nous sommes convenus que cette union d'intérêts était le plus grand bien de l'État, lorsque nous comparions un État bien gouverné au corps humain dans la manière dont tous les membres ressentent le plaisir et la douleur d'un seul membre. — GLAUCON. C'est avec raison que nous en sommes convenus. — SOCRATE. Il nous est donc bien démontré que la cause du plus grand bien qui puisse arriver à l'État, c'est la communauté des femmes et des enfants entre les guerriers. — GLAUCON. C'est une conclusion très légitime. — SOCRATE. Ajouté que nous sommes d'accord avec ce que nous avons établi précédemment. Nous avons dit que nos guerriers ne devaient avoir en propre ni maisons, ni terre, ni possessions, mais qu'il fallait qu'ils reçussent des autres leur nourriture, comme la juste récompense de leurs services, et qu'il vécussent en commun, s'ils voulaient être de véritables gardiens. —

GLAUCON. Fort bien. — SOCRATE. Or, comme je le dis, ce que nous avons déjà réglé, joint à ce que nous venons de régler à leur égard, n'est-il pas propre à les rendre de plus en plus de vrais gardiens, et ne les empêche-t-il pas de diviser l'État, ce qui arriverait si chacun ne disait par des mêmes choses qu'elles sont à lui, mais que celui-ci le dit d'une chose, celui-là d'une autre; si l'un tirait dans sa maison tout ce qu'il pourrait acquérir, sans en partager la possession avec personne, et que l'autre de son côté tirât dans la sienne bien séparée des autres, une femme et des enfants pour lui seul, qui lui donneraient des jouissances et des peines toutes personnelles que personne ne partagerait avec lui; tandis qu'avec une même opinion sur la propriété, ils auront tous le même but et ressentiront autant que possible les mêmes joies et les mêmes douleurs? — GLAUCON. Cela est incontestable. — SOCRATE. Et puis, la chicane et les procès ne sortiront-ils pas, pour ainsi dire, d'un État où personne n'aura rien à soi que son corps et où tout le reste sera en commun? Ne s'ensuit-il pas que les citoyens seront à l'abri de toute les dissensions qui naissent parmi les hommes à l'occasion de leurs biens, de leurs femmes et de leurs enfants? — GLAUCON. Nécessairement; ils seront délivrés de tous ces maux. — SOCRATE. Il n'y aura pas non plus d'actions intentées parmi eux pour sévices et violences; car nous leur dirons qu'il est juste et honnête que les personnes du même âge se défendent les unes les autres, et nous leur ferons un devoir de veiller à leur sûreté mutuelle. — GLAUCON. Bien. — SOCRATE. Cette loi a aussi cet avantage que, si quelqu'un dans un mouvement de colère en maltraite un autre, ce différend n'aura pas de grandes suites. — GLAUCON. Sans doute. — SOCRATE. Nous aurons donné au plus âgé autorité sur quiconque sera plus jeune, avec droit de punir. — GLAUCON. Cela est évident. — SOCRATE. Il ne l'est pas moins que les jeunes gens n'oseront pas, sans un ordre des magistrats, employer la violence envers des hommes plus âgés, ni les frapper, ce semble, ni, je pense, les outrager d'aucune autre manière. Deux puissantes barrières les arrêteront, le respect et la crainte ; le respect, en leur montrant un père dans celui qu'ils veulent frapper ; la crainte, en leur faisant appréhender que les autres ne prennent la défense de la personne attaquée, ceux-ci en qualité de fils, ceux-là en qualité de frères où de pères. — GLAUCON. Il n'est pas possible que la chose arrive autrement. — SOCRATE. Sous tous les rapports, nos guerriers ne jouiront-ils pas entre eux d'une paix inaltérable en vertu des lois? — GLAUCON. Oui. — SOCRATE. Mais si la concorde règne parmi les guerriers, il n'est pas à craindre que la discorde se mette entre eux et les autres classes de citoyens, ou qu'elle divise ces derniers. — GLAUCON. Non. — SOCRATE. Je n'ose, par respect pour les convenances, entrer dans le détail des moindres maux dont ils seront exempts : les pauvres ne seront pas forcés de faire leur cour aux riches ; on n'éprouvera pas les embarras ni les soucis qu'entraînent l'éducation des enfants et le désir d'amasser des richesses au moyen d'un grand nombre d'esclaves qu'il faut nourrir, désir qui oblige tantôt de faire de gros emprunts, tantôt de nier les dettes, presque toujours de gagner de l'argent par toute sorte de voies pour le mettre ensuite à la disposition de femmes et de serviteurs ; enfin, mon cher ami, que de bassesses et de misères, qui ne valent pas la peine d'être citées ! — GLAUCON. Il faudrait être aveugle pour ne pas les voir.

3. — SOCRATE. A l'abri de toutes ces misères, nos guerriers mèneront une vie bien plus heureuse que celle

des athlètes couronnés aux jeux olympiques. — GLAUCON. Comment? — SOCRATE. Les athlètes n'ont qu'une faible partie du bonheur dont jouissent nos guerriers. La victoire de ceux-ci est plus belle, et la récompense que l'État leur donne est aussi plus complète. En effet, la victoire qu'ils remportent, c'est le salut de l'État tout entier; pour couronne et pour récompense, ils reçoivent de l'État, eux et leurs enfants, la nourriture et tout ce qui est nécessaire à leur entretien pendant leur vie; après leur mort, la patrie leur fait des funérailles dignes de leur mérite et de sa reconnaissance. — GLAUCON. Ce sont là de magnifiques récompenses. — SOCRATE. Te souviens-tu du reproche que nous fit tout à l'heure je ne sais plus qui[1], de négliger le bonheur des gardiens de l'État qui, lorsqu'ils pouvaient avoir tout ce que possèdent les autres citoyens, ne possédaient rien en propre? Nous avons répondu, je crois, que nous examinerions ce reproche une autre fois, si l'occasion s'en présentait; que notre but pour le moment était de former de vrais gardiens, de rendre l'État tout entier le plus heureux possible, et non de travailler exclusivement au bonheur de l'un des ordres qui le composent. — GLAUCON. Je m'en souviens. — SOCRATE. Te semble-t-il maintenant que la vie des guerriers qui nous paraît beaucoup plus belle et bien plus avantageuse que celle des vainqueurs olympiques ne soit pas préférable à la condition des cordonniers, des artisans ou des laboureurs? — GLAUCON. Il ne me le semble pas. — SOCRATE. Au reste, il est à propos de répéter ici ce que je disais alors : si le guerrier cherche un bonheur qui fasse de lui toute autre chose qu'un gardien de l'État, si une condition modeste, mais sûre, et comme nous l'avons montré, pleine d'avantages,

1. Adimante, au commencement du livre IV.

ne lui suffit pas, si une opinion folle et puérile sur le bonheur le pousse à s'emparer violemment de tout dans l'État, il connaîtra combien Hésiode a montré de véritable sagesse, en disant que la moitié [1] est plus que le tout. — GLAUCON. S'il veut m'en croire, il restera dans sa condition et il s'en contentera. — SOCRATE. Conviens-tu donc que tout soit commun entre les hommes et les femmes, comme je viens de l'expliquer, en ce qui concerne l'éducation, les enfants et la garde de l'État ; que, soit qu'elles restent à la ville ou qu'elles aillent à la guerre, il faut qu'elles partagent les fatigues des veilles et de la chasse, comme font les femelles des chiens, et que tout soit commun entre eux autant que possible? Enfin conviens-tu qu'une telle institution est très-avantageuse à l'État, et qu'elle n'est point contraire à la nature de la femme relativement à l'homme, en tant qu'ils sont faits pour vivre en commun ? — GLAUCON. J'en conviens.

4. — SOCRATE. Ainsi, il ne reste plus qu'à examiner s'il est possible d'établir dans la race humaine cette communauté qui existe dans les autres races, et comment cela est possible. — GLAUCON. Tu m'as prévenu ; j'allais t'en parler. — SOCRATE. Pour ce qui est de la guerre, on voit assez, je pense, comment ils la feront. — GLAUCON. De quelle manière ? — SOCRATE. Il est évident qu'ils la feront en commun, et qu'en outre ils y conduiront ceux de leurs enfants qui sont robustes, afin que ces enfants, à l'exemple de ceux des artisans, voient d'avance ce qu'il leur faudra faire quand ils seront arrivés à l'âge mûr, et que de plus ils puissent aider, servir leurs pères et leurs mères en tout ce qui regarde la guerre, et leur rendre tous les services possibles. N'as-tu pas remarqué ce qui

1. Hésiode, *les Œuvres et les Jours*, v. 40.

se pratique à l'égard des autres métiers, et pendant combien de temps, par exemple, le fils du potier aide son père et le regarde travailler avant de toucher lui-même à la roue ? — GLAUCON. Oui, je l'ai remarqué. — SOCRATE. Les artisans doivent-ils mettre plus de soin que les guerriers à former leurs enfants par l'expérience et par la vue des choses qu'il convient de placer sous leurs yeux ? — GLAUCON. Ce serait une extravagance de le dire. — SOCRATE. D'ailleurs tout animal combattra avec bien plus de courage en présence de ses petits. — GLAUCON. Oui, mais il est bien à craindre, Socrate, que si nos guerriers éprouvent un de ces revers comme il en arrive souvent dans la guerre, ils ne périssent, eux et leurs enfants, et que l'État ne puisse pas se relever d'une telle perte. — SOCRATE. J'en conviens, mais crois-tu que notre premier soin doive être de ne les exposer jamais au danger ? — GLAUCON. Non. — SOCRATE. Eh bien, s'il est une occasion où il faille leur laisser courir quelque danger, n'est-ce pas lorsque le succès les rendra meilleurs ? — GLAUCON. Cela est évident. — SOCRATE. Or, crois-tu que ce soit un avantage médiocre et qui ne mérite pas le risque d'une mauvaise chance, que de donner le spectacle d'une bataille à des enfants qui doivent un jour porter les armes ? — GLAUCON. Non, il y a même un grand avantage sous ce point de vue. — SOCRATE. On rendra donc les enfants spectateurs des combats, en pourvoyant d'ailleurs à leur sûreté, et tout ira bien : n'est-ce pas ? — GLAUCON. Oui. — SOCRATE. D'abord leurs pères ne seront pas inhabiles dans le métier de la guerre, mais ils sauront prévoir, autant que des hommes peuvent le faire, quelles sont les expéditions périlleuses et celles qui ne le sont pas. — GLAUCON. Sans doute. — SOCRATE. Ils conduiront leurs enfants aux unes et ne les exposeront point aux autres. — GLAUCON. Bien.

— SOCRATE. Et ils ne leur donneront pas pour chefs des hommes indignes de leur confiance, mais ceux que l'expérience et l'âge rendent capables de conduire et de gouverner des enfants. — GLAUCON. Cela doit être. — SOCRATE. Mais, dirons-nous, il arrive souvent des accidents inattendus. — GLAUCON. Oui. — SOCRATE. Pour cela, mon ami, il faut de bonne heure donner des ailes aux enfants, afin qu'ils puissent s'envoler pour échapper au danger. — GLAUCON. Qu'entends-tu par là ? — SOCRATE. Je veux dire que, dès leurs plus tendres années, il faut les faire monter à cheval, et quand ils seront bien exercés, les conduire au combat comme spectateurs, non sur des chevaux ardents et belliqueux, mais sur des chevaux très légers à la course et très dociles au frein. C'est ainsi qu'ils verront le mieux ce qu'ils auront à faire un jour et qu'ils se sauveront de la manière la plus sûre avec leurs vieux gouverneurs en les suivant de près. — GLAUCON. Cet expédient me semble bien trouvé. — SOCRATE. Et la guerre ? Comme régler et la discipline à laquelle les guerriers seront soumis les uns et les autres, et la conduite qu'ils devront tenir à l'égard de l'ennemi ? Mon opinion sur ces deux questions est-elle juste ou non ? — GLAUCON. Explique-la. — SOCRATE. Celui qui aura quitté son rang, jeté ses armes ou fait quelque action semblable par lâcheté, ne faut-il pas le reléguer parmi les artisans ou les laboureurs ? — GLAUCON. Oui certainement. — SOCRATE. Et celui qui sera tombé vivant entre les mains de l'ennemi, ne faut-il pas le donner en pur don à l'ennemi pour qu'il fasse de sa capture tout ce qu'il voudra ? — GLAUCON. C'est bien mon avis. — SOCRATE. Mais pour celui qui se sera distingué par des actions d'éclat, ne convient-il pas d'abord que, pendant l'expédition, tous les jeunes gens et les enfants qui en font partie le couronnent tour à tour ? — GLAUCON. Oui. —

SOCRATE. Et lui donnent la main? — GLAUCON. Je suis encore de cet avis. — SOCRATE. Mais ceci, je pense, ne te plaira pas autant. — GLAUCON. Quoi? — SOCRATE. Qu'il embrasse chacun et qu'il en soit embrassé. — GLAUCON. J'y consens très volontiers. J'ajoute même que, pendant toute la durée de l'expédition, il ne sera permis à aucun de ceux qu'il voudra embrasser, de s'y refuser afin que le guerrier qui aimerait quelqu'un de l'un ou l'autre sexe, soit plus ardent à remporter le prix de la valeur. — SOCRATE. Bien; d'ailleurs cela s'accorde avec ce que nous avons déjà dit, que les citoyens d'élite auront avec les femmes des relations plus fréquentes que les autres et qu'ils pourront choisir celles qui leur ressemblent, pour multiplier leur race autant que possible. — GLAUCON. En effet, nous l'avons dit.

5. — SOCRATE. Homère veut encore que l'on honore d'une autre manière les jeunes guerriers qui seront distingués par leur bravoure. Ce poète raconte, en effet, qu'après un combat où Ajax s'était signalé, on lui servit par honneur le dos[1] entier de la victime, récompense bien convenable pour un guerrier plein de jeunesse et de vaillance; c'était pour lui à la fois une distinction et un moyen d'augmenter ses forces. — GLAUCON. Fort bien. — SOCRATE. Nous suivrons donc en ce point l'autorité d'Homère. Dans les sacrifices et dans toutes les autres solennités semblables, nous honorerons les braves non seulement par des chants et par les distinctions dont nous venons de parler, mais encore en leur donnant la première place à table avec des viandes et du vin en plus grande abondance pour ajouter à l'honneur l'exercice qui doit les rendre plus robustes; et ici je parle des femmes aussi bien que des hommes. — GLAUCON. J'ap-

1. Iliade, VII, v. 321.

prouve. — SOCRATE. Quant aux guerriers qui auront succombé pendant l'expédition, ne dirons-nous pas d'abord que celui qui a trouvé une mort glorieuse en combattant est de la race d'or ? — GLAUCON. Assurément. — SOCRATE. Ensuite ne croirons-nous pas avec Hésiode qu'après leur trépas les hommes de cette race

Deviennent des génies purs dont le séjour est sur la terre,
Génies excellents, bienfaisants et protecteurs de la race humaine[1] ?

— GLAUCON. Oui, nous le croirons. — SOCRATE. Consulterons-nous l'oracle sur les funérailles que l'on doit faire à ces génies divins ainsi que sur les honneurs privilégiés qui leur sont dus, et règlerons-nous les cérémonies d'après la réponse du dieu ? — GLAUCON. Pourquoi ne le ferions-nous pas ? — SOCRATE. Dès lors ne les honorerons-nous pas comme des génies titulaires, en leur adressant sur leurs tombes nos hommages et nos prières ? Ne rendrons-nous pas les mêmes honneurs à ceux qui vieillissent ou qui meurent d'une manière quelconque après avoir joui pendant toute leur vie d'une grande réputation de vertu ? — GLAUCON. C'est moins un honneur qu'une justice à leur rendre.

— SOCRATE. Maintenant, comment nos guerriers se conduiront-ils envers l'ennemi ? — GLAUCON. En quoi ? — SOCRATE. Premièrement, en ce qui regarde l'esclavage ; te semble-t-il juste que des Grecs asservissent des cités grecques, au lieu de le défendre aux autres autant que possible et de faire passer dans les mœurs le devoir de ménager la nation grecque, dans la crainte de tomber dans l'esclavage des barbares ? — GLAUCON. En tout et pour tout, il est du plus grand intérêt pour les Grecs de ménager les Grecs. — SOCRATE. Et par conséquent de n'avoir eux-

1. Hésiode, *les Œuvres et les Jours*, v. 121.

mêmes aucun esclave grec, et de conseiller aux autres de suivre cet exemple? — GLAUCON. Oui, ce serait le moyen de tourner davantage leurs armes contre l'ennemi et de ne se faire aucun mal à eux-mêmes. — SOCRATE. Est-il bien de dépouiller les morts et de leur enlever autre chose que leurs armes après la victoire? N'est-ce pas un prétexte pour les lâches de ne pas s'avancer contre l'ennemi qui combat encore, comme s'ils remplissaient quelque devoir quand ils restent penchés sur un cadavre, et cette avidité du butin n'a-t-elle pas été déjà la perte de plus d'une armée? — GLAUCON. Oui. — SOCRATE. N'est-ce par une bassesse et une avarice sordide de dépouiller un mort? Une petitesse d'esprit qui se pardonnerait à peine à une femme, de traiter en ennemi le cadavre de son adversaire, après que l'ennemi s'est envolé, et qu'il ne reste plus que l'instrument dont il se servait pour combattre? Agir de la sorte, n'est-ce pas imiter les chiens qui mordent la pierre qui les a frappés, sans faire le moindre mal à la main qui l'a jetée? — GLAUCON. C'est la même chose. — SOCRATE. Ne faut-il donc pas cesser de dépouiller les morts et d'empêcher l'ennemi de les enlever? — GLAUCON. Il faut en finir.

6. — SOCRATE. Nous ne porterons pas non plus dans les temples les armes des vaincus, comme pour en faire une offrande, surtout les armes des Grecs, si nous sommes un peu jaloux de la bienveillance des autres Grecs. Nous craindrons plutôt de souiller les temples, en y apportant les dépouilles de nos proches, à moins toutefois que l'oracle n'ordonne le contraire. — GLAUCON. Très bien.

— SOCRATE. Passons à la dévastation du territoire grec et à l'incendie des maisons. Quelle sera la conduite de nos guerriers vis-à-vis de l'ennemi? — GLAUCON. J'aurais du plaisir à entendre ton avis sur ce sujet. — SOCRATE. Il me semble qu'on ne doit ni dévaster, ni incendier, mais seulement enlever la récolte de l'année. Veux-tu en savoir la raison? — GLAUCON. Oui. — SOCRATE. Il me semble que si la guerre et la discorde ont deux noms différents, ce sont aussi deux choses différentes, qui se rapportent à deux objets différents. L'un de ces objets est ce qui nous est uni par les liens du sang ou de l'amitié ; l'autre, ce qui nous est étranger et qui ne nous est point parent. L'inimitié entre alliés s'appelle discorde ; entre étrangers, guerre. — GLAUCON. Rien de ce que tu dis n'est contraire à la raison. — SOCRATE. Vois si ce que je vais dire est conforme à la raison. Je dis que les Grecs sont amis et alliés entre eux ; étrangers et d'une autre famille à l'égard des barbares. — GLAUCON. Bien. — SOCRATE. Ainsi lorsque les Grecs combattront les barbares et les barbares les Grecs, nous dirons qu'ils sont en guerre et qu'ils sont ennemis de nature, et il faudra donner à cette inimitié le nom de guerre ; mais lorsqu'il surviendra quelque chose de semblable entre les Grecs, nous dirons qu'ils sont naturellement amis, que c'est une maladie, une sédition qui trouble maintenant la Grèce, et nous donnerons à cette inimitié le nom de discorde. — GLAUCON. Je suis tout à fait de ton sentiment. — SOCRATE. Dès lors, si toutes les fois que la discorde s'élève dans un État, les citoyens ravageaient les terres et brûlaient les maisons des uns des autres, vois, je te prie, combien elle serait funeste, et combien, dans chaque parti, ils se montreraient peu sensibles aux intérêts de la patrie, car autrement ils n'auraient pas le courage de déchirer ainsi leur nourrice et leur mère ; les vainqueurs se croiraient satisfaits d'avoir enlevé aux vaincus la récolte de l'année, et penseraient qu'ils se réconcilieront un jour avec eux et qu'ils ne leur feront pas toujours la guerre. — GLAUCON. Cette manière de penser est bien plus digne de l'humanité que la première. — SOCRATE. Mais quoi! n'est-ce pas un État grec que tu prétends fonder? — GLAUCON. Nécessairement. — SOCRATE. Les citoyens de cet État ne seront-ils pas bons et humains? — GLAUCON. A un haut degré. — SOCRATE. Ne seront-ils pas amis des Grecs? Ne regarderont-ils pas la Grèce comme leur commune patrie? N'auront-ils pas le même culte? — GLAUCON. Oui certainement. — SOCRATE. Ils regarderont donc leur différend avec les Grecs comme une discordre entre amis et ils ne lui donneront pas le nom de guerre. — GLAUCON. Non. — SOCRATE. Ce ne sera donc que pour se réconcilier, qu'ils se diviseront. — GLAUCON. Tout à fait. — SOCRATE. Ils les ramèneront doucement à la raison, sans pousser le châtiment jusqu'à leur ôter la liberté, encore moins la vie. Ils seront de sages amis et non des ennemis. — GLAUCON. Oui. — SOCRATE. Grecs, ils ne ravageront pas la Grèce, ils ne brûleront pas les maisons; ils ne regarderont pas tous les citoyens d'un État comme leurs ennemis déclarés, hommes, femmes, enfants, mais seulement le petit nombre de ceux qui ont suscité le différend, et en conséquence ils ne voudront pas dévaster les terres ni détruire, parce que le plus grand nombre se compose d'amis, et ils ne feront durer le différend que jusqu'au jour où les coupables auront été obligés, par les innocents qui souffrent, à donner satisfaction. — GLAUCON. Pour moi, je reconnais avec toi que nos concitoyens doivent observer ces ménagements envers les autres Grecs et traiter les barbares comme les Grecs se traitent aujourd'hui les uns les autres. — SOCRATE. Faisons donc aussi une loi aux guerriers de ne pas dévaster les terres et de ne pas brûler les maisons. — GLAUCON. Adoptons cette loi ainsi que les précédentes.

7. Mais, Socrate, il me semble que si on te laisse

poursuivre, tu ne te souviendras plus de revenir à la question que tu as écartée pour entrer dans tous ces développements : il s'agit de savoir si un pareil gouvernement est possible, et comment il l'est. Je dis avec toi que s'il existait, il produirait tous ces biens dans la cité où il existerait. J'ajoute d'autres avantages que tu omets, par exemple, que nos guerriers combattraient l'ennemi avec la plus grande valeur parce qu'ils ne s'abandonneraient jamais les uns les autres, se connaissant tous et se donnant les noms de frères, de pères, de fils. Je sais que la présence des femmes rendrait ces guerriers invincibles, soit qu'elles combattissent avec eux dans les mêmes rangs, soit qu'elles fussent placées derrière le corps de bataille pour épouvanter l'ennemi et porter du secours dans une extrémité. Je vois aussi qu'ils goûteraient pendant la paix, beaucoup de biens dont tu n'as rien dit ; mais puisque je reconnais que ce gouvernement aurait tous ces avantages et une foule d'autres, si l'exécution répond au projet, cesse de m'en parler davantage. Essayons plutôt de nous persuader à nous-mêmes qu'il est possible, comment il est possible, et laissons le reste de côté.—Socrate. Tu viens tout à coup de faire comme une irruption sur mon discours, sans me laisser respirer. Peut-être ne sais-tu pas qu'au moment où je viens à peine d'échapper à deux vagues, tu en soulèves contre moi une troisième beaucoup plus grosse et plus terrible. Lorsque tu l'auras vue et que tu en auras entendu le bruit, tu excuseras sans peine mon hésitation et ma frayeur à mettre en avant une proposition aussi étrange et à essayer de l'examiner sous toutes ses faces. — Glaucon. Plus tu nous apporteras de prétextes, moins nous te dispenserons d'expliquer comment il est possible de réaliser ta cité. Parle donc et ne nous tiens pas plus longtemps en suspens.

IV. 1. — SOCRATE. Il est bon de vous rappeler que ce qui nous a conduits jusqu'ici, c'est la recherche de la justice et de l'injustice. — GLAUCON. A la bonne heure; mais que fait cela? — SOCRATE. Rien. Mais si nous découvrons la nature de la justice, ne jugerons-nous pas convenable que l'homme juste ne doive en différer en rien, mais que partout il ait une parfaite conformité avec elle? Ne nous suffira-t-il pas qu'il en approche le plus possible et qu'il en reproduise plus de traits que le reste des hommes? — GLAUCON. Oui, nous nous en contenterons. — SOCRATE. C'était donc pour avoir deux modèles que nous cherchions quelle est la nature de la justice et quel serait l'homme parfaitement juste, supposé qu'il existât, et c'était également pour cette raison que nous faisions la même chose pour l'injustice et pour l'homme d'une injustice consommée, afin qu'en jetant les yeux sur l'un et sur l'autre pour juger du bonheur ou du malheur attaché à chacun d'eux, nous fussions obligés de reconnaître, par rapport à nous-mêmes, que celui qui leur ressemblera le plus aura le sort le plus semblable au leur; mais notre dessein n'a jamais été de montrer que ces modèles pourraient exister. — GLAUCON. Ce que tu dis est vrai. — SOCRATE. Crois-tu qu'un peintre en fût moins habile, si, après avoir peint le plus beau modèle d'homme qui se puisse voir, et donné à chaque trait la dernière perfection, il était incapable de prouver que la nature peut produire un homme semblable? — GLAUCON. Non certainement. — SOCRATE. Mais nous-mêmes, qu'avons-nous fait dans cet entretien, sinon de tracer en paroles le modèle d'un État parfait? — GLAUCON. Rien autre chose. — SOCRATE. Ce que nous avons dit sera-t-il moins bien dit, quand nous serions incapables de montrer qu'on peut former un État sur ce modèle? — GLAUCON. Point du tout. —

Socrate. Telle est donc la vérité ; mais si tu veux que, pour t'obliger, je te montre par quel moyen principalement et jusqu'à quel point un semblable État pourrait se réaliser, en revanche fais-moi une concession. — Glaucon. Laquelle? — Socrate. Est-il possible d'exécuter une chose telle qu'on la décrit ? Au contraire, quand même d'autres n'en conviendraient pas, n'est-il pas dans la nature des choses que l'exécution approche moins du vrai que la parole ? M'accordes-tu cela ? — Glaucon. Je l'accorde. — Socrate. Ne me force donc pas à réaliser avec la dernière précision le plan que nous avons tracé dans notre entretien : mais si nous sommes capables de découvrir comment un État peut être gouverné d'une manière très approchante de ce que nous avons dit, reconnais alors que nous avons prouvé, comme tu l'exiges, que notre État n'est point une chimère. Ne seras-tu pas content d'un tel résultat ? Pour moi, je le serais.— Glaucon. Et moi aussi.

2. — Socrate. Tâchons maintenant de chercher et de découvrir quel vice intérieur empêche les États actuels d'être bien gouvernés, et quel est le moindre changement qu'il soit possible d'y introduire pour rendre leur gouvernement semblable au nôtre ; n'y faisons qu'un seul changement, sinon deux, ou bien les moins nombreux et les moins considérables par leurs effets. — Glaucon. Fort bien. — Socrate. Or, avec un seul changement, nous croyons pouvoir montrer que les États actuels changeraient tout à fait de face. Il est vrai que ce changement n'est ni peu important ni facile, mais enfin il est possible. — Glaucon. Quel est-il ? — Socrate. Me voici arrivé à ce que nous comparions à la vague la plus terrible : mais le grand mot sera prononcé, dût-il, comme un flot béant, me submerger en me couvrant de ridicule et de honte. Écoute ce que je

vais dire. — GLAUCON. Parle. — SOCRATE. Tant que les philosophes ne seront pas rois dans les États, ou que ceux qu'on appelle aujourd'hui rois et souverains ne seront pas vraiment et sérieusement philosophes ; tant que la puissance politique et la philosophie ne se rencontreront pas dans le même sujet ; tant qu'une loi supérieure n'écartera pas la foule de ceux qui se dirigent exclusivement aujourd'hui vers l'une ou l'autre ; il n'est point de remède, mon cher Glaucon, pour les États ni, je pense, pour l'espèce humaine, et jamais cet État parfait dont nous avons tracé le plan ne pourra naître et voir la lumière du jour. Voilà ce que j'hésitais depuis longtemps à dire ; je prévoyais combien ces paroles révolteraient l'opinion générale ; car il est difficile de concevoir que le bonheur public ou particulier soit attaché à cette condition. — GLAUCON. Quelles paroles, Socrate, quel discours tu viens de prononcer ! Tu as dû t'attendre à voir beaucoup de personnes, même d'un mérite distingué, jeter pour ainsi dire leurs habits, et après s'en être dépouillés, saisir toute arme qui se trouverait sous leur main pour fondre sur toi de toutes leurs forces et résolus à faire des merveilles. Si tu ne te défends pas avec les armes de la raison pour les repousser, tu vas être accablé de railleries et puni de ta témérité. — SOCRATE. N'est-ce pas toi qui en es la cause ? — GLAUCON. Je ne m'en repens pas ; mais je te promets de ne pas t'abandonner, et de te seconder de tout mon pouvoir : tout ce que je puis faire, c'est de m'intéresser à ton succès et de t'encourager. Peut-être encore répondrai-je à tes questions plus à propos que tout autre ; avec un tel secours, essaye de combattre tes adversaires et de les convaincre que la raison est de ton côté. — SOCRATE. Il faut l'essayer, puisque tu m'offres un secours si puissant. Si nous voulons nous sauver des mains de ceux qui nous attaquent, il me semble nécessaire de leur expliquer quels sont les philosophes à qui nous osons dire qu'il faut confier le gouvernement des États, afin qu'après les avoir bien fait connaître, nous puissions nous défendre contre nos adversaires et montrer que c'est à de tels hommes qu'il appartient naturellement de se mêler de philosophie et de gouvernement, tandis que tous les autres n'ont rien autre chose à faire que de s'abstenir des questions philosophiques et des questions politiques pour obéir au magistrat. — GLAUCON. Il serait temps de t'expliquer à ce sujet. — SOCRATE. Allons ! suis-moi, si toutefois je puis ici te bien conduire. — GLAUCON. Je te suis. — SOCRATE. Est-il besoin que je te rappelle à l'esprit, ou te rappelles-tu que, lorsqu'on dit de quelqu'un qu'il aime une chose, si on parle juste, on n'entend point par là qu'il en aime une partie et non l'autre, mais qu'il l'aime tout entière ?

3. — GLAUCON. Tu feras bien, je crois, de me le rappeler, car je ne m'en souviens pas. — SOCRATE. Il conviendrait à un autre de parler comme tu fais, mon cher Glaucon ; mais un homme expert en amour ne devrait pas ignorer que celui qui aime ou qui est disposé à aimer, est touché et remué de quelque manière par la présence de tous ceux qui sont à la fleur de l'âge, parce que tous lui semblent dignes de ses soins et de sa tendresse. N'est-ce pas ainsi que vous faites vous autres à l'égard des beaux garçons ? Ne dites-vous pas du nez camus, qu'il est joli ; de l'aquilin, que c'est le nez royal ; de celui qui tient le milieu entre l'un et l'autre, qu'il est parfaitement bien proportionné ? Que les bruns ont un air martial, que les blancs sont les enfants des dieux ? Et cette expression par laquelle on compare le teint pâle à la couleur du miel, ne crois-tu pas qu'elle a été inventée par un amant qui déguisait ainsi un dé-

faut et ne trouvait rien de désagréable à la pâleur, quand on est à la fleur de l'âge? En un mot, il n'est point de prétextes que vous ne saisissiez, point d'expressions dont vous ne vous serviez pour ne repousser aucun de ceux qui sont dans la fleur de la jeunesse. — GLAUCON. Si c'est sur moi que tu veux ainsi décrire ce que font les personnes portées à l'amour, j'y consens dans l'intérêt de la discussion. — SOCRATE. Ne vois-tu pas que ceux qui sont adonnés au vin agissent de même et qu'ils ne manquent jamais de bonnes raisons pour aimer toute sorte de vins? — GLAUCON. Cela est vrai. — SOCRATE. Tu vois aussi, je pense, que les ambitieux, lorsqu'ils ne peuvent commander toute une tribu, en commandent un tiers, et que, lorsqu'ils ne sont pas honorés par des hommes d'une classe supérieure et respectable, ils se contentent des honneurs que leur rendent les gens d'une classe inférieure et moins digne d'estime, parce qu'ils sont avides de distinctions quelles qu'elles soient. — GLAUCON. Oui certainement.

— SOCRATE. A présent, réponds-moi : quand on dit de quelqu'un qu'il aime une chose, veut-on dire qu'il ne l'aime qu'en partie, ou qu'il l'aime tout entière? — GLAUCON. Tout entière. — SOCRATE. Ne dirons-nous pas que le philosophe aussi aime la sagesse, non dans telle ou telle de ses parties, mais tout entière? — GLAUCON. Oui. — SOCRATE. Nous ne dirons pas de quelqu'un qui fait le difficile en matière de sciences, surtout s'il est jeune et incapable de se rendre raison de ce qui est utile ou inutile, qu'il aime les sciences et qu'il est philosophe : de même qu'on ne dit pas d'un homme difficile pour la nourriture, qu'il a faim, ni qu'il désire quelque aliment, ni qu'il aime à manger, mais qu'il est dégoûté. — GLAUCON. Et nous le dirons avec raison. — SOCRATE. Mais celui qui montre du goût pour toute sorte de sciences, qui se met gaiement à l'étude et qui est insatiable d'apprendre, ne mérite-t-il pas en toute justice le nom de philosophe? Qu'en penses-tu ? — GLAUCON. Il y aurait à ton compte des philosophes en grand nombre et d'un caractère bien étrange : car il faudrait comprendre sous ce nom tous ceux qui sont curieux de voir et d'apprendre quelque chose, et il serait très bizarre de ranger parmi les philosophes ces gens avides d'entendre, qui n'assisteraient pas volontiers à un entretien et à un exercice comme le nôtre, mais qui paraissent avoir loué leurs oreilles pour entendre tous les chœurs et courent à toutes les fêtes de Bacchus, sans en manquer une seule ni à la ville ni à la campagne. Appellerons-nous donc philosophes tous ces hommes et ceux qui étudient avec ardeur de semblables choses, même les arts les plus infimes? — SOCRATE. Ce ne sont pas là les vrais philosophes : ils n'en ont que l'apparence.

4. — GLAUCON. Quels sont donc, selon toi, les vrais philosophes? — SOCRATE. Ceux qui aiment à contempler la vérité. — GLAUCON. Tu as raison sans doute, mais explique-moi ce que tu entends par là. — SOCRATE. Cela ne serait point aisé vis-à-vis d'un autre, mais je crois que tu m'accorderas ceci. — GLAUCON. Quoi? — SOCRATE. Puisque le beau est opposé au laid, ce sont deux choses distinctes. — GLAUCON. Sans contredit. — SOCRATE. Mais, puisque ce sont deux choses distinctes, chacune d'elles est une? — GLAUCON. J'accorde encore cela. — SOCRATE. Il en est de même du juste et de l'injuste, du bon et du mauvais et de toutes les autres idées : chacune d'elles prise en elle-même est une; mais dans leurs rapports avec les actions, avec les corps et entre elles, elles revêtent mille formes qui semblent les multiplier. — GLAUCON. Tu dis vrai. — SOCRATE. Voici donc par où je distingue ceux qui sont avides de voir, qui ont la manie

des arts et se bornent à la pratique, d'avec les hommes en question, à qui seuls convient le nom de philosophes. — GLAUCON. Par où, je te prie ? — SOCRATE. Les premiers, dont la curiosité est toute dans les yeux et dans les oreilles, aiment les belles voix, les belles couleurs, les belles figures et tous les ouvrages où il entre quelque chose de semblable ; mais leur intelligence est incapable d'apercevoir et d'aimer le beau lui-même. — GLAUCON. Oui. — SOCRATE. Ne sont-ils par rares, les hommes qui peuvent s'élever jusqu'au beau lui-même et le contempler dans son essence? GLAUCON. Oui certes. — SOCRATE. Vit-il, celui qui, à la vérité, connaît de belles choses, mais qui n'a aucune idée de la beauté en elle-même, et qui n'est pas capable de suivre ceux qui voudraient le conduire à cette connaissance sublime ? Est-ce un songe ou une réalité ? Prends garde : qu'est-ce que rêver ? N'est-ce pas, soit qu'on dorme, soit qu'on veille, prendre la ressemblance d'une chose pour la chose même? — GLAUCON. Oui, c'est là ce que j'appellerais rêver. — SOCRATE. Mais quoi ! Celui au contraire qui croit que le beau existe en soi, celui qui peut contempler le beau, soit en lui-même, soit en ce qui participe à son essence, et qui ne prend jamais le beau pour les choses belles ni les choses belles pour le beau, sa vie te semble-t-elle un rêve ou une réalité? — GLAUCON. Une réalité certes. — SOCRATE. Celui-ci qui connaît, possède une connaissance ; celui-là qui juge sur l'apparence, n'a qu'une opinion : est-ce bien dit ? — GLAUCON. Très bien. —SOCRATE. Mais si ce dernier qui, selon nous, juge sur l'apparence et ne connaît pas, s'emporte contre nous et soutient que nous ne disons pas la vérité, n'aurons-nous rien à lui dire pour le calmer et lui persuader doucement qu'il est dans l'erreur, mais en lui cachant qu'il est malade? — GLAUCON. Il le faut bien pourtant.

— Socrate. Eh bien, vois ce que nous lui dirons, ou plutôt veux-tu que nous l'interrogions et que nous l'assurions que, s'il sait quelque chose, nous n'en serons point jaloux, mais heureux de voir qu'il sait quelque chose? Lui demanderai-je, dis moi : celui qui connaît, connaît-il quelque chose ou rien? Glaucon, réponds-moi pour lui. — Glaucon. Je répondrai qu'il connaît quelque chose. — Socrate. Qui est ou qui n'est pas? — Glaucon. Qui est : car comment connaître ce qui n'est pas? — Socrate. Ainsi, sans pousser nos recherches plus loin, nous savons, à n'en pouvoir douter, que ce qui est en toute manière peut être connu en toute manière, et que ce qui n'est nullement ne peut être nullement connu. — Glaucon. Nous en sommes très certains. — Socrate. Soit, mais, s'il y avait une chose qui fût et ne fût pas en même temps, ne tiendrait-elle par le milieu entre ce qui est tout à fait et ce qui n'est point du tout? — Glaucon. Oui. — Socrate. Ainsi la science se rapporte à l'être, et l'ignorance nécessairement se rapporte au non-être; mais pour ce qui tient le milieu entre l'être et le non-être, ne faut-il pas chercher quelque chose qui soit intermédiaire entre la science et l'ignorance, supposé qu'il y ait un intermédiaire? — Glaucon. Sans doute. — Socrate. Est-ce quelque chose que l'opinion? — Glaucon. Sans contredit. — Socrate. Est-ce une faculté distincte de la science ou bien est-ce la même? — Glaucon. C'est une faculté distincte. — Socrate. Ainsi l'opinion a son objet à part, la science de même a le sien, chacune selon sa faculté. — Glaucon. Oui. — Socrate. Mais plutôt je crois qu'il est d'abord nécessaire de m'expliquer ainsi. — Glaucon. Comment?

5. — Socrate. Je dis que les facultés sont une espèce d'êtres qui nous rendent capables, nous et tous les au-

tres agents, des opérations qui nous sont propres. Par exemple, j'appelle faculté la puissance de voir, d'entendre. Tu comprends ce que je veux dire par ce nom *générique*. — GLAUCON. Je comprends. — SOCRATE. Écoute quelle est ma pensée à ce sujet. Je ne vois dans une faculté ni couleur, ni figure, ni rien de semblable à ce qui se trouve en mille autres choses ; je ne puis porter les yeux sur rien qui m'aide à la distinguer d'une autre faculté. Je ne considère en chacune d'elles que son objet et ses effets : c'est par là que je les distingue. J'appelle facultés identiques celles qui ont le même objet et qui opèrent les mêmes effets; facultés différentes, celles qui ont des objets et des sujets différents. Et toi, comment fais-tu ? — GLAUCON. De la même manière.

— SOCRATE. Maintenant reprenons, cher ami : mets-tu la science au nombre des facultés, et quel rang lui donnes-tu? — GLAUCON. Je la regarde comme la plus puissante de toutes les facultés. — SOCRATE. L'opinion est-elle aussi une faculté ou bien quelque autre espèce d'être ? — GLAUCON. Nullement, l'opinion n'est autre chose que la faculté qui est en nous de juger sur l'apparence. — SOCRATE. Mais tu viens de convenir que la science diffère de l'opinion. — GLAUCON. Sans doute, et comment un homme sensé pourrait-il confondre ce qui est infaillible avec ce qui ne l'est pas? — SOCRATE. Fort bien, ainsi nous reconnaissons évidemment que la science et l'opinion sont des facultés distinctes. — GLAUCON. Oui. — SOCRATE. Chacune d'elles a donc un objet et un effet différent. — GLAUCON. Il le faut bien. — SOCRATE. La science n'a-t-elle pas pour objet de connaître ce qui est, précisément tel qu'il est ? — GLAUCON. Oui. — SOCRATE. Et l'opinion, disons-nous de juger sur l'apparence? — GLAUCON. Oui. — SOCRATE. A-t-elle le même objet que la science? La même chose peut-elle tomber à la fois sous la connaissance et sous l'opinion? Ou plutôt, est-ce impossible? — GLAUCON. De notre aveu, cela est impossible. Car, si les facultés différentes ont des objets différents, si d'ailleurs la science et l'opinion sont des facultés, et des facultés différentes, comme nous l'avons dit, il s'ensuit que l'objet de la science ne peut être celui de l'opinion. — SOCRATE. Si donc l'être est l'objet de la science, celui de l'opinion sera autre chose que l'être. — GLAUCON. Oui. — SOCRATE. Serait-ce le non-être? ou est-il impossible que le non-être soit l'objet de l'opinion? Comprends ce que je dis : celui qui a une opinion ne l'a-t-il pas sur quelque chose? Peut-on avoir une opinion et ne l'avoir sur rien? — GLAUCON. Cela ne se peut. — SOCRATE. Ainsi celui qui a une opinion l'a sur quelque chose? — GLAUCON. Oui. — SOCRATE. Mais le non-être est-il quelque chose? N'est-il pas plutôt une négation de chose? — GLAUCON. Cela est certain. — SOCRATE. Ainsi nous avons dû, de toute nécessité, rapporter l'être à la science, et le non-être à l'ignorance. — GLAUCON. Nous avons bien fait. — SOCRATE. L'objet de l'opinion n'est donc ni l'être ni le non-être. — GLAUCON. Non. — SOCRATE. Par conséquent, l'opinion diffère également de la science et de l'ignorance. — GLAUCON. Oui, à ce qu'il me semble.

— SOCRATE. Est-elle au-delà de l'une ou de l'autre, de manière qu'elle soit plus lumineuse que la science, ou plus obscure que l'ignorance? — GLAUCON. Non. — SOCRATE. Mais alors te paraît-elle avoir moins de clarté que la science, et moins d'obscurité que l'ignorance? — GLAUCON. Sans doute. — SOCRATE. Se trouve-t-elle entre l'une et l'autre? — GLAUCON. Oui. — SOCRATE. L'opinion est donc quelque chose d'intermédiaire entre la science et l'ignorance. — GLAUCON. Tout à fait. — SOCRATE. N'avons-nous pas dit précédemment que, si nous trouvions quelque chose qui fût et ne fût pas en même temps, cette chose tiendrait le milieu entre le pur être et le pur néant, et qu'elle ne serait l'objet ni de la science ni de l'ignorance, mais de quelque faculté qui se montrerait intermédiaire entre l'une et l'autre? — GLAUCON. Nous l'avons dit avec raison. — SOCRATE. Maintenant il demeure prouvé que cette faculté intermédiaire est ce que nous appelons l'opinion. — GLAUCON. Oui.

6. — SOCRATE. Il nous reste donc à trouver quelle est cette chose qui tient de l'être et du non-être, et qui n'est proprement ni l'un ni l'autre : si nous découvrons qu'elle est l'objet de l'opinion, nous assignerons alors à chacune de ces trois facultés ce qui lui revient de droit : les extrêmes aux extrêmes, l'intermédiaire à la faculté intermédiaire : n'est-ce pas? — GLAUCON. Sans doute. — SOCRATE. Cela posé, qu'il me réponde, dirai je, cet homme excellent qui ne croit pas qu'il y ait rien de beau en soi, ni que l'idée du beau soit immuable, et qui ne reconnaît que la foule des choses belles, cet amateur de spectacles qui ne peut souffrir qu'on lui parle du beau, du juste ou de toute autre réalité absolue. Réponds-moi, lui dirai-je, mon très cher : ces mêmes choses que tu juges belles, justes, saintes, ne te semble-t-il pas, sous quelque point de vue, qu'elles ne sont ni belles, ni justes, ni saintes? — GLAUCON. Oui, répondra-t-il, il arrive nécessairement que les mêmes choses, envisagées sous des points de vue différents, paraissent belles et laides, et ainsi du reste. — SOCRATE. Une quantité double paraît-elle moins pouvoir être la moitié que le double d'une autre? — GLAUCON. Non. — SOCRATE. J'en dis autant des choses qu'on appelle grandes ou petites, pesantes ou légères : chacune de ces qualifications leur convient-elle plutôt que la qualification contraire? — GLAUCON. Non ; elles tiennent toujours de l'une ou de l'autre. — SOCRATE.

Ces choses sont-elles plutôt qu'elles ne sont pas ce qu'on les dit être? — GLAUCON. Elles ressemblent à ces propos à double sens qu'on tient dans les banquets et à l'énigme[1] des enfants sur l'eunuque qui frappe la chauve-souris, sur la manière dont il la frappe et sur le lieu où la fable raconte qu'il la frappa. Ces énigmes présentent deux sens contraires : on ne peut dire avec certitude ni oui ni non, ni l'un et l'autre, ni s'empêcher de dire l'un ou l'autre.

— SOCRATE. Que faire de ces sortes de choses, et où les placer mieux qu'entre l'être et le néant? Car elles ne sont pas sans doute plus obscures que le néant au point d'avoir moins d'existence, ni plus lumineuses que l'être au point d'avoir plus de réalité. — GLAUCON. Très certainement. — SOCRATE. Nous avons donc trouvé, ce me semble, que cette multitude de choses qui servent de règles à la plupart des hommes pour juger de la beauté et des autres qualités semblables roule, pour ainsi dire, entre le néant et la vraie existence. — GLAUCON. Nous l'avons trouvé. — SOCRATE. Mais nous sommes convenus d'avance qu'il fallait dire de ces sortes de choses qu'elles sont du ressort de l'opinion et non de la science, ce qui est ainsi placé dans le vague entre l'être

1. Voici cette énigme, d'après le Scoliaste, qui la rapporte à Cléarque. Elle est en vers iambiques :

Αἶνός τίς ἐστιν, ὡς ἀνήρ τε κοὐκ ἀνὴρ
Ὄρνιθα, κοὐκ ὄρνιθ' ἰδών τε κοὐκ ἰδὼν,
Ἐπὶ ξύλου τε κοὐ ξύλου καθημενην
Λίθῳ τε κοὐ λίθῳ βάλοι τε κοὐ βάλοι.

« Un homme qui n'est pas homme, et qui est homme pourtant,
M'a frappée, moi, oiseau qui n'est pas oiseau, et qui est oiseau [pourtant,
Perchée sur un arbre qui n'est pas un arbre,
Avec une pierre qui n'est pas une pierre. »

C'est-à-dire : un eunuque borgne, une chauve-souris, une férule ou sureau, une pierre ponce. C'est la chauve-souris qui parle.

et le néant appartenant à la faculté intermédiaire. — GLAUCON. Oui, nous en sommes convenus. — SOCRATE. Ainsi, à l'égard de ceux qui, promenant leurs regards sur la multitude des choses belles, n'aperçoivent pas le beau dans son essence et ne peuvent suivre celui qui voudrait les élever à cette contemplation, qui voient la multitude des choses justes sans voir la justice même, et ainsi du reste, nous dirons que tous leurs jugements sont des opinions et non des connaissances. — GLAUCON. Nécessairement. — SOCRATE. Au contraire que dirons-nous de ceux qui contemplent les choses en elles-mêmes dans leur essence immuable? Ne dirons-nous pas qu'ils ont des connaissances et non des opinions? — GLAUCON. Cela n'est pas moins nécessaire. — SOCRATE. Ne dirons-nous donc pas des uns et des autres qu'ils ont de l'attachement et de l'amour, ceux-ci pour les choses qui sont l'objet de la science, ceux-là pour celles qui sont l'objet de l'opinion? Ne nous rappelons-nous pas que nous disions de ces derniers qu'ils se plaisent à entendre de belles voix, à regarder de belles couleurs et à faire d'autres choses semblables, mais qu'ils ne peuvent souffrir qu'on leur parle du beau absolu comme d'une réalité? — GLAUCON. Je m'en souviens. — SOCRATE. Leur ferons-nous donc une injustice, en les appelant amis de l'opinion plutôt qu'amis de la sagesse? Se fâcheront-ils beaucoup contre nous, si nous les traitons de la sorte? — GLAUCON. Non, du moins s'ils veulent m'en croire; car il n'est jamais permis de se fâcher contre la vérité. — SOCRATE. Par conséquent, faut-il appeler philosophes, et non amis de l'opinion, ceux qui contemplent les choses dans leur essence? GLAUCON. Sans le moindre doute.

LIVRE SIXIÈME

ARGUMENT

Il s'agit de prouver que le vrai philosophe est seul en état de commander aux hommes. Platon va justifier cette proposition célèbre établie dans le livre précédent, que les gouvernements ne seront parfaits que lorsque les philosophes consentiront à devenir rois ou lorsque les rois seront devenus philosophes. Or, quelles sont les qualités du vrai philosophe, et quelle doit être sa science? Il doit connaître ce qui est. Mais connaître ce qui est, ce n'est pas connaître la figure du monde, incertaine et chancelante ; c'est s'élever jusqu'à l'essence des choses ; c'est se placer en face du beau et du bon, qui est Dieu. Ainsi, le sage peut arriver à la vérité, en la cherchant hors de ce monde, à sa source céleste. Il peut réfléchir des vertus dont le type idéal ne se trouve nulle part ici-bas; il peut former en lui ce divin exemplaire de l'homme parfait qu'Homère appelle si poétiquement une image de la divinité. Le but de ce beau livre est donc de conduire le philosophe à la connaissance de Dieu, et de faire de cette connaissance le dernier terme des sciences humaines, la lumière qui les éclaire toutes. Platon termine ce livre par un magnifique tableau des deux mondes, du monde visible et du monde invisible. Le monde visible, c'est le monde qui passe ; l'homme qui s'y attache vit d'illusions et de mensonges. Le monde invisible est le seul réel; c'est le monde des idées pures au moyen desquelles l'âme, sans le secours d'aucune image, aborde cette idée sublime de l'existence d'un seul Dieu ; idée qui devait civiliser le monde, mais que le monde n'était point encore en état de comprendre, et qui venait de coûter la vie à Socrate.

I. 1. — Socrate. Enfin, mon cher Glaucon, après bien de la peine et un assez long circuit de paroles, nous avons montré la différence qui sépare les philosophes et ceux qui ne le sont pas. — Glaucon. Peut-être n'était-il pas aisé d'en venir à bout par un moyen plus court.

13.

— Socrate. Je ne le crois pas ; et il me semble que nous aurions porté encore plus loin l'évidence à cet égard, si nous n'avions eu que ce point à traiter et s'il ne nous fallait pas discuter beaucoup d'autres questions pour voir en quoi la condition de l'homme juste diffère de celle de l'homme injuste. — Glaucon. Que nous reste-t-il donc à examiner après cela ? — Socrate. Ce qui suit immédiatement. Puisque les philosophes sont ceux dont l'esprit peut atteindre à la connaissance de ce qui existe toujours d'une manière immuable, et que ceux qui ne le peuvent pas et qui errent sans principes autour de mille objets toujours changeants, ne sont pas philosophes, quels sont ceux qu'il faut prendre pour chefs de l'État ? — Glaucon. Quel est le parti le plus sage que nous ayons à prendre ? Socrate. C'est d'établir gardiens de l'État ceux qui seront reconnus capables de veiller à la garde des lois et des institutions. — Glaucon. Bien. — Socrate. Un gardien doit-il être aveugle ou avoir la vue perçante pour la surveillance d'une chose quelconque ? Est-ce clair ? — Glaucon. Comment pourrait-on s'y tromper ? — Socrate. Or, quelle différence mets-tu entre les aveugles et ceux qui, privés réellement de la connaissance de l'être, n'ayant dans leur âme rien de clair ni de distinct qui leur serve d'exemplaire, ne pouvant tourner leurs regards sur l'éternelle vérité comme les peintres sur leur modèle, y rapporter toute chose et la contempler avec toute l'attention possible, sont par conséquent incapables d'en tirer, par une heureuse imitation, les lois qui doivent fixer ce qui est honnête, juste et bon, et, après avoir établi ces lois, de veiller à leur garde et à leur conservation ? — Glaucon. Non certes, je ne mets pas une grande différence entre ces hommes et les aveugles. — Socrate. Les choisirons-nous pour gardiens de préférence à ceux qui connaissent l'essence de chaque chose, et qui de plus ne le cèdent pas aux autres en expérience et ne leur sont inférieurs en aucun genre de mérite ? — GLAUCON. Ce serait folie d'en choisir d'autres, s'ils n'étaient pas inférieurs pour le reste, puisqu'ils auraient l'avantage le plus important. — SOCRATE. Faut-il dire maintenant par quel moyen ils pourront joindre l'expérience à la spéculation ? — GLAUCON. Certainement ? — SOCRATE. Comme nous le disions au commencement de cet entretien, il faut d'abord bien connaître le caractère qui leur est propre ; et je suis persuadé que, si nous tombons d'accord sur ce point, nous reconnaîtrons en même temps qu'ils peuvent aussi joindre l'expérience à la spéculation, et qu'on ne doit leur préférer personne pour le gouvernement. — GLAUCON. Comment ?

2. — SOCRATE. Reconnaissons qu'il est dans la nature des philosophes d'aimer avec passion la science, qui seule peut leur dévoiler cette essence éternelle, immuable, inaccessible aux vicissitudes de la génération et de la corruption. — GLAUCON. Je le reconnais. — SOCRATE. Reconnaissons aussi qu'ils aiment cette science tout entière, sans renoncer volontairement à aucune de ses parties, grande ou petite, plus ou moins importante, comme font les ambitieux et les amants dont nous avons parlé tout à l'heure. — GLAUCON. Tu as raison. — SOCRATE. Examine ensuite si ce n'est pas une nécessité que des hommes qui veulent être ce que nous avons dit possèdent encore cette qualité. — GLAUCON. Laquelle ? — SOCRATE. L'horreur de ce qui est faux, la résolution de ne jamais donner accès dans son âme au mensonge, mais de le haïr et d'aimer la vérité. — GLAUCON. Il y a apparence. — SOCRATE. Non-seulement il y a apparence, mon cher ami, mais il est de toute nécessité que celui qui est vraiment amoureux aime tout ce

qui tient, tout ce qui touche à l'objet de son amour. — GLAUCON. Cela est vrai. — SOCRATE. Mais y a-t-il rien qui soit plus étroitement lié avec la science que la vérité? — GLAUCON. Et comment serait-ce possible? — SOCRATE. Est-il donc possible que la même nature aime à la fois la science et le mensonge? — GLAUCON. Nullement. — SOCRATE. Par conséquent, l'esprit véritablement avide de science doit, dès la jeunesse, aimer et rechercher toute vérité. — GLAUCON. D'accord. — SOCRATE. Mais nous savons que, quand les désirs se concentrent avec violence sur un seul objet, ils sont plus faibles pour tout le reste, comme un ruisseau dérivé du torrent. — GLAUCON. Sans doute. — SOCRATE. Ainsi, quand les désirs se portent vers les sciences et les choses qui leur ressemblent, je crois qu'ils aspirent à la volupté pure que l'âme trouve en elle-même, et qu'ils dédaignent les plaisirs du corps, s'il s'agit d'un véritable philosophe, qui ne se contente pas d'en porter le masque. — GLAUCON. Cela est d'une nécessité absolue. — SOCRATE. Un homme de ce caractère est donc tempérant et tout à fait sans cupidité, car les raisons qui font faire de grands sacrifices pour rechercher les richesses ont moins de prise sur lui que sur tout autre. — GLAUCON. Oui.

— SOCRATE. Il faut encore faire une remarque, si tu veux distinguer le vrai philosophe de celui qui ne l'est pas. — GLAUCON. Laquelle? — SOCRATE. Sache que le philosophe n'admet aucune bassesse de sentiment : car la petitesse des idées est tout ce qu'il y a de plus opposé à une âme qui doit aspirer sans cesse à embrasser dans leur universalité et leur harmonie toutes les choses divines et humaines. — GLAUCON. Rien de plus vrai. — SOCRATE. Mais penses-tu qu'une âme élevée, sublime, qui porte sa pensée sur tous les temps et sur tous les êtres, regarde la vie de l'homme comme quelque chose de grand ? — Glaucon. Cela est impossible. — Socrate. Ainsi une âme de cette trempe ne regardera pas la mort comme une chose à craindre ? — Glaucon. Pas le moins du monde. — Socrate. Il semble donc qu'une âme lâche et basse n'aura jamais le moindre commerce avec la vraie philosophie. — Glaucon. Je ne le crois pas. — Socrate. Mais quoi ! un homme modéré dans ses désirs, exempt de cupidité, de bassesse, d'arrogance, de lâcheté, peut-il être difficile à vivre ou injuste ? — Glaucon. Nullement. — Socrate. Lors donc que tu chercheras à discerner l'âme qui est ou qui n'est pas propre à la philosophie, tu observeras si, dès les premières années, elle montre de l'équité et de la douceur, ou si elle est farouche et intraitable. — Glaucon. Oui. — Socrate. Tu ne négligeras pas non plus, je pense, d'observer cette autre chose. — Glaucon. Laquelle ? — Socrate. Si l'âme a de la facilité ou de la difficulté à apprendre. Peux-tu espérer d'un homme qu'il aime une chose, quand il la fait avec peine et presque sans succès ? — Glaucon. Non, jamais. — Socrate. Mais, s'il ne peut rien retenir de ce qu'il apprend, oublieux comme il l'est, est-il possible qu'il acquière de la science ? — Glaucon. Comment cela pourrait-il être ? — Socrate. Ne penses-tu pas qu'en voyant qu'il travaille sans fruit il ne sera pas forcé à la fin de se haïr lui-même et tout genre d'étude ? — Glaucon. Sans doute. — Socrate. Nous ne mettrons donc pas au rang des âmes qui sont propres à la philosophie celle qui oublie tout ; nous voulons que l'âme du philosophe soit douée d'une bonne mémoire. — Glaucon. Certainement. — Socrate. Mais une âme sans harmonie et sans grâce n'est-elle pas naturellement entraînée vers l'excès ? — Glaucon. Oui. — Socrate. La vérité te semble-t-elle amie de l'excès ou de la mesure ? — Glaucon. De la mesure. — Socrate. Cherchons donc encore dans le philosophe une âme pleine de mesure et de grâce, que sa pente naturelle conduise heureusement à la contemplation de l'essence des choses. — GLAUCON. Sans doute. — SOCRATE. Quoi donc ? Ne te semble-t-il pas que les qualités que nous venons d'énumérer sont toutes nécessaires et qu'elles se tiennent entre elles dans une âme qui veut s'élever à la plus parfaite connaissance de l'être ? — GLAUCON. Oui ; elles lui sont absolument nécessaires. — SOCRATE. Est-il possible de blâmer par quelque endroit une profession qu'on ne peut exercer convenablement, si on n'est doué de mémoire, de pénétration, de grandeur d'âme et d'affabilité ; si l'on n'est ami et comme allié de la vérité, de la justice, de la force et de la tempérance ? — GLAUCON. Non ; Momus[1] même n'y trouverait rien à reprendre. — SOCRATE. N'est-ce pas à de tels hommes, perfectionnés par l'éducation et par l'expérience, et à eux seuls, que tu confieras le gouvernement de l'État ?

II. 1. — ADIMANTE. Mon cher Socrate, personne ne saurait rien opposer à tes raisonnements ; mais voici ce qui arrive toutes les fois à ceux qui entendent ce que tu viens de dire. Ils s'imaginent que, faute d'être versés dans l'art d'interroger et de répondre, ils sont fourvoyés peu à peu de question en question et que ces petites déviations, rapprochées les unes des autres à la fin de l'entretien, font éclater une grosse erreur, toute contraire à ce qu'ils avaient cru d'abord, et comme, au trictrac, les joueurs inhabiles finissent par être bloqués par les joueurs habiles, et ne plus savoir quel dé avancer, de même tes interlocuteurs finissent par se voir bloqués

1. Locution proverbiale : Momus était le dieu de la raillerie et des bons mots. Il tournait en ridicule les hommes et même les dieux.— Consultez Erasme, *Chiliad.* I, 5, 75.

et réduits à l'impossibilité de savoir quoi dire dans cette autre espèce de jeu où tu excelles à manier, non les dés, mais les paroles, sans que pour cela il y ait plus de vérité dans les discours. Et je ne parle ainsi qu'à propos de la discussion présente. En effet, on pourrait dire que, si dans le raisonnement on ne peut rien opposer à chacune de tes questions en particulier, on voit en fait que ceux qui s'appliquent à la philosophie, et qui, après l'avoir étudiée dans leur jeunesse pour compléter leur éducation, ne l'abandonnent pas, mais s'y attachent trop longtemps, deviennent pour la plupart des personnages bizarres, pour ne pas dire tout à fait insupportables, tandis que ceux d'entre eux qui semblent avoir le plus de mérite ne laissent pas de contracter dans cette étude que tu nous vantes l'inconvénient d'être inutiles à la société. Socrate. Crois-tu, si je t'ai bien écouté, que ceux qui parlent ainsi ne disent pas la vérité? — Adimante. Je ne sais pas; mais tu me ferais plaisir de me dire ce que tu en penses. — Socrate. Eh bien, je pense qu'ils disent vrai. — Adimante. Alors, sur quel fondement peut-on dire qu'il n'est point de remède aux maux qui désolent les États, jusqu'à ce qu'ils soient gouvernés par ces mêmes philosophes que nous reconnaissons comme des gens inutiles à la société? Socrate. Tu me fais là une question à laquelle je ne puis répondre que par une comparaison. — Adimante. Cependant tu n'as pas l'habitude, ce me semble, de parler par les comparaisons.

2. — Socrate. Fort bien; tu me railles, après m'avoir jeté dans une question si difficile à traiter? Écoute donc cette comparaison pour voir encore mieux combien ce terrain est glissant pour moi. Le traitement que les États font éprouver aux sages, c'est-à-dire aux plus estimables des hommes, est si horrible que personne n'a

rien de semblable à souffrir et que, pour en donner le tableau, celui qui veut défendre leur cause est obligé d'aller chercher au loin les traits les plus différents pour en faire un tout, à l'exemple de ces peintres qui représentent des animaux moitié cerfs et moitié boucs, et d'autres assemblages aussi monstrueux. Figure-toi donc le patron d'un ou de plusieurs vaisseaux, tel que je vais te le dépeindre : plus grand et plus robuste, il est vrai, que tout le reste de l'équipage, un peu sourd, y voyant assez mal et n'entendant pas mieux l'art de la navigation. Les matelots se disputent entre eux le gouvernail ; chacun d'eux s'imagine qu'il doit être pilote, sans avoir aucune connaissance du pilotage, et sans pouvoir dire sous quel maître ni dans quel temps il l'a appris ; bien mieux, ils prétendent que ce n'est pas une science qui puisse s'apprendre, et, si quelqu'un dit le contraire, ils sont tout prêts à le mettre en pièces. Sans cesse à l'entour du patron, ils l'obsèdent de leurs prières, et emploient tous les moyens pour qu'il leur confie le gouvernail. Ceux qui sont exclus tuent ou jettent hors du vaisseau ceux qu'il leur a préférés. Ensuite ils s'assurent de l'excellent patron : ils l'enivrent, l'assoupissent avec de la mandragore, ou s'en débarrassent de toute autre manière ; alors ils s'emparent du vaisseau, boivent et mangent avec excès, et conduisent le vaisseau comme de pareilles gens peuvent le conduire. Ce n'est pas tout : ils louent, ils appellent habile marin, excellent pilote pour l'avenir, maître dans tout ce qui regarde la navigation, tout homme qui, pour les aider à prendre le commandement, sait employer la persuasion ou la violence à l'égard du pilote, et ils méprisent comme un homme inutile celui qui se conduit autrement : ils ignorent d'ailleurs ce que c'est qu'un vrai pilote, et ils ne savent pas que pour être tel il faut avoir une exacte connaissance du temps, des saisons, du ciel, des astres, des vents et de tout ce qui appartient à l'art, si réellement il veut devenir capable de bien diriger un vaisseau ; et quant au talent de le gouverner, soit qu'il y ait ou non opposition de la part des matelots, ils ne croient pas qu'il soit possible de joindre ce talent et cette étude à la science du pilotage. Lorsque de pareilles choses se passent sur les vaisseaux, ne penses-tu pas que les matelots, ainsi disposés, traiteront le vrai pilote d'homme inutile qui n'est bon qu'à observer les astres et à faire le bel esprit ? — ADIMANTE. Oui, je le pense.

— SOCRATE. Tu n'a pas besoin, je crois, de voir le développement de cette comparaison pour reconnaître l'image fidèle du traitement qu'éprouvent les vrais philosophes dans les divers États ; j'espère que tu comprends ma pensée. — ADIMANTE. Oui. — SOCRATE. Présente donc cette comparaison à celui qui s'étonne de voir que les philosophes ne sont pas honorés dans les États, et tâche de lui persuader que ce serait une merveille bien plus grande, s'ils étaient honorés. — ADIMANTE. Je le ferai. — SOCRATE. Dis-lui qu'il a raison de regarder comme inutiles à l'État les plus sages d'entre les philosophes, mais fais-lui bien voir qu'il doit s'en prendre à ceux qui ne les emploient pas, et non aux philosophes eux-mêmes. Car il n'est pas naturel que le pilote prie les matelots de se laisser gouverner par lui, ni que les sages aillent attendre à la porte des riches. Celui qui a fait cette plaisanterie[1] s'est bien trompé. La vérité est que, riche ou pauvre, celui qui est malade doit aller frapper à la

1. Le Scoliaste attribue ce propos à un nommé Eubule, dans un entretien avec Socrate ; Schleiermacher l'attribue à Aristippe, d'après une anecdote citée par Diogène, II, 69, et Schneider à Simonide, d'après un passage de la *Rhétorique* d'Aristote, II, 16.

porte du médecin; qu'en général quiconque a besoin d'être gouverné doit aller chercher celui qui peut le gouverner, et non que celui qui gouverne prie ses inférieurs de se laisser gouverner, quand réellement ils ont besoin de ses services. Ainsi tu ne te tromperas point en comparant les politiques qui gouvernent aujourd'hui aux matelots dont nous venons de parler, et ceux que les matelots traitent de gens inutile et perdus dans les astres aux véritables pilotes. — Adimante. Très bien. — Socrate. Il suit de là qu'en pareil cas il est difficile que la meilleure profession soit en honneur auprès de ceux qui ont une profession tout opposée. Mais les plus grandes et les plus fortes accusations que la philosophie ait à supporter lui viennent à l'occasion de ces hommes qui se donnent pour philosophes et qui, selon toi, font dire à l'ennemi de la philosophie que la plupart de ceux qui s'appliquent à cette étude sont tout à fait pervers, et que les plus sages sont inutiles. Je suis convenu avec toi que ces reproches étaient fondés : n'est-ce pas? — Adimante. Oui.

3. — Socrate. — Ne venons-nous pas de voir la raison de l'inutilité des vrais philosophes? — Adimante. Oui. — Socrate. Veux-tu que nous cherchions maintenant la cause inévitable de la perversité du plus grand nombre, et que nous tâchions de montrer, s'il est possible, que la faute n'en est point à la philosophie? — Adimante. J'y consens. — Socrate. Écoutons et rappelons à notre mémoire ce que nous disions au commencement de cette digression, en recherchant quelles sont les qualités qu'il faut recevoir de la nature pour devenir plus tard un véritable sage. La première, celle qui sert de premier guide, si tu t'en souviens, était l'amour de la vérité, que l'homme doit poursuivre en tout et partout, sous peine

de n'être qu'un esprit faux dans lequel n'entrera jamais un mot de la véritable philosophie. — ADIMANTE. C'est bien là ce que tu disais. — SOCRATE. Eh bien, cette idée seule, ainsi exprimée, n'est-elle pas tout à fait opposée à l'opinion qui domine aujourd'hui? — ADIMANTE. Assurément. — SOCRATE. N'aurons-nous pas raison de répondre à notre tour que celui qui a le véritable amour de la science aspire naturellement à l'être, ne s'arrête pas à cette multitude de choses qui ne sont qu'apparentes, poursuit toujours sa course, ne cesse pas d'aimer avant d'avoir pénétré l'essence de chaque chose par cette partie de l'âme, à laquelle il appartient de la pénétrer dans une affinité naturelle, s'en approche, s'y unit, en toute réalité, dans un accouplement divin, et fait naître l'intelligence et la vérité, après quoi il atteindra à la connaissance de l'être, vivra dans son sein d'une véritable vie, y prendra sa nourriture, et sera enfin délivré des douleurs de l'enfantement, douleurs dont il n'aurait jamais été délivré par aucun autre moyen? — ADIMANTE. Oui, voilà une réponse très légitime. — SOCRATE. Quoi donc? Un tel homme pourra-t-il aimer le mensonge? N'en aura-t-il pas au contraire la plus grande horreur? — ADIMANTE. Il le détestera. — SOCRATE. Et, quand c'est la vérité qui sert de guide, nous ne dirons pas, je crois, qu'elle mène à sa suite le cortège des vices. — ADIMANTE. Non, sans doute. — SOCRATE. Mais qu'elle marche toujours avec la pureté des mœurs et la justice; que la tempérance est sa compagne. — ADIMANTE. Bien. — SOCRATE. Qu'est-il besoin de faire une seconde fois l'énumération forcée des autres qualités qui composent le naturel du philosophe et lui font cortège? Tu t'en souviens : nous avons vu paraître l'une après l'autre la force, la grandeur d'âme, la facilité pour apprendre, la mémoire. Alors tu nous interrompis pour nous objecter qu'à la vérité il était impossible de ne pas se rendre à nos raisons, mais qu'en laissant de côté les discours et en considérant de près la conduite même des philosophes, on ne pourrait s'empêcher de reconnaître que les uns sont inutiles, et que les autres, en bien plus grand nombre, sont entièrement pervers. Pendant que nous cherchions la cause de cette accusation, nous en sommes venus à examiner pourquoi la plupart des philosophes sont des gens pervers ; et voilà ce qui nous a obligés à tracer encore une fois le caractère du vrai philosophe. — Adimante. C'est vrai.

III. 1.— Socrate. Nous avons maintenant à considérer les causes qui dénaturent ce caractère dans le plus grand nombre des philosophes, comment il n'échappe à la corruption qu'un petit nombre d'entre eux, ceux qu'on appelle, non pas méchants, mais inutiles. Nous considérerons ensuite les hommes qui affectent d'imiter ce caractère et qui s'attribuent ce rôle ; nous verrons comment avec leur nature ils usurpent une profession dont ils sont indignes et qui est au-dessus de leur portée, donnent dans mille écarts et attachent à la philosophie le discrédit universel où tu dis qu'elle est tombée. — Adimante. Mais quelles sont ces causes de corruption? — Socrate. Je vais te les exposer, si j'en suis capable. D'abord tout le monde conviendra avec moi, je pense, que ces heureux naturels qui réunissent toutes les qualités que nous avons exigées du philosophe accompli apparaissent sur la terre rarement et en petit nombre. Qu'en penses-tu? Adimante. On n'en peut pas douter. — Socrate. Ils sont en bien petit nombre, et pourtant vois combien de causes, et de causes puissantes, conspirent à les corrompre. — Adimante. Quelles sont-elles? — Socrate. Ce qu'il y a de plus étrange, c'est que chacune des qualités que nous avons admirées est précisément ce qui perd l'âme de celui qui les possède et la détourne de la philosophie ; je veux dire la force, la tempérance et toutes les autres qualités dont nous avons fait l'énumération. — ADIMANTE. Cela est bien étrange, en effet. — SOCRATE. Ce qui pervertit encore son âme et l'arrache à la philosophie, c'est tout ce que les hommes regardent comme des biens, la beauté, les richesses, la force du corps, les alliances puissantes dans l'État et tous les autres avantages de cette nature. Tu dois comprendre en général de quelles choses je veux parler. — ADIMANTE. Oui, mais je voudrais une explication plus précise.

— SOCRATE. — Saisis bien ce principe général, et tout ce que je viens de dire, loin de te paraître étrange, te semblera de la dernière évidence. — ADIMANTE. Quel est ce principe? — SOCRATE. Toute semence, toute plante, tout corps renfermé dans les entrailles de la terre, tout animal qui n'a pas la nourriture, la saison, le climat, qui lui conviennent, exige, nous le savons, d'autant plus de soins que sa nature est plus robuste ; car le mal est plus contraire à ce qui est bon qu'à ce qui n'est pas bon. — ADIMANTE. Sans contredit. — SOCRATE. Il est donc raisonnable de dire qu'une nature excellente, avec un régime contraire, devient pire qu'une nature médiocre. — ADIMANTE. Oui. — SOCRATE. Ne devons-nous pas dire aussi, mon cher Adimante, que les âmes les plus heureusement douées deviennent les plus mauvaises de toutes par la mauvaise éducation ? N'est-ce pas? Crois-tu que les grands crimes et la méchanceté consommée partent d'une âme vulgaire, et non point d'une forte nature que l'éducation a gâtée, et penses-tu qu'une âme faible puisse jamais produire de grandes choses en bien ou en mal ? — ADIMANTE. Non, mais je pense comme toi. — Socrate. Si donc le naturel philosophique dont nous avons tracé le caractère reçoit une éducation convenable, c'est une nécessité qu'en se développant il parvienne à toutes les vertus ; si au contraire, comme une semence, il tombe sur un sol étranger, y prend racine et s'y développe, c'est une nécessité qu'il produise tous les vices, à moins qu'il ne survienne un dieu qui le protège. Crois-tu, toi aussi, comme la multitude, qu'il y a quelque jeunes gens qui sont corrompus par des sophistes, et quelques sophistes, simples particuliers, qui corrompent des jeunes gens, dans l'acception sérieuse du mot? Ou plutôt ne penses-tu pas que ceux qui tiennent ce langage sont eux-mêmes les plus grands des sophistes, et qu'ils savent parfaitement former et tourner à leur gré jeunes et vieux, hommes et femmes? — Adimante. Et quand cela? — Socrate. C'est lorsqu'assis dans les assemblées politiques, dans les tribunaux, les théâtres, les camps, partout où il y a foule, ils blâment ou approuvent certaines paroles, certaines actions, avec un grand bruit, toujours exagérés dans leurs cris tumultueux ou dans leurs applaudissements, et lorsqu'ils font retentir l'écho des voûtes qui redouble encore dans tout l'édifice le fracas du blâme et de la louange. Quel effet, comme on dit, produiront de semblables scènes sur le cœur d'un jeune homme? Quelle éducation particulière sera assez forte pour ne pas faire naufrage au milieu de ces flots de blâme ou d'éloge et pour ne pas se laisser emporter où leur courant les entraîne? N'aura-t-il pas les mêmes goûts que la multitude, lorsqu'il s'agira de ce qui est beau et de ce qui ne l'est pas? Ne s'attachera-t-il pas aux mêmes choses? Ne lui deviendra-t-il pas semblable? — Adimante. Mon cher Socrate, il le faudra bien.

2. — Socrate. Et cependant je n'ai pas encore parlé de

la plus grande épreuve à laquelle il est soumis. — Adimante. Laquelle? — Socrate. C'est quand ces habiles maîtres et sophistes, ne pouvant rien par les discours, ajoutent les mauvais traitements aux paroles. Ne sais-tu pas qu'ils ont des condamnations infamantes, des amendes, des arrêts de mort contre celui qui ne se laisse pas persuader? — Adimante. Je le sais fort bien. — Socrate. Quel autre sophiste, quels enseignements particuliers pourraient prévaloir contre de tels moyens? — Adimante. Je crois qu'il n'en est point. — Socrate. Non, sans doute; et même ce serait une folie d'en chercher. Il n'y a point, il n'y a jamais eu, il n'y aura jamais d'éducation particulière qui puisse conduire à la vertu, lorsque cette éducation est combattue par celle que donne le peuple; j'entends, mon cher, l'éducation humaine, et nous devons excepter, avec le proverbe, tout ce qui serait divin. Car il faut savoir que, si dans de semblables gouvernements il se trouve quelque âme qui échappe au naufrage et soit ce qu'elle doit être, on peut dire, sans crainte de se tromper, que c'est à une protection divine qu'elle doit son salut. — Adimante. Je suis bien de ton avis. — Socrate. Tu peux donc l'être encore pour ce qui suit. — Adimante. De quoi s'agit-il? — Socrate. Tous ces simples particuliers, ces docteurs mercenaires, que le peuple appelle sophistes et qu'il regarde comme ses concurrents et ses rivaux, n'enseignent pas autre chose que les maximes professées par le peuple lui-même dans ses assemblées tumultueuses, et c'est là ce qu'ils appellent sagesse. On dirait un homme qui, après avoir observé les mouvements instinctifs et les appétits d'un animal grand et robuste, par où il faut l'approcher et par où il faut le toucher, quand et pourquoi il est farouche ou paisible, quels cris il a coutume de pousser en chaque occasion, et quel ton de voix il faut prendre pour l'apaiser ou pour l'iriter, après avoir appris tout céla à force d'expérience et de temps, en formerait une science et comme un art qu'il se mettrait à enseigner, sans avoir d'ailleurs aucune règle sûre pour discerner dans ces habitudes et ces appétits ce qui est honnête, bon, juste, de ce qui est honteux, mauvais, injuste; se conformant dans ses jugements à l'instinct du redoutable animal; appelant bien tout ce qui lui fait plaisir, mal tout ce qui le courrouce, juste et beau, sans faire d'autre distinction, tout ce qui satisfait les nécessités de la nature, et cela parce qu'il n'a pas vu la différence essentielle qui existe entre le bien et la nécessité, et qu'il est incapable de la montrer aux autres. Certes, un tel maître ne te semblerait-il pas bien étrange? — ADIMANTE. Oui. — SOCRATE. N'est-ce pas là, trait pour trait, l'image de celui qui fait consister la sagesse à connaître le goût et les caprices d'une multitude assemblée au hasard, soit qu'il s'agisse de peinture, de musique ou de politique? N'est-il pas évident que, si quelqu'un se présente devant une telle assemblée pour lui montrer un poème, un ouvrage d'art ou un projet d'utilité publique, et qu'il s'en rapporte au jugement de la foule, c'est pour lui une nécessité[1] suprême, invincible, de faire ce qu'elle approuvera? Or, as-tu jamais entendu quelqu'un de ceux dont se compose la foule prouver autrement que par des raisons ridicules et pitoyables que ce qu'il estime bon et honnête est tel en effet? — ADIMANTE. Non, et je crois que je ne le pourrai jamais.

3. — SOCRATE. Après toutes ces réflexions, rappelle-toi ce que nous avons dit : Est-il possible que la multitude

1. Le texte porte une nécessité Diomédéenne, c'est-à-dire une nécessité extrême. L'origine de cette locution est très incertaine : voyez le *Scoliaste* de Platon et celui d'Aristophane, v. 1021.

admette et conçoive ce principe : que le beau est un et distinct de la foule des choses belles ; que toute essence est une et non pas multiple ? — ADIMANTE. Cela n'est pas possible. — SOCRATE. Il est impossible par conséquent que le peuple soit philosophe. — ADIMANTE. Oui. — SOCRATE. C'est donc aussi une nécessité que les philosophes soient blâmés par le peuple. — ADIMANTE. Oui. — SOCRATE. Et par les sophistes particuliers qui ont des rapports trop fréquents avec le peuple pour ne pas chercher à lui plaire. — ADIMANTE. C'est évident.

— SOCRATE. Maintenant, quel asile vois-tu où le naturel philosophique puisse se retirer, persévérer dans la profession qu'il a embrassée, et parvenir au point de perfection où il aspire? Pense à ce que nous avons dit et réfléchis. Nous sommes convenus que la facilité à apprendre, la mémoire, le courage et la grandeur d'âme caractérisent ce naturel. — ADIMANTE. Oui. — SOCRATE. Dès l'enfance, il sera le premier entre tous ses égaux, surtout si les qualités du corps répondent à celles de l'âme. — ADIMANTE. Qui l'empêche? — SOCRATE. Lorsqu'il sera parvenu à un âge plus mûr, ses parents et ses concitoyens voudront se servir de ses talents pour leurs propres intérêts. — ADIMANTE. Pourquoi pas? — SOCRATE. Ils seront à ses pieds, l'obsédant de leurs prières et de leurs hommages, prévoyant et saluant d'avance le crédit qu'il doit avoir un jour. — ADIMANTE. C'est ce qui arrive d'ordinaire. — SOCRATE. Que veux-tu qu'il fasse[1] au milieu de tant de flatteurs, surtout s'il est né dans un État puissant, s'il est riche, de haute naissance, beau de visage et d'une taille avantageuse? Ne se laissera-t-il pas aller aux plus folles espérances, jusqu'à s'imaginer qu'il sera capable de gouverner les Grecs et les

1. Socrate désigne ici Alcibiade.

barbares ? De telles idées ne vont-elles par l'exalter ? Le faste et le vain orgueil ne chasseront-ils pas la raison pour remplir son âme tout entière ? — ADIMANTE. Certainement. — SOCRATE. Si, tandis qu'il est dans cet état d'exaltation, quelqu'un[1] s'approchant doucement de lui osait lui faire entendre le langage de la vérité, et lui dire que la raison lui manque, et pourtant qu'il en a besoin, mais qu'on ne peut l'acquérir qu'autant qu'on ne craint pas d'aller même jusqu'à se rendre esclave pour en faire l'acquisition, crois-tu qu'assiégé de tant de maux il prêtât volontiers l'oreille à de pareils discours ? — ADIMANTE. Il s'en faut bien. — SOCRATE. Si pourtant son heureuse nature et la sympathie naturelle que ces discours trouvent dans son âme le portaient à les écouter, s'il se laissait fléchir et entraîner vers la philosophie, que pensons-nous que fassent alors tous ses flatteurs, persuadés qu'ils vont perdre son appui et son amitié ? Discours, actions, ne mettront-ils pas tout en œuvre, et auprès de lui, pour qu'il ne se laisse pas persuader, et auprès de celui qui cherche à le persuader, pour qu'il ne puisse pas en venir à bout ? Ne lui dresseront-ils pas des pièges secrets ? Ne le traduiront-ils pas devant les tribunaux ? — ADIMANTE. Cela ne peut pas manquer. — SOCRATE. Eh bien, est-il encore possible que ce jeune homme devienne philosophe ? — ADIMANTE. Impossible.

4. — SOCRATE. Vois-tu donc combien j'avais raison de dire que même les qualités qui constituent le caractère philosophique, lorsqu'on ne leur donne qu'une mauvaise nourriture, le font déchoir pour ainsi dire de sa vocation, comme les prétendus biens, les richesses et tous les autres avantages de cette espèce ? — ADIMANTE. Oui, je

1. Ce sage qui donne à Alcibiade des conseils salutaires, c'est Socrate lui-même.

vois que tu avais raison. — SOCRATE. Telle est, mon cher, la manière dont se perd et se corrompt une nature si bien faite pour la meilleure des professions, et d'ailleurs si rare, comme nous l'avons remarqué C'est de pareils hommes que sortent et ceux qui causent les plus grands maux aux États et aux particuliers, et ceux qui leur font le plus de bien lorsqu'ils ont pris une heureuse direction; mais jamais homme d'un naturel médiocre ne fait rien de grand ni pour les États ni pour les particuliers. — ADIMANTE. Rien n'est plus vrai. — SOCRATE. Ces mêmes hommes renonçant alors à la profession pour laquelle ils semblaient faits, et désertant à tout jamais le culte de la philosophie, mènent une vie contraire à leur nature et à la vérité. Cependant la philosophie, ainsi délaissée par ses propres enfants, est envahie par d'indignes étrangers qui la déshonorent et lui attirent ces reproches dont tu parlais tout à l'heure. De tous ces nouveaux adhérents, les uns n'ont aucune valeur, et les autres, qui forment le plus grand nombre, sont des misérables. — ADIMANTE. Ces reproches ne sont, il est vrai, que trop ordinaires. — SOCRATE. Et ils ne sont pas sans fondement. Des hommes de rien voyant la place vide, et tout éblouis des noms et des titres qui la décorent, font comme les criminels qui s'échappent de leur prison pour se réfugier dans les temples : ils quittent volontiers leur profession pour se jeter dans les bras de la philosophie, quoique très habiles dans leur petit métier. En effet, malgré son abandon, la philosophie ne laisse pas de conserver une dignité qui l'élève bien au-dessus des autres arts et qui la fait rechercher par une foule d'hommes que la nature avait peu faits pour elle, vulgaires artisans dont le travail servile a usé, dégradé l'âme, comme il a déformé le corps. Et peut-il en être autrement ? — ADI-

MANTE. Non, certainement. — SOCRATE. A les voir, ne dirais-tu pas un esclave chauve et de petite taille, à peine libre de ses fers, qui, ayant amassé quelque argent avec sa forge, court au bain public pour se laver, prend un habit neuf et s'habille comme un nouvel époux, parce qu'il va épouser le fille de son maître, que la pauvreté et l'abandon où elle se trouve réduisent à cette cruelle extrémité. — ADIMANTE. La comparaison est fort juste. — SOCRATE. Quels enfants produira cette union? Ne donnera-t-elle pas des enfants abâtardis et mal conformés? — ADIMANTE. Cela doit être. — SOCRATE. De même, quelles sont les pensées, quelles sont les opinions que des âmes incapables de culture produiront dans leur commerce indigne avec la philosophie? Des sophismes, pour les appeler par leur véritable nom, rien de légitime, rien qui annonce une véritable sagesse. — ADIMANTE. Rien autre chose.

5.—SOCRATE. Le nombre de ceux qui peuvent dignement être en rapport avec la philosophie reste donc bien petit, mon cher Adimante ; ou quelque noble esprit perfectionné par l'éducation, et qui, relégué dans l'exil, loin de toutes les causes de corruption, demeure fidèle à l'étude de la sagesse, comme il convient à sa nature ; ou bien quelque grande âme qui, née dans un petit État, méprise et dédaigne les charges publiques ; ou peut-être encore quelque rare et généreux caractère qui déserte avec raison toute autre profession, pour se livrer à la philosophie. D'autres enfin peuvent être arrêtés par le même frein qui retient auprès d'elle notre ami Théagès[1] : tout conspire à l'en éloigner, mais ses maladies continuelles l'y tiennent constamment attaché, parce qu'elles l'empêchent de se mêler des affaires politiques.

1. Voyez le Théagès et l'Apologie.

Pour ce qui me regarde, il ne convient guère de parler de ce démon familier qui m'avertit intérieurement : car on en trouverait à peine un autre exemple dans le passé [1]. Or, parmi ce petit nombre de philosophes, celui qui goûte et qui a goûté la douceur et la félicité que donne la sagesse, lorsqu'en même temps il voit à découvert la folie de la multitude, les fautes et les vices de tous ceux qui s'occupent des affaires publiques, lorsqu'il n'aperçoit autour de lui personne avec qui il pût, sans se perdre, aller au secours des hommes justes, et que, semblable à un voyageur qui tombe par mégarde sur des bêtes féroces, tout à la fois incapable de partager les injustices des autres et trop faible pour résister lui seul à tous ces sauvages, il reconnaît qu'avant d'avoir pu rendre quelque service à l'État ou à ses amis il lui faudrait périr inutile à lui-même et aux autres, alors plein de ces réflexions, il se tient en repos, uniquement occupé de ses propres affaires ; et comme celui qui, pendant l'orage, s'abrite derrière quelque petit mur contre les tourbillons de poussière et de pluie soulevés par le vent, il voit les autres hommes souillés d'une foule d'iniquités, et il se trouve trop heureux, s'il peut passer sa vie terrestre à l'abri de l'injustice et de l'impiété, pour en sortir plein d'un bel espoir, tranquille et content. — ADIMANTE. Ce n'est pas peu de chose de sortir de ce monde après avoir ainsi vécu. — SOCRATE. Mais c'est aussi n'avoir pas rempli sa plus haute destinée, faute d'avoir vécu sous un gouvernement convenable. Dans un pareil gouvernement, le philosophe va grandir encore et devenir le sauveur des particuliers et de l'État.

IV. 1. — SOCRATE. Je crois avoir suffisamment montré

1. Voyez l'Apologie et le Phèdre.

la cause et l'injustice des reproches qu'on fait à la philosophie : aurais-tu quelque autre chose à dire? — ADIMANTE. Non, mais réponds à cette question : de tous les gouvernements qui existent, quel est celui qui convient le mieux à la philosophie? — SOCRATE. Aucun : je me plains précisément de ne trouver aucune forme de gouvernement qui convienne au naturel du philosophe. Aussi le voyons-nous s'altérer et se corrompre. De même qu'une graine, semée dans une terre étrangère, y dégénère et subit la loi du sol où elle a été transportée, ainsi dans une semblable condition le caractère philosophique perd la vertu qui lui est propre et passe dans une nature étrangère. Si au contraire on le transplante dans un gouvernement dont la perfection réponde à la sienne, alors on verra qu'il renferme en lui quelque chose de vraiment divin, et que partout ailleurs, dans les hommes et dans leurs professions, il n'y a rien que d'humain. Tu vas me demander, sans doute, de quelle forme de gouvernement je veux parler. — ADIMANTE. Tu te trompes : ce n'est pas là ce que j'allais te demander, mais si l'État dont nous avons jeté les fondements est celui que tu as en vue, ou si c'en est un autre. — SOCRATE. C'est le même, à une chose près. Il est vrai que nous avons déjà dit alors qu'il fallait trouver le moyen de conserver dans notre État le même esprit qui t'avait éclairé et dirigé, toi législateur, dans l'établissement des lois. — ADIMANTE. Nous l'avons dit. — SOCRATE. Mais nous n'avons pas développé ce point suffisamment parce que nous avons craint les objections mêmes que vous avez faites en nous montrant combien elles seraient longues et difficiles à résoudre, d'autant plus que ce qui nous reste à dire n'est pas du tout facile. — ADIMANTE. De quoi s'agit-il? — SOCRATE. De la manière dont l'État doit traiter la philosophie pour qu'elle ne périsse pas.

Toutes les grandes entreprises sont hasardeuses, et, comme on dit, le beau est difficile. — ADIMANTE. Cependant achève la démonstration en éclaircissant ce point. — SOCRATE. Ce ne sera pas le manque de bonne volonté, mais plutôt l'impuissance, qui m'en empêchera, si toutefois quelque chose peut m'en empêcher. Du reste, je te fais juge de mon empressement. Vois d'abord avec quel courage et quel audace je me permets de dire que, dans ses rapports avec la philosophie, l'État doit se diriger par des principes tout opposés à ceux qu'on suit aujourd'hui. — ADIMANTE. Comment? — SOCRATE. Aujourd'hui, si la philosophie a quelques disciples, ce sont des jeunes gens qui viennent seulement de passer de l'enfance à l'adolescence. Encore leur temps est-il partagé entre cette science, l'économie et le commerce. A peine sont-ils entrés dans la partie la plus difficile, je veux dire la dialectique[1], que les plus habiles y renoncent. Dans la suite, quand ils sont invités à des exercices de philosophie par les jeunes élèves et qu'ils consentent à y assister comme auditeurs, ils croient faire beaucoup de prendre ces exercices pour un passe-temps, loin de penser qu'ils doivent les suivre sérieusement. La vieillesse approche-t-elle : à l'exception d'un petit nombre, leur ardeur s'éteint bien plus que le soleil[2] d'Héraclite, puisqu'elle ne se rallume jamais. — ADIMANTE. Et comment faut-il faire ? — SOCRATE. Tout le contraire. Il faut que les enfants et les jeunes gens s'occupent de l'éducation et de l'instruction[3] de leur âge, et que, dans cette saison de la vie où le corps croît et se

1. Le lecteur verra dans le huitième livre ce que Socrate entend par la dialectique.

2. Il paraît qu'Héraclite soutenait que le soleil s'éteint chaque soir et se rallume chaque matin.

3. La musique et la gymnastique.

fortifie, ils en prennent un soin particulier, pour le mettre plus tard au service de la philosophie. A mesure que l'esprit, avec l'âge, se forme et se développe, ils devront renforcer les exercices qui lui sont propres. Enfin, lorsque leurs forces s'affaibliront et les mettront en dehors des fonctions de magistrat et de guerrier, alors ils pourront en toute liberté se livrer à la philosophie et ne faire nulle autre chose, si ce n'est en passant, puisqu'ils doivent mener ici-bas une vie heureuse, et après leur mort couronner la félicité de leur vie terrestre par une autre félicité qui y réponde.

2. — Adimante. Mon cher Socrate, on ne peut parler sur ce sujet avec plus d'ardeur. Je crois cependant que la plupart de ceux qui t'écoutent, à commencer par Thrasymaque, en mettront encore plus à te résister, loin de se laisser persuader le moins du monde par tes raisons. — Socrate. Ne va pas, je te prie, nous brouiller, nous deux Thrasymaque. Depuis peu nous sommes amis, et jamais nous n'avons été ennemis. Il n'est point d'efforts que je ne sois disposé à faire pour le convaincre, lui et les autres, ou du moins pour leur servir à quelque chose dans cette autre vie, lorsque, recommençant une nouvelle carrière, ils se trouveront à de semblables entretiens. — Adimante. L'ajournement est bien court. — Socrate. Dis plutôt que ce n'est rien en comparaison de la durée des siècles. Après tout, il n'est pas surprenant que de pareils discours ne trouvent point de croyance dans la plupart des esprits. On n'a point encore vu s'exécuter ce que nous disons : loin de là, on n'a jamais vu sur ces matières que des phrases d'une symétrie recherchée, et non des propos naturels et sans art, comme les nôtres. Mais ce qu'on n'a jamais vu, c'est un homme parfaitement conforme dans ses actions et dans ses paroles au modèle parfait de la vertu, autant du moins

que le permet la faiblesse humaine, un homme, dis-je, placé à la tête d'un État semblable à lui ; non, jamais on n'en a vu ni un seul ni plusieurs. Qu'en penses-tu ? — Adimante. Jamais. — Socrate. On n'a guère assisté non plus, mon cher ami, à de beaux et nobles entretiens consacrés à la recherche unique de la vérité par tous les moyens possibles et dans la seule vue de la connaître ; où l'on rejette bien loin tout ornement, toute subtilité et tout ce qui n'a en vue que l'opinion et la contradiction, comme on fait au barreau et dans les conversations particulières. — Adimante. Cela est encore vrai. — Socrate. Voilà les réflexions qui me préoccupaient et me faisaient craindre de parler ; cependant la vérité m'y a forcé, et j dit qu'il ne fallait point s'attendre à voir d'État, a gouvernement, ni même d'homme parfait, à moins qu'une heureuse nécessité ne contraignît bon gré mal gré ce petit nombre de philosophes qu'on n'accuse pas d'être méchants, mais d'être inutiles, à se charger du gouvernement de l'État et à répondre à l'appel de l'État ; ou à moins qu'une inspiration divine ne remplisse les fils de ceux qui gouvernent aujourd'hui les monarchies et les autres États, ou bien encore leurs pères eux-mêmes, d'un véritable amour de la véritable philosophie. Prétendre que l'une ou l'autre de ces deux choses, ou toutes les deux, soient impossibles, n'est pas raisonnable; autrement nous serions bien ridicules de nous amuser ici à former de vains souhaits : n'est-ce pas ? — Adimante. Oui. — Socrate. Si donc il est jamais arrivé, dans l'immense étendue des siècles écoulés, que des philosophes éminents se soient trouvés dans la nécessité de se mettre à la tête du gouvernement ; ou si la chose arrive à présent dans quelque contrée barbare, placée à une distance qui la dérobe à nos yeux ; ou enfin si elle doit arriver un jour, nous sommes prêts à soutenir qu'il y a eu, qu'il y a ou qu'il y aura un État semblable au nôtre, lorsque cette muse[1] y possèdera la suprême autorité. En effet, un tel État n'est pas impossible et nous ne supposons pas des chimères ; mais qu'il y ait de grandes difficultés, nous sommes les premiers à en convenir. — ADIMANTE. Je pense comme toi.

— SOCRATE. Mais la multitude ne pense pas de même, diras-tu ? — ADIMANTE. Peut-être. — SOCRATE. O mon ami ! n'accuse pas trop la multitude. Elle changera bientôt d'opinion, si, au lieu de lui chercher querelle, tu tâches de la ramener doucement, de la réconcilier avec la philosophie par la réfutation d'injustes préjugés, de lui montrer ce que sont les philosophes dont tu veux parler et de lui définir, comme nous venons de le faire, leur caractère et leur profession, de peur qu'elle ne s'imagine que tu lui parles des philosophes tels qu'elle se les représente. Quand elle sera placée sous ce point de vue, ne diras-tu pas qu'elle prendra une autre opinion et qu'elle répondra tout autrement ? Ou crois-tu qu'il soit naturel de se fâcher contre qui ne se fâche pas, et de vouloir du mal à celui qui ne nous en veut pas, lorsqu'on est soi-même sans haine et sans méchanceté ? Je préviens ton objection et je te déclare qu'un caractère aussi intraitable peut bien se trouver dans quelques personnes, mais pas dans la multitude. — ADIMANTE. J'en conviens. — SOCRATE. Conviens-tu donc aussi que ce qui indispose le grand nombre contre la philosophie, ce sont ces étrangers qui, après leur invasion contre toutes les règles de la bienséance, se complaisent dans la haine et les insultes entre eux d'abord et se déchaînent ensuite contre la multitude, jouant ainsi un rôle tout à fait

1. La muse de la philosophie.

messéant à la philosophie ?—Adimante. Oui, sans doute.

3. — Socrate. En effet, mon cher Adimante, celui dont la pensée est réellement occupée de la contemplation de l'être n'a pas le loisir d'abaisser ses regards sur la conduite des hommes, de leur faire la guerre et de se remplir contre eux de haine et d'aigreur ; mais, la vue sans cesse fixée sur des objets qui gardent entre eux le même arrangement et les mêmes rapports, et qui, sans jamais se nuire les uns aux autres, sont tous sous la loi de l'ordre et de la raison, il s'applique à imiter et à exprimer en lui-même, autant qu'il lui est possible, leur belle harmonie. Crois-tu qu'on puisse s'approcher sans cesse d'un objet avec amour et admiration, sans s'efforcer de lui ressembler ? — Adimante. Cela ne peut être. — Socrate. Ainsi le philosophe, par le commerce qu'il a avec ce qui est divin et soumis à la loi de l'ordre, devient lui-même divin et soumis à la loi de l'ordre, autant que le comporte l'humanité ; car il y a toujours beaucoup à reprendre dans l'homme. — Adimante. Assurément. — Socrate. Si donc quelque motif pressant le poussait à entreprendre de faire passer l'ordre qu'il contemple là-haut dans les mœurs publiques et privées de ses semblables, au lieu de se borner à former son caractère personnel, crois-tu que ce fût un mauvais maître pour donner des leçons de tempérance, de justice et de toutes les autres vertus civiles ? — Adimante. Non certes. — Socrate. Mais, si la multitude parvient une fois à sentir a vérité de ce que nous disons sur le sage, persistera-elle à en vouloir aux philosophes et refusera-t-elle de croire avec nous qu'un État ne sera heureux qu'autant que le plan en aura été tracé par ces artistes qui travaillent sur un modèle divin ? — Adimante. Elle ne persistera pas à leur en vouloir, si elle parvient à sentir cette vérité. Mais comment les peintres philosophes tra-

ceront-ils le plan dont tu parles? — SOCRATE. Ils regarderont l'État et l'âme de chaque citoyen comme une toile qu'il faut commencer d'abord par rendre nette; ce qui n'est point aisé. Car tu penses bien qu'il y aura cette grande différence entre eux et les législateurs ordinaires, qu'ils ne voudront pas s'occuper d'un État ou d'un individu, pour lui tracer des lois, à moins qu'ils ne l'aient reçu pur et net, ou que leurs soins ne l'aient rendu tel. — ADIMANTE. Et ils auront bien raison. — SOCRATE. Après cela, ne penses-tu pas qu'il faudra tracer la forme du gouvernement? — ADIMANTE. Sans doute. — SOCRATE. Ils travailleront ensuite sur cette toile en jetant les yeux tantôt sur l'essence de la justice, de la beauté, de la tempérance et des autres vertus, tantôt sur ce que l'homme peut comporter de cet idéal, et, par le mélange et la combinaison de ces deux éléments, ils formeront l'homme tel qu'il est, d'après cet exemplaire qu'Homère[1] appelle divin et semblable aux dieux, lorsqu'il le rencontre dans un homme. — ADIMANTE. Fort bien. — SOCRATE. Il leur faudra, je pense, souvent effacer, puis ajouter de nouveaux traits, jusqu'à ce qu'ils aient rapproché l'âme humaine le plus qu'il est possible de cet état de perfection qui la rend agréable aux dieux. — ADIMANTE. Un pareil dessin ne peut manquer d'être fort beau.

— SOCRATE. Eh bien, avons-nous suffisamment prouvé à ceux que tu représentais tantôt[2] comme prêts à fondre sur nous avec toutes leurs forces que l'homme capable de dessiner ainsi le plan d'un État est ce même philosophe dont je leur faisais l'éloge et auquel ils ne voulaient pas nous permettre de confier le gouvernement

1. Iliade, I, v. 131.
2. Il y a ici une inadvertance de Platon. Ce n'est pas Adimante, mais Glaucon, qui tient ce langage dans le cinquième livre.

des États? Ce qu'ils viennent d'entendre ne contribuera-t-il pas à les adoucir? — Adimante. Beaucoup, s'ils sont raisonnables. — Socrate. Que pourraient-ils encore nous objecter? Que les philosophes n'ont pas l'amour de l'être et de la vérité? — Adimante. Cela serait absurde. — Socrate. Que leur naturel, tel que nous l'avons dépeint, n'approche pas de ce qu'il y a de plus excellent? — Adimante. Ils ne pourraient pas davantage nous l'objecter. — Socrate. Ou qu'un semblable naturel, secondé par une éducation convenable, n'est pas plus propre que tout autre à devenir parfaitement vertueux et sage? Ou diront-ils que ceux que nous avons exclus de la philosophie obtiendront plutôt cet avantage de devenir parfaitement vertueux et sages? — Adimante. Non certainement. — Socrate. S'effaroucheront-ils encore, quand ils nous entendront dire que, si les philosophes ne sont pas maîtres absolus dans l'État, il n'est point de remède aux maux publics et particuliers, et que la forme de gouvernement que nous avons imaginée ne se réalisera jamais? — Adimante. Peut-être s'effaroucheront-ils un peu moins. — Socrate. Veux-tu que nous laissions de côté ce *peut-être un peu moins* et que nous les déclarions tout à fait radoucis et persuadés, afin que la honte du moins les oblige d'en faire l'aveu? — Adimante. Je le veux bien.

4. — Socrate. Tenons-les donc pour bien persuadés à cet égard. Maintenant est-il contestable que des enfants de rois ou de chefs de gouvernement puissent naître avec des dispositions marquées pour la philosophie? — Adimante. Personne ne peut le contester. — Socrate. Dira-t-on que, lors même qu'ils naîtraient avec ces heureuses dispositions, c'est une nécessité inévitable qu'ils se pervertissent? Nous aussi, nous convenons qu'il leur est difficile de se sauver de la corruption générale,

mais que, dans toute la suite des temps, pas un seul ne se sauve, peut-on le soutenir? — ADIMANTE. Assurément non. — SOCRATE. Or, il suffit qu'il s'en sauve un seul, et qu'il trouve ses sujets disposés à lui obéir, pour exécuter ce qui est regardé aujourd'hui comme impossible. — ADIMANTE. Un seul suffit. — SOCRATE. Et s'il arrive que le chef d'un État lui donne les lois et les institutions que nous avons énumérées, il n'est pas impossible que ses sujets consentent à s'y soumettre. — ADIMANTE. Non, sans doute. — SOCRATE. Mais serait-il étonnant et impossible que ce qui nous est venu à la pensée vînt aussi à la pensée de quelque autre? — ADIMANTE. Je ne le crois pas. — SOCRATE. Nous avons, ce me semble, assez bien démontré que, si notre projet est possible, il est très avantageux. — ADIMANTE. Oui. — SOCRATE. Concluons donc que, si notre plan de législation vient à s'exécuter, il est excellent, et que, si l'exécution en est difficile, du moins elle n'est pas impossible. — ADIMANTE. Cette conclusion est juste.

V. 1. — SOCRATE. Puisque nous sommes arrivés, non sans peine, à ce résultat de notre discussion, ne faut-il pas voir ce qui suit, c'est-à-dire de quelle manière, à l'aide de quelles sciences et de quels exercices, se formeront les hommes capables de maintenir la constitution de l'État, et à quel âge ils devront s'y appliquer? — ADIMANTE. Voyons. — SOCRATE. Mon adresse ne m'a servi de rien, quand j'ai voulu précédemment passer sous silence la difficulté de la possession des femmes, la procréation des enfants et le choix des magistrats, sachant combien chacune de ces questions est délicate et difficile, si toutefois elle peut aboutir à la manifestation complète de la vérité; car aujourd'hui je ne suis pas moins dans la nécessité d'en parler. Il est vrai que nous avons traité ce qui regarde les femmes et les enfants, mais pour les magistrats, nous devons y revenir comme au début[1] de la question. Nous avons dit, si tu t'en souviens, qu'ils devaient montrer un grand amour pour la patrie, quand ils étaient mis à l'épreuve du plaisir et de la douleur, et ne jamais s'écarter de ce principe ni dans les travaux, ni dans les dangers, ni dans aucun changement de position; qu'il fallait rejeter celui qui aurait succombé à ces épreuves, choisir pour magistrat celui qui en serait sorti aussi pur que l'or éprouvé par le feu, et le combler de distinctions et d'honneurs pendant sa vie et après sa mort. Voilà ce que j'ai dit, tout en déguisant et enveloppant ma pensée, dans la crainte de provoquer la discussion où nous sommes engagés maintenant. — ADIMANTE. C'est très vrai : je m'en souviens. — SOCRATE. Je craignais alors, mon cher ami, de dire ce que j'ose enfin déclarer hautement. Mais, aujourd'hui que le pas est franchi, disons que les meilleurs gardiens de l'État doivent être autant de philosophes. — ADIMANTE. Disons-le hardiment.

— SOCRATE. Remarque combien il est probable que le nombre en sera petit; car il arrive rarement que les qualités qui doivent, selon nous, entrer dans le caractère du philosophe, se trouvent réunies dans le même homme : ordinairement elles sont dispersées entre plusieurs individus. — ADIMANTE. Comment l'entends-tu? — SOCRATE. Tu n'ignores pas que les hommes doués d'une grande facilité pour apprendre, d'une heureuse mémoire, d'un esprit pénétrant, d'une imagination vive et d'autres qualités qui viennent à leur suite, ne sont pas ordinairement capables de joindre à la chaleur des sentiments et à l'élévation des idées l'ordre,

1. Livre III, division IV, paragraphe 5.

le calme et la constance, mais qu'ils se laissent aller où la vivacité les emporte et qu'ils ne présentent aucune garantie de stabilité. — ADIMANTE. Cela est vrai. — SOCRATE. Et réciproquement, ces natures fermes et solides, sur lesquelles on peut compter, et qui à la guerre, en présence du danger, s'émeuvent à peine, apportent les mêmes dispositions quand il s'agit de l'étude des sciences; l'intelligence de ces hommes n'a aucune vivacité, aucune promptitude, et semble comme engourdie : ils bâillent et s'endorment dès qu'ils veulent s'appliquer à quelque étude sérieuse. — ADIMANTE. J'en conviens. — SOCRATE. Nous avons dit cependant que nos magistrats devaient avoir les qualités des uns et des autres; que sans cela il ne fallait ni prendre tant de soins pour leur éducation, ni les élever aux honneurs et au pouvoir. — ADIMANTE. Et nous avons eu raison. — SOCRATE. Conçois-tu donc combien la réunion de ces qualités devra être rare? — ADIMANTE. Oui. — SOCRATE. Outre l'épreuve des travaux et des dangers par laquelle il faut les faire passer, nous disons une chose que nous avons omise alors, c'est qu'il faut aussi les exercer dans un grand nombre de sciences, pour voir si leur esprit sera capable de supporter les études les plus difficiles, ou bien s'il se découragera, comme ceux qui perdent courage dans d'autres exercices. — ADIMANTE. Oui, il convient de les soumettre à cette épreuve. Mais quelles sont ces sublimes études dont tu parles?

2. — SOCRATE. Tu te souviens sans doute qu'après avoir distingué trois parties dans l'âme nous nous sommes servis de cette distinction pour expliquer la nature de la justice, de la tempérance, du courage et de la prudence. — ADIMANTE. Si je ne m'en souvenais pas, je ne mériterais pas d'entendre ce qui reste à dire. — SOCRATE. Te rappelles-tu aussi ce que nous avons dit auparavant?

— ADIMANTE. Quoi ? — SOCRATE. Que, pour parvenir à la connaissance la plus parfaite de ces vertus, il y avait une autre route[1] plus longue, et qu'en la prenant on arriverait à les rendre évidentes ; mais qu'il était possible aussi de rattacher la démonstration à ce qui avait été dit précédemment. Vous me dites que cela suffisait, et alors je fis une démonstration qui, selon moi, laissait beaucoup à désirer sous le rapport de l'exactitude. Mais peut-être vous en êtes-vous contentés ; c'est à vous de le dire. — ADIMANTE. Pour moi, j'ai été satisfait, et il m'a semblé que les autres l'étaient aussi. — SOCRATE. Mais, mon cher ami, dans des sujets de cette importance, tout écart de la vérité, même le plus petit, sort de la mesure ; et dès lors il n'y a pas assez ; car rien d'imparfait n'est la mesure de quoi que ce soit. Cependant on trouve quelquefois des personnes qui s'imaginent qu'il y a déjà assez, et qu'il n'est pas besoin de pousser plus loin les recherches. — ADIMANTE. C'est un défaut que la paresse rend commun à bien des gens. — SOCRATE. Si quelqu'un doit se garer de ce défaut, c'est principalement le gardien de l'État et des lois. — ADIMANTE. Cela doit être. — SOCRATE. Il faut donc, mon cher ami, qu'il prenne la route la plus longue et qu'il s'exerce l'esprit autant que le corps, ou jamais il ne parviendra au terme de cette science sublime qui lui convient plus qu'à tout autre. — ADIMANTE. Quoi donc ? Ce dont nous parlons n'est-il pas ce qu'il y a de plus sublime, et y a-t-il encore quelque chose au-dessus de la justice et des autres vertus que nous avons énumérées? — SOCRATE. Oui, sans doute ; j'ajoute même qu'à l'égard de ces vertus il ne lui suffit pas d'en avoir une légère esquisse, comme maintenant, et qu'il ne doit pas se

1. Livre IV, II, 7.

dispenser d'en rechercher le tableau le plus achevé. Ne serait-ce pas ridicule qu'il mît tout en œuvre pour avoir la notion la plus exacte et la plus nette de choses de peu de conséquence et qu'il ne pensât pas que les choses les plus relevées méritent aussi les plus grands soins? — ADIMANTE. Cette réflexion est très sensée : mais crois-tu qu'on te laissera passer outre, sans te demander quelle est cette science que tu dis supérieure à toutes les autres, et quel est son objet? — SOCRATE. Je ne le crois pas, mais interroge-moi. Au surplus, tu m'as entendu plus d'une fois parler de cette science; et maintenant, ou tu manques de mémoire, ou plutôt tu veux m'embarrasser par de nouvelles objections. Tu m'as souvent entendu dire que l'idée du bien est l'objet de la plus sublime des connaissances, que la justice et les autres vertus viennent de cette idée, et qu'elles lui empruntent leur utilité ainsi que tous leurs avantages. Tu sais bien que c'est à peu près là ce que j'ai à te dire maintenant, en ajoutant que nous ne connaissons pas suffisamment cette idée. Si nous ne la connaissons pas, tu sais bien que, lors même que nous connaîtrions tout le reste, ces connaissances ne nous serviraient de rien, de même que sans la possession de ce qui est bon toute autre possession est inutile. Crois-tu, en effet, qu'il soit avantageux de posséder une chose quelconque, si elle n'est bonne, ou de connaître tout, à l'exception du bien, et par conséquent de ne connaître ni le beau ni le bon? — ADIMANTE. Certainement non, je ne le crois pas.

3. — SOCRATE. Tu n'ignores pas non plus que la plupart font consister le bien dans le plaisir[1], et d'autres, plus raffinés, dans l'intelligence. — ADIMANTE. Je le sais. — SOCRATE. Tu sais aussi, mon cher ami, que ceux qui

1. Voyez le Philèbe.

sont de ce dernier sentiment ne peuvent expliquer ce que c'est que l'intelligence, et qu'à la fin ils sont réduits à dire que c'est l'intelligence du bien. — ADIMANTE. Oui, et cela est fort plaisant. — SOCRATE. N'est-ce pas une chose plaisante de leur part de nous reprocher notre ignorance à l'égard du bien, et de nous en parler ensuite comme si nous le connaissions? Ils disent que c'est l'intelligence du bien, comme si nous devions les comprendre, dès qu'ils auront prononcé le mot de bien. — ADIMANTE. Rien de plus vrai. — SOCRATE. Mais ceux qui définissent l'idée du bien par celle du plaisir sont-ils dans une moindre erreur que les autres? Ne sont-ils pas forcés, eux aussi, d'avouer qu'il y a des plaisirs mauvais? — ADIMANTE. Certainement. — SOCRATE. Et par conséquent d'avouer que les mêmes choses sont bonnes et mauvaises : n'est-ce pas? — ADIMANTE. Oui. — SOCRATE. N'est-il donc pas évident qu'il s'élève ici des difficultés graves et nombreuses? — ADIMANTE. Sans contredit. — SOCRATE. N'est-il pas évident aussi qu'à l'égard du juste et du beau bien des gens s'en tiennent aux simples apparences, dans leurs paroles et dans leurs actions, mais que, lorsqu'il s'agit du bien, les apparences ne satisfont personne, qu'on cherche quelque chose de réel, et qu'on se met peu en peine des apparences? — ADIMANTE. Certainement. — SOCRATE. Or, ce bien que toute âme poursuit, en vue duquel elle fait tout, ce bien dont elle soupçonne l'existence, mais avec beaucoup d'incertitudes, sans pouvoir comprendre nettement sa nature avec cette foi inébranlable qu'elle a en d'autres choses, d'où il résulte que toutes ces autres choses qui pourraient lui servir sont comme perdues pour elle, ce bien si grand et si précieux doit-il rester couvert des mêmes ténèbres pour la meilleure partie de l'État, celle à qui nous devons tout confier? — ADIMANTE. Point du tout. — SOCRATE. Je pense en effet que les choses justes et belles ne trouveront pas pour elles-mêmes un digne gardien dans celui qui ignorera leur rapport avec le bien. J'ose même prédire que personne n'aura une connaissance exacte de ces choses sans la connaissance antérieure du bien. — ADIMANTE. Ta prédiction est fondée. — SOCRATE. Notre État sera donc parfaitement ordonné, s'il a pour chef un homme qui joigne la connaissance du bien à celle du juste et du beau.

4. — ADIMANTE. Nécessairement. Mais toi, Socrate, en quoi fais-tu consister le bien, dans la science ou dans le plaisir, ou dans quelque autre chose? — SOCRATE. Ha ! tu es charmant, en vérité : je te voyais venir et depuis longtemps je me doutais que tu ne voudrais pas t'en tenir à ce qu'ont dit les autres sur ce sujet. — ADIMANTE. C'est qu'il ne me paraît pas raisonnable, mon cher Socrate, qu'un homme puisse dire le sentiment des autres sur cette matière et qu'il ne puisse pas dire le sien, surtout quand il travaille la question depuis si longtemps. — SOCRATE. Fort bien ; te paraît-il raisonnable qu'un homme parle de ce qu'il ne sait pas comme s'il le savait? — ADIMANTE. Non pas comme s'il le savait; mais il peut proposer comme une conjecture ce qu'il croit probable. — SOCRATE. Eh quoi ! ne sens-tu pas le ridicule de tous ces systèmes qui ne reposent pas sur la science? Les meilleurs ne sont-ils pas remplis d'obscurités ? Ceux qui, dans leurs opinions, rencontrent le vrai sans le comprendre, ne ressemblent-ils pas à des aveugles qui marchent dans le droit chemin? — ADIMANTE. Oui. — SOCRATE. Veux-tu donc arrêter tes yeux sur quelque chose d'informe, d'aveugle, de boiteux, tandis que tu peux entendre quelque chose de beau et de brillant? — GLAUCON. Au nom des dieux, Socrate, ne t'arrête pas, comme si tu étais déjà arrivé au terme: nous serons

satisfaits, si tu nous expliques la nature du bien comme tu as expliqué celle de la justice, de la tempérance et des autres vertus. — SOCRATE. Et moi aussi, mon cher, je serais satisfait ; mais je crains bien que cela ne passe mes forces, et qu'avec toute ma bonne volonté je ne sois assez maladroit pour m'attirer vos railleries. Croyez-moi, mes chers amis, laissons là pour cette fois la recherche du bien tel qu'il est en lui-même ; cette recherche nous conduirait trop loin, et j'aurais peine à vous expliquer sa nature telle que je la conçois, en suivant la route que nous avons prise. Je veux vous entretenir, si vous le trouvez bon, d'une production du bien qui lui est tout à fait semblable ; sinon, je passerai à d'autres choses. — GLAUCON. Non, parle-nous du fils ; une autre fois tu t'acquitteras de ta promesse en nous parlant du père. — SOCRATE. Je voudrais pouvoir payer la dette [1] que je contracte envers vous au sujet du père et vous mettre en état de la recevoir, au lieu de vous offrir seulement l'intérêt de ma dette comme je vais le faire. Toutefois recevez ce simple intérêt, la production du bien lui-même ; prenez garde cependant que je ne vous trompe involontairement en vous payant avec de la fausse monnaie l'intérêt de ma dette. — GLAUCON. Nous y prendrons garde le plus que nous pourrons : ainsi explique-toi avec confiance. — SOCRATE. Je ne le ferai qu'après vous avoir rappelé ce que nous avons dit précédemment dans plusieurs rencontres et après vous en avoir fait convenir. — GLAUCON. De quoi s'agit-il ? — SOCRATE. Il y a plusieurs choses belles, plusieurs choses bonnes ; nous en disons autant de toutes les qualités particulières et nous avons des mots pour cela. — GLAUCON. Oui. — SOCRATE. De plus, il y a le beau idéal, le bon

1. Il y a dans le texte une équivoque intraduisible sur le mot τόκος qui signifie un enfant et l'intérêt d'une dette.

idéal, et ainsi de suite pour toutes les choses que nous avons considérées dans leur variété. Ensuite nous rattachons toutes ces qualités particulières à une idée simple et unique et nous donnons à chaque chose un nom qui désigne ce qu'elle est en soi. — GLAUCON. C'est cela. — SOCRATE. Alors nous disons des choses particulières qu'elles sont l'objet des sens et non de l'esprit, et nous disons des idées qu'elles sont l'objet de l'esprit et non des sens. — GLAUCON. Parfaitement. — SOCRATE. Par quel sens apercevons-nous les choses visibles ? — GLAUCON. Par la vue. — SOCRATE. Ainsi nous saisissons les sons par l'ouïe, et par les autres sens toutes les choses sensibles : n'est-ce pas ? — GLAUCON. Sans contredit. — SOCRATE. As-tu remarqué combien l'ouvrier de nos sens a fait plus de dépense pour l'organe de la vue que pour ceux des autres sens ? — GLAUCON. Pas précisément. — SOCRATE. Eh bien, remarque ceci. L'ouïe et la voix ont-elles besoin d'une troisième chose, l'une pour entendre, l'autre pour être entendue, de sorte que, si cette chose vient à manquer, l'ouïe n'entendra point, la voix ne sera point entendue ? — GLAUCON. Nullement. — SOCRATE. Je crois que la plupart des autres sens, pour ne pas dire tous, n'ont besoin de rien de semblable. Peux-tu en nommer un seul ? — GLAUCON. Non. — SOCRATE. Mais à l'égard du sens de la vue et à la perception de l'objet visible, ne conçois-tu pas qu'une troisième chose est nécessaire ? — GLAUCON. Comment ? — SOCRATE. Lors même que les yeux sont doués de la faculté de voir, qu'on les applique à leur usage et que les objets ont leur couleur, s'il n'intervient une troisième chose destinée à concourir pour sa part à la vision, tu sais que les yeux ne verront pas et que les couleurs des objets ne seront pas visibles. — GLAUCON. Quelle est cette chose ? — SOCRATE. C'est ce que tu appelles la lumière. —

Glaucon. Tu as raison. — Socrate. Ainsi le sens de la vue a un grand avantage en ce qu'il est uni à la possibilité d'être vu par un lien incomparablement plus précieux que ceux qui unissent les autres sens à leurs objets, à moins qu'on ne dise que la lumière est quelque chose de méprisable. — Glaucon. Il s'en faut de beaucoup qu'elle le soit.

5. — Socrate. De tous les dieux du ciel quel est celui dont la puissance dispose le mieux les yeux à voir et les objets à être vus ? — Glaucon. Celui que tu connais ainsi que tout le monde ; car évidemment tu veux que je nomme le soleil. — Socrate. Vois si le rapport de la vue à ce dieu n'est pas tel que je vais dire. — Glaucon. Comment ? — Socrate. La vue, non plus que la partie où elle se forme et qu'on appelle l'œil, n'est pas le soleil. — Glaucon. Non. — Socrate. Mais du moins, parmi tous les organes de nos sens, l'œil est celui qui ressemble le plus au soleil. — Glaucon. Sans contredit. — Socrate. La faculté qu'il a de voir, n'est-ce pas du soleil qu'il l'emprunte, et qu'elle découle, pour ainsi dire, jusqu'à lui ? — Glaucon. Oui. — Socrate. Le soleil n'est pas la vue ; mais n'en est-il pas le principe et n'est-il pas vu par elle ? — Glaucon. Oui. — Socrate. Sache donc que, lorsque je parle de la production du bien, c'est le soleil que je veux dire. Le fils a une parfaite analogie avec son père. Ce que le bien est dans la sphère intelligible par rapport à l'intelligence et à ses objets, le soleil l'est dans la sphère visible par rapport à la vue et à ses objets. — Glaucon. Comment ? Explique-moi encore ta pensée. — Socrate. Tu sais que, lorsqu'on tourne les yeux vers des objets qui ne sont pas éclairés par la lumière du jour, mais par les astres de la nuit, ils ont peine à distinguer ces objets, qu'ils sont presque aveugles, comme s'ils avaient perdu la netteté de la vue. —

GLAUCON. Précisément.—SOCRATE. Mais que, lorsqu'on les tourne vers des objets éclairés par le soleil, ils les voient distinctement, et que ces mêmes yeux ont toute la netteté de la vue. — GLAUCON. Sans doute. — SOCRATE. Comprends que la même chose se passe à l'égard de l'âme. Quand elle fixe ses regards sur ce qui est éclairé par la vérité et par l'être, elle comprend et connaît ; on voit qu'elle est douée d'intelligence ; mais quand elle les fixe sur ce qui est mêlé de ténèbres, sur ce qui naît et périt, sa vue s'émousse et s'obscurcit, elle n'a plus que des opinions, passe à toute heure de l'une à l'autre et semble dépourvue d'intelligence. — GLAUCON. Il le paraît. — SOCRATE. Tiens donc pour certain que ce qui répand sur les connaissances acquises la lumière de la vérité, ce qui donne à l'âme la faculté de connaître, c'est l'idée du bien, et crois qu'elle est le principe de la science et de la vérité, en tant qu'elles sont du domaine de l'intelligence. Quelque belles que soient la science et la vérité, tu ne te tromperas pas en pensant qu'il y a encore quelque chose de plus beau. Comme, dans le monde visible, on a raison de penser que la lumière et la vue ont quelque rapport de ressemblance avec le soleil, mais qu'il serait faux de dire qu'elles sont le soleil, de même, dans le monde intelligible, on peut regarder la science et la vérité comme des images du bien ; mais on aurait tort de prendre l'une ou l'autre pour le bien lui-même, tandis que la nature du bien doit être regardée comme infiniment supérieure.—GLAUCON. Sa beauté, veux-tu dire, est au-dessus de toute expression, s'il produit la science et la vérité et s'il est encore plus beau qu'elles. Aussi tu n'as garde de dire que le bien soit le plaisir. — SOCRATE. A Dieu ne plaise ! Mais considère encore ses traits avec plus d'attention et de cette manière. — GLAUCON. Comment ? — SOCRATE. Tu penses sans doute que le soleil donne aux choses visibles non-seulement la possibilité d'être vues, mais encore la naissance, l'accroissement et la nourriture, sans être lui-même rien de tout cela. — GLAUCON. Oui. — SOCRATE. Dis aussi que les êtres intelligibles ne tiennent pas seulement du bien leur intelligibilité, mais encore leur être et leur essence, quoique le bien lui-même ne soit point essence, mais quelque chose bien au-dessus de l'essence, en dignité et en puissance.

6.—GLAUCON. Grand Apollon, s'écria-t-il en plaisantant, voilà du merveilleux!—SOCRATE. C'est toi qui en es cause. Pourquoi m'obliges-tu à dire ma pensée sur ce sujet? — GLAUCON. N'en demeure pas là, je te prie, mais du moins achève ta comparaison avec le soleil, s'il y manque encore quelque chose. — SOCRATE. Vraiment, j'ai laissé beaucoup de choses à dire. — GLAUCON. N'omets pas le moindre trait de ressemblance.—SOCRATE. Il m'en échappera beaucoup, je crois, mais dans le moment présent, autant que je le pourrai, je ne passerai rien volontairement. — GLAUCON. Non, ne passe rien. — SOCRATE. Conçois donc qu'ils sont, comme nous l'avons dit, deux rois, l'un du monde et des êtres intelligibles; l'autre du monde visible, je ne dis pas du ciel, de peur que tu ne croies qu'à l'occasion de ce mot[1] je veux faire une équivoque. Voilà par conséquent deux espèces d'êtres, les uns visibles, les autres intelligibles.— GLAUCON. Fort bien. — SOCRATE. Soit, par exemple, une ligne coupée en deux parties inégales : coupe encore en deux de la même manière chacune de ces deux parties, c'est-à-dire

1. En grec οὐρανός, ciel, ressemble beaucoup au mot ὁρατός, visible. Employer l'un pour l'autre aurait pu paraître un abus d'une ressemblance verbale. Cette précaution de Platon est intraduisible en français, où les mots ciel et visible ne peuvent pas être confondus.

le monde visible et le monde intelligible. Alors tu auras d'une part l'évidence, de l'autre l'obscurité. Une des sections du monde visible te donnera les images : j'entends par images, premièrement les ombres, ensuite les fantômes représentés dans les eaux et sur la surface des corps opaques, polis et transparents, ainsi que toutes les autres représentations du même genre, si tu me comprends. — GLAUCON. Je comprends. — SOCRATE. Place dans l'autre section les objets que ces images représentent ; je veux dire les animaux que nous voyons, les plantes, et tous les ouvrages de la nature et de l'art.— GLAUCON. Je les y place. — SOCRATE. Serais-tu d'avis qu'appliquant cette division au vrai et au faux on fît cette proportion : l'opinion est à la connaissance ce que l'image est à l'objet. — GLAUCON. J'y consens. — SOCRATE. Examine maintenant comment il faut diviser le monde intelligible. — GLAUCON. Comment ? — SOCRATE. En deux parties, de telle sorte que l'âme, lorsqu'elle se sert, comme d'autant d'images, des données du monde visible que nous venons de diviser, soit obligée de chercher l'une des deux en partant de certaines hypothèses, non pour remonter au principe, mais pour descendre à la conclusion, tandis que pour trouver l'autre elle va de l'hypothèse jusqu'au principe, qui n'a pas besoin d'hypothèse, et que, sans le secours d'images, elle procède uniquement par les idées considérées en elles-mêmes. — GLAUCON. Je ne comprends pas bien ce que tu dis. — SOCRATE. Patience, tu comprendras plus facilement après ce que je vais dire. Tu n'ignores pas, je pense, que les géomètres et les arithméticiens supposent deux sortes de nombres, l'un pair, l'autre impair, des figures, trois espèces d'angles et ainsi du reste, selon la démonstration qu'ils cherchent ; qu'ils regardent ensuite ces suppositions comme autant de principes certains et évidents, dont ils ne daignent rendre raison ni à eux-mêmes ni aux autres ; qu'enfin ils partent de ces hypothèses et, par une chaîne non interrompue, descendent de proposition en proposition jusqu'à celle qu'ils avaient dessein de démontrer. — GLAUCON. Pour cela, je le sais parfaitement. — SOCRATE. Par conséquent tu sais aussi qu'ils se servent de figures visibles et qu'ils y appliquent leurs raisonnements, quoique ce ne soit point à elles qu'ils pensent, mais à d'autres figures représentées par celles-là. Par exemple, ce n'est ni sur le carré ni sur la diagonale telle qu'ils la tracent que portent leurs raisonnements, mais sur le carré tel qu'il est en lui-même avec la diagonale. J'en dis autant des autres figures qu'ils représentent en relief ou par le dessin, et qui se reproduisent aussi soit dans leur ombre, soit dans les eaux. Les géomètres les emploient comme autant d'images qui leur servent à connaître les vraies figures qu'on ne peut saisir que par la pensée. — GLAUCON. Tu dis vrai.

7. — SOCRATE. Voilà la première classe des choses intelligibles, telle que je l'ai établie. Je disais que, pour parvenir à les connaître, l'âme est contrainte de se servir d'hypothèses, non pour aller jusqu'au premier principe, car elle ne peut remonter au delà de ses hypothèses, et qu'elle emploie les images qui lui sont fournies par les objets terrestres, en choisissant toutefois parmi ces images celles qui, relativement à d'autres, sont regardées et estimées comme ayant le plus de clarté et d'évidence. — GLAUCON. Je conçois que la méthode dont tu parles est celle de la géométrie et des autres sciences de cette nature. — SOCRATE. Conçois maintenant ce que j'entends par la seconde division des choses intelligibles. Ce sont celles que la raison même saisit immédiatement par le secours de la dialec-

tique[1], en faisant des hypothèses qu'elle ne regarde pas comme des principes, mais comme de simples hypothèses, et qui lui servent de degrés ou de points d'appui pour s'élever jusqu'au premier principe qui n'admet plus d'hypothèse. Elle saisit ce principe et, s'attachant à toutes les conséquences qui en dépendent, elle descend de là jusqu'à la dernière conclusion, sans le secours d'aucune donnée sensible, en s'appuyant uniquemént sur des idées pures, par lesquelles sa démonstration commence, procède et se termine. — GLAUCON. Je comprends un peu, mais pas encore suffisamment, car il me semble que tu traites là une matière fort épineuse ; je comprends, dis-je, que tu veux prouver que la connaissance de l'être et de ce qui est intelligible, telle qu'on l'acquiert par la dialectique, est plus claire que celle qu'on acquiert par le moyen des arts, auxquels certaines hypothèses servent de principes. Il est vrai que ceux qui suivent la méthode propre à ces arts sont obligés de se servir du raisonnement et non des sens ; mais, comme leurs raisonnements sont fondés sur des hypothèses et ne montent pas jusqu'à un principe, alors ces hommes ne paraissent pas avoir pour les objets de leur étude l'intelligence pure qu'ils auraient, si leurs démonstrations étaient appuyées sur un principe. Tu appelles, ce me semble, connaissance raisonnée, celle qu'on acquiert au moyen de la géométrie et des autres arts semblables, et non pas intelligence, parce que la connaissance raisonnée est comme intermédiaire entre l'opinion et la pure intelligence. — SOCRATE. Tu as fort bien compris ma pensée. Applique maintenant à ces quatre divisions d'objets sensibles et intelligibles quatre opérations de l'âme, savoir : au plus haut degré,

1. Le septième livre donne la théorie de la dialectique, IV, 4.

l'intelligence pure ; au second, la connaissance raisonnée ; au troisième, la foi ; au quatrième, la conjecture ; enfin donne à chacune de ces manières de connaître plus ou moins d'évidence, selon que leurs objets participent plus ou moins de la vérité. — GLAUCON. J'entends ; je suis d'accord avec toi et j'adopte l'ordre que tu proposes.

LIVRE SEPTIÈME

ARGUMENT

Platon suppose l'existence d'une caverne où, depuis leur enfance, une multitude d'hommes vivent enfermés ; ces hommes sont chargés de chaînes, en sorte qu'ils ne peuvent ni se lever, ni marcher, ni tourner la tête. Derrière eux brille une lumière dont ils n'ont que les reflets, et devant eux passent des ombres qu'ils prennent pour des êtres réels. La caverne, c'est le globe où nous vivons ; les chaînes qui chargent les hommes, ce sont nos passions et nos préjugés ; les ombres qui passent, c'est nous, c'est la figure du monde que nous prenons pour une réalité. En effet, l'homme emprisonné dans ses sens n'est qu'un vain fantôme ; il est comme s'il n'existait pas. Celui-là seul existe qui, après de longs et pénibles efforts, est parvenu à briser ces chaînes et à sortir de l'antre ténébreux. Là, en face de la lumière, son âme apparaît ; il cesse d'être une ombre, il devient immortel en s'élevant jusqu'à Dieu. Telle est l'allégorie sublime qui a mérité l'admiration des siècles, et qui méritera celle de la postérité. Non seulement elle domine le septième livre, mais on la retrouve dans tout le reste de l'ouvrage. Elle se traduit ainsi : le monde visible ne peut s'expliquer que par la contemplation du monde invisible ; rien n'est vrai sans Dieu. De cette pensée vous voyez sortir les types de Platon et son système d'éducation intellectuelle. Nul ne sera digne de commander aux hommes, s'il n'est sorti de la caverne et s'il n'a pénétré dans le monde des essences et de la vérité. Nul ne conduira bien les affaires humaines, s'il ne contemple les choses divines : la théorie du beau idéal devient la pratique des âmes d'élite. Ces principes posés, Platon trace en détail le plan d'étude des magistrats de la république, c'est-à-dire des philosophes. Ils doivent connaître la géométrie, l'astronomie, la physique, toutes les sciences humaines, non pas seulement pour en faire des applications à nos besoins matériels, mais pour en développer les théories les plus idéales. Il faut qu'en nous dévoilant l'ordre de l'univers la géométrie nous élève jusqu'à la source de cet ordre. Ainsi le monde matériel sera la route du monde intellectuel. Ces études intellectuelles du magistrat, auxquelles se joignent des études pratiques, dureront jusqu'à l'âge de cinquante ans, époque de la vie où l'homme n'est pas assez vieux pour désirer le repos, mais où il n'est plus assez jeune pour être ambitieux. C'est seulement alors qu'on lui confiera le maniement des affaires ; et il sera digne de commander, car il aura employé tout ce temps à s'élever jusqu'à la source du beau, du bon, du juste, qui est Dieu.

I. 1. — SOCRATE. Représente-toi maintenant l'état de la nature humaine par rapport à la science et à l'ignorance d'après le tableau que je vais faire. J'imagine des hommes renfermés dans une demeure souterraine, caverneuse, qui donne une entrée libre à la lumière dans toute la longueur de la caverne. Là, dès leur enfance, ils ont les jambes et le cou enchaînés de telle sorte qu'ils restent immobiles et qu'ils ne voient que les objets qu'ils ont en face. Leurs chaînes les empêchent de tourner la tête. Derrière eux, à une certaine distance et une certaine hauteur, est un feu dont la lumière les éclaire ; entre ce feu et les captifs s'élève un chemin escarpé, le long duquel imagine un petit mur semblable à ces cloisons que les charlatans mettent entre eux et les spectateurs pour leur cacher les ressorts des figures merveilleuses qu'ils montrent. — GLAUCON. Je me représente tout cela. — SOCRATE. Figure-toi des hommes qui passent le long de ce mur, portant des objets de toute sorte qui s'élèvent au-dessus du mur, des figures d'hommes et d'animaux en pierre ou en bois, et de mille formes différentes. Parmi ceux qui les portent, les uns s'entretiennent ensemble, les autres passent sans rien dire. — GLAUCON. Voilà un étrange tableau et d'étranges captifs.

— SOCRATE. Ils nous ressemblent pourtant de point en point. Et d'abord crois-tu que dans cette situation ils verront autre chose d'eux-mêmes et de ceux qui sont à leurs côtés que les ombres qui vont se retracer, à la lueur du feu, sur le côté de la caverne exposé à leurs regards? — GLAUCON. Non, puisqu'ils sont forcés de tenir la tête immobile pendant toute leur vie. — SOCRATE. Et de même pour les objets qui passent derrière eux, en verront-ils autre chose que l'ombre? — GLAUCON. Non. — SOCRATE. Or, s'ils pouvaient converser ensemble, ne penses-tu pas qu'ils conviendraient entre eux de donner aux ombres qu'ils voient les noms des choses mêmes? — GLAUCON. Sans contredit. — SOCRATE. Et s'il y avait au fond de l'antre un écho qui répétât les paroles des passants, croiraient-ils entendre autre chose que l'ombre qui passe devant leurs yeux? — GLAUCON. Non certes. — SOCRATE. Enfin ils ne voudraient pas croire qu'il existât autre chose de réel que les ombres de ces objets de toute espèce. — GLAUCON. C'est de toute nécessité.

— SOCRATE. Vois maintenant ce qui devra naturellement leur arriver, si on les délivre de leurs chaînes et qu'en même temps on les guérisse de leur erreur. Si un captif est délivré de ses chaînes et forcé de se lever sur-le-champ, de tourner la tête, de marcher et de regarder du côté de la lumière; si, en faisant tous ces mouvements, il éprouve de grandes douleurs et que des éblouissements l'empêchent de distinguer les objets dont il voyait auparavant les ombres, que penses-tu qu'il répondrait dans le cas où on lui dirait que jusqu'alors il n'a vu que des fantômes, qu'à présent plus près de la réalité, et tourné vers des objets plus réels, il voit plus juste? Supposons enfin qu'en lui montrant chacun des objets qui passent on l'oblige à force de questions à répondre ce que c'est, ne penses-tu pas qu'il serait dans l'embarras et que ce qu'il voyait auparavant lui paraîtra plus vrai que ce qu'on lui montre? — GLAUCON. Sans comparaison.

2. — SOCRATE. Et si on le contraint de regarder le feu lui-même, ses yeux n'en seront-ils pas blessés? N'en détournera-t-il pas les regards pour les reporter sur ces

ombres qu'il peut voir sans douleur? Ne jugera-t-il pas qu'elles sont réellement plus visibles que les objets qu'on lui montre? — GLAUCON. Oui. — SOCRATE. Si maintenant on l'arrache de sa caverne malgré lui, qu'on le traîne par le sentier rude et escarpé, et qu'on ne le lâche pas avant de l'avoir traîné jusqu'à la lumière du soleil, ne poussera-t-il pas des plaintes et des cris de colère? Et lorsqu'il sera parvenu au grand jour, ses yeux tout éblouis pourront-ils distinguer même un seul des objets que nous appelons des êtres réels? — GLAUCON. Ils ne le pourront pas d'abord. — SOCRATE. Ce n'est que peu à peu, si je ne me trompe, qu'ils pourront s'habituer à l'éclat de la région supérieure. Ce qu'il aura le plus de facilité à distinguer, ce sont d'abord les ombres, ensuite les images des hommes et des autres objets qui se reflètent dans les eaux, enfin, les objets eux-mêmes. De là il portera ses regards vers les corps qui sont dans le ciel, et il supportera plus facilement la vue du ciel lui-même, s'il contemple pendant la nuit les astres et la lune, que pendant le jour, s'il veut fixer le soleil et sa lumière.— GLAUCON. Sans contredit. — SOCRATE. A la fin, il pourra, je pense, non seulement voir le soleil dans les eaux et partout où son image se réfléchit, mais encore le contempler lui-même à sa véritable place, tel qu'il est. — GLAUCON. Nécessairement. — SOCRATE. Après cela, se mettant à raisonner, il en viendra à conclure que c'est le soleil qui fait les saisons et les années, qui gouverne tout dans le monde visible, et qui est en quelque sorte la cause de tout ce qu'il voyait dans la caverne avec ses compagnons de captivité. — GLAUCON. Il est évident que, de degrés en degrés, il arrivera à toutes les conclusions.

— SOCRATE. S'il vient alors à se rappeler sa première demeure, l'idée qu'on y a de la sagesse, et ses compagnons d'esclavage, ne se trouvera-t-il pas heureux de son changement et ne plaindra-t-il pas les autres? — GLAUCON. Assurément. — SOCRATE. S'il y avait là-bas des honneurs, des éloges et des récompenses établies entre eux pour celui qui saisissait le plus promptement le passage des ombres, qui se rappelait le plus sûrement celles qui précédaient, suivaient ou marchaient ensemble, par conséquent qui était le plus habile à prédire leur apparition, penses-tu que l'homme dont nous parlons fût encore bien jaloux de ces distinctions, et qu'il portât envie à ceux qui sont honorés et puissants dans ce souterrain? Ou bien n'aimerait-il pas mieux, comme le héros[1] d'Homère, passer sa vie au service d'un pauvre laboureur et souffrir tout au monde plutôt que de reprendre ses premières illusions et de vivre comme il vivait? — GLAUCON. Je ne doute pas qu'il ne fût disposé à tout souffrir plutôt que de vivre de la sorte. — SOCRATE. Suppose encore que cet homme redescende dans la caverne et qu'il aille s'asseoir à son ancienne place; dans ce passage subit du grand jour à l'obscurité, ses yeux ne seront-ils pas comme aveuglés? — GLAUCON. Oui certainement. — SOCRATE. Et si, tandis que sa vue est encore confuse, avant que ses yeux se soient remis, ce qui demande un temps assez long pour s'accoutumer de nouveau à l'obscurité, il lui faut donner son avis sur ces ombres et entrer en dispute à ce sujet avec ses compagnons qui n'ont pas encore quitté leurs chaînes, n'apprêtera-t-il pas à rire à ses dépens? Ne diront-ils pas que pour être monté là-haut il a perdu la vue, que ce n'est pas la peine d'essayer même d'y monter, et que celui qui s'aviserait de vouloir leur donner la liberté et les conduire en haut, s'ils pouvaient le saisir et le tuer,

1. Odyssée, chant XI, v. 488.

ils ne manqueraient pas de le faire ? — GLAUCON. Sans contredit.

3. — SOCRATE. Voilà précisément, cher Glaucon, l'image fidèle et complète à laquelle il faut rattacher par comparaison ce que nous avons dit précédemment. L'antre souterrain, c'est ce monde visible ; le feu qui l'éclaire, c'est la lumière du soleil ; ce captif qui monte à la région supérieure et la contemple, c'est l'âme qui s'élève jusqu'au monde intelligible. Voilà du moins quelle est ma pensée, puisque tu veux la savoir : Dieu sait si elle est vraie. Quant à moi, la chose me paraît telle que je vais dire. Aux dernières limites du monde intelligible est l'idée du bien qu'on aperçoit avec peine, mais qu'on ne peut apercevoir sans conclure qu'elle est la cause universelle de tout ce qu'il y a de beau et de bon ; que dans le monde visible elle crée la lumière et l'astre qui la donne directement ; que dans le monde invisible, c'est elle qui produit directement la vérité et l'intelligence, et que par conséquent il faut avoir les yeux fixés sur elle pour agir avec sagesse dans les affaires privées et publiques. — GLAUCON. Je partage ton opinion autant que je le puis. — SOCRATE. Admets donc et cesse de t'étonner que ceux qui sont une fois arrivés à cette hauteur ne veulent pas s'occuper des affaires humaines et que leurs âmes aspirent sans cesse à monter vers la région supérieure et à s'y fixer. Rien n'est plus naturel, si la chose dont nous parlons ressemble à l'image que nous en avons tracée. — GLAUCON. Oui, il n'y a rien de plus naturel. — SOCRATE. Quoi donc ? Penses-tu qu'il soit étonnant qu'un homme passant des contemplations divines aux misérables intérêts de l'humanité ait mauvaise grâce et paraisse ridicule, quand, ayant encore la vue troublée, et avant de s'être habitué aux ténèbres qui l'environnent, il est obligé d'entrer en dispute devant

les tribunaux ou ailleurs sur des ombres de justice ou sur les images qui projettent ces ombres, et de s'escrimer avec acharnement contre la manière dont elles sont prises par des juges qui n'ont jamais vu la justice elle-même? — GLAUCON. Il est impossible de s'en étonner. — SOCRATE. Un homme sensé fera cette réflexion que la vue peut être troublée de deux manières et par deux causes opposées, par le passage de la lumière à l'obscurité, ou par le passage de l'obscurité à la lumière, et comme il se rappellera qu'il en est de même de la vue de l'âme, lorsqu'il verra une âme troublée et embarrassée pour discerner les objets, au lieu d'en rire sans raison, il examinera si cet embarras lui vient de ce que, sortant d'un état plus lumineux, elle se trouve comme offusquée faute d'habitude, ou de ce que, passant de l'ignorance à une lumière plus pure, elle est éblouie de son trop vif éclat. Dans le premier cas, il la félicitera de son embarras et de sa vie toute divine ; dans le second cas, il la plaindra ; ou bien, s'il veut rire à ses dépens, ses railleries seront moins ridicules que si elles s'adressaient à l'âme qui redescend du séjour de la lumière. — GLAUCON. C'est parler avec beaucoup de raison.

4. — SOCRATE. Si tout cela est vrai, nous devons en conclure que la science n'est pas telle que certains hommes le prétendent. Or, ils se vantent de pouvoir la faire entrer dans une âme où elle n'est point, à peu près comme ils donneraient la vue à des yeux aveugles. — GLAUCON. Ils le disent hautement. — SOCRATE. Mais cet entretien nous fait voir que chacun a dans son âme la faculté d'apprendre et l'organe destiné à cet usage, et que, semblable à des yeux qui ne pourraient se tourner des ténèbres vers la lumière qu'avec le corps tout entier, l'organe de l'intelligence doit se tourner, avec l'âme tout entière, de la vue de ce qui naît vers la

contemplation de ce qui est, jusqu'à ce qu'il puisse fixer ses regards sur ce qu'il y a de plus lumineux dans l'être, et c'est là ce que nous avons appelé le bien : n'est-ce pas ? — GLAUCON. Oui. — SOCRATE. Dans cette évolution qu'on fait faire à l'âme, tout l'art consiste donc à la tourner de la manière la plus aisée et la plus utile pour elle. Il ne s'agit pas de lui donner la faculté de voir ; elle l'a déjà ; mais son organe est mal tourné, il ne regarde point où il faudrait ; c'est ce qu'il faut corriger. — GLAUCON. Il me le semble.

— SOCRATE. Il en est à peu près des autres qualités de l'âme comme de celles du corps ; quand on ne les a pas reçues de la nature, on les acquiert par l'éducation et la culture. Mais la faculté de savoir semble appartenir à quelque chose de plus divin, qui ne perd jamais sa force et qui, selon la direction qu'on lui donne, devient utile ou inutile, avantageux ou nuisible. N'as-tu point encore remarqué jusqu'où va la sagacité des gens à qui on donne le nom d'habiles malfaiteurs ? Avec quelle pénétration leur petite âme voit ce qui les intéresse ! Avec quelle promptitude elle démêle tous les objets vers lesquels se porte son attention ! Elle n'a pas une vue faible, mais, comme elle est contrainte de servir d'instrument à leur malice, plus sa vue a de subtilité et de pénétration, plus elle est malfaisante. — GLAUCON. Cette remarque est très juste. — SOCRATE. Si dès l'enfance on coupait ces penchants criminels qui naissent avec l'être mortel, s'attachent à lui comme des morceaux de plomb, l'entraînent vers les plaisirs sensuels et grossiers et abaissent les regards de l'âme vers les choses inférieures ; si l'âme, ainsi dégagée et affranchie, était dirigée vers la vérité, ces hommes l'apercevraient avec la même sagacité qu'ils aperçoivent les choses sur lesquelles se porte maintenant leur attention. — GLAUCON. C'est probable. — SOCRATE.

N'est-ce pas une conséquence vraisemblable ou plutôt nécessaire de tout ce que nous avons dit, que ni ceux qui n'ont reçu aucune éducation et qui n'ont aucune connaissance de la vérité, ni ceux qu'on a laissés passer toute leur vie dans l'étude, ne sont propres au gouvernement des États, les uns parce qu'ils n'ont pas dans leur conduite un but fixe, auquel ils doivent rapporter tout ce qu'ils font dans la vie privée ou dans la vie publique; les autres parce qu'ils ne consentiront jamais à se charger d'un pareil fardeau, eux qui de leur vivant se croient déjà transportés dans les îles fortunées? — Glaucon. Tu as raison.

— Socrate. C'est donc à nous qui fondons une république d'obliger les naturels excellents d'aborder cette science que nous avons reconnue tout à l'heure comme la plus sublime de toutes, de contempler le bien en lui-même et de s'élever jusqu'à lui en montant ce chemin escarpé dont nous avons parlé; mais, après qu'ils y seront parvenus et qu'ils l'auront contemplé assez longtemps, gardons-nous bien de leur permettre ce qu'on leur permet aujourd'hui. — Glaucon. Quoi? — Socrate. D'y fixer leur demeure, de refuser de descendre de nouveau vers ces malheureux captifs et de prendre part à leurs travaux, à leurs honneurs mêmes, quel que soit le cas qu'on doive en faire. — Glaucon. Eh quoi! serons-nous si injustes à leur égard? Pourquoi les condamner à une vie misérable, tandis qu'ils peuvent jouir d'une condition plus heureuse?

5. — Socrate. Tu oublies encore une fois, mon cher ami, que le législateur se propose, non pas le bonheur d'un ordre particulier de citoyens, à l'exclusion des autres, mais qu'il emploie tous les moyens possibles pour assurer le bonheur de tous, en les unissant entre eux parla persuasion et par l'autorité, et en les amenant à

se faire part les uns aux autres des avantages que chacun peut apporter à la société commune. Tu oublies que, si le législateur s'applique à former de pareils citoyens dans l'État, ce n'est pas pour les laisser libres de faire de leurs facultés tel emploi qu'ils voudront, mais pour les faire concourir à augmenter le bien de l'État. — GLAUCON. Tu dis vrai : je l'avais oublié.

— SOCRATE. Au reste, mon cher Glaucon, fais attention que nous ne serons point coupables d'injustice envers les philosophes qui se formeront chez nous, et que nous aurons de bonnes raisons à leur donner, pour les obliger à se charger de la conduite et de la garde de leurs concitoyens. Dans les autres États, leur dirons-nous, les hommes comme vous ne s'abstiennent pas sans raison de prendre part aux affaires publiques, car ils se sont formés eux-mêmes malgré le gouvernement : or, quand on ne doit qu'à soi seul ce qu'on est et le développement qu'on a pris, il est juste qu'on ne soit redevable à personne du bienfait de l'éducation. Mais vous, nous vous avons formés dans votre intérêt comme dans celui de l'État, pour être ce que sont dans les ruches les mères abeilles et les reines : dans ce dessein, nous vous avons donné une éducation meilleure et plus parfaite, qui vous rendît plus capables que tous les autres hommes d'allier l'étude de la sagesse au maniement des affaires. Consentez donc à descendre tour à tour dans la demeure de vos concitoyens ; accoutumez vos yeux aux ténèbres qui y règnent; lorsque vous vous serez familiarisés avec ces ténèbres, vous y verrez mille fois mieux que les habitants de ce séjour, et vous connaîtrez beaucoup mieux la nature des fantômes qu'on y voit, parce que vous avez contemplé ailleurs le beau, le juste et le bien lui-même. Ainsi, pour vous et pour nous, le gouvernement de l'État sera une réalité et non un rêve comme dans la plupart des autres États, où les chefs se battent pour des ombres vaines et se disputent avec acharnement l'autorité, comme si c'était un grand bien. Voici là-dessus quelle est la vérité : dans tout État où ceux qui doivent commander ne font paraître aucun empressement pour leur élévation, c'est une nécessité que le gouvernement soit excellent et que la concorde la plus parfaite y règne, au lieu que dans tout État où l'on brigue le commandement, c'est le contraire qui doit arriver. — GLAUCON. Cela est très vrai. — SOCRATE. Nos élèves résisteront-ils à la force de ces raisons ? Crois-tu qu'ils refuseront de porter tour à tour le fardeau du gouvernement pour aller ensuite passer la plus grande partie de leur vie les uns avec les autres dans le séjour de la pure lumière ? — GLAUCON. Il est impossible qu'ils le refusent ; car ils sont justes, et nos demandes le sont aussi. Mais alors chacun d'eux ne se chargera du commandement que comme d'un fardeau tout à fait indispensable, contrairement à ce que font les chefs aujourd'hui dans chaque État.

II. 1. — SOCRATE. Il en est ainsi, mon cher ami ; partout où tu trouveras que la condition des hommes destinés au pouvoir est préférable pour eux au pouvoir lui-même, il sera possible d'y rencontrer un bon gouvernement ; car dans cet État seul commanderont ceux que rendent vraiment riches, non pas l'or, mais la sagesse et la vertu, les seules richesses de l'homme heureux. Au contraire, partout où les affaires publiques excitent l'ambition de mendiants, de gens affamés de biens particuliers, qui s'imaginent que c'est là qu'il faut en aller prendre, il n'y a point de bon gouvernement possible. On se dispute, on s'arrache l'autorité et cette guerre domestique et intestine finit par perdre les chefs de l'État et l'État lui-même. — GLAUCON. Rien de plus vrai. — SOCRATE. Connais-tu donc une autre condition que celle de la véritable philosophie pour inspirer le mépris des charges publiques? — GLAUCON. Je n'en connais point d'autre. — SOCRATE. De plus, il faut toujours confier le pouvoir à ceux qui ne sont pas jaloux de le posséder; autrement, la rivalité fera naître des querelles entre les prétendants. — GLAUCON. Sans contredit. — SOCRATE. Par conséquent, à qui imposeras-tu la garde de l'État, si ce n'est à ceux qui sont les plus instruits dans l'art de gouverner et qui ont d'autres honneurs et une vie bien préférable à la vie civile?

2.—SOCRATE. Veux-tu maintenant que nous examinions ensemble de quelle manière nous formerons des hommes de ce caractère et comment nous les ferons passer des ténèbres à la lumière, comme on dit que quelques-uns ont passé des enfers au séjour des dieux? — GLAUCON. Faut-il demander si je le veux? — SOCRATE. Ceci n'est pas comme un tour de palet au jeu; c'est tout un mouvement imprimé à l'âme pour l'élever du jour ténébreux qui l'environne jusqu'à la vraie lumière de l'être, par la route que nous appellerons pour cela la vraie philosophie. — GLAUCON. Fort bien. — SOCRATE. Ainsi il faut chercher, parmi les sciences, celle qui est propre à produire cet effet. — GLAUCON. Sans contredit. — SOCRATE. Hé bien, mon cher Glaucon, quelle est la science qui élève l'âme de ce qui naît vers ce qui est? Je réfléchis en même temps à une autre chose. N'avons-nous pas dit que nos philosophes devaient, dès leur jeunesse, s'exercer au métier des armes? — GLAUCON. Nous l'avons dit. — SOCRATE. Il faut donc que la science que nous cherchons, outre ce premier avantage, en ait encore un autre. — GLAUCON. Lequel? — SOCRATE. Celui de ne pas être inutile à des hommes de guerre. — GLAUCON. Sans doute : il le faut, si cela est possible. — SOCRATE. Précédemment nous les élevions dans la musique et dans la gymnastique. — GLAUCON. Oui. — SOCRATE. Mais la gymnastique a pour objet ce qui naît et ce qui périt, puisque son but est d'examiner ce qui peut augmenter ou diminuer les forces du corps. — GLAUCON. Oui. — SOCRATE. Elle n'est donc pas la science que nous cherchons. — GLAUCON. Non. — SOCRATE. Serait-ce la musique telle que nous l'avons considérée plus haut? — GLAUCON. Mais, si tu t'en souviens, ce n'était qu'une sorte de pendant de la gymnastique, dans un genre opposé. C'est elle, disions-nous, qui règle les habitudes de nos guerriers, en communiquant à leur âme non pas une science, mais un certain accord par les lois de l'harmonie, et une certaine régularité dans tous ses mouvements par le moyen du rhythme et de la mesure ; c'est aussi dans un but semblable qu'elle emploie les discours vrais ou fabuleux ; mais je n'ai point vu qu'elle renfermât ce que tu cherches, la science du bien. — SOCRATE. Tu me rappelles exactement ce que nous avons dit : la musique en effet ne conterait rien de semblable. Mais, mon cher Glaucon, quelle est donc cette science ? Car, à ton avis, tous les arts mécaniques n'ont rien de libéral. — GLAUCON. Sans doute ; mais quelle autre science reste-t-il encore, si nous écartons la musique, la gymnastique et les arts ? — SOCRATE. Si nous ne trouvons plus rien hors de là, prenons quelqu'une de ces sciences qui s'étendent à tout. — GLAUCON. Laquelle ? — SOCRATE. Celle qui est si commune, dont tous les arts, toutes les industries et toutes les sciences font usage, et qu'il est nécessaire à tout le monde d'apprendre des premières. — GLAUCON. Laquelle ? — SOCRATE. Cette science vulgaire qui apprend ce que c'est qu'un, deux, trois. Je l'appelle en général la science des nombres et du calcul : n'est-il pas vrai qu'aucun art, aucune science ne peut s'en passer? — GLAUCON. J'en conviens. — SOCRATE. Ni l'art militaire par conséquent? — GLAUCON. Elle lui est absolument nécessaire.

— SOCRATE. En vérité, Palamède[1], dans les tragédies, nous représente toujours Agamemnon comme un plaisant général. N'as-tu pas remarqué qu'il prétend avoir, au moyen des nombres qu'il avait inventés, distribué les troupes dans le camp devant Ilion et fait le dénombrement des vaisseaux ainsi que de tout le reste, comme si on ne les avait pas comptés avant lui et que, s'il faut l'en croire, Agamemnon ne sût pas combien il avait de pieds, puisqu'il ne savait pas compter? Quelle idée veux-tu qu'on ait d'un pareil général? — GLAUCON. Ce serait un singulier général, si cela était vrai.

— SOCRATE. Ne conviendrons-nous pas que la science des nombres et du calcul est nécessaire au guerrier? — GLAUCON. Oui, elle lui est absolument nécessaire, s'il veut entendre quelque chose à l'ordonnance d'une armée, ou plutôt s'il veut être homme. — SOCRATE. Te vient-il la même pensée qu'à moi au sujet de cette science? — GLAUCON. Laquelle? — SOCRATE. Cette science pourrait bien être une de celles qui élèvent l'âme à la pure intelligence et que nous cherchons; mais personne ne sait s'en servir comme il faut pour se laisser entraîner vers la contemplation de l'être. — GLAUCON. Que veux-tu dire? — SOCRATE. Je vais tâcher de t'expliquer ma pensée. A mesure que je vais distinguer les choses que je crois propres à élever l'âme à cette hauteur et celles qui ne me le paraissent pas, considère de ton côté le même objet, puis accorde ou nie, selon que tu le jugeras à propos, afin que nous puissions voir plus

1. Les poètes avaient prêté ce langage à Palamède dans plusieurs tragédies.

clairement si la chose est telle que je l'imagine. — GLAUCON. Montre ce dont il s'agit. — SOCRATE. Je te montrerai donc, si tu y fais attention, cette distinction dans les perceptions des sens ; les unes n'invitent point l'entendement à la réflexion, parce que les sens en sont juges compétents ; les autres l'invitent de la manière la plus pressante à réfléchir, parce que les sens ne peuvent pas en porter un jugement sain. — GLAUCON. Tu parles sans doute des objets vus dans le lointain et des esquisses. — SOCRATE. Tu n'as pas compris du tout ce que je veux dire. — GLAUCON. De quoi donc veux-tu parler? — SOCRATE. J'entends par objets qui n'invitent pas l'entendement à la réflexion tous ceux qui n'aboutissent pas en même temps à deux sensations contraires ; et j'appelle objets qui l'invitent à réfléchir ceux qui font naître deux sensations opposées, lorsque le rapport des sens ne dit pas que c'est telle chose plutôt que telle autre chose tout opposée, soit que l'objet frappe les sens de près ou de loin; et pour te faire mieux comprendre ma pensée, voilà trois doigts : le petit, celui qui vient après, et celui du milieu. — GLAUCON. Fort bien. — SOCRATE. Conçois que je les suppose vus de près, et fais avec moi cette observation. — GLAUCON. Laquelle? — SOCRATE. Chacun d'eux nous paraît également un doigt ; peu importe qu'on le voie au milieu ou à l'extrémité, blanc ou noir, gros ou mince, et ainsi du reste. Rien de tout cela n'oblige l'âme à demander à l'entendement ce que c'est précisément qu'un doigt; car jamais la vue ne lui a témoigné en même temps qu'un doigt fût autre chose qu'un doigt. — GLAUCON. Non certes. — SOCRATE. J'ai donc raison de dire que dans ce cas rien n'excite ni ne réveille l'entendement. — GLAUCON. Oui. — SOCRATE. Mais quoi? la vue juge-t-elle bien de la grandeur ou de la petitesse de ces doigts, et à cet égard lui est-il indifférent que l'un d'eux soit au milieu ou à l'extrémité? J'en dis autant de l'épaisseur et de la finesse, de la mollesse et de la dureté à l'égard du toucher : en général, le rapport des sens sur tous ces points n'est-il pas bien défectueux? N'est-ce pas plutôt ceci que fait chacun d'eux? D'abord, le sens destiné à juger de ce qui est dur doit nécessairement aussi juger de ce qui est mou, et il rapporte à l'âme que le corps dont il reçoit une sensation est en même temps dur et mou. — GLAUCON. Il en est ainsi. — SOCRATE. N'est-il pas inévitable alors que l'âme se demande avec embarras ce que signifie ce rapport du sens du toucher qui lui dit que la même chose est dure et molle? La sensation de la pesanteur et de la légèreté n'oblige-t-elle point aussi l'âme à des recherches pénibles sur la nature de la pesanteur et de la légèreté, lorsque le sens lui rapporte que le corps pesant est léger, et le corps léger, pesant? — GLAUCON. De pareils témoignages doivent sembler bien étrangers à l'âme et demandent un sérieux examen de sa part. — SOCRATE. Ce n'est donc pas sans raison que l'âme, appelant à son secours l'entendement et la réflexion, tâche alors d'examiner si chacun de ces témoignages porte sur une seule chose ou sur deux. — GLAUCON. Non sans doute. — SOCRATE. Et si elle juge que ce sont deux choses, chacune d'elles lui paraît-elle une et distincte de l'autre? — GLAUCON. Oui. — SOCRATE. Si donc chacune d'elles lui paraît une, et si l'une et l'autre lui paraissent deux, elle les concevra toutes les deux à part; car, si elle les concevait comme n'étant pas séparées, ce ne serait plus la conception de deux choses, mais d'une seule. — GLAUCON. Fort bien. — SOCRATE. La vue, disions-nous, aperçoit la grandeur et la petitesse, non comme deux choses séparées, mais comme deux choses confondues : n'est-ce pas? — GLAU-

CON. Oui. — SOCRATE. Et pour éclaircir cette sensation confuse, l'entendement, faisant le contraire de la vue, est contraint de considérer la grandeur et la petitesse non plus comme étant confondues, mais comme étant distinctes l'une de l'autre. — GLAUCON. C'est la vérité. — SOCRATE. Ainsi, voilà ce qui nous fait naître la pensée de nous demander à nous-mêmes ce que c'est que grandeur et petitesse. — GLAUCON. Oui. — SOCRATE. C'est aussi pour cela que nous avons distingué quelque chose de visible et quelque chose d'intelligible. — GLAUCON. Fort bien.

3. — SOCRATE. Voilà ce que je voulais te faire entendre, lorsque je disais que parmi les objets sensibles les uns, c'est-à-dire ceux qui produisent à la fois deux sensations contraires, excitent l'âme à la réflexion, et que les autres n'éveillent pas la réflexion, parce qu'ils ne renferment pas cette contradiction. — GLAUCON. Je comprends à présent et je pense comme toi. — SOCRATE, Dans laquelle de ces deux classes ranges-tu le nombre et l'unité? — GLAUCON. Je n'en sais rien. — SOCRATE. Juges-en par ce que nous venons de dire. Si nous connaissons suffisamment l'unité par la vue ou par quelque autre sens, elle ne mène pas à la contemplation de l'essence, comme nous disions tout à l'heure du doigt; mais, si la vue offre toujours dans l'unité quelque contradiction, de sorte que l'unité ne paraisse pas plus unité que multiplicité, alors il faut un juge pour décider; l'âme se trouve nécessairement embarrassée et, réveillant en elle l'entendement, elle est contrainte de faire des recherches et de se demander ce que c'est que l'unité; c'est à cette condition que la connaissance de l'unité est une de celles qui élèvent l'âme et la tournent vers la contemplation de l'être. — GLAUCON. Mais la vue de l'unité produit en nous précisément l'effet dont tu

parles; car nous voyons en même temps la même chose une et multiple jusqu'à l'infini. — SOCRATE. Ce qui arrive à l'unité n'arrive-t-il pas aussi à tout nombre quel qu'il soit? — GLAUCON. Sans doute. — SOCRATE. Or, la science du calcul et l'arithmétique ont le nombre pour objet. — GLAUCON. Certainement. — SOCRATE. Elles conduisent par conséquent à la connaissance de la vérité. — GLAUCON. Parfaitement bien. — SOCRATE. Nous pouvons donc, à ce qu'il me semble, les ranger parmi les sciences que nous cherchons. En effet, elles sont nécessaires au guerrier pour bien disposer une armée; au philosophe, afin de sortir de ce qui naît pour mourir et de s'élever jusqu'à l'essence; car il n'y aurait jamais sans cela de véritable arithméticien. — GLAUCON. Tu as raison. — SOCRATE. Mais notre gardien est à la fois guerrier et philosophe. — GLAUCON. Oui. — SOCRATE. Il conviendrait donc de faire une loi et de persuader en même temps à ceux qui doivent occuper les premiers rangs dans l'État de s'appliquer à la science du calcul et de l'étudier non pas superficiellement, mais jusqu'à ce qu'ils s'élèvent par la pure intelligence à la contemplation de l'essence des nombres; non pour la faire servir, comme les marchands et les négociants, aux ventes et aux achats, mais pour en faire des applications à la guerre et faciliter à l'âme les moyens de s'élever de la sphère des choses périssables vers la vérité et l'être. — GLAUCON. A merveille. — SOCRATE. J'aperçois maintenant, après ce qui a été dit sur la science des nombres, combien elle est belle en soi, et en combien de manières elle est utile à notre dessein, pourvu qu'on l'étudie pour connaître et non pas pour faire un négoce. — GLAUCON. Qu'admires-tu donc si fort dans cette science? — SOCRATE. La vertu qu'elle a d'élever l'âme, ainsi que nous l'avons dit, en l'obligeant à raisonner sur les nombres tels qu'ils sont en eux-mêmes, sans jamais souffrir que ses calculs portent sur des nombres qui ont des corps visibles et palpables. Tu sais sans doute ce que font les habiles arithméticiens. Lorsqu'on veut diviser l'unité proprement dite, ils se moquent des gens et ils ne les écoutent pas : si tu la divises, ils la multiplient d'autant, de peur que l'unité ne paraisse point ce qu'elle est, c'est-à-dire une, mais un assemblage de parties. — GLAUCON. Ce que tu dis est parfaitement vrai. — SOCRATE. Et si on leur demandait : Admirables calculateurs, de quels nombres parlez-vous ? Où sont ces unités telles que vous les supposez, parfaitement égales entre elles, sans qu'il y ait la moindre différence, et qui ne sont point composées de parties? mon cher Glaucon, que crois-tu qu'ils répondissent ? — GLAUCON. Je crois qu'ils répondraient qu'ils parlent de ces nombres qu'on ne peut concevoir que par la pensée, et qui ne tombent pas sous les sens. — SOCRATE. Tu vois donc, mon cher ami, que nous ne pouvons absolument nous passer de cette science, puisqu'il est évident qu'elle oblige l'âme à se servir de la pure intelligence pour connaître la vérité. — GLAUCON. Il est certain qu'elle est merveilleusement propre à produire cet effet. — SOCRATE. As-tu observé aussi que ceux qui sont nés calculateurs ont beaucoup de facilité pour l'étude de presque toutes les sciences, et que même les esprits les plus pesants, lorsqu'ils ont été exercés et rompus au calcul, quand même ils n'en retireraient aucun autre avantage, y gagnent au moins celui d'acquérir plus de facilité qu'ils n'en avaient auparavant ? — GLAUCON. Oui. — SOCRATE. Au reste, il te serait difficile de trouver beaucoup de sciences qui coûtent plus à apprendre et à pratiquer que celle-là. — GLAUCON. Je le crois. — SOCRATE. Ainsi, pour toutes ces raisons, il ne faut pas la négliger, mais y appliquer les esprits les plus heureusement doués. — Glaucon. Je suis de ton avis.

III. 1. — Socrate. Voilà donc une science que nous adoptons ; voyons si celle-ci, qui tient à la première, nous convient. — Glaucon. Quelle est-elle? Ne serait-ce point la géométrie ? — Socrate. Elle-même. — Glaucon. En tant qu'elle a rapport aux opérations de la guerre, il est évident qu'elle nous convient. Car, lorsqu'il s'agit d'asseoir un camp, de prendre des places fortes, de resserrer ou d'étendre une armée et de lui faire exécuter toutes les évolutions qui ont lieu dans une bataille ou dans une marche, il y a une grande différence entre le général qui est géomètre et celui qui ne l'est pas. — Socrate. Mais, en vérité, il n'est pas besoin pour tout cela de beaucoup de géométrie et de calcul. Il faut voir seulement si la partie la plus importante et la plus élevée de cette science tend à notre but principal qui est de rendre plus facile à l'esprit la contemplation de l'idée du bien. Car c'est là, disons-nous, que vont aboutir toutes les sciences qui obligent l'âme à se tourner vers le lieu où est cet être, le plus heureux de tous les êtres que l'âme doit contempler de toute manière. — Glaucon. Tu as raison. — Socrate. Si donc la géométrie porte l'âme à contempler l'essence des choses, elle nous convient; si elle s'arrête à leurs accidents, elle ne nous convient pas. — Glaucon. Sans doute. — Socrate. Or, aucun de ceux qui ont la moindre teinture de géométrie ne nous contestera que le but de cette science est directement contraire au langage que tiennent ceux qui en font leur occupation. — Glaucon. Comment. — Socrate. Vraiment leur langage est plaisant, quoiqu'ils ne puissent s'empêcher de s'en servir. Ils ne parlent que de carrer, de prolonger, d'ajouter, et ainsi de tout le reste avec des expressions semblables ; mais cette science n'a d'autre objet dans tout son ensemble que la connaissance. — GLAUCON. C'est absolument vrai. — SOCRATE. Alors ne faut-il pas encore convenir d'une chose ? — GLAUCON. De quoi ? — SOCRATE. Que la géométrie a pour objet la connaissance de ce qui est toujours, et non de ce qui naît et périt. — GLAUCON. Je n'ai pas de peine à en convenir ; car la géométrie a pour objet la connaissance de ce qui est toujours. — SOCRATE. Par conséquent, mon cher, elle attire l'âme vers la vérité et forme en elle cet esprit philosophique qui élève nos regards vers les choses d'en-haut, tandis que nous avons le tort de les abaisser vers les choses d'ici-bas. — GLAUCON. Rien n'est plus propre que la géométrie à produire cet effet. — SOCRATE. Ainsi ce que nous ordonnons avant tout aux citoyens de notre belle république, c'est de ne point négliger l'étude de la géométrie : d'autant plus qu'elle a d'autres avantages qui ne sont pas à mépriser. — GLAUCON. Quels sont ces avantages ? — SOCRATE. D'abord ceux dont tu as parlé, et qui regardent la guerre ; ensuite elle donne plus de facilité pour l'étude des autres sciences : nous voyons en effet qu'il y a une différence du tout au tout entre celui qui est versé dans la géométrie et celui qui ne l'est pas. — GLAUCON. Oui, une différence du tout au tout. — SOCRATE. Voilà donc la seconde science que nous devrons faire apprendre à nos jeunes gens. — GLAUCON. Décidons-le.

IV. 1. — SOCRATE. Eh bien, devons-nous poser l'astronomie comme la troisième science ? Qu'en penses-tu ? — GLAUCON. C'est aussi mon avis ; car une exacte conaissance des saisons, des mois, des années, n'est pas moins nécessaire au guerrier qu'au laboureur et au pilote. — SOCRATE. Vraiment c'est trop de bonté de ta part ; tu as l'air d'avoir peur que le vulgaire ne te reproche de prescrire l'étude de sciences inutiles. Les sciences dont nous parlons ont un avantage considérable, mais dont il n'est pas facile de faire sentir tout le prix : c'est de purifier, de ranimer l'organe de l'âme, éteint et aveuglé par les autres occupations de la vie : organe dont la conservation nous importe mille fois plus que celle des yeux du corps, puisque c'est par lui seul qu'on aperçoit la vérité. Ceux qui pensent comme nous ne manqueront pas d'applaudir à tes paroles; mais ceux qui n'y ont jamais réfléchi trouveront que ce que tu dis ne signifie rien ; car ils ne voient dans ces sciences, après l'utilité dont tu as parlé, aucun autre avantage qui vaille la peine d'être mis en ligne de compte. Vois donc, entre ces auditeurs, à qui tu t'adresses. Ou bien n'est-ce ni pour les uns ni pour les autres, mais pour toi principalement que tu raisonnes, sans trouver mauvais toutefois que d'autres puissent en faire leur profit. — GLAUCON. Oui, il en est ainsi, Socrate ; c'est pour moi surtout que j'aime à converser, à interroger et à répondre.

— SOCRATE. Reviens donc avec moi sur nos pas ; car tout à l'heure nous n'avons pas pris la science qui suit immédiatement la géométrie. — GLAUCON. Comment avons-nous donc fait ? — SOCRATE. Des surfaces, nous avons passé aux solides en mouvement, avant de nous occuper des solides en eux-mêmes. L'ordre exige qu'après les solides à deux dimensions nous passions aux solides qui en ont trois, c'est-à-dire aux cubes et à tout ce qui a de la profondeur. — GLAUCON. Cela est vrai ; mais il semble, Socrate, que l'on n'a encore fait en ce genre aucune découverte. — SOCRATE. Cela vient de deux causes : la première est qu'aucun État ne fait assez de cas de ces découvertes et qu'on n'y travaille que faiblement parce qu'elles sont pénibles ;

la seconde est que ceux qui s'y appliquent ont besoin d'un guide, sans lequel leurs recherches seraient inutiles. Or, il est difficile d'en trouver un bon ; et quand on en trouverait un, l'état actuel des choses ne permet pas d'espérer que ceux qui s'occupent de ces recherches aient assez peu de présomption pour se laisser diriger. Mais, si un État tout entier dirigeait ces travaux et en faisait quelque estime, les individus se prêteraient à ses vues, et, grâce à des efforts concertés et soutenus, on ne tarderait pas à découvrir la vérité et à la rendre évidente, puisque aujourd'hui même que la science est méprisée, entravée par le vulgaire, et qu'elle se trouve entre les mains de gens qui y travaillent sans compendre toute son utilité, malgré tant d'obstacles, par la seule force du charme qui l'entoure, elle fait des progrès sensibles, et il n'y a rien d'étonnant qu'elle soit arrivée au point où nous la voyons. — Glaucon. Je conviens qu'il n'est point d'étude plus attrayante que celle-là : mais explique-moi ce que tu disais tout à l'heure. Tu mettais d'abord la géométrie ou la science des surfaces. — Socrate. Oui. — Glaucon. Ensuite l'astronomie, immédiatement après. Puis tu es revenu sur tes pas. — Socrate. C'est qu'en voulant trop me hâter, je recule au lieu d'avancer. Je devais après la géométrie parler de la formation des solides : mais voyant qu'elle est encore dans un état ridicule, je l'ai laissée de côté pour passer à l'astronomie, c'est-à-dire aux solides mis en mouvement. — Glaucon. Fort bien. — Socrate. Mettons donc l'astronomie à la quatrième place, en supposant la science des solides découverte, parce qu'elle le sera infailliblement, du moment qu'un État s'en occupera. — Glaucon. Il y a bien de l'apparence. Mais comme tu m'as reproché d'avoir fait un éloge maladroit de l'astronomie, je vais la louer d'une manière conforme à tes idées. Il est, ce me semble, évident pour tout le monde, qu'elle oblige l'âme à regarder en haut et à passer des choses de la terre à la contemplation de celles du ciel. — Socrate. Peut-être cela est-il évident pour tout autre, que pour moi : mais je n'en juge pas de même. — Glaucon. Que veux-tu dire ? — Socrate. Il me semble que tu te fais une idée bien singulière de la science qui a pour objet les choses d'en haut. Si quelqu'un, en regardant de bas en haut les ornements d'un plafond, y distinguait quelque chose, il est probable que tu ne manqueras pas de dire qu'il regarde des yeux de l'âme et non de ceux du corps. Peut-être as-tu raison et me trompé-je grossièrement. Pour moi, je ne puis reconnaître d'autre science qui fasse regarder l'âme en haut que celle qui a pour objet ce qui est, et ce qu'on ne voit pas, soit que l'on acquière cette science en regardant en haut, la bouche béante, ou en baissant la tête et en clignant les yeux, tandis que, si quelqu'un regarde en haut, la bouche béante, pour apprendre quelque chose de sensible, je ne dirai jamais qu'il apprend quelque chose, parce que rien de sensible n'est l'objet de la science, ni que son âme regarde en haut, mais en bas, quand même il serait couché à la renverse sur la terre ou sur la mer pour se livrer à ses recherches[1].

2. — Glaucon. Tu as raison de me reprendre : je n'ai

1. Bekker seul donne le véritable texte de la phrase grecque d'après les manuscrits de Monaco et de Florence :

Ἐγὼ γὰρ αὖ οὐ δύναμαι ἄλλο τι νομίσαι ἄνω ποιοῦν ψυχὴν βλέπειν μάθημα ἢ ἐκεῖνο ὃ ἂν περὶ τὸ ὄν τε ᾖ καὶ τὸ ἀόρατον, ἐάν τέ τις ἄνω κεχηνὼς ἢ κάτω συμμεμυκὼς τούτων τι μανθάνῃ· ἐὰν δ' ἄνω που κεχηνὼς ὁτιοῦν τῶν αἰσθητῶν ἐπιχειρῇ μανθάνειν, οὔτε μαθεῖν ἄν ποτέ φημι αὐτόν — ἐπιστήμην γὰρ οὐδὲν ἔχειν τῶν τοιούτων — οὔτε ἄνω ἀλλὰ κάτω αὐτοῦ βλέπειν τὴν ψυχήν, κἂν ἐξ ὑπτίας νέων ἐν γῇ ἢ εν θαλάττῃ μανθάνῃ.

Stallbaum, qui est un guide si sûr et si éclairé, adopte le texte de Bekker. Cousin le suit sans aucun changement.

que ce que je mérite. Mais de quelle manière disais-tu qu'il faut réformer l'étude de l'astronomie, si on veut la rendre utile à notre dessein de fonder un État? — SOCRATE. Le voici. Certainement il faut considérer les ornements qui décorent la voûte des cieux comme ce qu'il y a de plus beau et de plus accompli dans leur ordre : cependant, comme ils appartiennent à l'ordre des choses visibles, il faut les regarder comme bien inférieurs à ces véritables astres[1] que la vraie vitesse et la vraie lenteur selon le vrai nombre et toutes les vraies figures produisent dans leurs mouvements respectifs et dans ceux qu'elles impriment aux corps célestes qui y sont attachés. Or, toutes ces choses échappent à la vue ; elles ne peuvent se saisir que par l'entendement et la pensée, et non par la vue : ou bien crois-tu le contraire? — GLAUCON. Nullement. — SOCRATE. Il faut donc que les divers ornements du ciel visible soient l'image du ciel intelligible et servent à notre instruction comme seraient pour un géomètre des dessins tracés et exécutés avec un art incomparable par Dédale ou par tout autre sculpteur ou peintre. Tout en les considérant comme des chefs-d'œuvre, un géomètre trouverait ridicule de les étudier sérieusement, pour découvrir la vérité absolue des rapports entre des quantités égales, doubles et autres. — GLAUCON. En effet, ne serait-ce pas ridicule? — SOCRATE. Ne crois-tu pas que le véritable astronome éprouvera le même sentiment en considérant les révolutions célestes? Toute la beauté que l'artiste dont nous

1. Ces astres véritables, ces astres intelligibles sont, pour Platon, les idées que Dieu a contemplées dans la formation des astres que nous voyons. Ainsi la vue des astres visibles doit nous élever à la contemplation des idées qui en sont les modèles et les archétypes. De là, il est aisé de passer à la connaissance du souverain bien, auteur de tout ce qui existe dans le monde visible et dans le monde intelligible.

parlons aura pu mettre dans ses ouvrages, l'astronome ne pensera-t-il pas qu'il doit la trouver dans l'œuvre de celui qui a fait le ciel et tout ce qu'il renferme ? Mais quant aux rapports du jour à la nuit, des jours aux mois, des mois aux années, enfin des autres astres entre eux ou avec le soleil, ne regardera-t-il pas comme une extravagance de s'imaginer que ces rapports soient toujours les mêmes, et qu'ils ne changent jamais, lorsqu'il ne s'agit que de phénomènes matériels et visibles et de chercher par tous les moyens à découvrir dans ces phénomènes la vérité même de ces rapports? — Glaucon. Je le crois aussi, Socrate, d'après ce que je viens d'entendre. — Socrate. Ainsi nous abandonnons l'astronomie comme la géométrie ; notre but était de nous servir des données qu'elle fournit. Nous laisserons là le ciel et ses phénomènes, si nous voulons devenir de vrais astronomes, et tirer quelque utilité de la partie intelligente de notre âme, qui était inutile auparavant. — Glaucon. Certes tu rends l'étude de l'astronomie beaucoup plus difficile qu'elle ne l'est aujourd'hui. — Socrate. Je pense que nous prescrirons la même méthode à l'égard des autres sciences, si nous voulons nous rendre utiles comme législateurs. Mais pourais-tu me rappeler encore quelqu'une des sciences qui conviennent à notre dessein? — Glaucon. Il ne m'en vient aucune à l'esprit, du moins pour le moment.

3. — Socrate. Cependant le mouvement, à ce que je crois, ne présente pas une seule forme ; il en a plusieurs. Un savant peut-être pourrait les énumérer toutes, mais il en est deux que nous connaissons. — Glaucon. Quelles sont-elles ? — Socrate. L'astronomie est la première : nous venons d'en parler ; la seconde est celle qui lui correspond. — Glaucon. Laquelle? — Socrate. Il semble que, de la manière que les yeux ont été faits même pour

l'astronomie, les oreilles l'ont été pour les mouvements harmoniques, et que ces deux sciences, l'astronomie et la musique, sont sœurs, comme disent les pythagoriciens, et comme nous, mon cher Glaucon, nous l'admettons : n'est-ce pas? — GLAUCON. Oui. — SOCRATE. Puisque la question est grave, nous adopterons leur opinion sur ce point, et sur d'autres encore, s'il y a lieu, mais en observant avec soin notre maxime. — GLAUCON. Quelle maxime ? — SOCRATE. C'est de veiller à ce que les jeunes gens que nous élèverons ne commencent point d'études en ce genre, qui demeureraient imparfaites et n'aboutiraient pas au terme où doivent aboutir toutes nos connaissances, comme nous le disions tout à l'heure au sujet de l'astronomie. Ne sais-tu pas que la musique aujourd'hui n'est pas mieux traitée que sa sœur ? On borne cette science à la mesure des tons et des accords sensibles : travail sans fin, comme celui des astronomes. — GLAUCON. En effet, Socrate, il est plaisant de voir nos musiciens avec ce qu'ils appellent leurs nuances diatoniques, l'oreille tendue, comme des curieux qui sont aux écoutes, les uns disant qu'ils découvrent un certain son mitoyen entre deux tons, et que ce son est le plus petit intervalle qui les sépare ; les autres soutenant au contraire que ces deux tons sont parfaitement semblables, mais étant tous d'accord pour préférer le jugement de l'oreille à celui de l'esprit. — SOCRATE. Tu parles de ces braves musiciens qui ne laissent aucun repos aux cordes, qui les mettent pour ainsi dire à la question et les tourmentent au moyen des chevilles. Pour ne pas prolonger cette description je te fais grâce des coups d'archet qu'ils leur donnent et des accusations dont ils les chargent sur leur obstination à refuser certains sons ou à en donner qu'on ne leur demande pas. Je laisse là ma description et je déclare que ce n'est point de ceux-là que je veux parler, mais des pythagoriciens[1] que nous nous sommes proposé d'interroger sur l'harmonie. Ceux-ci du moins font la même chose que les astronomes ; ils cherchent les nombres d'où résultent les accords qui frappent l'oreille ; mais ils ne vont pas jusqu'à ne voir dans ces accords que de simples données pour découvrir quels sont les nombres harmoniques et ceux qui ne le sont pas, ni d'où vient entre eux cette différence. — GLAUCON. Cette recherche est vraiment sublime. — SOCRATE. Elle conduit à la découverte du beau et du bon ; mais si on s'y livre dans une autre vue, elle ne sert de rien. — GLAUCON. Je le crois.

4. — SOCRATE. Pour moi, je pense que l'étude de toutes les sciences que nous venons de parcourir, si elle portait sur leurs points de contact et sur leurs analogies et si elle les réunissait dans leurs rapports généraux, je pense, dis-je, que cette étude serait utile à la fin que nous nous proposons et vaudrait la peine qu'on y travaillât ; sinon, elle serait inutile. — GLAUCON. Et moi aussi, j'en augure de même ; mais c'est tout un grand travail que celui dont tu parles, Socrate. — SOCRATE. Que veux-tu dire ? Ce n'est encore là que le préambule. Ne savons-nous pas que toutes ces études ne sont que des espèces de préludes de l'air qu'il nous faut apprendre ? Car assurément les hommes qui se distinguent dans ces sciences ne sont pas, à ton avis, autant de dialecticiens. — GLAUCON. Non certes, à l'exception de quelques-uns que j'ai rencontrés. — SOCRATE. Mais, si l'on n'est pas en état de donner ou d'entendre la raison de chaque chose, crois-tu qu'on puisse jamais bien connaître ce que nous disons qu'il faut savoir ? — GLAUCON. Je ne le crois pas.

— SOCRATE. N'est-ce pas là enfin, cher Glaucon, l'air

1. Les Pythagoriciens enseignaient que la musique est une imitation de l'harmonie céleste.

dont je parlais ? C'est la dialectique qui en est le terme. Cette science, toute spirituelle qu'elle est, peut cependant être représentée par l'organe de la vue qui essaie d'abord, comme nous l'avons dit, de regarder les animaux, puis s'élève vers les astres et enfin jusqu'au soleil lui-même. Ainsi celui qui s'applique à la dialectique, qui, sans aucune intervention des sens, s'élève par la raison seule jusqu'à l'essence des choses et continue ses recherches jusqu'à ce qu'il ait saisi par la pensée l'essence du bien, celui-là est arrivé au terme de l'ordre intelligible, comme celui qui voit le soleil est arrivé au terme de l'ordre visible. — GLAUCON. Rien n'est plus vrai. — SOCRATE. Quoi donc ? n'est-ce pas là ce que tu appelles la marche dialectique ? — GLAUCON. Sans doute. — SOCRATE. Rappelle-toi l'homme de la caverne : il commence par être délivré de ses chaînes ; puis, laissant les ombres, il se tourne vers les figures artificielles et vers le feu qui les éclaire ; il sort du souterrain et monte vers la lumière du soleil. L'impuissance de porter directement les yeux sur les animaux, les plantes et le soleil, l'oblige de contempler d'abord leurs ombres dans les eaux ; mais alors ce sont les ombres d'objets véritables, leurs images divines, et non plus ces ombres d'objets artificiels qui étaient formées par une lumière qu'il prenait alors pour le soleil. Voilà précisément ce que fait l'étude des sciences que nous venons de parcourir ; elle élève la partie la plus noble de l'âme jusqu'à la contemplation du plus excellent de tous les êtres, comme tout à l'heure le plus perçant des organes du corps s'élevait à la contemplation de ce qu'il y a de plus lumineux dans le monde matériel et visible. — GLAUCON. J'admets ce que tu dis : j'ai bien de la peine à l'admettre, mais, d'un autre côté, il me serait difficile aussi de le rejeter. Cependant, comme ce n'est pas la seule fois que nous aurons à parler de ce sujet et qu'il nous faudra y revenir souvent dans la suite, supposons que cela est ainsi, et venons-en à notre air pour l'étudier avec autant de soin que le prélude. Dis-nous donc en quoi consiste la dialectique, en combien de parties elle se divise, et par quels chemins on y parvient. Car il est probable que ces chemins conduisent le voyageur au terme où il trouve le repos de l'âme et la fin de sa course. — SOCRATE. Là, mon cher Glaucon, tu ne serais plus capable de me suivre. La bonne volonté ne me ferait jamais défaut ; mais au lieu de l'image du bien, il te faudrait voir le bien lui-même, ou du moins ce qui me paraît tel. Au reste, que ce soit le bien lui-même ou non, je ne prétends pas le garantir ; ce que je puis assurer, c'est que ce doit être quelque chose d'approchant : n'est-ce pas ? — GLAUCON. Oui. — SOCRATE. Que la dialectique seule peut le découvrir à un esprit exercé dans les sciences que nous avons parcourues et que cela est impossible à toute autre science. — GLAUCON. Nous pouvons encore l'assurer. — SOCRATE. Au moins il est un point que personne ne nous contestera, c'est que la méthode dialectique est la seule qui cherche à saisir régulièrement l'essence de chaque chose, tandis que tous les autres arts ne s'occupent que des opinions des hommes et de leurs goûts, de productions et de fabrications, ou se bornent même à l'entretien des produits naturels et fabriqués. Quant aux autres arts, tels que la géométrie et les sciences qui l'accompagnent, nous avons dit qu'ils ont quelque relation avec l'être ; mais nous voyons que la connaissance qu'ils ont de l'être ressemble à un songe, et qu'il leur sera toujours impossible de le voir de cette vue nette et claire qui distingue la veille, tant qu'ils ne s'élèveront pas au-dessus de leurs hypothèses et qu'ils n'y renonceront pas, faute de ne pouvoir en rendre raison. En effet, quand les principes sont pris on ne sait d'où, et que les conclusions et les propositions intermédiaires ne portent que sur des principes également incertains, le moyen qu'un tel tissu d'hypothèses fasse jamais une science ? — GLAUCON. Je n'en vois aucun. — SOCRATE. Il n'y a donc que la méthode dialectique qui, laissant là les hypothèses, remonte ainsi au principe pour l'établir solidement, tire peu à peu l'œil de l'âme du bourbier où il est plongé, et l'élève en haut avec le secours et par le ministère des arts dont nous avons parlé. Nous les avons appelées plusieurs fois du nom des sciences, pour nous conformer à l'usage : mais il faut leur donner un autre nom qui tienne le milieu entre l'obscurité de l'opinion et l'évidence de la science : nous nous sommes servis plus haut de celui de connaissance raisonnée. Au reste il ne s'agit pas, ce me semble, d'une dispute de noms, quand nous avons tant de choses si importantes à examiner. — GLAUCON. Tu as raison : c'est à la pensée à éclairer[1] les termes.

5. — SOCRATE. Mon avis est donc que nous continuions d'appeler *science* la première manière de connaître ; *science raisonnée*, la seconde ; *foi*, la troisième ; *conjecture*, la quatrième, comprenant les deux dernières sous le nom d'*opinion*, et les deux premières sous celui d'*intelligence*, de sorte que ce qui naît soit l'objet de l'opinion, et ce qui est, celui de l'intelligence, et que l'intelligence soit à l'opinion, la science à la foi, la connaissance raisonnée à la conjecture, ce que l'essence[2] est à ce qui naît. Laissons pour le présent, mon

1. Ἀλλ' ὃ ἂν μόνον δηλοῖ πρὸς τὴν ἕξιν σαφηνείᾳ, ἃ λέγει ἐν ψυχῇ. Cette phrase est visiblement altérée, et nulle variante n'aide à retrouver la leçon légitime. La plupart des éditeurs la regardent comme une glose qu'ils retranchent. Le texte de Bekker donne le sens le plus raisonnable.

2. Dieu ou l'idée du bon a fait deux mondes, l'un sur le modèle

cher Glaucon, l'examen des raisons qui fondent cette analogie, ainsi que la manière de diviser en deux espèces le genre d'objets qui tombe sous l'opinion et celui qui appartient à l'intelligence, pour ne pas nous jeter dans des discussions plus longues que toutes celles dont nous sommes sortis. — GLAUCON. Je suis de ton avis, ainsi que pour toutes les autres choses que tu as dites, autant que je peux te suivre.

— SOCRATE. N'appelles-tu pas dialecticien celui qui rend raison de ce que chaque chose est en soi? Et ne diras-tu pas d'un homme qu'il n'a pas l'intelligence d'une chose, lorsqu'il ne peut en rendre raison ni à lui-même ni aux autres? — GLAUCON. Comment pourrais-je dire qu'il l'a? — SOCRATE. Qu'un homme ne puisse séparer l'idée du bien de toutes les autres et en donner une définition précise, qu'il

de l'autre. Le premier contient les essences, qui sont immuables chacune en son espèce, et qui servent d'exemplaires de tout ce qui existe dans le second. Les êtres matériels, selon Platon, ne sont pas de véritables êtres, parce qu'ils sont sujets à la génération et à la corruption. Le nom d'être ne convient proprement qu'aux idées ou essences. Il y en a de deux sortes : les unes pures, dont le concept est sans aucun mélange d'image, comme l'idée du bon, du juste, du beau, etc.; les autres mixtes, et dans le concept desquelles il entre nécessairement une image, comme le triangle, le cercle, etc. Il y a aussi deux sortes d'êtres matériels : les corps et les images ou les ombres des corps.

A ces quatre espèces d'objets correspondent quatre espèces de connaissances : Platon appelle intelligence, νόησις, la connaissance des idées pures; connaissance raisonnée, διανοία, celle des idées mixtes; foi, πίστις, la connaissance des corps et de tout ce qui appartient aux corps; enfin conjecture, εἰκασία, la connaissance des images ou des ombres des corps. Les deux premières sortes de connaissances sont comprises sous le nom de science, les deux dernières sous le nom d'opinion. Ce système des deux mondes, l'un visible, l'autre idéal, est comme la clef de la métaphysique de Platon. Il fait mieux comprendre ce que dit Platon à la fin du livre cinquième sur la différence du philosophe, c'est-à-dire celui qui aime la science, et du philodoxe, c'est-à-dire celui qui aime l'opinion.

ne sache pas se frayer un passage à travers toutes les objections comme un brave dans la mêlée, que, tout en désirant ardemment démontrer cette idée non pas selon l'opinion, mais selon la réalité, il ne puisse pas renverser tous ces obstacles par la force d'une logique infaillible, ne diras-tu pas d'un tel homme qu'il ne connaît ni le bien par essence ni aucun autre bien, que, s'il saisit quelque fantôme de bien, ce n'est point à la science, mais à l'apparence qu'il le doit, que sa vie se passe dans un sommeil rempli de songes et de rêveries, et qu'avant de se réveiller il descendra aux enfers pour dormir alors d'un sommeil parfait? — Glaucon. Oui certes, je dirai tout cela. — Socrate. Mais si tu te trouvais un jour chargé de former réellement ces mêmes élèves dont tu ne fais ici l'éducation qu'en paroles, tu ne leur permettrais pas sans doute, tant qu'ils ressembleront aux lignes irrationnelles[1] de la géométrie, d'exercer le souverain pouvoir dans l'État et de diriger les plus grandes affaires. — Glaucon. Certainement non. — Socrate. Tu leur prescriras donc de s'appliquer spécialement à cette science qui doit les rendre capables d'interroger et de répondre de la manière la plus savante qu'il est possible. — Glaucon. Oui, je le prescrirai avec toi. — Socrate. Te semble-t-il donc que la dialectique est, pour parler ainsi, le faîte et le comble des sciences, qu'il n'en est aucune qu'on doive placer au-dessus, et qu'elle ferme la série des sciences? — Glaucon. Oui.

V. 1. — Socrate. Il te reste par conséquent à régler

1. Schneider cite une phrase d'Euclide, livre X, où les lignes qui ne sont pas exactement commensurables par telle autre ligne donnée sont dites ἄλογοι, irrationnelles, c'est-à-dire n'ayant pas leur raison dans celle-là.

quels sont ceux à qui nous ferons part de ces sciences et de quelle manière il faudra les enseigner.—GLAUCON. Évidemment. — SOCRATE. Te rappelles-tu quel était le caractère de ceux que nous avons choisis pour gouverner? — GLAUCON. Oui. — SOCRATE. Tu pensais toi-même que c'étaient des hommes de cette trempe que nous devions choisir, et qu'il fallait préférer ceux qui sont les plus fermes, les plus vaillants et, s'il se peut, les plus beaux. De plus il faut chercher non-seulement de nobles et de fortes natures, mais encore des dispositions appropriées à l'éducation que nous voulons leur donner. — GLAUCON. Quelles sont ces dispositions? — SOCRATE. La sagacité nécessaire pour l'étude des sciences, et la facilité à apprendre; car l'âme est bien plutôt découragée par l'étude des sciences abstraites que par les exercices gymnastiques, parce que la peine n'est que pour elle seule et qu'elle n'est point partagée par le corps. — GLAUCON. Cela est vrai. — SOCRATE. Il faut de plus qu'ils aient de la mémoire, un caractère infatigable, qu'ils aiment le travail, et toute espèce de travail sans distinction; autrement, crois-tu que l'un d'eux voudrait ajouter à tant d'exercices du corps tant d'études et de fatigues de l'esprit? — GLAUCON. Personne n'y consentira, à moins d'avoir le plus heureux naturel.

— SOCRATE. La faute que l'on commet aujourd'hui, celle qui a fait tant de tort à la philosophie, vient, comme je l'ai dit précédemment, de ce qu'on s'adonne à la philosophie sans en être digne; il ne faudrait point en laisser approcher des talents bâtards, mais seulement de francs et légitimes talents.—GLAUCON. Comment l'entends-tu?— SOCRATE. D'abord celui qui veut s'y livrer ne doit pas être boîteux par rapport à l'amour du travail, c'est-à-dire en partie laborieux, en partie indolent; ce qui arrive lorsqu'un jeune homme, rempli d'ardeur pour le gymnase, pour la chasse, pour tous les exercices du corps, n'a d'ailleurs aucun goût pour tout ce qui est étude, conversations, recherches scientifiques, et qu'il craint tout travail de cette sorte ; j'en dis autant de celui dont l'amour pour le travail se porte tout entier du côté opposé. — GLAUCON. Rien n'est plus vrai. — SOCRATE. Quant à ce qui regarde la vérité, ne mettrons-nous pas encore au rang des âmes estropiées celles qui, détestant le mensonge volontaire, et ne pouvant le souffrir sans répugnance dans elles-mêmes, ni sans indignation dans les autres, n'ont pas la même horreur pour le mensonge involontaire, et qui, lorsqu'elles sont convaincues de vivre dans l'ignorance, ne s'indignent pas contre elles-mêmes, mais se vautrent dans l'ignorance comme le pourceau dans la fange? — GLAUCON. Oui, sans doute. — SOCRATE. Et pour la tempérance, le courage, la grandeur d'âme et les autres parties de la vertu, il ne faut pas apporter moins d'attention à discerner les naturels francs d'avec les naturels bâtards. Faute de savoir les distinguer, les individus et les États confient tous leurs intérêts, sans s'en apercevoir, ceux-ci à des amis faux et imparfaits, ceux-là à des magistrats qui ne le sont pas moins. — GLAUCON. Cela n'est que trop ordinaire. — SOCRATE. Il faut tâcher d'éviter tous ces malheurs ; si nous n'appelons à des études et à des exercices de cette importance que des sujets auxquels il ne manque rien ni du côté du corps ni du côté de l'âme, la justice elle-même n'aura aucun reproche à nous faire, notre État et nos lois se maintiendront ; mais si nous appliquons d'autres sujets à ces travaux, c'est tout le contraire qui arrivera et nous verserons plus de ridicule encore sur la philosophie. — GLAUCON. Ce serait une tache honteuse pour nous. — SOCRATE. Sans doute ; mais il me semble qu'ici j'apprête moi-même à rire à mes dépens. — GLAUCON. En quoi donc ? — SOCRATE. J'oubliais que nous plaisantions, et j'ai parlé un peu trop vivement. Mais en parlant, j'ai jeté les yeux sur la philosophie, et la voyant insultée d'une manière indigne, il me semble que je me suis emporté, presque mis en colère, et que j'ai parlé trop vivement contre les coupables qui l'outragent. — GLAUCON. Non certes ; du moins c'est l'avis de ton auditeur. — SOCRATE. Mais c'est celui de l'orateur. Quoi qu'il en soit, n'oublions pas que notre premier choix tombait sur des vieillards, et qu'ici un pareil choix ne serait pas de saison ; car il n'en faut pas croire Solon[1] lorsqu'il dit qu'un homme qui vieillit peut apprendre beaucoup de choses. Il est encore moins en état d'apprendre que de courir ; non, c'est à la jeunesse qu'appartiennent tous les grands travaux. — GLAUCON. Nécessairement.

2. — SOCRATE. C'est donc dès l'enfance qu'il faut appliquer nos élèves à l'étude de l'arithmétique, de la géométrie et des autres sciences qui doivent servir de préparation à la dialectique, mais il faut bannir des formes de l'enseignement tout ce qui pourrait sentir la contrainte à apprendre. — GLAUCON. Pour quelle raison? — SOCRATE. Parce que l'homme libre ne doit apprendre aucune science en esclave. Que les exercices du corps soient forcés, le corps n'en tire pas pour cela moins d'avantage ; mais les leçons qu'on fait entrer de force dans l'âme n'y demeurent pas. — GLAUCON. C'est la vérité. — SOCRATE. N'emploie donc pas la violence, mon cher ami, dans les leçons que tu donnes aux enfants : fais plutôt en sorte qu'ils s'instruisent en jouant, afin que tu sois plus à portée de connaître les dispositions de chacun. — GLAUCON. Ce que tu dis est très sensé. —

1. Plutarque, *Vie de Solon*.

Socrate. Te souviens-tu que nous disions qu'il fallait conduire les enfants à la guerre sur des chevaux, les rendre spectateurs du combat, les approcher même de la mêlée lorsqu'on le pourra sans danger, et leur faire goûter du sang, comme on fait aux jeunes chiens de meute? — Glaucon. Je m'en souviens. — Socrate. Ceux qui auront montré constamment l'esprit le plus vif dans tous ces genres de travaux, de sciences et de dangers, tu auras soin de les mettre à part. — Glaucon. A quel âge? — Socrate. Lorsqu'ils auront fini le cours obligatoire d'exercices gymniques; car ce temps d'exercices, qui pourra être de deux ou trois ans, n'admet pas d'autres occupations, la fatigue et le sommeil étant ennemis des sciences : et d'ailleurs ce n'est pas l'épreuve la moins importante de constater comment chacun d'eux se montrera dans les exercices gymnastiques. — Glaucon. Non certainement.

— Socrate. Après ce temps, à partir de leur vingtième année, ceux qui auront été choisis entre tous obtiendront des distinctions plus grandes que les autres, et on devra leur présenter dans leur ensemble les sciences que pendant leur enfance ils ont étudiées sans ordre et sans enchaînement, afin qu'ils puissent saisir sous un point de vue synoptique les rapports que ces sciences ont entre elles, et connaître la nature de l'être. — Glaucon. Cette méthode est la seule qui donne des connaissances solides à ceux qui la suivent. — Socrate. C'est aussi un excellent moyen de distinguer l'esprit propre à la dialectique de celui qui ne l'est pas; l'esprit qui saisit le point de vue général est dialecticien, l'autre ne l'est pas. — Glaucon. Nous sommes d'accord. — Socrate. C'est à quoi tu devras faire attention; quand tu auras bien reconnu quels sont ceux qui ont le plus de dispositions pour la dialectique et qui sont le plus solides dans les sciences, dans la guerre et dans les autres épreuves prescrites, tu devras, après leur trentième année, en former une élite nouvelle pour leur accorder de plus grands honneurs, et tu distingueras, en les éprouvant par la dialectique, ceux qui, sans le secours de leurs yeux ni des autres sens, pourront s'élever jusqu'à la connaissance de l'être par la seule force de la vérité; et c'est ici, mon cher Glaucon, qu'il s'agit de prendre les plus grandes précautions. — GLAUCON. Pourquoi? — SOCRATE. Ne remarques-tu pas le mal dont l'étude de la dialectique est atteinte de nos jours et les progrès qu'il fait? — GLAUCON. Quel mal? — SOCRATE. Elle est pleine de désordre. — GLAUCON. C'est bien vrai.

— SOCRATE. Crois-tu qu'il y ait dans ce désordre rien d'étonnant, et n'excuses-tu pas ceux qui s'y laissent aller? — GLAUCON. Par où sont-ils excusables? — SOCRATE. Il leur arrive la même chose qu'à un enfant supposé, qui, élevé dans le sein d'une famille noble, opulente, au milieu du faste et des flatteurs, s'apercevrait, étant devenu grand, que ceux qui se disent ses parents ne le sont pas, sans pouvoir découvrir ceux qui le sont véritablement. Me diras-tu bien quels seraient à l'égard de ses flatteurs et de ceux qui se font passer pour ses parents les sentiments qu'il éprouverait, avant qu'il eût connaissance de sa supposition, et après qu'il en serait instruit? Ou veux-tu savoir là-dessus ma pensée? — GLAUCON. Je le veux bien. — SOCRATE. Je m'imagine qu'il aurait d'abord plus de respect pour son père, sa mère et les autres qu'il regarderait comme ses proches, que pour ses flatteurs; qu'il mettrait plus d'empressement à les secourir, s'il les voyait dans l'indigence; qu'il serait moins disposé à leur manquer en paroles ou en actions; en un mot qu'il leur désobéirait moins dans les choses essentielles qu'à ses flatteurs, pendant tout le temps qu'il ignorerait son état. — GLAUCON. C'est probable. — SOCRATE. Mais à peine aurait-il connu la vérité, il me semble que son respect et ses attentions diminueraient pour ses parents et augmenteraient pour ses flatteurs ; qu'il s'abandonnerait à ceux-ci avec moins de réserve qu'auparavant, suivant en tout leurs conseils ; qu'il vivrait avec eux dans la familiarité la plus ouverte, et qu'il ne s'embarrasserait nullement de son père et de ses parents supposés, à moins qu'il ne fût d'un caractère très sage. — GLAUCON. Tout ce que tu dis arriverait ; mais comment cette comparaison s'applique-t-elle à ceux qui étudient la dialectique ?

— SOCRATE. Voici comment : dès l'enfance, n'avons-nous pas des principes de justice et d'honnêteté, sous l'empire desquels nous sommes élevés comme par des parents ; nous leur obéissons, nous les honorons ? — GLAUCON. Oui. — SOCRATE. Mais n'y a-t-il pas aussi des maximes opposées à celles-là ? maximes qui ne tendent qu'au plaisir, qui obsèdent notre âme comme autant de flatteurs, qui la sollicitent vivement, mais qui ne nous persuadent pas, pour peu que nous ayons de sagesse, et qui ne nous empêchent pas d'honorer les maximes vraiment paternelles et de leur rester fidèles. — GLAUCON. Cela est encore vrai. — SOCRATE. Eh bien, supposons maintenant qu'il survienne une question captieuse qui demande à un homme ainsi disposé ce que c'est que l'honnête. Quand il aura répondu ce qu'il a appris de la bouche même du législateur, si on le réfute, si on le confond à plusieurs reprises et de plusieurs manières, et qu'on le réduise à douter s'il y a rien qui soit honnête plutôt que déshonnête en soi ; si on en fait autant pour le juste, le bien et pour les autres choses qu'il honorait le plus, que deviendront alors, dis-moi, à l'égard de toutes ces choses, ses habitudes de respect et de soumission? — GLAUCON. Nécessairement il n'aura plus le même respect ni la même soumission. — SOCRATE. Mais lorsqu'il en sera venu à n'avoir plus autant de respect pour ces maximes, et à ne plus reconnaître comme auparavant la parenté qui l'unit à elles, sans pouvoir découvrir la vérité en elle-même, se peut-il faire qu'il se livre à un autre régime qu'à celui qui le flatte? — GLAUCON. C'est impossible. — SOCRATE. Il semblera donc être devenu rebelle aux lois, de soumis qu'il leur était auparavant. — GLAUCON. — Nécessairement.

3. — SOCRATE. Il n'y a donc rien que de très naturel dans ce qui arrive à ceux qui ne s'appliquent pas autrement à la dialectique, et, comme je viens de le dire, ils méritent bien qu'on leur pardonne. — GLAUCON. Et qu'on les plaigne. — SOCRATE. Afin que tu n'aies pas aussi à plaindre les élèves que tu auras choisis parmi les hommes de trente ans, ne faut-il pas prendre toutes les précautions possibles, avant de les appliquer à la dialectique? — GLAUCON. Certainement. — SOCRATE. N'est-ce pas déjà une excellente précaution que celle qui consiste à leur interdire la dialectique, quand ils sont trop jeunes? Tu n'ignores pas sans doute que les jeunes gens, lorsqu'ils ont pris les premières leçons de la dialectique, s'en servent comme d'un amusement et se font un jeu de contredire sans cesse. A l'exemple de ceux qui les ont confondus dans la dispute, ils confondent les autres à leur tour, et comme de jeunes chiens, ils se plaisent à harceler et à déchirer avec le raisonnement tous ceux qui les approchent. — GLAUCON. Tu les peins à merveille. — SOCRATE. Après tant de disputes où ils ont été tantôt vainqueurs, tantôt vaincus, ils finissent par en venir au point de ne rien croire de ce qu'ils croyaient auparavant. Par là ils donnent occasion aux autres de les décrier eux et la philosophie tout entière. — GLAUCON. Rien

de plus vrai. — SOCRATE. Dans un âge plus mûr, on ne donnera point dans cette manie. On cherchera à imiter ceux qui veulent faire sérieusement de la dialectique et découvrir la vérité, plutôt que ceux qui ne veulent que s'amuser et contredire. Ainsi on prendra soi-même un caractère plus honorable et on donnera à la philosophie plus de considération et de dignité. — GLAUCON. Très bien. — SOCRATE. N'est-ce point la même précaution qui nous a fait dire plus haut qu'il ne faut admettre aux exercices de la dialectique que des esprits graves et solides, au lieu d'y admettre, comme aujourd'hui, le premier venu, même quand il n'y apporte aucune disposition? — GLAUCON. Oui certainement. — SOCRATE. Sera-ce assez de donner à la dialectique le double du temps qu'on aura donné à la gymnastique, et de s'y appliquer sans relâche, sans interruption, aussi exclusivement qu'on l'avait fait pour les exercices du corps? — GLAUCON. Combien d'années? Quatre ou six? — SOCRATE. Environ; mets en cinq. Après quoi, tu les feras de nouveau descendre dans la caverne[1] et tu les obligeras de remplir les emplois militaires et les autres fonctions propres aux jeunes hommes, afin que du côté de l'expérience ils ne restent pas en arrière des autres. Dans toutes ces épreuves que tu devras leur faire subir, tu observeras s'ils demeurent fermes, quoiqu'ils soient tirés et sollicités de tous côtés, ou s'ils fléchissent un peu. — GLAUCON. Quelle durée donnes-tu à ces épreuves? — SOCRATE. Quinze ans. Il sera temps alors de conduire au terme ceux qui à cinquante[2] ans seront sortis purs de ces

1 « Plato sic vocat civilium negotiorum communionem respiciens ad illam antri comparationem ubi inter alia dixerunt eum, qui lucem solis semel intueri consuevisset, recusaturum rursus ad pristinos sodales descendere, eosque de misero ipsorum statu et conditione educere. » Note de Stallbaum.

2. Ainsi on ne serait admis au gouvernement qu'à l'âge de cin-

épreuves, après s'être distingués dans leur conduite comme dans les sciences, et de les contraindre à diriger l'œil de l'âme vers l'être qui éclaire toutes choses, à contempler l'essence du bien et à s'en servir désormais comme d'un modèle pour gouverner chacun à leur tour l'État, les particuliers et leur propre personne, s'occupant presque toujours de l'étude de la philosophie, mais se chargeant, quand leur tour arrivera, du fardeau de l'autorité et de l'administration des affaires dans la seule vue du bien public et dans la persuasion que c'est moins un honneur pour eux qu'un devoir indispensable, c'est alors qu'après avoir travaillé à former des hommes qui leur ressemblent, et laissant la garde de l'État à de dignes successeurs, ils doivent passer de cette vie dans les îles des bienheureux. L'État doit à son tour leur consacrer des monuments et des sacrifices publics, à tel titre que la Pythie l'ordonnera, soit comme à des génies tutélaires, ou du moins comme à des âmes bienheureuses et divines.

— GLAUCON. Voilà d'admirables modèles que tu nous donnes comme un sculpteur habile. — SOCRATE. Applique aussi tout cela aux femmes, mon cher Glaucon. Ne crois pas que j'aie parlé plutôt pour les hommes que pour celles des femmes qui seront douées d'une aptitude convenable. — GLAUCON. Cela doit être, puisque dans notre système elles partageront tout avec les hommes. — SOCRATE. Eh bien, mes amis, m'accordez-vous maintenant que notre projet d'État et de gouvernement n'est pas un simple souhait? L'exécution en est difficile sans doute, mais elle est possible, et elle ne l'est que de la manière qu'il a été dit : savoir, lorsqu'on verra à

quante ans. C'est une imitation de la gérontocratie lacédémonienne. On voit toujours percer l'admiration pour les institutions de Lacédémone et de la Crète.

la tête des gouvernements un ou plusieurs vrais philosophes qui, méprisant les honneurs qu'on brigue aujourd'hui, les regardant comme indignes d'un homme libre et comme sans aucune valeur, n'estimant que le devoir et les honneurs qui en sont la récompense, regardant la justice comme la chose la plus importante et la plus nécessaire, dévoués à son service et s'appliquant à la faire prévaloir, prendront les plus sages mesures pour la réforme de l'État. — GLAUCON. De quelle manière ?— SOCRATE. Lorsqu'ils relègueront à la campagne tous les citoyens qui seront au-dessus de dix ans, et qu'ayant soustrait les enfants de ces citoyens à l'influence des mœurs actuelles qui sont aussi celles des parents, ils les élèveront conformément à leurs propres mœurs et à leurs principes que nous avons exposés. Ce sera le plus sûr et le plus prompt moyen d'établir cet État et ce gouvernement auquel nous avons promis le bonheur et le privilège d'offrir les plus grands avantages au peuple qui l'aura vu naître. — GLAUCON. Sans contredit. Je crois, Socrate, que tu as heureusement trouvé la manière dont notre projet s'exécutera, s'il s'exécute un jour. — SOCRATE. N'en avons-nous pas dit assez au sujet de cette république et de l'homme qui lui ressemble ? Il est aisé de voir quel il doit être selon nos principes. — GLAUCON. Oui, et comme tu dis, cette matière est épuisée.

LIVRE HUITIÈME

ARGUMENT

Platon arrive enfin à cette question toujours présente dans son livre, mais qu'il n'a point encore résolue, savoir, s'il est vrai que le méchant soit heureux sur la terre. Cette question, il veut l'approfondir à la fois dans l'individu et dans les masses, dans la famille et dans l'État. Ainsi la morale trouvera sa place au sommet de la politique, et c'est du tableau des divers gouvernements qu'il fera sortir la solution du plus difficile problème que se soit encore proposé la philosophie. Pour accomplir une si grande tâche, Platon établit d'abord qu'il y a cinq espèces de gouvernements et cinq caractères de l'âme qui leur correspondent ; il examine ensuite les qualités et les défauts de chacun de ces caractères et de chacun de ces gouvernements. C'est dans l'excès de leur principe fondamental, dans l'abus de leur prospérité qu'il trouve le vice qui les tue, ou plutôt l'origine de leurs transformations successives. Ainsi l'aristocratie devient une timarchie par la corruption ; la timarchie, qui est le gouvernement des ambitieux, devient une oligarchie par la puissance donnée aux richesses ; l'oligarchie devient une démocratie par la pauvreté du plus grand nombre qui se compte et se connaît : cette dernière forme de gouvernement sort tout armée de la corruption des riches et de la misère des pauvres ; enfin, la démocratie se change en tyrannie par l'excès même de la licence, qui enfante toujours un maître. Alors le fils dévore le père, c'est-à-dire que le tyran dévore le peuple. L'État populaire trouve sa perte dans ce qu'il regarde comme son vrai bien, liberté dégénérée en licence. Ce magnifique développement de la génération et de la transformation des États fait tout le fond de ce livre : il y tient la meilleure place, et cependant il n'en est pas le but ; le but est plus élevé et plus grand. Il s'agit en effet d'établir sur des bases inébranlables cette haute vérité morale, dont Platon vient de faire un principe politique, que la justice seule peut donner le bonheur.

I. 1. — SOCRATE. Soit : c'est donc une chose reconnue entre nous, mon cher Glaucon, que dans un État qui aspire à la perfection tout est mis en commun, les femmes, les enfants, l'éducation, les exercices qui se rapportent à la guerre et à la paix, et que les chefs sont des hommes consommés dans la philosophie et dans la science militaire. — GLAUCON. Oui. — SOCRATE. Nous sommes convenus aussi qu'après leur institution les chefs conduiront les guerriers dans des logements tels que nous avons dit, communs à tous, où personne ne possède rien en propre, et qu'ils s'y établiront tous ensemble. Outre le logement, tu te rappelles peut-être ce que nous avons réglé sur les possessions des guerriers. — GLAUCON. Oui, je me souviens que nous n'avons pas jugé à propos qu'aucun d'eux eût la propriété de quoi que ce soit, comme les guerriers d'aujourd'hui, mais que, se regardant comme autant d'athlètes destinés à combattre et à veiller pour le bien public, ils devaient pourvoir à leur sûreté et à celle de leurs concitoyens, et recevoir de ceux-ci, pour prix de leurs services, ce qui leur était nécessaire chaque année pour leur nourriture. — SOCRATE. Bien. Mais puisque nous avons tout dit sur ce point, rappelons-nous l'endroit où nous en étions, lorsque nous sommes entrés dans cette digression, afin de reprendre la même voie. — GLAUCON. Il est aisé de le faire. Tu semblais comme tout à l'heure avoir épuisé ce que tu avais à dire sur l'État et tu concluais en disant que tu regardais comme bon l'État qui ressemblerait à celui que tu venais de décrire, et l'homme qui aurait le même caractère, quoique tu parusses avoir encore un plus beau modèle et pour l'État et pour l'homme qui lui ressemble. Tu ajoutais que, si cette forme de gouvernement est bonne, toutes les autres sont défectueuses. Tu comptais, autant que je m'en souviens, quatre formes de gouvernements qui méritaient d'être comparées à elles-mêmes et aux individus dont le caractère répond à chacune d'elles, afin qu'après avoir examiné tous ces individus et déterminé le caractère parfait du juste et du méchant, nous fussions en état de juger si l'un est le plus heureux et l'autre le plus malheureux des hommes, ou s'il en est autrement. Dans le moment où je te priais de me nommer ces quatre espèces de gouvernements, Adimante et Polémarque nous interrompirent et tu t'engageas dans la digression qui nous a conduits ici. — SOCRATE. Ta mémoire est très fidèle.

— GLAUCON. Fais donc comme les lutteurs : donne-moi encore la même prise, et réponds à la même question ce que tu allais répondre alors. — SOCRATE. Si je puis. — GLAUCON. D'abord je désire, moi aussi, savoir de toi quels sont ces quatre gouvernements. — SOCRATE. Je n'aurai pas de peine à te satisfaire : ils sont assez connus. D'abord le gouvernement le plus vanté de tous, celui de la Crête et de Lacédémone ; le second, placé aussi au second rang pour l'éloge qu'on en fait, savoir l'oligarchie, gouvernement rempli d'un grand nombre de maux ; la démocratie, entièrement opposée à l'oligarchie et qui vient immédiatement après elle ; enfin la vraie tyrannie, qui ne ressemble à aucun des trois autres gouvernements, et qui est la quatrième et la plus grande maladie d'un État. — GLAUCON. Peux-tu me nommer quelque autre espèce de gouvernement qui ait une forme prononcée et distincte de celles-ci ? — SOCRATE. Les souverainetés et les royautés vénales sont des gouvernements en quelque sorte intermédiaires, et on n'en trouverait pas moins chez les barbares que chez les Grecs. — GLAUCON. En effet, on en cite beaucoup et de fort étranges.

2. — SOCRATE. Or, ne sais-tu pas qu'il y a nécessairement autant de caractères d'hommes que d'espèces de gouvernements ? Ou crois-tu que la forme d'un gouver-

nement vienne des chênes[1] et des rochers, et non des mœurs qui règnent parmi les citoyens et qui ne peuvent prendre une direction quelconque sans entraîner tout le reste? — GLAUCON. Elle ne peut se former d'ailleurs. — SOCRATE. Ainsi, puisqu'il y a cinq espèces de gouvernement, il doit y avoir cinq caractères de l'âme qui leur répondent chez les individus. — GLAUCON. Sans doute. — SOCRATE. Nous avons déjà parlé du caractère qui répond à l'aristocratie, et nous avons dit avec raison qu'il est bon et juste. — GLAUCON. Oui. — SOCRATE. Il nous faut à présent passer en revue les caractères vicieux, d'abord celui qui est jaloux et ambitieux, formé sur le modèle du gouvernement de Lacédémone; ensuite les caractères oligarchique, démocratique et tyrannique. Quand nous aurons reconnu quel est le plus injuste de ces caractères, nous l'opposerons au plus juste, et la comparaison de la justice pure avec l'injustice aussi sans mélange nous conduira parfaitement à la recherche que nous poursuivons dans cette discussion, c'est-à-dire au degré de bonheur ou de malheur que chacune apporte avec elle, et alors nous nous attacherons à l'injustice, suivant le conseil de Thrasymaque, ou bien à la justice, conformément aux raisons évidentes qui se produisent en sa faveur : n'est-ce pas? — GLAUCON. Oui, c'est ainsi qu'il faut faire. — SOCRATE. Précédemment, nous avons commencé par examiner le caractère moral de l'État, avant de porter nos recherches sur les individus, parce que nous avons cru que cette méthode était plus lumineuse. Ici ne devons-nous pas encore faire de même, et considérer d'abord le gouvernement ambitieux (car je n'ai pas de nom usité à lui donner ; il faut l'appeler timocratie ou timarchie) ; ensuite exa-

1. Locution proverbiale empruntée à Homère et à Hésiode : *Iliade*, XXII, v. 120, et *Odyssée*, XIX, v. 163 ; *Théogonie*, v. 35.

miner l'homme qui lui ressemble, puis l'oligarchie et l'homme oligarchique ; de là porter nos regards sur la démocratie et sur l'homme démocratique; enfin, en quatrième lieu, passer à l'examen du gouvernement et du caractère tyrannique, et tâcher de juger avec connaissance de cause la question que nous nous sommes proposée? — GLAUCON. On ne saurait procéder avec plus d'ordre dans cet examen et ce jugement.

3. — SOCRATE. Essayons d'abord d'expliquer de quelle manière se pourra faire le passage de l'aristocratie à la timocratie. N'est-ce pas une vérité très simple que dans un État tout changement a sa source dans la partie qui gouverne, lorsqu'il s'élève en elle quelque division, et que, tant que cette partie sera d'accord avec elle-même, quelque petite qu'elle soit d'ailleurs, il est impossible qu'il se fasse dans l'État aucun changement?— GLAUCON. C'est une chose certaine. — SOCRATE. Comment donc un État tel que le nôtre éprouvera-t-il quelque changement? Par où la discorde, se glissant entre les guerriers et les chefs, armera-t-elle chacun de ces corps contre l'autre et contre lui-même? Veux-tu qu'à l'imitation d'Homère nous conjurions les Muses de nous expliquer l'origine de la sédition et que nous les fassions parler sur un ton tragique et sublime, moitié en badinant et en jouant avec nous, moitié sérieusement?—GLAUCON. Comment? — SOCRATE. A peu près ainsi : « Il est difficile qu'un État constitué comme le vôtre s'altère; mais, comme tout ce qui naît est sujet à la corruption, ce système de gouvernement ne durera pas toujours, mais il se dissoudra, et voici comment. Il y a non-seulement pour les plantes qui naissent dans le sein de la terre, mais encore pour les animaux qui vivent sur sa surface, des retours de fécondité et de stérilité qui influent sur l'âme et le corps ; et ces retours ont lieu quand l'ordre

des temps ramène sur elle-même pour chaque espèce sa révolution circulaire qui s'achève dans un espace ou plus court ou plus long, suivant que la vie de ces espèces est plus courte ou plus longue. Malgré leur habileté, ceux que vous avez élevés pour être les chefs de l'État pourront fort bien, dans leur calcul et dans leurs observations à l'aide des sens, ne pas saisir d'une manière parfaitement juste l'instant favorable ou contraire à la propagation de votre espèce; cet instant leur échappera, et ils donneront des enfants à l'État lorsqu'il n'en faudra pas donner. Or, les générations divines ont une période que comprend un nombre parfait; mais pour la race humaine, il y a un nombre géométrique[1] dont le pouvoir préside aux bonnes et aux mauvaises générations. Ignorant les vertus mystérieuses de ce nombre, les magistrats uniront les jeunes époux à contre-temps et ces mariages produiront des enfants qui ne seront favorisés ni de la nature ni de la fortune. Leurs pères choisiront, il est vrai, les meilleurs d'entre eux pour les remplacer; mais comme ceux-ci ne seront pas dignes de leur succéder, ils ne seront pas plus tôt élevés aux dignités de leurs pères, que nous serons les premières qu'ils négligeront dans leur emploi de gardiens de l'État, n'estimant pas autant qu'elles le méritent la musique d'abord, ensuite la gymnastique ; d'où il arrivera que la génération nouvelle deviendra étrangère aux Muses. Aussi les magistrats qui seront choisis parmi eux ne sauront pas veiller à la garde de l'État ni discerner les races d'or, d'argent, d'airain et de fer, dont parle Hésiode[2], et qui

1. Tous les traducteurs français retranchent ici la phrase célèbre sur les conditions de ce nombre géométrique. Il paraît impossible d'y trouver un sens raisonnable; les traductions latines et allemandes ont fait de vains efforts pour résoudre ce problème. Le texte est altéré.

2. Les Œuvres et les Jours, v. 108 et suivants

se trouvent chez vous. Le fer venant donc à se mêler avec l'argent, et l'airain avec l'or, il résultera de ce mélange un défaut de ressemblance, de régularité et d'harmonie : défaut qui, quelque part qu'il se trouve, engendre toujours la guerre et la haine. Telle est l'origine qu'il faut assigner à la sédition en tout lieu et toujours. — GLAUCON. Et nous dirons que les Muses répondent à merveille. — SOCRATE. Nécessairement, puisqu'elles sont des Muses. — GLAUCON. Hé bien, que disent-elles ensuite?

— SOCRATE. La sédition une fois formée, les deux races de fer et d'airain aspirèrent à s'enrichir et à acquérir des terres, des maisons, de l'or et de l'argent, tandis que les races d'or et d'argent, n'étant pas dépourvues, mais riches de leur nature, élevèrent leurs âmes vers la vertu et le maintien de la constitution primitive. Après bien des violences et bien des luttes, les guerriers et les magistrats convinrent de se partager et de s'approprier les terres et les maisons, de rendre esclaves ceux qu'ils gardaient autrefois comme des hommes libres, comme leurs amis et leurs nourriciers, de les attacher au service de leurs terres et de leurs maisons, enfin de s'occuper eux-mêmes de la guerre et du soin de défendre toute cette multitude. — GLAUCON. Il me paraît que c'est bien de là que doit venir cette révolution. — SOCRATE. Un tel gouvernement ne tient-il donc pas le milieu entre l'aristocratie et l'oligarchie? — GLAUCON. Tout à fait.

4. — SOCRATE. La révolution se fera donc ainsi : mais quelle sera la forme de ce nouveau gouvernement? N'est-il pas évident qu'il retiendra quelque chose de l'ancien ; qu'il prendra aussi quelque chose du gouvernement oligarchique, puisqu'il tient le milieu entre l'un et l'autre, et que de plus il aura quelque chose de propre à lui et de distinctif? — GLAUCON. Oui. — So-

crate. Ainsi, le respect pour les magistrats, l'aversion des guerriers pour tout ce qui se rapporte à l'agriculture, aux arts mécaniques et aux autres professions lucratives, la coutume de prendre les repas en commun, et le soin de cultiver les exercices gymnastiques et militaires, ne conservera-t-il pas toutes ces traditions de l'aristocratie? — Glaucon. Oui. — Socrate. D'autre part, n'aura-t-il pas pour caractère distinctif de craindre d'élever des sages aux premières dignités, parce qu'il n'aura plus dans son sein des hommes d'une vertu simple et d'une solidité à toute épreuve, mais des natures mélangées; de donner la préférence aux caractères irascibles, trop peu éclairés, nés pour la guerre plutôt que pour la paix; de faire un grand cas des stratagèmes et des ruses de guerre; enfin d'avoir toujours les armes à la main? — Glaucon. Certainement. — Socrate. De tels hommes seront avides de richesses comme dans les États oligarchiques. Adorateurs farouches de l'or et de l'argent, ils l'honoreront dans l'ombre, ils l'enfermeront et le tiendront caché dans leurs coffres et leurs trésors particuliers; retranchés dans l'enceinte de leurs maisons comme dans autant de nids, ils y feront de folles dépenses pour des femmes et pour qui bon leur semblera. — Glaucon. Rien n'est plus vrai. — Socrate. Ils seront donc avares de leurs biens, parce qu'ils les aiment et les possèdent clandestinement, et en même temps prodigues du bien d'autrui, par le désir qu'ils ont de satisfaire leurs passions. Livrés secrètement à tous les plaisirs, ils fuiront les regards de la loi comme un jeune débauché fuit les regards de son père, conséquence funeste d'une éducation que la contrainte a dirigée plutôt que la persuasion, et cela parce qu'on a négligé la véritable muse, j'entends la muse qui préside à la dialectique et à la philosophie, et qu'on a préféré la gymnastique à la musique. — GLAUCON. C'est tout à fait la description d'un gouvernement mélangé de bien et de mal. — SOCRATE. Tu l'as dit. Comme la colère y domine, ce qu'il y a de plus remarquable, c'est l'ambition et la brigue. — GLAUCON. Certainement. — SOCRATE. Telles seraient donc l'origine et les mœurs de ce gouvernement. Je n'en ai fait qu'une esquisse; au lieu d'une peinture exacte, parce qu'il suffit à notre dessein de connaître même par cette simple esquisse l'homme parfaitement juste et le méchant, et que d'ailleurs nous nous jetterions dans des détails interminables, si nous voulions décrire avec la dernière exactitude chaque gouvernement et chaque caractère. — GLAUCON. Tu as raison.

5. — SOCRATE. Quel est l'homme qui répond à ce gouvernement? Comment se forme-t-il et quel est son caractère? — ADIMANTE. Je m'imagine qu'il doit ressembler à peu près à notre ami Glaucon [1], ici présent, du moins sous le rapport de l'ambition. — SOCRATE. Oui, peut-être par cet endroit; mais voici d'autres points par où il me semble qu'il en diffère. — ADIMANTE. Lesquels? — SOCRATE. Il doit être plus vain et plus étranger à la musique, quoiqu'il n'en soit pas ennemi; il aura du plaisir à écouter, mais il manquera de talent pour la parole. Dur envers les esclaves, sans toutefois les mépriser, comme font ceux qui ont reçu une bonne éducation, il sera doux envers les hommes libres, et plein de déférence pour ses supérieurs. Jaloux de s'élever aux honneurs et aux dignités, il y prétendra, non par l'éloquence, ni par aucun talent du même genre, mais par les travaux militaires et par les exercices qui tiennent à la guerre : par conséquent, il sera passionné

1. A peine âgé de quarante ans, Glaucon voulait se mêler des affaires publiques. Socrate l'en détourna.

pour la gymnastique et pour la chasse. — ADIMANTE. Voilà, au naturel, les mœurs des citoyens de cet État. — SOCRATE. Pendant sa jeunesse, il pourra bien n'avoir que du mépris pour les richesses, mais son attachement pour elles ne croîtra-t-il pas avec l'âge, parce que la nature le porte à l'avarice, et que sa vertu, destituée de son gardien, est loin d'être pure. — ADIMANTE. Quel est ce gardien? — SOCRATE. La dialectique tempérée par la musique ; elle seule, une fois bien établie, conserve toujours la vertu dans le cœur qui la possède. — ADIMANTE. Très-bien. — SOCRATE. Tel est le jeune homme ambitieux, image du gouvernement timocratique. — ADIMANTE. Tout à fait.

— SOCRATE. Voici à présent de quelle manière à peu près il se forme. Il aura pour père un homme de bien, citoyen d'un État mal gouverné, qui fuit les honneurs, les dignités, la magistrature, et tous les embarras que les charges traînent après elles, qui consent à vivre dans la médiocrité pour ne pas avoir d'affaires. — ADIMANTE. Comment se développe le caractère de ce jeune homme ? — SOCRATE. D'abord il entend les plaintes de sa mère : son époux n'a aucune charge dans l'État ; elle en est moins estimée des autres femmes ; elle le voit trop peu empressé d'amasser des richesses ; il ne sait pas se défendre ni devant les tribunaux pour les causes civiles ni devant le peuple, mais il supporte lâchement tous ces affronts ; elle s'aperçoit qu'il ne s'occupe que de lui et qu'il n'a que de l'indifférence pour elle. Il entend sa mère, outrée d'une conduite si indigne, lui répéter que son père est un homme sans cœur, un lâche, avec toutes les injures que les femmes ne manquent jamais de débiter en pareille circonstance. — ADIMANTE. Oui, et une foule de propos qui sont tout à fait dans leur caractère. — SOCRATE. Tu sais bien aussi que souvent de pareils discours sont adressés en secret au fils de la maison par des serviteurs qui s'imaginent faire preuve de zèle. S'aperçoivent-ils que le père n'exige pas le paiement de quelque dette ou la réparation de quelque injustice, ils exhortent le fils à faire punir tous les débiteurs lorsqu'il sera grand, et à être plus homme que son père. Sort-il de la maison, il en entend bien d'autres dans le même genre; il voit qu'on traite d'imbéciles et qu'on méprise ceux qui ne s'occupent que de ce qui les regarde, tandis qu'on honore et qu'on vante ceux qui se mêlent de ce qui ne les regarde pas. Le jeune homme qui entend et voit tout cela, à qui son père tient d'autre part un langage tout différent, et qui voit de près que la conduite de son père est opposée à celle des autres, se sent à la fois tiré de deux côtés : par son père, qui cultive et qui fortifie la partie raisonnable de son âme, et par les autres, qui enflamment ses désirs et sa colère. Comme il n'a pas un naturel mauvais en soi et que seulement il a suivi les mauvais exemples de ceux qu'il a fréquentés, il prend le milieu entre ces deux partis extrêmes, et livre le gouvernement de son âme à cette partie de lui-même où réside la colère avec l'esprit de dispute, et qui tient le milieu entre la raison et les désirs ; alors il devient un homme altier et ambitieux. — ADIMANTE. Il me semble que tu as très bien expliqué l'origine et le développement de ce caractère. — SOCRATE. Nous avons donc la seconde espèce de gouvernement et d'homme. — ADIMANTE. Oui.

II. 1. — SOCRATE. Ainsi, comme dit Eschyle[1], passons à

Un autre homme comparé à un autre État ;

1. Voyez la tragédie des *Sept Chefs devant Thèbes*, où un messager décrit successivement les héros postés devant chaque porte de la ville ; v. 555 et suivants.

et pour garder le même ordre, commençons par l'État. — ADIMANTE. J'y consens. — SOCRATE. Le gouvernement qui vient ensuite est, je crois, l'oligarchie. — ADIMANTE. Qu'entends-tu par oligarchie? — SOCRATE. J'entends une forme de gouvernement dont le cens est la base ; les riches y commandent, et les pauvres n'ont aucune part au pouvoir. — ADIMANTE. Je comprends. — SOCRATE. Faut-il d'abord expliquer comment se fait le passage de la timarchie à l'oligarchie ? — ADIMANTE. Oui. — SOCRATE. Il n'y a pas d'aveugle pour qui ce passage ne soit évident. — ADIMANTE. Comment se fait-il ? — SOCRATE. C'est le trésor particulier, tout rempli d'or, qui perd la timarchie. D'abord les citoyens imaginent de folles dépenses pour eux-mêmes, ils plient les lois à leurs caprices et ils leur désobéissent, eux et leurs femmes. — ADIMANTE. Cela ne peut pas manquer d'arriver. — SOCRATE. Ensuite, l'exemple des uns excitant la jalousie des autres, la contagion devient universelle. — ADIMANTE. Cela doit être encore. — SOCRATE. Pour soutenir ces dépenses, on se livre de plus en plus à la passion d'amasser ; à mesure que l'estime des richesses augmente, celle de la vertu diminue. La richesse et la vertu n'ont-elles pas entre elles cette différence que, si on les place l'une et l'autre sur le plateau d'une balance, l'ascension de l'une fait toujours baisser l'autre? — ADIMANTE. Oui. — SOCRATE. Par conséquent, plus un État estime la richesse et les riches, moins il honore la vertu et les hommes vertueux. — ADIMANTE. Évidemment. — SOCRATE. Mais on recherche ce qui est estimé, et on néglige ce qui ne l'est pas. — ADIMANTE. Oui. — SOCRATE. Ainsi d'ambitieux et d'intrigants que les citoyens étaient dans la timarchie, ils finissent par devenir avares et cupides. Ils n'ont d'éloges et d'admiration que pour les riches ; les emplois ne sont que pour eux ;

c'est assez d'être pauvre pour être méprisé. — ADIMANTE. Cela n'est que trop vrai.

— SOCRATE. Alors s'établit une loi, qui donne pour base du gouvernement oligarchique la quotité de la fortune ; le cens exigé est plus fort dans un gouvernement où l'oligarchie est plus développée ; il est plus faible dans celui où elle a moins de vigueur ; et l'accès des charges publiques est interdit à tous ceux dont la fortune ne monte pas au cens marqué. Cette loi passe par la voie de la force et des armes, ou bien, avant que les riches y aient recours, la crainte qu'éprouvent les pauvres laisse constituer ce gouvernement. N'est-ce pas ainsi que les choses se passent ? — ADIMANTE. Oui. — SOCRATE. Voilà donc à peu près comment cette forme de gouvernement s'établit. — ADIMANTE. Oui, mais quelles sont ses mœurs ? Quels sont les vices que nous lui reprochons ? — SOCRATE. Le premier est le principe même de ce gouvernement. Regarde en effet ce qui arriverait, si l'on choisissait le pilote d'après le cens, sans jamais confier le gouvernail au pauvre, quand même il serait plus capable. — ADIMANTE. Les vaisseaux seraient mal gouvernés. — SOCRATE. N'en serait-il pas de même d'une direction quelconque ? — ADIMANTE. Je le crois. — SOCRATE. Faut-il excepter celle d'un État ? ou faut-il l'y comprendre ? — ADIMANTE. Plus que toute autre, d'autant plus que c'est le gouvernement le plus difficile et le plus important. — SOCRATE. L'oligarchie a donc d'abord ce vice capital. — ADIMANTE. Cela est prouvé.

— SOCRATE. Mais quoi ! cet autre vice est-il moins grand ? — ADIMANTE. Lequel ? — SOCRATE. C'est que cet État par sa nature n'est point un, mais qu'il renferme nécessairement deux États, l'un composé de riches, l'autre de pauvres, qui habitent le même sol et qui conspirent sans cesse les uns contre les autres. — ADIMANTE.

Non certes ; ce vice n'est pas moins grand que le premier. — SOCRATE. Ce n'est pas non plus un bel avantage pour ce gouvernement que l'impuissance pour ainsi dire où il est de faire la guerre, parce qu'il lui faut, ou bien armer la multitude et avoir par conséquent plus à craindre d'elle que de l'ennemi, ou bien ne pas s'en servir, et se présenter au combat avec une armée vraiment oligarchique[1] ; outre cela, les citoyens ne veulent pas contribuer aux frais de la guerre, parce qu'ils aiment l'argent. — ADIMANTE. Non, ce n'est pas un avantage. — SOCRATE. De plus, les citoyens de cet État ont un tort contre lequel nous nous sommes tant élevés ; ils sont à la fois laboureurs, commerçants et soldats. Cela te paraît-il bien ? — ADIMANTE. Pas le moins du monde.

2. — SOCRATE. Vois maintenant si le plus grand vice de cette constitution n'est pas celui que je vais dire et si elle n'en est pas atteinte la première. — ADIMANTE. Lequel ? — SOCRATE. La liberté qu'on y laisse à chacun de vendre son bien ou d'acquérir celui d'autrui ; et à celui qui a vendu son bien de demeurer dans l'État sans aucun emploi, ni d'artisan, ni de commerçant, ni de cavalier, ni d'hoplite, sans autre titre enfin que celui de pauvre et d'indigent. — ADIMANTE. Cette constitution est en effet la première qui soit atteinte de ce vice. — SOCRATE. On ne songe pas à empêcher ce désordre dans les gouvernements oligarchiques ; car, si on le prévenait, les uns ne posséderaient pas des richesses excessives, tandis que les autres sont réduits à la dernière misère. — ADIMANTE. Cela est vrai. — SOCRATE. Fais encore attention à ceci. Lorsque cet homme autrefois riche se ruinait par de folles dépenses, en rendait-il plus de

1. Très peu nombreuse.

services à l'Etat pour les différents emplois dont nous venons de parler? Ou passerait-il pour un des chefs de l'État, sans en être en réalité ni le chef ni le serviteur et sans avoir d'autre emploi que celui de dissipateur de son propre bien? — ADIMANTE. Oui, il passait pour un des chefs de l'État, mais au fond il n'était rien autre chose qu'un dissipateur. — SOCRATE. Veux-tu que nous disions de cet homme qu'il est le fléau de l'État, comme le frelon est le fléau de la ruche[1]? — ADIMANTE. Je le veux bien, Socrate. — SOCRATE. Mais n'y a-t-il pas cette différence, mon cher Adimante, que Dieu a fait naître sans aiguillon tous les frelons ailés, au lieu que parmi ces frelons à deux pieds, s'il y en a qui n'ont pas d'aiguillons, d'autres en revanche en ont de très piquants? Ceux qui n'en ont pas traînent leur vieillesse et meurent dans l'indigence; ceux qui en sont armés donnent naissance à tous les malfaiteurs. — ADIMANTE. Rien de plus vrai. — SOCRATE. Il est donc manifeste que dans tout État où tu verras des pauvres, il y a des filous cachés, des coupeurs de bourse, des sacrilèges et des fripons de toute espèce. — ADIMANTE. On n'en saurait douter. — SOCRATE. Mais dans les gouvernements oligarchiques, ne vois-tu pas des pauvres? — ADIMANTE. Oui, presque tous les citoyens, à l'exception des chefs. — SOCRATE. Ne sommes-nous point par conséquent autorisés à croire qu'il s'y trouve aussi beaucoup de malfaiteurs armés d'aiguillons, que les magistrats surveillent et contiennent par la force? — ADIMANTE. Nous le croyons en effet. — SOCRATE. Ne dirons-nous pas que c'est l'ignorance, la mauvaise éducation et le vice intérieur du gouvernement qui a fait naître tous ces malfaiteurs dans l'oligarchie? — ADIMANTE. Oui certainement.

1. Comparaison imitée d'Hésiode, *Œuvres et Jours*, v. 300.

— SOCRATE. Tel est donc le caractère de l'État oligarchique; tels sont ses vices; peut-être en a-t-il encore davantage. — ADIMANTE. Peut-être. — SOCRATE. Terminons ici le tableau du gouvernement qu'on appelle oligarchie, où le cens fait les magistrats. Examinons ensuite l'homme qui lui ressemble, comment il se forme et quel est son caractère. — ADIMANTE. J'y consens volontiers.

3. — SOCRATE. Le passage de l'esprit timarchique à l'esprit oligarchique ne se fait-il pas de cette manière? — ADIMANTE. De quelle manière? — SOCRATE. Le fils veut d'abord imiter son père et marcher sur ses traces, mais ensuite, voyant que son père s'est brisé tout à coup contre l'État, comme un vaisseau contre un écueil; qu'après avoir prodigué ses biens et sa personne, soit à la tête des armées ou dans quelque autre charge d'une grande importance, il est traîné devant les juges, calomnié par des imposteurs, condamné à la mort, à l'exil, à la perte de son honneur et de tous ses biens... — ADIMANTE. Cela est très ordinaire. — SOCRATE. Voyant, dis-je, fondre sur son père tant de malheurs qu'il partage avec lui, dépouillé de sa fortune et craignant pour sa propre vie, il précipite cette ambition et ces grands sentiments du trône qu'il leur avait élevé dans son âme; humilié de l'état d'indigence où il se trouve, il ne songe plus qu'à amasser du bien; enfin, à force de travail et d'épargnes sordides, il parvient à s'enrichir. Ne crois-tu pas qu'alors, sur ce même trône d'où il a chassé l'ambition, il fera monter l'esprit d'avarice et de convoitise, qu'il l'établira son grand roi [1], qu'il lui mettra le diadème, le collier, et lui ceindra le cimeterre [2]? — ADIMANTE. Je le crois. — SOCRATE. Mettant ensuite aux pieds de ce nouveau maître, d'un côté la raison, de l'autre le courage, enchaînés

1. Allusion au roi de Perse que les Grecs appelaient le grand roi.
2. Description des insignes du grand roi : Cyropédie, II, 4, 6.

comme des esclaves, il oblige l'une à ne réfléchir, à ne penser qu'aux moyens d'accumuler de nouveaux trésors, et il force l'autre à n'admirer, à n'honorer que les richesses et les riches, à mettre toute sa gloire dans la possession d'une grande fortune et dans l'art d'y ajouter sans cesse. — ADIMANTE. Il n'est point dans un jeune homme de passage plus rapide ni plus violent que celui de l'ambition à l'avarice. — SOCRATE. N'est-ce pas là le caractère oligarchique? — ADIMANTE. Du moins la révolution qui le métamorphose le rend tout à fait semblable au gouvernement d'où est sortie l'oligarchie. — SOCRATE. Voyons donc s'il ressemble à l'oligarchie. — ADIMANTE. Voyons.

4. — SOCRATE. N'a-t-il pas d'abord avec l'oligarchie ce premier trait de ressemblance, de placer les richesses au-dessus de tout? — ADIMANTE. Sans contredit. — SOCRATE. Il lui ressemble de plus par l'esprit d'épargne et par l'industrie; il n'accorde à la nature que la satisfaction des désirs nécessaires, il s'interdit toute autre dépense et maîtrise tous les autres désirs comme superflus et insensés. — ADIMANTE. C'est l'exacte vérité. — SOCRATE. Il est sordide, fait argent de tout, ne songe qu'à thésauriser ; en un mot, il est du nombre de ceux dont le vulgaire admire l'habileté. N'est-ce pas là le portrait fidèle de l'homme qui ressemble au gouvernement oligarchique? — ADIMANTE. Oui, selon moi, car de part et d'autre on ne voit rien de préférable aux richesses. — SOCRATE. Sans doute, cet homme n'a guère songé à s'instruire. — ADIMANTE. Il n'y a pas d'apparence; autrement, il n'aurait pas pris un aveugle[1] pour conduire le chœur de ses desirs et il ne lui ferait pas tant d'honneur.

— SOCRATE. Bien ; mais prends garde à ce que j'a-

1. Allusion à Plutus, dieu des richesses, qui était aveugle.

joute. Ne dirons-nous pas que l'ignorance a fait naître en lui des désirs qui sont de la nature des frelons, les uns comme des mendiants, les autres comme des malfaiteurs, que contient par la force l'autre passion qui le domine? — ADIMANTE. Fort bien. — SOCRATE. Sais-tu en quelles occasions tes regards découvriront la partie malfaisante de ses désirs? — ADIMANTE. En quelles occasions? — SOCRATE. Lorsqu'il sera chargé de quelque tutelle ou de quelque autre intérêt dans lequel il aura toute licence de mal faire. — ADIMANTE. Tu as raison. — SOCRATE. N'est-il pas clair par là que dans les autres circonstances où il obtient l'estime par les apparences de la justice, c'est en se faisant à lui-même une sage violence qu'il comprime les mauvais désirs qui sont en lui, non pas par le sentiment du devoir ni par le calme de la réflexion, mais par nécessité et par peur, lorsqu'il craint de perdre son bien, en voulant s'emparer de celui d'autrui? — ADIMANTE. Évidemment. — SOCRATE. Mais lorsqu'il sera question de dépenser le bien d'autrui, c'est alors, mon cher ami, que dans la plupart des hommes de ce caractère tu découvriras ces désirs qui tiennent du naturel des frelons. — ADIMANTE. J'en suis persuadé. — SOCRATE. Un homme de ce caractère ne sera donc pas exempt de sédition au dedans de lui-même il ne sera pas un; il y aura en lui deux hommes différents dont les désirs se combattront; mais pour l'ordinaire, les bons désirs l'emporteront sur les mauvais. — ADIMANTE. Oui. — SOCRATE. Aussi aura-t-il, je pense, un extérieur plus digne que bien d'autres. Mais la vraie vertu qui produit dans l'âme l'unité et l'harmonie sera bien loin de lui. — ADIMANTE. Je le pense comme toi. — SOCRATE. S'agit-il en affaire privée et entre concitoyens de quelque concours ou de quelque rivalité honorable? Cet homme parcimonieux sera un faible jouteur. Il ne veut pas dépenser d'argent pour la gloire ni pour ces sortes de combats; il craint de réveiller en lui les passions prodigues et d'en faire ses auxiliaires, mais aussi des rivales dangereuses de sa passion dominante. Il se présente donc dans la lice sur un pied oligarchique avec une petite partie de ses ressources : il a presque toujours le dessous; mais il s'enrichit. — ADIMANTE. C'est bien cela. — SOCRATE. Hésiterons-nous encore à placer pour la ressemblance cet homme avare et ménager à côté du gouvernement oligarchique? — ADIMANTE. Non.

III. 1. — SOCRATE. Il s'agit maintenant, je crois, d'examiner l'origine et les mœurs de la démocratie, afin qu'après avoir examiné la même chose dans l'homme démocratique nous puissions les comparer et les juger. — ADIMANTE. Oui, nous suivrons ainsi notre marche ordinaire. — SOCRATE. Eh bien, le passage de l'oligarchie à la démocratie se fait par suite de l'insatiable désir de ce bien suprême que tous ont devant les yeux, c'est-à-dire la plus grande richesse possible. — ADIMANTE. Comment cela? — SOCRATE. Les chefs ne devant leur autorité qu'aux grands biens qu'ils possèdent, se gardent de réprimer par la sévérité des lois le libertinage des jeunes débauchés et de les empêcher de se ruiner par des dépenses excessives; car ils ont dessein d'acheter leurs biens et de se les approprier par l'usure, pour accroître aussi leurs propres richesses et leur crédit. — ADIMANTE. Oui, sans le moindre doute. — SOCRATE. Or, il est déjà bien évident que dans un État les citoyens ne peuvent en même temps estimer la richesse et s'exercer à la tempérance d'une manière convenable, mais qu'ils doivent nécessairement sacrifier l'une ou l'autre. — ADIMANTE. Cela est de la dernière évidence. — SOCRATE. Ainsi, dans les oligarchies, les chefs, par suite de leurs négligences et des facilités qu'ils accordent au libertinage, réduisent quelquefois à l'indigence des hommes bien nés. — ADIMANTE. Certainement. — SOCRATE. Et voilà, ce me semble, bien établis dans l'État, des gens pourvus d'aiguillons et bien armés, les uns accablés de dettes, les autres notés d'infamie, d'autres perdus à la fois de biens et d'honneur, en état d'hostilité et de conspiration contre ceux qui se sont enrichis des débris de leur fortune, et contre le reste des citoyens, n'aimant plus qu'une seule chose, les révolutions. — ADIMANTE. C'est l'exacte vérité. — SOCRATE. Cependant ces usuriers avides, la tête baissée, et sans avoir l'air de voir ceux qu'ils ont ruinés, à mesure que d'autres se présentent, leur font de larges blessures au moyen de l'argent qu'ils leur prêtent à gros intérêts, et, tout en multipliant leurs revenus, ils multiplient dans l'État l'engeance du frelon et du mendiant. — ADIMANTE. Comment ne se multiplierait-elle pas? — SOCRATE. Et l'incendie a beau s'étendre, ils ne veulent recourir pour l'éteindre ni à l'expédient d'empêcher les particuliers de disposer de leurs biens à leur fantaisie, ni à un autre expédient de faire une loi qui détruise ces abus. — ADIMANTE. Quelle loi? — SOCRATE. Une loi qui viendrait après la première et qui obligerait les citoyens à être honnêtes; car, si les transactions privées devaient légalement se faire aux risques et périls des prêteurs, l'usure s'exercerait avec moins d'impudence, et l'État serait délivré d'une partie de ces maux dont nous avons parlé. — ADIMANTE. J'en conviens. — SOCRATE. C'est ainsi que ceux qui gouvernent réduisent à cette déplorable situation ceux qui sont gouvernés : ils se corrompent et ne corrompent-ils pas avec eux leurs enfants par le luxe et l'inexpérience des fatigues du corps et de l'âme? Ne les rendent-ils pas trop indolents et trop mous pour supporter le plaisir et la douleur? — ADIMANTE. Sans contredit. — SOCRATE. Eux-mêmes, uniquement occupés de s'enrichir, ne négligent-ils pas tout le reste, sans se mettre plus en peine de la vertu que ceux qu'ils ont rendus pauvres? — ADIMANTE. Sans contredit. — SOCRATE. Or, les esprits étant ainsi disposés de part et d'autre, lorsque les magistrats et les sujets se trouvent ensemble en voyage, ou dans quelque autre rencontre, dans une théorie[1], à l'armée, sur mer ou sur terre, et qu'ils s'observent mutuellement dans les occasions périlleuses, les riches n'ont alors aucun sujet de mépriser les pauvres; au contraire, quand un pauvre, maigre et brûlé du soleil, posté sur le champ de bataille à côté d'un riche élevé à l'ombre et chargé d'embonpoint, le voit tout hors d'haleine et embarrassé de sa personne, quelle pensée crois-tu qu'il lui vienne en ce moment à l'esprit? Ne se dit-il pas à lui-même que ces gens-là ne doivent leurs richesses qu'à la lâcheté des pauvres? Et, quand ceux-ci sont entre eux, ne se disent-ils pas les uns aux autres : En vérité, nos riches sont bien peu de chose! — ADIMANTE. Je suis persuadé qu'ils pensent et parlent de la sorte. — SOCRATE. Ainsi, comme un corps infirme n'a besoin que du plus léger accident pour tomber malade, et que souvent même il se dérange sans aucune cause extérieure, de même un État, dans une situation semblable, n'attend que la moindre occasion pour avoir une crise et se déchirer lui-même, lorsque les riches et les pauvres appellent à leur secours, ceux-ci les citoyens d'un État démocratique, ceux-là les chefs d'un État oligarchique; quelquefois même, sans que les étrangers s'en mêlent, la discorde n'éclate pas

1. Députation solennelle envoyée par les villes de la Grèce aux fêtes des dieux.

moins. — ADIMANTE. Rien de plus vrai. — SOCRATE. Eh bien, à mon avis, la démocratie arrive, lorsque les pauvres, ayant remporté la victoire sur les riches, massacrent les uns, chassent les autres, et partagent également avec ceux qui restent l'administration des affaires et les charges publiques, partage qui, dans ce gouvernement, se règle ordinairement par le sort. — ADIMANTE. C'est ainsi, en effet, que s'établit la démocratie, soit par la voie des armes, soit par la crainte qui oblige les riches à se retirer sans bruit.

2. — SOCRATE. Quelles sont les mœurs, quel est le caractère de ce gouvernement? Tout à l'heure, nous trouverons certainement un homme qui lui ressemble et que nous pourrons appeler l'homme démocratique. — ADIMANTE. Évidemment. — SOCRATE. D'abord, tout le monde est libre dans cet État; on y respire la liberté et le franc-parler; chacun est maître de faire ce qu'il lui plaît. — ADIMANTE. On le dit du moins. — SOCRATE. Mais partout où l'on a ce pouvoir il est évident que chaque citoyen choisit le genre de vie qui lui agrée davantage. — ADIMANTE. Sans doute. — SOCRATE. Par conséquent, si je ne me trompe, il doit y avoir dans ce gouvernement plus que dans tout autre des hommes de toute sorte de professions. — ADIMANTE. Oui. — SOCRATE. En vérité, cette forme de gouvernement a bien l'air d'être la plus belle de toutes, et cette prodigieuse diversité de caractères pourrait bien en relever la beauté, comme la variété de fleurs brodées relève la beauté d'une étoffe. — ADIMANTE. Pourquoi non? — SOCRATE. Bien des gens du moins trouveront que cette forme de gouvernement est la plus belle, comme font les enfants et les femmes quand ils voient des objets bigarrés. — ADIMANTE. Je le crois. — SOCRATE. C'est là, mon cher, qu'il y a plaisir à chercher un gouvernement. — ADIMANTE. Pourquoi? —

SOCRATE. Parce que celui-là, grâce à cette grande liberté, renferme tous les gouvernements possibles. Il semble, en effet, que si quelqu'un voulait former le plan d'un État, comme nous faisions tout à l'heure, il n'aurait qu'à se transporter dans un État démocratique comme dans un marché de gouvernements de toute espèce, à choisir un modèle et ensuite à l'exécuter. — ADIMANTE. Il ne manquerait pas de modèles. — SOCRATE. Si l'on en juge au premier coup d'œil, n'est-ce pas une condition merveilleuse et bien douce de ne pouvoir être contraint d'accepter aucune charge publique, quelque mérite que l'on ait pour la remplir; de n'être soumis à aucune autorité, si vous ne le voulez; de ne point aller à la guerre quand les autres y vont, et, tandis que les autres vivent en paix, de ne pas y vivre vous-même, si cela ne vous plaît pas; enfin, en dépit de la loi qui vous interdirait toute fonction dans la magistrature ou dans les tribunaux, de n'en être pas moins magistrat ou juge, si l'idée s'en présente à votre esprit? — ADIMANTE. Oui, du moins à première vue. — SOCRATE. N'est-ce pas encore quelque chose d'admirable que la douceur avec laquelle on traite certains criminels? N'as-tu pas encore vu dans un État libre des condamnés à la mort ou à l'exil rester dans leur ville, y paraître en public et, comme si personne n'y faisait attention et ne s'en apercevait, s'y promener avec une démarche et une contenance de héros? — ADIMANTE. J'en ai vu plusieurs. — SOCRATE. Et cette tolérance de l'État, ce caractère exempt de bassesse, ce mépris des maximes que nous traitions avec tant de respect en traçant le plan de notre république, lorsque nous affirmions qu'à moins d'être doué d'un excellent naturel, d'avoir joué, pour ainsi dire, dès l'enfance, au milieu du beau et de l'honnête, et d'en avoir fait ensuite une étude sérieuse, jamais on ne deviendrait vertueux..., avec quelle grandeur d'âme on y *foule*[1] aux pieds toutes ces maximes, sans se mettre en peine d'examiner quelle a été l'éducation de celui qui se mêle des affaires publiques! Au contraire, on l'accueille avec honneur, pourvu seulement qu'il se dise plein de zèle pour les intérêts du peuple[2]. — ADIMANTE. C'est en effet une grande générosité de sentiments. — SOCRATE. Tels sont à peu près les avantages de la démocratie avec d'autres semblables. C'est, comme tu le vois, un gouvernement très doux, où personne n'est le maître, et qui a su établir l'égalité entre les choses inégales comme entre les choses égales. — ADIMANTE. Tu n'en dis rien qui ne soit bien connu de tout le monde.

3. — SOCRATE. Considère à présent le caractère de l'homme démocratique ; ou plutôt, pour garder toujours le même ordre, ne verrons-nous pas auparavant comment il se forme? — ADIMANTE. Oui. — SOCRATE. N'est-ce pas ainsi? L'homme avare et oligarchique a un fils qu'il élève dans ses sentiments. — ADIMANTE. Sans doute. — SOCRATE. Ce fils, à l'exemple de son père, maîtrise par la force les désirs qui le portent à la dépense, mais qui sont ennemis de l'épargne, désirs qu'on appelle superflus. — ADIMANTE. Évidemment. — SOCRATE. Veux-tu, pour jeter plus de clarté dans cet entretien, que nous commencions par établir la distinction des désirs nécessaires et des désirs superflus? — ADIMANTE. Je le veux bien. — SOCRATE. N'a-t-on pas raison d'appeler désirs nécessaires ceux qu'il n'est pas en notre pouvoir de détourner, et qu'il nous est d'ailleurs utile de satisfaire? Ce sont deux sortes de désirs auxquels notre nature doit nécessairement se laisser

1. Lisez dans le texte grec καταπατήσας sans apostrophe.
2. Le texte présente dans toute cette phrase un exemple très remarquable d'anacoluthe.

aller : n'est-ce pas? — Adimante. Oui. — Socrate. C'est donc à bon droit que nous appellerons ces désirs nécessaires. — Adimante. Sans doute. — Socrate. Pour ceux dont il est aisé de se défaire, si l'on s'y applique de bonne heure, et dont la présence, loin de produire en nous aucun bien, y cause souvent de grands maux, quel autre nom leur convient mieux que celui de désirs superflus? — Adimante. Ils sont très bien nommés. — Socrate. Proposons un exemple des uns et des autres, pour nous en former une idée exacte. — Adimante. Il le faut. — Socrate. Le désir de manger du pain avec quelques mets, autant que l'exigent la santé et l'entretien des forces, n'est-il pas nécessaire? — Adimante. Je le pense. — Socrate. Le désir de la simple nourriture est nécessaire pour deux raisons, et parce qu'il est utile de manger, et parce qu'il est impossible de vivre autrement. — Adimante. Oui. — Socrate. Mais celui de l'assaisonnement ne l'est qu'autant qu'il sert à l'entretien des forces. — Adimante. Tout à fait. — Socrate. Le désir qui va au delà, et qui se porte sur toute sorte de mets et de choses semblables, désir qu'on peut réprimer de bonne heure, et même retrancher entièrement par une bonne éducation, désir nuisible au corps et non moins nuisible dans l'âme à la raison et à la tempérance, ne doit-il pas être compté parmi les désirs superflus? — Adimante. Rien de plus juste. — Socrate. Nous dirons donc que ceux-ci sont des désirs prodigues, ceux-là des désirs profitables, parce qu'ils servent à nous rendre capables d'agir. — Adimante. Oui. — Socrate. N'en dirons-nous pas autant des plaisirs de l'amour et de tous les autres plaisirs? — Adimante. Oui. — Socrate. N'est-il pas maintenant bien entendu que celui à qui nous avons donné le nom de frelon, c'est l'homme dominé par les désirs superflus, et que l'homme gouverné par les désirs nécessaires, c'est l'avare qui a le caractère oligarchique? — ADIMANTE. Sans contredit.

4. — SOCRATE. Expliquons ensuite comment cet homme passe du caractère oligarchique au caractère démocratique : voici, ce me semble, de quelle manière cela arrive pour l'ordinaire. — ADIMANTE. Comment? — SOCRATE. Lorsqu'un jeune homme, élevé, comme nous l'avons dit, dans l'ignorance et dans l'amour des épargnes sordides, a goûté une fois du miel des frelons, qu'il s'est trouvé dans la compagnie de ces insectes ardents et habiles qui peuvent exciter en lui des désirs et des caprices sans nombre et de toute espèce, n'est-ce pas alors que son gouvernement intérieur, d'oligarchique qu'il était, devient démocratique? — ADIMANTE. C'est une nécessité inévitable. — SOCRATE. Et comme l'État a changé de forme, quand l'une des deux factions a été secourue du dehors par des alliés qui ont un gouvernement semblable au sien, ainsi ce jeune homme ne changera-t-il pas de mœurs, quand certaines de ces passions recevront, pour ainsi dire, le secours étranger d'autres passions qui sont en lui avec la même nature et le même caractère? — ADIMANTE. Tout à fait. — SOCRATE. Et si quelque alliance vient à prêter son appui aux désirs oligarchiques qui sont dans ce jeune homme, soit qu'elle arrive du côté de son père ou de ses proches qui ne lui épargneront pas les avis salutaires et les réprimandes, son cœur ne sera-t-il pas alors, comme je le pense, en proie à la sédition, à la réaction en sens contraire, et à tous les troubles d'une guerre intestine? — ADIMANTE. Sans doute. — SOCRATE. Il arrive quelquefois que la faction oligarchique l'emporte sur la faction démocratique ; alors les mauvais désirs sont en partie détruits, en partie chassés de son âme ; la pudeur et la modestie les remplacent, et ce jeune

homme rentre dans le devoir. — ADIMANTE. Cela arrive quelquefois. — SOCRATE. Mais bientôt à la place des désirs qu'il a bannis surviennent secrètement de nouveaux désirs de la même famille, que la mauvaise éducation qu'il a reçue de son père a laissés croître et se fortifier. — ADIMANTE. C'est ce qui arrive ordinairement. — SOCRATE. Ils l'entraînent de nouveau dans les mêmes compagnies, et de ce commerce clandestin naît une foule d'autres désirs. — ADIMANTE. Comment n'en serait-il pas ainsi? — SOCRATE. Enfin, ils s'emparent de la citadelle de l'âme de ce jeune homme, après s'être aperçus qu'elle est vide de science, de nobles exercices et de principes vrais, qui sont la garde la plus sûre et la plus fidèle de la raison des mortels aimés des dieux. — ADIMANTE. Sans aucun doute. — SOCRATE. Aussitôt les jugements faux et présomptueux, les opinions hasardées accourent en foule et se jettent dans la place. — ADIMANTE. Hélas! oui. — SOCRATE. N'est-ce point alors qu'il retourne dans la compagnie de ces voluptueux Lotophages[1] et qu'il ne rougit plus de son commerce intime avec eux? S'il vient de la part de ses amis et de ses proches quelque renfort au parti de l'économie dans son âme, les maximes présomptueuses ferment en lui les portes du château royal, refusent l'entrée au secours qu'on envoie, et n'admettent pas même les sages conseils que les vieillards leur adressent comme une ambassade privée. Secondées d'une multitude de désirs

1. Le lotos est un fruit dont on ne pouvait manger sans oublier le passé. Il ne s'agit pas des Lotophages d'Homère, *Odyssée*, IX, v. 94. Ici les Lotophages représentent allégoriquement les mauvais désirs, que Platon a comparés plus haut au miel des frelons et qui vont féconder les mauvaises maximes pour repousser le secours des parents et des proches du jeune homme dont il est question. Celui-ci, qui avait déjà goûté de ce miel, y revient et s'enivre comme de lotos.

pernicieux, elles remportent la victoire et, traitant la pudeur d'imbécillité, elles la proscrivent ignominieusement, chassent la tempérance avec outrage en lui donnant le nom de lâcheté, et exterminent la modération et la frugalité qu'elles appellent rusticité et bassesse. — ADIMANTE. Oui vraiment. — SOCRATE. Après avoir vidé et purifié l'âme du jeune homme qu'elles obsèdent, comme si elles l'initiaient aux grands mystères, elles ne tardent pas à y introduire avec un nombreux cortège, richement parés et la couronne sur la tête, l'insolence, l'anarchie, le libertinage et l'effronterie, dont elles font grand éloge et qu'elles décorent de beaux noms, appelant l'insolence belles manières, l'anarchie liberté, le libertinage magnificence, l'effronterie courage. N'est-ce pas ainsi qu'un jeune homme, habitué dès l'enfance à n'écouter que les désirs nécessaires, en vient à émanciper ou plutôt à laisser dominer en lui les désirs superflus et pernicieux ? — ADIMANTE. On ne peut exposer ce changement d'une manière plus frappante.

— SOCRATE. Comment vit-il après cela ? Sans distinguer les désirs superflus des désirs nécessaires, il prodigue aux uns et aux autres son argent, ses soins et son temps. S'il est assez heureux pour ne pas porter ses désordres à l'excès, et si l'âge, ayant un peu apaisé le tumulte des passions, l'engage à rappeler de l'exil une partie des vertus qu'il a bannies, et à ne pas s'abandonner sans réserve aux vices qui ont pris leur place, il établit alors entre ses désirs une espèce d'égalité, et les faisant en quelque sorte tirer au sort, il laisse maîtriser son âme au premier à qui le sort est favorable. Ce désir étant satisfait, il passe sous l'empire d'un autre désir, et ainsi de suite ; il n'en rebute aucun, il les traite tous également bien. — ADIMANTE. Tout à fait. — SOCRATE. Que quelqu'un vienne lui dire qu'il y a des plaisirs de deux sortes : les uns qui vont à la suite des désirs innocents et légitimes, les autres qui sont le fruit des désirs coupables ; qu'il faut s'attacher aux uns et les honorer, réprimer et dompter les autres, il ne regarde pas ces maximes comme vraies, il leur ferme toutes les avenues de la citadelle, il ne répond qu'en branlant la tête et il soutient que tous les plaisirs sont de même nature et qu'ils méritent d'être également recherchés. — Adimante. Dans la disposition d'esprit où il est, c'est bien là ce qu'il fait.

— Socrate. Il vit donc au jour le jour. Le premier désir qui se présente est le premier satisfait. Aujourd'hui il s'enivre et il lui faut des joueuses de flûte ; demain il jeûnera et ne boira que de l'eau. Tantôt il s'exerce au gymnase, tantôt il est oisif et n'a souci de rien. Quelquefois il est philosophe, le plus souvent il est homme d'État, il s'élance à la tribune, et il dit et il fait tout ce qui lui passe par l'esprit. Un jour, il porte envie à la condition des gens de guerre, et le voilà devenu guerrier ; un autre jour, c'est aux commerçants, et le voilà qui se jette dans les affaires. En un mot, il n'y a pas d'ordre, pas de règle dans sa conduite, et cette vie qu'il appelle agréable, libre et heureuse, il la continue sans cesse. — Adimante. Voilà dans tous ses détails la vie d'un ami de l'égalité. — Socrate. Je pense que cet homme a toute sorte de caractères et de mœurs, et qu'il est l'homme bon et variable dont nous parlions et qui ressemble à l'État populaire ; alors il n'est pas étonnant que tant de personnes de l'un et de l'autre sexe envient un genre de vie où sont rassemblées toutes les espèces de gouvernements et de caractères. — Adimante. Il en est ainsi. — Socrate. Mettons donc vis-à-vis de la démocratie cet homme qu'on peut à bon droit nommer démocratique. — Adimante. J'y consens.

IV. 1. — SOCRATE. Il nous reste désormais à considérer la plus belle forme de gouvernement et le plus beau caractère : la tyrannie et le tyran. — ADIMANTE. Parfaitement. — SOCRATE. Voyons donc, mon cher ami, comment se forme le gouvernement tyrannique ; et d'abord il est à peu près évident qu'il doit sa naissance à la démocratie. — ADIMANTE. Oui. — SOCRATE. Le passage de la démocratie à la tyrannie n'est-il pas à peu près le même que celui de l'oligarchie à la démocratie ? — ADIMANTE. Comment ? — SOCRATE. Ce qu'on regardait dans l'oligarchie comme le plus grand bien, ce qui même a donné naissance à cette forme de gouvernement, ce sont les richesses excessives : n'est-ce pas ? — ADIMANTE. Oui. — SOCRATE. Ce qui a causé sa ruine, c'est le désir insatiable des richesses, et l'indifférence que la passion de s'enrichir inspire pour tout le reste. — ADIMANTE. Cela est vrai. SOCRATE. Par la même raison, ce qui fait la ruine de l'État démocratique, n'est-ce pas aussi le désir insatiable de ce qu'il regarde comme son bien suprême ? — ADIMANTE. Quel est ce bien ? — SOCRATE. La liberté. En effet, dans un État démocratique, tu entendras dire de toutes parts que la liberté est le plus précieux de tous les biens, et que pour cette raison c'est dans cet État seul qu'un homme né de condition libre peut vivre dignement. — ADIMANTE. En effet, on n'entend dire que cela. . . . .

— SOCRATE. N'est-ce pas, comme j'allais le dire, cet amour de la liberté porté à l'excès, et accompagné d'une indifférence extrême pour le reste, qui change ce gouvernement et fait qu'il a besoin de la tyrannie ? — ADIMANTE. Comment ? — SOCRATE. Lorsqu'un État démocratique, dévoré de la soif de la liberté, trouve à sa tête de mauvais échansons, et qu'il boit la liberté toute pure jusqu'à s'enivrer, alors, si les gouverneurs ne poussent pas la complaisance assez loin pour lui donner autant de liberté qu'il veut, il les accuse et les châtie comme des traîtres qui aspirent à l'oligarchie[1]. — ADIMANTE. C'est en effet ce qu'il fait. Il traite avec le dernier mépris ceux qui ont encore du respect et de la soumission pour les magistrats ; il leur reproche d'être des gens de néant, des esclaves volontaires. En public et en particulier, il loue et honore les gouvernants qui ont l'air de gouvernés, et les gouvernés qui prennent l'air de gouvernants. N'est-il pas nécessaire que dans un pareil État l'amour de la liberté s'étende à tout ? — ADIMANTE. Comment ne s'étendrait-il pas à tout ? — SOCRATE. N'est-il pas nécessaire, mon cher ami, qu'il pénètre dans l'intérieur des familles, et que la contagion de l'anarchie finisse par gagner jusqu'aux animaux ? — ADIMANTE. Qu'entendons-nous par là ? — SOCRATE. Que les pères s'accoutument à traiter leurs enfants comme leurs égaux et même à les craindre, ceux-ci à s'égaler à leurs pères, à n'avoir ni crainte ni respect pour les auteurs de leurs jours ; que les citoyens et les simples habitants, que les étrangers mêmes aspirent aux mêmes droits. — ADIMANTE. C'est bien là ce qui arrive. — SOCRATE. Oui, et il arrive aussi d'autres misères telles que celles-ci. Sous un pareil gouvernement, le maître craint ses disciples et il les flatte ; ceux-ci se moquent de leurs maîtres et de leurs surveillants. En général, les jeunes gens veulent aller de pair avec les vieillards, et lutter avec eux en paroles et en actions. Les vieillards, de leur côté, descendent aux manières des jeunes gens, affectent le ton léger et l'esprit badin, et imitent la jeunesse, de peur d'avoir l'air

1. Cicéron a traduit ce passage, *de Republica*, I, 43.

fâcheux et despotique. — ADIMANTE. C'est tout à fait cela. — SOCRATE. Mais le dernier excès de la liberté dans l'État populaire, c'est quand les esclaves de l'un et de l'autre sexe ne sont pas moins libres que ceux qui les ont achetés. Et nous allions presque oublier de dire jusqu'à quel point d'égalité et de liberté vont les relations des femmes et des hommes. — ADIMANTE. N'est-ce donc pas maintenant que, selon l'expression d'Eschyle[1], nous dirons

Tout ce qui nous vient à la bouche ?

— SOCRATE. Fort bien, et c'est aussi ce que je fais. On aurait peine à croire, à moins de l'avoir vu, combien les animaux qui sont à l'usage des hommes sont plus libres là que partout ailleurs. De petites chiennes, selon le proverbe, y sont tout comme leurs maîtresses ; les chevaux et les ânes, accoutumés à une allure grave et libre, heurtent tous ceux qu'ils rencontrent, si on ne leur cède le passage. Et ainsi du reste ; tout y respire la liberté. — ADIMANTE. Tu me racontes mon propre songe. Je ne vais jamais à la campagne, et j'y vais souvent, que cela ne m'arrive. — SOCRATE. Or, vois-tu le résultat de tous ces faits rassemblés ? Vois-tu combien les citoyens en deviennent ombrageux, au point de se soulever, de se révolter à la moindre apparence de servitude. Ils en viennent à la fin, comme tu sais, jusqu'à ne tenir aucun compte des lois écrites ou non écrites, afin de n'avoir absolument aucun maître. — ADIMANTE. Je le sais parfaitement.

2. — SOCRATE. Eh bien, mon cher ami, c'est de ce jeune et beau gouvernement que naît la tyrannie, du

1. On ignore à quelle tragédie d'Eschyle appartient ce vers qui était passé en proverbe.

moins à ce que je pense. — ADIMANTE. Bien jeune, en effet, mais qu'arrive-t-il ensuite? — SOCRATE. Le même fléau qui s'est déclaré dans l'oligarchie et qui l'a perdue, devenant plus fort et plus puissant à la faveur de la licence générale, perd à son tour l'État démocratique et change sa liberté en esclavage : car il est vrai de dire qu'un excès amène ordinairement l'excès contraire dans les saisons, dans les végétaux, dans nos corps et dans les États plus qu'ailleurs — ADIMANTE. Cela doit être. — SOCRATE. Ainsi l'excès de la liberté doit amener l'excès de la servitude pour un État comme pour un individu. — ADIMANTE. Cela doit être encore. — SOCRATE. Par conséquent, ce qui doit être, c'est que la tyrannie ne prenne naissance d'aucun autre gouvernement que du gouvernement populaire, c'est-à-dire qu'à la liberté la plus extrême succède le despotisme le plus absolu et le plus intolérable. — ADIMANTE. C'est l'ordre même des choses. — SOCRATE. Mais ce n'est pas là, je crois, ce que tu me demandais. Tu veux savoir quel est ce fléau qui, formé dans l'oligarchie et accru ensuite dans la démocratie, conduit celle-ci au gouvernement tyrannique. — ADIMANTE. Tu as raison. — SOCRATE. Par ce fléau, j'entendais cette foule de gens oisifs et prodigues, les uns plus courageux qui sont à la tête, les autres plus lâches qui vont à la suite. Nous avons comparé les premiers à des frelons armés d'aiguillons, les seconds à des frelons sans aiguillons. — ADIMANTE. Cette comparaison me paraît juste. — SOCRATE. Ces deux espèces d'hommes portent dans tout corps politique le même désordre que le phlegme et la bile dans le corps humain. Le législateur, en habile médecin de l'État, doit alors prendre à leur égard les mêmes précautions qu'un homme qui élève des abeilles prend à l'égard des frelons, avant tout, afin qu'ils ne s'introduisent pas dans la ruche, ensuite, s'ils y pénètrent, afin qu'ils soient retranchés au plus tôt avec les alvéoles qu'ils ont infestés. — ADIMANTE. Certainement, il n'y a pas d'autre parti à prendre.

3. — SOCRATE. Pour voir encore plus clairement ce que nous voulons dire, faisons une chose. — ADIMANTE. Laquelle? — SOCRATE. Divisons par la pensée l'État populaire en trois classes, comme il l'est encore aujourd'hui. La première comprend cette engeance dont je viens de parler, et qui, par suite de la licence, ne foisonne pas moins dans la démocratie que dans l'oligarchie. — ADIMANTE. Oui. — SOCRATE. Seulement elle est beaucoup plus malfaisante dans celle-là que dans celle-ci. — ADIMANTE. Pour quelle raison? — SOCRATE. C'est que dans l'État oligarchique, comme ces gens n'ont aucun crédit, et qu'ils sont écartés de toutes les charges, ils restent sans action et sans force, tandis que dans l'État démocratique, ce sont eux, à un petit nombre près, qui sont à la tête des affaires. Les plus ardents parlent et agissent; les autres, assis autour de la tribune, bourdonnent et ferment la bouche à quiconque voudrait ouvrir un avis contraire : de sorte que, dans ce gouvernement, toutes les affaires passent entre leurs mains, à l'exception d'un petit nombre. — ADIMANTE. Cela est très vrai.

— SOCRATE. La seconde classe vit à part, sans aucun rapport avec la multitude. — ADIMANTE. Quelle est-elle? — SOCRATE. Comme dans ce gouvernement oligarchique tout le monde travaille à s'enrichir, ceux qui sont les plus sages et les plus modérés dans leur conduite sont aussi, pour l'ordinaire, les plus riches. — ADIMANTE. Cela doit être. — SOCRATE. C'est de là, sans doute, que les frelons tirent le plus de miel et le plus facilement. — ADIMANTE. Comment en tirer de ceux qui n'ont que peu de chose? — Socrate. Aussi donne-t-on aux riches le nom d'herbe aux frelons. — Adimante. Ordinairement.

Socrate. La troisième classe, c'est le peuple, c'est-à-dire tous ceux qui travaillent de leurs bras, qui sont étrangers aux affaires et ne possèdent presque rien. Dans la démocratie, cette classe est la plus nombreuse et la plus puissante, lorsqu'elle est assemblée. — Adimante. Oui, mais elle ne s'assemble guère, à moins qu'il ne doive lui revenir pour sa part quelque peu de miel. — Socrate. Aussi a-t-elle toujours sa part, autant du moins que le peuvent les magistrats qui président à ces assemblées. Dans cette vue, ils s'emparent des biens des riches et les partagent avec le peuple, en gardant la meilleure part pour eux-mêmes. — Adimante. C'est ainsi qu'il lui revient quelque chose. — Socrate. Cependant les riches qu'on dépouille sont bien obligés de se défendre ; ils adressent leurs plaintes au peuple, et ils ont recours auprès de lui à tous les moyens possibles. — Adimante. Sans contredit. — Socrate. Les autres, de leur côté, les accusent, quand même ils n'auraient jamais désiré la moindre innovation, de conspirer contre le peuple et de vouloir l'oligarchie. — Adimante. Ils n'y manquent pas. — Socrate. Mais à la fin, lorsque les accusés voient que le peuple, moins par mauvaise volonté que par ignorance, et parce qu'il a été trompé par les artifices de leurs calomniateurs, est disposé à leur faire injustice, alors, qu'ils le veuillent ou non, ils deviennent en effet oligarchiques. Ce n'est pas à eux qu'il faut s'en prendre, mais à ce frelon qui les pique de son aiguillon et les pousse à cette extrémité. — Adimante. Assurément. — Socrate. Alors viennent les délations, les procès et les luttes des partis. — Adimante. Oui. — Socrate. Le peuple n'a-t-il pas toujours un homme qu'il met spécialement à sa tête, et qu'il travaille à agrandir et à rendre puissant? — ADIMANTE. Oui. — SOCRATE. Il est donc évident que c'est de la tige de ces protecteurs du peuple que naît le tyran, et non d'ailleurs. — ADIMANTE. La chose est manifeste. — SOCRATE. Mais par où le protecteur commence-t-il à en devenir le tyran? N'est-ce pas évidemment lorsqu'il commence à faire quelque chose de semblable à ce que la fable rapporte au sujet du temple de Jupiter Lycéen[1] en Arcadie? — ADIMANTE. Que dit la fable? — SOCRATE. Que celui qui a goûté des entrailles humaines, mêlées à celles d'autres victimes, est inévitablement changé en loup. Ne l'as-tu jamais entendu dire? — ADIMANTE. Quelquefois. — SOCRATE. De même, lorsque le protecteur du peuple, trouvant en lui une soumission parfaite, ne s'abstient pas du sang de ses concitoyens; lorsque sur des accusations injustes, et qui ne sont que trop ordinaires, il les traîne devant les tribunaux et les fait expirer dans les supplices; lorsque lui-même, abreuvant sa langue et sa bouche impie du sang de ses proches, tue les uns, exile les autres; lorsqu'il montre à la multitude l'image de l'abolition des dettes et d'un nouveau partage des terres, n'est-ce pas dès lors pour cet homme une nécessité et comme une loi du destin de périr de la main de ses ennemis ou de devenir tyran et de se changer en loup? — ADIMANTE. Il n'y a pas de milieu. — SOCRATE. Le voilà donc en guerre ouverte avec tous ceux qui possèdent de grands biens. — ADIMANTE. Oui. — SOCRATE. Et si, après avoir été chassé, il revient malgré ses ennemis, ne revient-il pas tyran achevé? — ADIMANTE. Évidemment. — SOCRATE. Mais, si les riches ne peuvent venir à bout de le chasser ni de le faire condamner à

1. La fable de Lycaon changée en loup, après avoir immolé un enfant sur l'autel de Jupiter Lycéen, est racontée dans Pausanias, VIII, 2.

mort, en l'accusant devant le peuple, alors ils conspirent sourdement contre sa vie et ils lui préparent une mort violente. — ADIMANTE. Cela ne manque guère d'arriver. — SOCRATE. C'est ce qui donne occasion d'inventer la fameuse requête[1] que présente au peuple un ambitieux quelconque, une fois qu'il en est venu à ces extrémités. Il lui demande des gardes, afin de mettre en sûreté le protecteur du peuple. — ADIMANTE. Cela n'est pas douteux. — SOCRATE. Le peuple les lui accorde, craignant tout pour les jours de son protecteur et en parfaite sécurité pour lui-même. — ADIMANTE. Il n'y a pas le moindre doute. — SOCRATE. C'est alors, mon cher ami, que, voyant ce qui se passe, tout homme qui a de la fortune, et qui est soupçonné pour cette raison d'être l'ennemi du peuple, prend le parti que l'oracle[2] conseillait à Crésus :

Il s'enfuit vers l'Hermus au lit pierreux,
quitte la patrie et ne craint pas le reproche de lâcheté.

— ADIMANTE. Il ne craindrait pas deux fois le même reproche. – SOCRATE. En effet, s'il est pris dans sa fuite, il lui en coûte la vie. — ADIMANTE. Il n'a pas d'autre sort à attendre. — SOCRATE. Cependant il est certain que notre protecteur du peuple ne s'endort pas magnifiquement dans sa grandeur ; il monte ouvertement sur le char de l'Etat, écrase une foule de victimes, et le protecteur du peuple devient un tyran accompli. — ADIMANTE. Ne faut-il pas s'y attendre ?

4. — SOCRATE. Considérons maintenant quelle est la félicité de cet homme et du gouvernement où s'est rencontré un semblable mortel. — ADIMANTE. Je le veux bien. — SOCRATE. D'abord, dans les premiers jours et

1. Allusion à Pisistrate.
2. Hérodote, I, 55.

dans les premiers temps de son élévation, n'accueille-t-il pas d'un sourire et d'un air gracieux tous ceux qu'il rencontre et ne leur assure-t-il pas qu'il n'est pas un tyran? Il fait les plus belles promesses en public et en particulier, affranchit des débiteurs, partage des terres entre le peuple et ses favoris, affecte envers tous la bienveillance et l'hospitalité : n'est-ce pas ? — Adimante. Il faut bien qu'il commence de la sorte. — Socrate. Quand il s'est arrangé avec les ennemis du dehors ou qu'il les a ruinés, et qu'il est en repos de ce côté-là, il a soin de susciter toujours quelques guerres, afin que le peuple sente qu'il a besoin d'un chef. — Adimante. Cela doit être. — Socrate. C'est aussi afin qu'appauvris par les impôts les citoyens soient forcés de vivre au jour le jour et s'occupent moins de conspirations contre sa personne. — Adimante. Évidemment. — Socrate. C'est encore afin que, s'il en est qu'il soupçonne d'avoir le cœur trop haut pour lui permettre de commander, il ait un prétexte pour s'en défaire, en les livrant à l'ennemi. Par toutes ces raisons, il faut toujours que le tyran fomente quelque guerre. — Adimante. Il le faut.

— Socrate. Une pareille conduite ne doit-elle pas le rendre odieux aux citoyens ? — Adimante. Comment en serait-il autrement ? — Socrate. Et parmi ceux qui ont contribué à son élévation et qui ont du crédit, plusieurs ne doivent-ils pas parler librement entre eux et même devant lui, pour blâmer ce qui se passe, du moins les plus courageux ? — Adimante. Il y a grande apparence. — Socrate. Il faut donc que le tyran s'en défasse, s'il veut rester le maître, et que, sans distinction d'ami ni d'ennemi, il ne laisse aucun homme de valeur. — Adimante. Évidemment. — Socrate. Il doit avoir l'œil bien clairvoyant pour discerner ceux qui ont du courage, de la grandeur d'âme, de la prudence, des richesses ; et tel est son bonheur, qu'il est réduit, bon gré mal gré, à leur faire la guerre à tous et à leur tendre des pièges, jusqu'à ce qu'il ait purgé l'État. — ADIMANTE. Belle manière de le purger ! — SOCRATE. Il fait le contraire des médecins, qui purgent le corps en ôtant ce qu'il y a de mauvais, et en laissant ce qu'il y a de bon.—ADIMANTE. Il croit devoir en venir là, s'il veut être tyran.

5. — SOCRATE. En vérité, c'est pour lui une heureuse alternative que celle de vivre avec une foule de gens méprisables, qui encore n'ont pour lui que de la haine, ou de ne pas vivre ! — ADIMANTE. Telle est pourtant sa situation. — SOCRATE. N'est-il pas vrai que, plus il se rendra odieux aux citoyens par ses cruautés, plus il aura besoin d'une garde nombreuse et fidèle ? — ADIMANTE. Sans doute. — SOCRATE. Mais où trouvera-t-il des gens fidèles ? D'où les fera-t-il venir ? — ADIMANTE. Ils accourront d'eux-mêmes en foule, s'il leur donne un salaire.—SOCRATE. Js crois t'entendre. Il lui viendra par essaims des frelons de tous les pays. — ADIMANTE. Tu as parfaitement compris ma pensée. — SOCRATE. Mais pourquoi ne voudrait-il pas confier la garde de sa personne à des gens du pays ? — ADIMANTE. Comment ? — SOCRATE. Il enlèverait des esclaves à leurs maîtres, les affranchirait et les ferait entrer dans sa garde. — ADIMANTE. Fort bien ; car ces esclaves lui seraient très dévoués. — SOCRATE. Certes le sort du tyran est bien digne d'envie, si tels sont les amis et les confidents qu'il lui donne, après qu'il a fait mourir les premiers ! — ADIMANTE. Et pourtant, voilà ses seuls amis. — SOCRATE. Il fait l'admiration de ces amis et il en forme sa cour, tandis que les hommes de bien le haïssent et le fuient. — ADIMANTE. Ne le doivent-ils pas ?

— SOCRATE. On a donc bien raison de vanter la tragédie comme école de sagesse et particulièrement Euripide. — ADIMANTE. A quel propos dis-tu cela? — SOCRATE. C'est qu'Euripide a prononcé quelque part cette maxime d'un sens bien profond :

Les tyrans deviennent habiles par le commerce des habiles[1].

Sans doute il a voulu dire que la société des tyrans ne se compose que d'hommes habiles. — ADIMANTE. Oui, il qualifie la tyrannie de divine, et d'autres épithètes semblables, lui et les autres poètes. — SOCRATE. Aussi les poètes tragiques ont-ils l'esprit trop bien fait pour trouver mauvais que dans notre État et dans tous ceux qui s'en rapprochent par leur constitution nous refusions de les recevoir parce qu'ils célèbrent les louanges de la tyrannie. — ADIMANTE. Si je ne me trompe, ceux d'entre eux qui sont un peu raisonnables nous le pardonnent. — SOCRATE. Ils peuvent parcourir les autres États, y rassembler la multitude et, prenant à leurs gages des voix belles, fortes, insinuantes, entraîner les esprits vers la tyrannie et la démocratie. — ADIMANTE. Oui. — SOCRATE. En outre il leur revient de l'argent et des honneurs, en premier lieu, de la part des tyrans, comme cela doit être ; en second lieu de la démocratie. Mais à mesure qu'ils prennent leur essor vers des gouvernements d'un ordre plus élevé, leur renommée se lasse, manque d'haleine et n'a plus la force d'avancer. — ADIMANTE. Tu as raison.

6. — SOCRATE. Mais nous laissons là cette digression. Revenons au tyran et voyons comment il fera pour nourrir cette garde belle, nombreuse, mélangée et renouvelée à tous moments. — ADIMANTE. Il est évident que, s'il y a dans l'État des temples riches, il commencera

1. Euripide, *Troyennes*, v. 1177.

par les dépouiller, et que, pendant tout le temps que les produits de la vente des objets sacrés suffiront, il n'exigera pas du peuple de trop fortes contributions. — SOCRATE. Mais que fera-t-il, quand ce fonds viendra à lui manquer? — ADIMANTE. Alors il est évident qu'il vivra du bien de son père, lui, ses convives, ses favoris et ses maîtresses. — SOCRATE. J'entends : c'est-à-dire que le peuple, qui a donné naissance au tyran, le nourrira lui et ses compagnons. — ADIMANTE. Il le faudra bien. — SOCRATE. Mais quoi ! si le peuple se fâche à la fin, et lui dit qu'il n'est pas juste qu'un fils déjà grand et fort soit à la charge de son père ; qu'au contraire c'est à lui de pourvoir à l'entretien de son père ; qu'il n'a pas prétendu en le formant et en l'élevant si haut se le donner pour maître aussitôt qu'il serait grand, ni devenir l'esclave de ses esclaves, lui et ce ramas d'étrangers sans aveu qu'il traîne à sa suite ; qu'il a voulu seulement être affranchi, sous ses auspices, du joug des riches et de ceux qu'on appelle dans l'État les honnêtes gens ; qu'ainsi il lui ordonne de se retirer de l'État avec ses amis, comme un père chasse un fils de sa maison avec les turbulents compagnons de ses débauches? — ADIMANTE. Alors, grands dieux ! le peuple verra ce que c'est que cet enfant qu'il a engendré, caressé, élevé, et en même temps il verra que ceux qu'il prétend chasser sont plus forts que lui et se rient de sa faiblesse. — SOCRATE. Que dis-tu? Le tyran osera-t-il faire violence à son père, et même le frapper dans le cas où il ne lui céderait pas? — ADIMANTE. Oui, car il l'a désarmé. — SOCRATE. Le tyran est donc un parricide, un fils ingrat et dénaturé qui nourrit mal la vieillesse de son père. C'est là ce qu'on appelle la tyrannie proprement dite. Le peuple, en voulant, comme on dit, éviter la fumée de l'esclavage des hommes libres, tombe au milieu des flammes du despotisme des esclaves, et il échange une liberté excessive et extravagante contre la plus dure et la plus amère de toutes les servitudes. — ADIMANTE. C'est bien là en effet ce qui arrive. — SOCRATE. Eh bien, pouvons-nous enfin nous flatter d'avoir expliqué d'une manière satisfaisante le passage de la démocratie à la tyrannie, et les mœurs de ce gouvernement? — ADIMANTE. Oui, l'explication est très satisfaisante

LIVRE NEUVIÈME

ARGUMENT

Ce livre est la suite du précédent. Platon y trace le portrait du tyran ; il veut connaître ses passions les plus secrètes, et savoir s'il est heureux ou malheureux. Dans ce but, il rassemble tous les traits divers qui caractérisent un parfait scélérat, il le remplit d'ivresse, de libertinage et de fureur : aucune débauche ne l'effraie, aucun meurtre ne l'arrête ; il veut satisfaire tous ses goûts, assouvir toutes ses passions : au lieu de l'abaisser, ses crimes l'élèvent. Le voilà puissant : il commande, il est roi. C'est là, au sommet de la fortune, que Platon le saisit, et que, le dépouillant de son appareil de théâtre, il montre à nu les plaies qui le dévorent. Pour en donner une plus vive image, il compare la condition du tyran en proie à ses passions à celle d'une ville en proie aux fureurs d'une populace effrénée. Toutes les violences, toutes les bassesses, tous les crimes qui font gémir la cité, s'agitent dans cette âme douloureuse ; ils y produisent les mêmes ravages, ils y soulèvent les mêmes tempêtes, ils y excitent les mêmes désespoirs ; ainsi, comme l'État opprimé par un tyran est le plus malheureux des États, l'homme tyrannisé par ses passions est le plus infortuné des hommes : il y a parité. Platon termine en représentant l'injustice et les mauvaises passions sous la forme d'un monstre à plusieurs têtes et d'un lion affamé que l'homme méchant renferme dans son sein. Là, ces animaux se font une guerre horrible, et grandissent en le dévorant. Dire que la pratique de l'injustice est utile à l'homme, c'est dire qu'il lui est utile de se livrer tout vivant à la fureur de ces monstres, de les nourrir de sa propre substance, de se faire à la fois leur esclave et leur victime. Le symbole est frappant, la vérité est lumineuse, et cependant, après vingt-deux siècles d'expérience, la vérité n'est point encore acquise au genre humain.

I. 1. — SOCRATE. Il nous reste à examiner l'homme tyrannique. Comment se forme-t-il de l'homme démocratique ? Quel est son caractère ? Quelles sont ses mœurs ? Est-il heureux ou malheureux ? — ADIMANTE. Oui, c'est l'homme tyrannique qui nous reste à examiner. — SOCRATE. Sais-tu ce que je désire encore ? — ADIMANTE. Quoi ? — SOCRATE. Il me semble que nous n'avons pas assez nettement exposé la nature et les différentes espèces de désirs. Tant qu'il manquera quelque chose à ce point, la découverte de ce que nous cherchons sera toujours mêlée de quelque obscurité. — ADIMANTE. N'est-il pas encore temps d'y revenir ? — SOCRATE. Oui certainement ; mais examine ce que je veux voir dans les désirs. Le voici : Parmi les désirs et les plaisirs superflus, j'en trouve d'illégitimes. Ces désirs naissent dans l'âme de tous les hommes : mais quelques-uns les répriment par les lois et par d'autres désirs mieux réglés et guidés par la raison, de sorte qu'ils en sont entièrement délivrés, ou que les désirs qui restent sont faibles et en petit nombre. Dans d'autres, au contraire, ces désirs sont plus nombreux et plus forts. — ADIMANTE. De quels désirs parles-tu ? — SOCRATE. Je parle de ceux qui se réveillent pendant le sommeil, lorsque cette partie de l'âme qui est raisonnable, douce et faite pour commander, est endormie, et que la partie animale et féroce, excitée par le vin et la bonne chère, se révolte, et, repoussant le sommeil, cherche à s'échapper et à satisfaire ses appétits. Tu sais que dans ces moments cette partie de l'âme ose tout, comme si elle était délivrée et affranchie des lois de la sagesse et de la pudeur ; elle ne craint pas de rêver un inceste avec sa mère ; dans ses passions brutales, elle ne distingue rien, ni Dieu, ni homme, ni bête ; aucun meurtre, aucun aliment ne lui fait horreur ; en un mot, il n'est point d'extravagance, point d'infamie dont elle soit exempte. — ADIMANTE. Cela n'est que trop vrai. — SOCRATE. Mais lorsqu'un homme mène une vie sobre et réglée, lorsqu'il se livre au sommeil, après avoir éveillé en lui la raison, l'avoir nourrie de belles pensées, de spéculations élevées, et s'être entretenu en paix avec lui-même de ses propres réflexions; lorsqu'il a évité d'affamer aussi bien que de rassasier le désir, afin que celui-ci dorme et ne vienne pas troubler, de ses joies ou de ses tristesses, le principe meilleur, mais qu'il le laisse, seul et dégagé des sens, examiner et poursuivre de ses regards curieux ce qu'il ignore du passé, du présent et de l'avenir; lorsque cet homme a aussi apaisé la colère, et qu'il se couche sans haine et sans aucun ressentiment contre qui que ce soit; enfin, lorsqu'après avoir calmé le désir et la colère, il met en mouvement la troisième partie de lui-même, la raison, et que, dans cet état, il ferme les yeux, tu sais que l'âme entre dans un rapport plus intime avec la vérité, et que les visions des songes repoussent les fantômes criminels [1]. — Adimante. Je pense tout à fait de la même manière. — Socrate. Peut-être me suis-je un peu trop étendu; ce que nous voulons savoir, c'est qu'il y a en chacun de nous, même dans ceux qui paraissent le plus modérés, une espèce de désirs cruels, intraitables, sans lois, et c'est ce que prouvent les songes. Examine si ce que je dis est vrai et si tu es d'accord avec moi. — Adimante. Parfaitement d'accord.

2. — Socrate. Rappelle-toi maintenant le portrait que nous avons fait de l'homme démocratique. Nous disions que dans sa jeunesse il avait été élevé par un père avare, qui n'estimait que les désirs intéressés, et se mettait peu en peine des désirs superflus qui se rapportent au luxe et aux plaisirs : n'est-ce pas? — Adimante. Oui.

1. Cicéron a traduit aussi tout ce passage : *de Divinatione*, I, 29.

— SOCRATE. Se trouvant ensuite dans la compagnie de gens frivoles et livrés à ces désirs superflus dont nous venons de parler, il s'abandonne comme eux à la débauche et au libertinage par aversion pour l'économie étroite de son père; mais comme il est doué d'un meilleur naturel que ses corrupteurs, se voyant tiré de deux côtés opposés, il prend un milieu entre leur système et de celui de son père, il se propose d'user de l'un et de l'autre avec modération, et mène une vie également éloignée, comme il le pensait, de la contrainte servile et du désordre qui ne connaît pas de loi; ainsi d'oligarchique il est devenu démocratique.— ADIMANTE. Telle était bien l'idée que nous nous en sommes faite; idée que nous conservons encore.— SOCRATE. Donne à présent à cet homme devenu vieux un fils élevé dans des habitudes semblables. — ADIMANTE. Je le suppose. — SOCRATE. Suppose ensuite qu'il lui arrive la même chose qu'à son père, je veux dire qu'il se trouve entraîné dans une vie licencieuse, appelée vie de liberté par ceux qui l'entraînent; que son père et que ses proches prêtent main-forte à la faction des désirs modérés, tandis que les autres secondent de tout leur pouvoir la faction contraire; enfin qu'aussitôt que ces enchanteurs habiles qui possèdent le secret de faire des tyrans désespèreront de tout autre moyen de retenir ce jeune homme ils feront naître en son cœur, par leurs artifices, l'amour qui préside aux désirs oisifs dans le partage de tous les biens, et qui est une sorte de grand frelon ailé, car crois-tu qu'un pareil amour soit autre chose? — ADIMANTE. Non, rien autre chose. — SOCRATE. Mais lorsque les autres désirs, qui sont les désirs ardents, couverts de parfums et d'essences, couronnés de fleurs, enivrés de vins généreux, et accompagnés des plaisirs effrénés, viennent bourdonner autour de ce frelon, le nourrissent, l'élèvent et l'arment enfin de l'aiguillon de l'ambition, alors ce tyran de l'âme, escorté par la démence, immole tous les sentiments, tous les désirs honnêtes et pudiques qu'il peut trouver en lui-même et les bannit loin de lui jusqu'à ce qu'il ait effacé tout vestige de sagesse et qu'il ait rempli toute son âme d'une fureur inconnue. — Adimante. Voilà une peinture bien fidèle de la manière dont se forme l'homme tyrannique. — Socrate. N'est-ce pas pour cette raison qu'on a donné depuis longtemps le nom de tyran à l'amour? — Adimante. Selon toute apparence. — Socrate. N'est-il pas vrai aussi, mon cher Adimante, que tout homme tombé dans l'ivresse a l'esprit disposé à la tyrannie? — Adimante. Oui certainement. — Socrate. De même, celui qui est tombé en démence et dont les facultés sont dérangées veut commander aux hommes, mais encore aux dieux, et il espère en être capable. — Adimante. Sans doute. — Socrate. Aussi, mon cher, il ne manque absolument rien à un homme pour être tyrannique, quand la nature ou l'éducation, ou l'une et l'autre ensemble, l'ont fait ivrogne, amoureux et fou.

3. — Socrate. Voilà bien comment se forme, selon toutes les apparences, l'homme tyrannique; mais comment vit-il? — Adimante. Je te répondrai comme on fait en plaisantant : ce sera toi qui me le diras. — Socrate. Je vais donc te le dire. Comme je l'imagine, ce ne sont que fêtes, réjouissances, banquets, courtisanes et autres plaisirs semblables chez celui qui a permis à ce tyran d'amour de pénétrer au dedans de lui-même et de gouverner tous les mouvements de son âme. — Adimante. Nécessairement. — Socrate. Jour et nuit, ne germera-t-il pas dans son cœur une foule de désirs indomptés et insatiables? — Adimante. Oui certainement. — Socrate. Ses revenus, s'il en a, sont donc bientôt dissipés. — Adi-

MANTE. Sans doute. — SOCRATE. Après cela viennent les emprunts et la dissipation de sa fortune. — ADIMANTE. Certainement. — SOCRATE. Lorsqu'il ne reste plus rien, le tyran n'est-il pas inévitablement importuné par les cris tumultueux de cette foule de désirs qui s'agitent dans son âme comme dans leur nid? Pressé de leurs aiguillons et surtout de l'aiguillon de l'amour, à qui les autres désirs servent, pour ainsi dire, d'escorte, ne courra-t-il pas çà et là comme un forcené, cherchant de tous côtés quelque proie qu'il puisse surprendre par artifice ou ravir par force? — ADIMANTE. Oui certes. — SOCRATE. Ainsi ce sera pour lui une nécessité d'emporter tout ce qu'il trouvera sous sa main, ou de supporter les souffrances et les douleurs les plus cruelles. — ADIMANTE. Il n'y a pas de milieu. — SOCRATE. Et de même que les nouvelles passions survenues dans son cœur ont supassé les anciennes et se sont enrichies de leurs dépouilles, ainsi, comme étant plus jeune, ne voudra-t-il pas avoir plus de biens que son père et sa mère, et partager avec eux ce qui leur reste, quand déjà il a dissipé sa part? — ADIMANTE. Sans contredit. — SOCRATE. Et si ses parents ne le permettent pas, n'essaiera-t-il pas d'abord contre eux le larcin et la tromperie? — ADIMANTE. Nécessairement. — SOCRATE. Si cette voie ne lui réussit pas, n'aura-t-il pas recours à la rapine et à la force ouverte? — ADIMANTE. Je le pense. — SOCRATE. Si le vieux père et la vieille mère s'opposent à la violence, s'ils résistent, pourra-t-il s'empêcher, pourra-t-il s'abstenir de leur faire subir quelque traitement tyrannique? — ADIMANTE. Pour moi, je ne suis nullement rassuré sur le sort des parents de ce jeune homme.

— SOCRATE. Mais, cher Adimante, au nom du ciel, réponds-moi : pour une courtisane qu'il aime depuis hier et qui n'est au fond qu'un caprice pour lui, pour un beau jeune homme qu'il aime depuis la veille et qui n'est aussi qu'un caprice, tu crois qu'il irait porter la main sur sa vieille amie que la nature lui a donnée pour mère, ou sur un vieillard laid et hideux que la nature aussi lui a donné pour père, et qui est le plus ancien de tous ses amis ? Tu crois qu'il osera les asservir à l'indigne objet de ses amours, après l'avoir introduit dans la même maison ? — ADIMANTE. Oui, je le crois sans aucun doute. — SOCRATE. C'est donc un grand bonheur pour des parents d'avoir donné le jour à un tel fils ? — ADIMANTE. Il s'en faut [1] de beaucoup. — SOCRATE. Mais quoi ! lorsqu'il aura consumé tout le bien de son père et de sa mère, et que l'essaim des passions se sera multiplié dans son cœur, ne sera-t-il pas réduit à percer la muraille de quelque maison, à voler le manteau de quelque voyageur attardé pendant la nuit, et après cela à piller les richesses de quelque temple ? Pendant qu'il commet tous ces crimes, les sentiments d'honneur et de probité qu'il avait dès l'enfance pour bases [2] de ses jugements, disparaîtront devant les passions nouvellement affranchies qui servent de satellites à l'amour et qui triompheront avec lui. Ces mêmes passions, lorsqu'il était soumis à l'autorité des lois et à celle de son père sous un gouvernement démocratique, osaient à peine s'émanciper la nuit dans ses rêves et n'étaient qu'un songe ; mais aujourd'hui que l'amour est devenu son maître et son tyran, elles le porteront souvent pendant le jour aux mêmes actions auxquelles elles l'excitaient rarement dans ses rêves ; ce sera une réalité au lieu d'une vision. Aucun meurtre, aucun horrible festin, aucun crime ne l'arrêtera ; mais l'amour vivant dans son âme

1. Lisez dans le texte : Οὐ πάνυ γ', ἔφη.
2. Lisez τὰς δίκας ποιουμένας. — Ποιεῖσθαι δίκας « nota periphrasi dicitur pro δικάζειν. » Stallbaum.

en véritable tyran, sans frein et sans loi, le traitera comme un État dont il serait maître absolu ; il contraindra le malheureux qui le porte dans son sein, de tout faire et de tout oser pour trouver de quoi l'entretenir, lui et cette foule de passions tumultueuses qu'il traîne à sa suite, les unes venues du dehors par les mauvaises compagnies, les autres nées à l'intérieur, qui se sont émancipées et affranchies par leur audace naturelle et en même temps par sa propre faiblesse. N'est-ce pas là, dis-moi, la vie que mènera ce jeune homme? — ADIMANTE. Oui, sans aucun doute.

— SOCRATE. Si dans un État il ne se rencontre qu'un petit nombre de citoyens de ce caractère, au milieu d'une population sage et réglée, ils en sortiront pour aller se mettre au service de quelque tyran étranger ; s'il y a guerre quelque part, ils vendront leurs services en qualité d'auxiliaires ; ou si la paix et la tranquillité règnent partout, ils resteront dans leur patrie et ils y commettront un grand nombre de petits maux. — ADIMANTE. Quels maux veux-tu dire? — SOCRATE. Par exemple, voler, percer des maisons, couper des bourses, piller des temples, faire commerce d'esclaves. S'ils savent parler, ils feront le métier d'accusateurs, porteront de faux témoignages et se vendront au plus offrant. — ADIMANTE. Voilà donc ce que tu appelles de petits maux, si les hommes de ce caractère sont en petit nombre. — SOCRATE. Oui ; les petites choses ne sont telles que par comparaison avec les grandes, et tous ces maux, comparés aux souffrances et aux misères d'un État sous le joug d'un tyran profondément méchant, ne sont, comme on dit, que bagatelle. Mais quand il y a dans un État beaucoup d'hommes de ce caractère, et que, leur parti venant à grossir chaque jour de la foule qui les suit, ils sentent qu'ils ont pour eux le nombre et la force, alors ce sont eux qui, secondés par la démence populaire, donnent à l'État pour tyran celui d'entre eux qui a dans son âme le tyran le plus puissant et le mieux escorté. — ADIMANTE. Ils ont raison ; car c'est bien là celui qui convient le mieux de tous au métier de tyran.

— SOCRATE. Passe encore, si on se soumet volontairement ; mais si l'État résiste, alors, de même qu'il a maltraité son père, ainsi il châtiera sa patrie, s'il le peut, en y introduisant de jeunes débauchés et en leur asservissant celle qui avait autrefois ses plus tendres affections, la mère-patrie[1], comme disent les Crétois, qu'il tiendra et nourrira dans l'esclavage. C'est là qu'aboutiront les désirs du tyran. — ADIMANTE. Tout à fait. — SOCRATE. Du reste, n'est-il pas vrai que même dans la vie privée, avant d'arriver au pouvoir, un homme de ce caractère montre déjà ce qu'il est : ou bien il s'entoure d'une foule de flatteurs prêts à lui obéir servilement, ou bien, rampant lui-même devant les autres, quand il a besoin d'eux, il n'est point de rôle qu'il n'ait l'audace de jouer pour les persuader de son entier dévouement ; mais à peine a-t-il obtenu ce qu'il désire, qu'il leur tourne le dos et leur devient complétement étranger ? — ADIMANTE. Rien n'est plus ordinaire. — SOCRATE. Ainsi, les hommes de ce caractère passent leur vie sans être amis de personne, toujours despotes ou esclaves ; car la marque du naturel tyrannique, c'est de ne jamais goûter la vraie liberté ni la véritable amitié. — ADIMANTE. Cela est bien vrai. — SOCRATE. Ne peut-on pas les appeler des hommes sans foi ? — ADIMANTE. Oui. — SOCRATE. Et de plus, des hommes injustes à l'excès, si ce que nous avons dit plus haut sur la justice est véritable ? — ADIMANTE. On ne peut pas en douter. — SOCRATE. Résumons

1. Le texte porte *μητρίδα*, patrie de la mère, matrie ; expression qui ne peut passer en français qu'au moyen d'un mot composé.

donc les traits qui constituent le parfait scélérat. C'est l'homme qui dans l'état de veille ressemble à celui que nous avons représenté dans l'état de sommeil. — ADIMANTE. Tout à fait. — SOCRATE. C'est donc celui qui, avec le naturel le plus tyrannique, exercera en plus l'autorité de tyran; plus il aura passé de temps dans l'exercice de la tyrannie, plus il sera méchant. — GLAUCON, *prenant la parole à son tour*. C'est une conséquence nécessaire.

II. 1. — SOCRATE. Mais s'il est le plus méchant des hommes, n'est-il pas aussi le plus malheureux ? Et ne le sera-t-il pas en réalité d'autant plus longtemps et d'autant plus profondément que sa tyrannie aura été plus longue et plus absolue ? A cet égard d'ailleurs, la multitude a des opinions aussi nombreuses qu'elle-même. — GLAUCON. Il ne saurait en être autrement. — SOCRATE. L'homme tyrannisé par ses passions ne ressemble-t-il pas à l'État opprimé par un tyran ? N'en est-il pas de même de l'homme démocratique par rapport à la démocratie, et ainsi des autres ? — GLAUCON. Sans contredit. — SOCRATE. Par conséquent, ce qu'un État est par rapport à un autre État, soit pour la vertu, soit pour le bonheur, un homme l'est-il par rapport à un autre homme? — GLAUCON. Comment en serait-il autrement ? — SOCRATE. Quel est donc, pour la vertu, le rapport d'un État gouverné par un tyran [1] à l'État gouverné par un roi tel que nous l'avons décrit d'abord? — GLAUCON. Ces deux gouvernements sont entièrement opposés; l'un est le meilleur, l'autre le pire. — SOCRATE. Je ne te demanderai pas lequel des deux est le meilleur ou le pire ;

1. Assimilation de la royauté et de la première forme de gouvernement dont il a été question, savoir : l'aristocratie.

cela est évident ; mais, si celui qui est le meilleur est aussi le plus heureux ; si celui qui est le plus mauvais est le plus malheureux, ou bien si tu en juges autrement? N'allons pas du reste nous laisser éblouir en ne considérant que le tyran seul ou le petit nombre de favoris qui l'environnent : entrons dans l'État, examinons-le tout entier, pénétrons partout, et prononçons ensuite sur ce que nous aurons vu. — GLAUCON. Tu ne demandes rien que de juste. Il est évident pour tout homme qu'il n'est point d'État plus malheureux que celui qui obéit à un tyran, ni d'État plus heureux que celui qui est gouverné par un roi [1].

— SOCRATE. Aurai-je tort d'exiger les mêmes précautions quand il s'agit des hommes et de ne permettre de les juger qu'à celui qui peut pénétrer par la pensée jusque dans l'intérieur de l'homme ; qui ne se contente pas, comme un enfant, de voir les apparences, et n'est point ébloui de ces dehors fastueux dont le pouvoir tyrannique se revêt pour en imposer à la multitude, mais qui voit parfaitement clair au fond des choses? Si donc je prétendais que nous devons tous n'écouter ici que celui qui d'abord serait capable de bien juger, qui de plus aurait vécu sous le même toit que le tyran et qui l'aurait vu dans l'intérieur de sa maison avec ses familiers, lorsqu'il est dépouillé de sa pompe de théâtre, ou bien encore dans les moments de dangers politiques ; si j'engageais celui qui a vu tous ces détails à prononcer sur le bonheur ou le malheur du tyran relativement aux autres ... — GLAUCON. Tu ne pourrais choisir un meilleur juge. — SOCRATE. Veux-tu que nous supposions pour un moment que nous sommes nous-mêmes en état de juger et que nous avons

1. Platon n'a parlé que du gouvernement aristocratique. Il est donc évident qu'il assimile la royauté à cette forme de gouvernement.

vécu [1] avec des tyrans, afin que nous ayons quelqu'un qui puisse répondre à nos questions? — GLAUCON. Je le veux bien.

2. — SOCRATE. Suis-moi donc et juge. Rappelle-toi la ressemblance qui existe entre l'État et l'individu; considère-les l'un après l'autre et dis-moi quelle doit être leur situation à tous deux. — GLAUCON. Quelle situation? — SOCRATE. Pour commencer par l'État, diras-tu d'un État soumis à un tyran qu'il est libre ou esclave? — GLAUCON. Je dis qu'il est esclave autant qu'on peut l'être. — SOCRATE. Cependant tu y vois des gens maîtres de quelque chose et libres de leurs actions. — GLAUCON. J'en vois, mais en très petit nombre; et, à dire vrai, la plus grande et la plus honnête partie des citoyens est réduite à un dur et honteux eslavage. Si donc il en est de l'individu comme de l'État, n'est-ce pas une nécessité qu'il se passe en lui les mêmes choses, que son âme soit remplie de servitude et de bassesse, et que les plus nobles parties de cette âme soient précisément celles qui subissent l'esclavage, tandis qu'une faible minorité, et encore une minorité formée de la partie la plus méchante et la plus furieuse, y domine d'une manière despotique? — GLAUCON. Il faut qu'il en soit ainsi. — SOCRATE. Quoi donc? diras-tu que cette âme est esclave ou libre? — GLAUCON. Je dis quelle est esclave. — SOCRATE. Mais un État esclave et dominé par un tyran fait-il sous quelque rapport ce qu'il veut? — GLAUCON. Pas le moins du monde. — SOCRATE. Ainsi, à l'examiner à fond, l'âme tyrannisée ne fera pas non plus ce qu'elle voudra;

1. Platon avait plus de droit qu'un autre de prononcer sur la condition des tyrans. On sait qu'il passa quelque temps à la cour des deux Denys, qu'il fut même admis dans leur intimité, et que, si ses conseils eussent été suivis, le palais du tyran eût été changé en une école de philosophie.

mais sans cesse et violemment aiguillonnée par la passion qui l'entraîne, elle sera pleine de trouble et de repentir. — GLAUCON. Sans le moindre doute. — SOCRATE. L'État gouverné par un tyran est-il nécessairement riche ou pauvre? — GLAUCON. Il est pauvre. — SOCRATE. Donc il est également nécessaire qu'une âme tyrannisée soit toujours pauvre et insatiable. — GLAUCON. Oui. — SOCRATE. Quoi donc? n'est-ce pas encore une nécessité que le gouvernement tyrannique et l'homme qui lui ressemble soient pleins de frayeur? — GLAUCON. Assurément. — SOCRATE. Crois-tu pouvoir trouver dans quelque autre État plus de sanglots, de gémissements, de lamentations et de douleurs amères? — GLAUCON. Non. — SOCRATE. Ou dans tout autre homme que l'amour et les désirs rendent furieux? — GLAUCON. Je ne le crois pas. — SOCRATE. Or, c'est en jetant les yeux sur tous ces maux et sur bien d'autres encore, que tu as jugé que cet État était le plus malheureux de tous les États. — GLAUCON. N'ai-je pas eu raison? — SOCRATE. Sans doute; mais maintenant que dis-tu de l'homme tyrannique, en te plaçant au même point de vue? — GLAUCON. Je dis que c'est de beaucoup le plus malheureux de tous les hommes. — SOCRATE. Cette réponse n'est plus aussi satisfaisante. — GLAUCON. Comment? — SOCRATE. Je ne le crois pas encore aussi malheureux qu'on peut l'être. — GLAUCON. Qui le sera donc? — SOCRATE. Celui-ci te paraîtra peut-être encore plus malheureux. — GLAUCON. Lequel? — SOCRATE. Celui qui, étant déjà tyrannisé par ses passions, ne passe point sa vie dans une condition privée; mais qui a le malheur, je ne sais par quelle fatalité, de devenir tyran d'un État. — GLAUCON. D'après ce que nous avons dit, je conjecture que tu as raison. — SOCRATE. Cela peut être; cependant il ne faut pas se contenter de conjectures, mais raisonner rigoureusement comme je vais tâcher de le faire, puisqu'il s'agit du plus grand de tous les intérêts, c'est-à-dire de ce qui fait le bonheur ou le malheur de la vie. — GLAUCON. Fort bien.

— SOCRATE. Vois si je raisonne juste. Pour bien juger de la condition du tyran, voici, ce me semble, comment il faut la considérer. — GLAUCON. Comment? — SOCRATE. Il en est du tyran comme de ces riches particuliers qui possèdent beaucoup d'esclaves; ils ont cela de commun avec lui, qu'ils commandent à beaucoup de monde; la différence n'est que dans le nombre. — GLAUCON. Cela est vrai. — SOCRATE. Sais-tu que ces particuliers vivent tranquilles et ne craignent rien de la part de leurs esclaves? — GLAUCON. Qu'en auraient-ils à craindre? — SOCRATE. Rien; mais en vois-tu la raison? — GLAUCON. Oui, c'est que l'État tout entier veille à la sûreté de chaque citoyen. — SOCRATE. Mais si quelque dieu, enlevant du sein de la cité un de ces hommes qui ont à leur service cinquante esclaves et même davantage, avec sa femme et ses enfants, le transportait, ainsi que son bien et toute sa maison, dans un désert où il n'aurait de secours à attendre d'aucun homme libre, ne serait-il pas dans la plus grande et la plus continuelle appréhension de périr de la main de ses esclaves, lui, sa femme et ses enfants? — GLAUCON. C'est tout à fait ce que je crois. — SOCRATE. Ne serait-il donc pas réduit à faire sa cour à quelques-uns d'entre eux, à les gagner à force de promesses et à les affranchir sans nécessité? En un mot, ne deviendrait-il pas le flatteur de ses esclaves? — GLAUCON. Il lui faudrait bien en passer par là, ou mourir. — SOCRATE. Que serait-ce donc, si ce même dieu plaçait autour de sa demeure un grand nombre de gens déterminés à ne pas souffrir qu'un homme prétende avoir sur un autre l'autorité d'un maître et à punir du dernier supplice quiconque serait convaincu d'avoir formé une telle entreprise? — GLAUCON. Je crois qu'il serait encore réduit à une extrémité plus fâcheuse au milieu du cercle d'ennemis qui l'envelopperaient.

— SOCRATE. N'est-ce pas dans une semblable prison qu'est enchaîné le tyran, tel que nous l'avons dépeint, avec les craintes et les désirs de toute espèce auxquels il est en proie? Tout avide que soit son âme de jouissances nouvelles, n'est-il pas le seul des citoyens qui ne puisse ni voyager nulle part ni aller voir mille choses qui excitent la curiosité des hommes libres? Presque toujours enfermé au fond de sa demeure, il y vit comme une femme, et porte envie aux autres citoyens, lorsqu'il apprend qu'ils font quelque voyage pour voir les merveilles de la nature et de l'art. — GLAUCON. Rien n'est plus vrai.

3. — SOCRATE. Tel et plus malheureux encore n'est-il pas l'homme dont l'âme est mal gouvernée, que tu as jugé le plus infortuné de tous, l'homme tyrannique, lorsque le sort ne lui permet pas de rester dans la vie privée, mais l'élève à la tyrannie, et qui, ne pouvant pas se conduire lui-même, essayerait de conduire les autres, semblable à un homme d'un tempérament malsain, qui, ne pouvant rien faire pour lui-même, prendrait part aux exercices de la lutte au lieu de ne songer qu'à sa propre santé, et serait contraint de passer toute sa vie dans les combats d'athlètes? — GLAUCON. Tu as bien raison, Socrate; la comparaison est très juste et très frappante. — SOCRATE. Ainsi, mon cher Glaucon, n'est-ce pas là le comble de l'infortune, et la condition de tyran n'ajoute-t-elle pas un surcroît de malheur à celui qui te semblait déjà le plus malheureux des hommes? — GLAUCON. Parfaitement. — SOCRATE. En réalité, et quelle que soit l'apparence, le véritable tyran est un véritable

esclave[1], assujetti à la plus dure et à la plus basse servitude ; c'est le plus flatteur des hommes les plus méchants. Loin de pouvoir satisfaire ses désirs, il manque d'une foule de choses et il est vraiment pauvre. Pour celui qui sait lire au fond de son âme, il est pendant toute sa vie plein de frayeur, toujours en proie aux douleurs les plus vives et aux angoisses[2] ; tel est cet homme, s'il est vrai que sa condition ressemble à celle de l'État dont il est le maître : or, elle y ressemble, n'est-ce pas? — GLAUCON. Oui certainement. — SOCRATE. Nous ajouterons ce que nous avons déjà dit, que la nature du pouvoir que cet homme exerce l'oblige à être de jour en jour plus envieux, perfide, injuste, sans amis, impie, disposé à loger et à nourrir tous les vices dans son âme, à être pour toutes ces raisons le plus malheureux des hommes et à rendre semblables à lui tous ceux qui l'approchent. — GLAUCON. Un homme de bon sens se gardera bien de te contredire. — SOCRATE. Eh bien maintenant, comme le juge qui ne se prononce qu'après avoir tout examiné à part, décerne le premier rang, le second et ainsi de suite, par rapport au bonheur, entre ces cinq caractères : le royal, le timocratique, l'oligarchique, le démocratique et le tyrannique. — GLAUCON. Le jugement est facile. Je les range comme les chœurs, d'après leur ordre d'entrée en scène, par rapport à la vertu et au vice, au bonheur et à son contraire.

— SOCRATE. Veux-tu que nous fassions venir un héraut, ou que je publie moi-même à haute voix que le fils d'Ariston a déclaré que le plus heureux des hommes est

1. Le substantif *δοῦλος* pris adjectivement gouverne les accusatifs *θωπείας* et *δουλείας*. Il équivaut à *δουλεύων τὰς μεγίστας καὶ δουλείας*. C'est absolument la même locution.

2. Tacite a fait une belle imitation de tout ce passage en l'appliquant à Tibère. *Annales*, VI, 6.

le plus vertueux et le plus juste, celui qui a l'âme la plus royale et qui règne sur lui-même ; et que le plus malheureux est le plus vicieux et le plus injuste, c'est-à-dire celui qui, étant du caractère le plus tyrannique, exerce sur lui-même et sur l'État la tyrannie la plus absolue? — GLAUCON. Je te permets de le publier. — SOCRATE. Ajouterai-je ceci : soit qu'ils ne passent pas pour tels qu'ils sont, soit qu'ils n'échappent ni aux dieux ni aux hommes ? — GLAUCON. Ajoute-le à ta proclamation.

4.— SOCRATE. Ainsi voilà une première démonstration de ce que nous cherchions ; en voici une seconde, si elle te convient. — GLAUCON. Laquelle? — SOCRATE. Si, de même que l'État est partagé en trois corps, l'âme de chacun de nous est aussi divisée en trois parties, il y a lieu, ce me semble, à tirer de là une nouvelle démonstration. — GLAUCON. Quelle est-elle ? — SOCRATE. La voici : à ces trois parties de l'âme correspondent trois espèces de plaisirs, propres à chacune d'elles; elles ont chacune leurs désirs et leurs dominations à part. — GLAUCON. Comment l'entends-tu ? — SOCRATE. La première partie, disons-nous, est celle dont l'homme se sert pour connaître ; la seconde est l'appétit irascible ; la troisième a trop de formes différentes pour pouvoir être comprise sous un nom particulier qui lui soit propre ; mais nous l'avons désignée par ce qu'elle a de remarquable et de prédominant en elle : nous l'avons nommée appétit concupiscible, à cause de la violence des désirs qui nous portent vers le manger, le boire, l'amour et les autres plaisirs des sens ; mais nous l'avons aussi désignée aussi sous le nom d'esprit d'intérêt, parce que l'argent est le moyen le plus efficace de satisfaire ces sortes de désirs. — GLAUCON. Et nous avons eu raison. — SOCRATE. Si donc nous disions que son plaisir et son amour se trouvent tout entiers dans le gain, ne serait-ce pas la résumer dans son caractère général, de manière à en donner une idée claire, quand nous parlons de cette partie de l'âme? Dire qu'elle n'est autre chose que l'amour de l'argent et du gain, n'est-ce pas lui donner son vrai nom? — GLAUCON. Je le crois. — SOCRATE. Mais quoi? ne disons-nous pas que l'appétit irascible qui constitue la seconde partie de l'âme se porte tout entier vers le désir de dominer, de vaincre, d'acquérir de la gloire? — GLAUCON. Oui certainement. — SOCRATE. Ne pourrions-nous donc pas l'appeler à juste titre esprit d'intrigue et d'ambition? — GLAUCON. Ce nom lui convient parfaitement. — SOCRATE. Quant à l'organe de nos connaissances, il est évident qu'il tend sans cesse et tout entier à connaître la vérité partout où elle est, et qu'il se met peu en peine des richesses et de la gloire. — GLAUCON. Certainement. — SOCRATE. Si donc nous l'appelons esprit philosophique et amoureux de l'instruction, lui donnerons-nous le nom qui lui convient? — GLAUCON. Sans contredit. — SOCRATE. N'est-il pas encore vrai que dans les âmes telle ou telle partie domine à l'exclusion des autres? — GLAUCON. Oui. — SOCRATE. C'est pour cela que nous disons qu'il y a trois principaux caractères d'hommes : le philosophe, l'ambitieux, l'intéressé. — GLAUCON. Fort bien. — SOCRATE. Et trois espèces de plaisirs analogues à chacun de ces caractères. — GLAUCON. En effet. — SOCRATE. Si tu demandais à chacun de ces hommes en particulier quelle est la vie la plus heureuse, ne sais-tu pas que chacun d'eux vanterait principalement la sienne? L'homme intéressé ne dira-t-il pas que les plaisirs de la science et des honneurs ne sont rien en comparaison du plaisir du gain, à moins qu'on n'en fasse argent? — GLAUCON. Cela est vrai. — SOCRATE. De son côté, que dira l'ambitieux? Ne dira-t-il pas que le plaisir des richesses ne donne que de l'embarras, et que celui qui provient de l'étude des sciences, à moins que cette étude ne conduise aux honneurs, n'est que fumée et frivolité? — GLAUCON. La chose est ainsi. — SOCRATE. Quant au philosophe, disons qu'en comparant les autres plaisirs à celui de chercher la vérité partout où elle est, et de persévérer dans la même étude, il les regarde comme bien éloignés du véritable plaisir. Ajoutons qu'il ne les appelle réellement nécessaires qu'autant qu'il n'en éprouverait pas le besoin sans la nécessité qui l'y oblige. — GLAUCON. Il doit le comprendre ainsi.

III. 1. — SOCRATE. Maintenant, puisqu'il est question de décider lequel de ces trois genres de plaisir et de vie est, je ne dis pas le plus honnête et le meilleur en soi, le plus honteux et le plus mauvais, mais le plus agréable et le plus exempt de peine, comment pourrons-nous savoir de quel côté se trouve la vérité?— GLAUCON. Je ne saurais le dire. — SOCRATE. Examine la chose de cette manière. Quelles sont les qualités requises pour bien juger ? N'est-ce pas l'expérience, la réflexion et le raisonnement? Peut-on avoir de meilleurs moyens de juger ?— GLAUCON. Comment serait-ce possible?— SOCRATE. Examine bien : lequel de nos trois hommes a le plus d'expérience des trois sortes de plaisirs dont nous venons de parler? Crois-tu que l'homme intéressé, s'il s'appliquait à la connaissance du vrai en soi, fût plus capable d'éprouver le plaisir qui accompagne la science du philosophe que le plaisir du gain ? — GLAUCON. Il s'en faut de beaucoup ; car le philosophe s'est trouvé dès l'enfance dans la nécessité de goûter les autres plaisirs ; au lieu que, si l'homme intéressé s'avise d'étudier la nature des choses, il n'y a pas nécessité qu'il goûte toute la douceur de ce plaisir et qu'il en acquière l'expérience ; ou plutôt, quand même il le voudrait, cela ne lui serait point aisé. — SOCRATE. Ainsi le philosophe a bien plus l'expérience de ces deux plaisirs que l'homme intéressé. — GLAUCON. A beaucoup près. — SOCRATE. Que dirai-je de l'ambitieux ? Le philosophe éprouve-t-il moins le plaisir des honneurs que l'ambitieux le plaisir qui accompagne la sagesse ? — GLAUCON. Chacun de ces trois hommes est honoré, s'il parvient au but qu'il se propose ; car le riche, le brave, le sage, sont honorés de la multitude, de sorte que tous les trois ont une égale expérience du plaisir qu'il y a d'être honoré. Mais il est impossible qu'aucun autre que le philosophe goûte le plaisir attaché à la contemplation de l'essence des choses. — SOCRATE. Par conséquent, sous le rapport de l'expérience, le philosophe est plus en état de juger que les deux autres. — GLAUCON. Beaucoup plus. — SOCRATE. Il est donc le seul qui joindra aux lumières de l'expérience celles de la réflexion. — GLAUCON. Cela est incontestable. — SOCRATE. Quant à l'instrument qui est la troisième condition pour juger, il n'appartient en propre ni à l'intéressé ni à l'ambitieux, mais au philosophe.— GLAUCON. Quel instrument? — SOCRATE. N'avons-nous pas dit qu'il faut employer le raisonnement dans les jugements ? — GLAUCON. Oui. — SOCRATE. Or, le raisonnement est, à proprement parler, l'instrument du philosophe. — GLAUCON. Sans contredit. — SOCRATE. Si la richesse et le gain étaient la plus juste règle pour bien juger de chaque chose, ce que l'homme intéressé estime ou méprise serait, en effet, ce qu'il y a de plus digne d'estime ou de mépris. — GLAUCON. Nécessairement. — SOCRATE. Si c'étaient les honneurs, la victoire et le courage, ne faudrait-il pas s'en rapporter à la décision de l'homme ambitieux et querelleur ? — GLAUCON. Évidemment. — SOCRATE. Mais puisque c'est à l'expérience, à la réflexion, à la raison qu'il appartient de prononcer... —

GLAUCON. On ne peut s'empêcher de reconnaître que ce qui mérite l'estime du philosophe, de l'ami, de la raison, est véritablement digne d'estime. — SOCRATE. Donc, des trois plaisirs dont il s'agit, le plus doux est celui que goûte cette partie de l'âme qui est l'instrument de nos connaissances ; et l'homme qui donne à cette partie tout empire sur lui-même, a la vie la plus heureuse. — GLAUCON. Sans contredit ; et quand le sage vante le bonheur de sa vie, c'est qu'il en a le droit. — SOCRATE. Quelle vie et quel plaisir mettra-t-il au second rang ? — GLAUCON. Il est clair que ce sera le plaisir du guerrier et de l'ambitieux qui approche beaucoup plus du sien que celui de l'homme intéressé. — SOCRATE. Selon toute apparence, c'est à celui-ci qu'il assignera la dernière place. — GLAUCON. Sans contredit.

2. — SOCRATE. Voilà donc deux démonstrations successives d'une même vérité ; voilà deux victoires que le juste remporte sur l'injuste. En attribuant la troisième[1] victoire à Jupiter Conservateur et Olympien, comme on le fait dans les jeux olympiques, considère que tout autre plaisir que celui du sage n'est point un plaisir réel, un plaisir pur ; au contraire, ce n'est qu'une ombre, un fantôme de plaisir, ainsi que je crois l'avoir entendu dire à un sage[2]. Or, si cela est, la défaite de l'homme injuste est la plus complète et la plus décisive. — GLAUCON. Assurément, mais comment le prouves-tu ? — SOCRATE. Réponds-moi seulement ; voici comment je vais examiner la question avec toi. — GLAUCON. Interroge. — SOCRATE. Voyons. La douleur n'est-elle pas le contraire du plaisir ? — GLAUCON. Oui. — SOCRATE. N'y a-t-il pas aussi un état de l'âme où elle n'éprouve ni plaisir ni douleur ? — GLAUCON. Oui. — SOCRATE. Cet état qui tient le mi-

1. Le nombre trois était sacré.
2. Allusion au Philèbe.

lieu entre ces deux sentiments contraires, ne consiste-t-il pas dans un certain repos où l'âme se trouve à l'égard de l'un et de l'autre? N'est-ce pas là ta pensée ?— GLAUCON. Tout à fait. — SOCRATE. Te rappelles-tu les paroles qui échappent aux malades dans les accès de leur mal? — GLAUCON. Quelles paroles? — SOCRATE. Qu'il n'est rien de plus agréable que la santé; mais qu'ils n'en connaissaient pas tout le prix avant d'être malades. — GLAUCON. Je m'en souviens. — SOCRATE. N'entends-tu pas dire à ceux qui souffrent quelque vive douleur qu'il n'est rien de plus doux que de ne plus souffrir? — GLAUCON. Je les entends. — SOCRATE. Et dans une foule de circonstances semblables, ne t'aperçois-tu pas que les hommes qui souffrent apprécient comme le plus grand bonheur la cessation de la douleur et le sentiment du repos, plutôt que le plaisir lui-même ?— GLAUCON. C'est qu'alors peut-être le repos devient doux et aimable. — SOCRATE. Et pour celui qui éprouvait auparavant du plaisir, la cessation du plaisir sera donc une douleur. — GLAUCON. Peut-être. — SOCRATE. Ainsi ce calme de l'âme que nous disions tout à l'heure tenir le milieu entre le plaisir et la douleur, nous paraît être à présent l'un et l'autre? — GLAUCON. Oui. — SOCRATE. Mais est-il possible que ce qui n'est ni l'un ni l'autre, devienne tout ensemble l'un et l'autre? — GLAUCON. Je ne le pense pas. — SOCRATE. Le plaisir et la douleur ne sont-ils pas l'un et l'autre un mouvement de l'âme? — GLAUCON. Oui. — SOCRATE. Mais ne venons-nous pas de reconnaître que cet état où l'on ne sent ni plaisir ni douleur, est un repos de l'âme et quelque chose d'intermédiaire entre ces deux sentiments? — GLAUCON. Nous l'avons en effet reconnu. — SOCRATE. Comment donc peut-on croire raisonnablement que la négation de la douleur soit un plaisir, et la négation du plaisir une douleur? — GLAUcon. On ne le peut pas. — Socrate. Par conséquent, cet état n'est en lui-même ni agréable ni fâcheux ; mais on le juge agréable par opposition avec la douleur, et fâcheux par opposition avec le plaisir. Dans tous ces fantômes il n'y a pas de plaisir réel ; ce n'est qu'un prestige. — Glaucon. Du moins la raison le démontre.

— Socrate. Afin qu'il ne reste aucun motif pour croire que le plaisir n'est ici-bas que la cessation de la douleur, et la douleur, la cessation du plaisir, considère les plaisirs qui ne viennent à la suite d'aucune douleur. — Glaucon. Où sont-ils, et quelle est leur nature? — Socrate. Ils sont en grand nombre et de différentes espèces, surtout si tu veux donner une attention particulière aux plaisirs de l'odorat. Ceux-là se produisent immédiatement, avec une vivacité inexprimable, sans avoir été précédés d'aucune douleur, et lorsqu'ils viennent à cesser, ils ne laissent aucune douleur après eux. — Glaucon. Cela est très vrai. — Socrate. Ne nous laissons donc pas persuader que le plaisir pur ne soit qu'une simple cessation de douleur, et la douleur, une simple cessation de plaisir. — Glaucon. Non. — Socrate. Et cependant les sensations qui passent dans l'âme par le corps, et qu'on appelle plaisirs, c'est-à-dire les sensations qui sont presque les plus nombreuses et les plus vives de toutes, sont de cette nature ; elles ne sont en effet que de véritables cessations de douleur. — Glaucon. J'en conviens. — Socrate. N'en est-il pas de même de ces pressentiments de joie et de douleur que cause l'attente ? — Glaucon. Oui.

3. — Socrate. Sais-tu ce qu'on doit penser de ces plaisirs et à quoi on peut les comparer ? — Glaucon. A quoi? — Socrate. Penses-tu qu'il y ait dans la nature la haute, la basse région et la moyenne ? — Glaucon. Oui. — Socrate. Crois-tu que celui qui passerait de la région inférieure à

la région moyenne ne s'imaginerait pas qu'il monte à la région supérieure? Et s'il s'arrêtait au milieu pour jeter les yeux sur la région d'où il est parti, quelle autre pensée pourrait-il avoir, sinon qu'il est en haut, parce qu'il n'a pas encore vu quelle est véritablement la haute région?—GLAUCON. Je ne pense pas qu'il pourrait s'imaginer autre chose. — SOCRATE. S'il retombait de là, il croirait descendre dans la basse région, et sans doute il ne se tromperait pas. — GLAUCON. Non. — SOCRATE. Toute son erreur ne proviendrait-elle pas de ce qu'il ne sait pas quelle est véritablement la région haute, la moyenne, la basse? — GLAUCON. Évidemment. — SOCRATE. Est-il donc étonnant pour toi que des hommes qui ne connaissent pas la vérité, se forment des idées fausses de mille choses, entre autres du plaisir, de la douleur, et de ce qui tient le milieu entre l'un et l'autre, de sorte que, lorsqu'ils passent à la douleur, ils croient souffrir et souffrent en effet; mais lorsque de la douleur ils passent à l'état intermédiaire, ils se persuadent qu'ils sont arrivés au terme même et à la véritable jouissance du plaisir? Est-il étonnant que des gens qui n'ont jamais ressenti le vrai plaisir, et qui ne considèrent la douleur que par son rapport avec l'absence de la douleur, soient trompés dans leur jugement à peu près comme si, ne connaissant pas la couleur blanche, ils prenaient du gris pour du blanc, en le comparant avec du noir? — GLAUCON. Je n'en serais pas étonné; le contraire me surprendrait bien plus.

— SOCRATE. Fais attention maintenant à ce que je vais dire. La faim, la soif et les autres besoins naturels ne forment-ils pas des espèces de vides dans le corps? — GLAUCON. Sans contredit. — SOCRATE. Pareillement, l'ignorance et la déraison ne sont-elles pas un vide dans l'âme? — GLAUCON. Certainement. — SOCRATE. Ne remplit-on pas la première sorte de vide en prenant de la nourriture, et la seconde, en acquérant de l'intelligence? — GLAUCON. Oui — SOCRATE. Quelle est la plénitude la plus réelle, celle qui provient de choses qui ont plus de réalité, ou celle qui provient de choses qui en ont moins? — GLAUCON. Il est évident que c'est la première. — SOCRATE. Or, le pain, la boisson, les viandes, en général tout ce qui nourrit le corps, a-t-il plus de réalité, participe-t-il plus à l'essence pure, que les opinions vraies, la science, l'intelligence, en un mot toutes les vertus? Voici comment tu dois en juger. Ce qui provient de l'être éternel, vrai, immuable; ce qui présente en soi-même ces caractères et se produit en un sujet semblable, ne te semble-t-il pas avoir plus de réalité que ce qui vient de choses périssables toujours changeantes, et se produit en un sujet de même nature? — GLAUCON. Ce qui tient de l'être immuable a infiniment plus de réalité. — SOCRATE. L'essence immuable participe-t-elle de l'existence plutôt que de la science? — GLAUCON. Non. — SOCRATE. Ou plus que de la vérité? — GLAUCON. Non plus. — SOCRATE. Si elle participait moins de la vérité, ne s'ensuivrait-il pas qu'elle participerait moins aussi de l'existence? — GLAUCON. Nécessairement. — SOCRATE. Donc, en général, tout ce qui sert à l'entretien du corps participe moins de la vérité et de l'existence que ce qui sert à l'entretien de l'âme. — GLAUCON. Beaucoup moins. — SOCRATE. Ne penses-tu pas aussi que le corps lui-même a moins de vérité et d'existence que l'âme? — GLAUCON. Je le pense. — SOCRATE. La plénitude de l'âme n'est-elle donc pas plus réelle que celle du corps, à proportion que l'âme elle-même a plus de vérité et d'existence que le corps, et que ce qui sert à la remplir en a aussi davantage? — GLAUCON. Sans contredit. — SOCRATE. Par conséquent, si le plaisir consiste à se remplir de choses conformes à sa nature, ce qui est capable de se remplir de choses qui ont plus de réalité, doit goûter un plaisir plus réel et plus vrai ; et ce qui participe de choses moins réelles doit être rempli d'une manière moins vraie et moins solide, et ne goûter qu'un plaisir plus trompeur et moins vrai. — GLAUCON. Il n'y a pas de conséquence plus nécessaire. — SOCRATE. Ainsi, ceux qui ne connaissent ni la sagesse ni la vertu, qui sont toujours dans les festins et dans les autres plaisirs sensuels, passent sans cesse de la basse région à la moyenne et de la moyenne à la basse. Ils errent pendant toute leur vie entre ces deux termes, sans pouvoir jamais en franchir les bornes. Jamais ils ne se sont élevés jusqu'à la haute région ; ils n'ont pas même porté leurs regards jusque-là ; ils n'ont point été véritablement remplis par la possession de ce qui est ; jamais ils n'ont goûté une joie pure et solide. Mais toujours penchés vers la terre, comme des animaux, et les yeux toujours fixés sur leur pâture, ils se livrent brutalement à la bonne chère et à l'amour ; dans leur avidité jalouse, ils en viennent aux ruades et aux coups de cornes les uns contre les autres, et dans la fureur de leurs appétits insatiables, ils finissent par s'entre-tuer avec leurs cornes et leurs sabots de fer, parce qu'ils ne songent point à remplir d'objets réels cette partie d'eux-mêmes qui tient de l'être, et qui est seule capable[1] d'une vraie plénitude. — GLAUCON. Tu parles en oracle, Socrate, et tu viens de peindre fidèlement la vie de la plupart des hommes. — SOCRATE. N'est-ce donc pas une nécessité qu'ils ne goûtent que des plaisirs mêlés de douleurs, vains fantômes du plaisir véritable, qui n'ont de couleur et d'éclat que par leur

1. Οὐδὲ τὸ στέγον ἑαυτῶν, ni la partie d'eux-mêmes qui contient. « Στέγειν dicuntur vasa rimis carentia, quæ liquores ita continent, ut nihil effluat. » Stallbaum.

rapprochement, et dont l'aspect imposteur excite dans l'âme des insensés un amour si vif avec des transports si violents qu'ils se battent pour les posséder, comme les Troyens, d'après le témoignage de Stésichore, se battirent pour le fantôme d'Hélène[1] qu'ils n'avaient jamais vue. — GLAUCON. Il est impossible qu'il en soit autrement.

4. — SOCRATE. Mais quoi? la même chose n'arrive-t-elle pas nécessairement à l'égard de cette partie de l'âme où réside le courage, lorsque l'ambition secondée par la jalousie, l'esprit de querelle par la violence, et l'humeur farouche par la colère, font que l'homme se livre aux mêmes fureurs en cherchant à tout prix, sans réflexion et sans discernement, une vaine plénitude d'honneur, de victoire et de vengeance? — GLAUCON. La même chose doit nécessairemt arriver à l'égard de cette partie de l'âme. — SOCRATE. Quoi donc? disons avec confiance que toutes les fois que les désirs qui appartiennent aux deux parties de l'âme où résident l'ambition et l'intérêt, se laissent conduire par la science et la raison, et que, sous leurs auspices, ces deux parties de l'âme ne poursuivent d'autres plaisirs que ceux qui leur sont indiqués par la sagesse, elles ressentent alors et ressentiront toujours, puisque c'est la vérité qui les guide, les plaisirs les plus vrais qu'il leur soit permis de goûter, et en même temps des plaisirs conformes à leur nature, si ce qu'il y a de meilleur pour chaque chose est aussi ce qui a le plus de conformité avec sa nature[2]. — GLAUCON. En

1. Selon Hérodote, livre second, Pâris et Hélène, en allant de Sparte à Troie, furent jetés par la tempête sur les côtes de l'Égypte. Protée, qui y régnait alors, renvoya Pâris et garda Hélène. Il la rendit à Ménélas, lorsqu'à son retour de Troie il fut aussi obligé par la tempête de relâcher en Egypte. Stésichore et le Scholiaste de Lycophron disent que le fantôme d'Hélène suivit Pâris à Troie. Euripide adopte cette version dans sa tragédie d'Hélène.

2. Voyez le Lysis.

effet, le mieux est ce qui est le plus conforme à la nature. — SOCRATE. Lors donc que l'âme tout entière suit l'élément philosophique, et qu'il ne s'élève en elle aucune sédition, outre que chacune de ses parties se tient dans les limites de ses fonctions et de la justice, elle a encore la jouissance des plaisirs qui lui sont propres, des plaisirs les plus purs et les plus vrais dont elle puisse jouir. — GLAUCON. Parfaitement. — SOCRATE. Au lieu que si une partie domine les deux autres, il arrive de là, en premier lieu, qu'elle ne peut se procurer le plaisir qui lui convient ; en second lieu, qu'elle oblige les autres parties à poursuivre des plaisirs faux et qui leur sont étrangers. — GLAUCON. Il en est ainsi.

— SOCRATE. Mais ce qui s'éloigne le plus de la philosophie et de la raison, n'est-il pas aussi ce qui est le plus capable de produire ces funestes effets? — GLAUCON. A beaucoup près. — SOCRATE. Ce qui s'écarte le plus de l'ordre et de la loi, ne s'écarte-t-il pas de la raison dans la même proportion? — GLAUCON. Évidemment. — SOCRATE. N'avons-nous pas démontré que rien ne s'en éloignait plus que les désirs amoureux et tyranniques? — GLAUCON. Oui. — SOCRATE. Et que rien ne s'en écartait moins que les désirs modérés et monarchiques? — GLAUCON. Oui. — SOCRATE. Par conséquent, le tyran sera le plus éloigné du plaisir véritable et propre de l'homme; au lieu que le roi en approchera d'aussi près qu'il est possible. — GLAUCON. Nécessairement. — SOCRATE. La condition du tyran sera donc la moins heureuse, et celle du roi la plus heureuse qu'on puisse imaginer. — GLAUCON. Cela est de toute nécessité. — SOCRATE. Sais-tu de combien la condition du tyran est moins heureuse que celle du roi? — GLAUCON. Je le saurai, si tu me le dis. — SOCRATE. Il y a, selon nous, trois espèces de plaisirs, une de plaisirs vrais, deux de plaisirs faux : or, le tyran, ennemi de la loi et de la raison, toujours assiégé d'une escorte de désirs esclaves et rampants, est placé à l'extrémité des plaisirs faux. Maintenant, de combien est-il inférieur à l'autre en véritables plaisirs, c'est ce qu'il n'est point aisé de déterminer, si ce n'est peut-être de cette manière. — GLAUCON. De quelle manière ?

— SOCRATE. A partir de l'homme oligarchique, le tyran est le troisième: car entre eux se trouve l'homme démocratique. — GLAUCON. Oui. — SOCRATE. Par conséquent, si ce que nous avons dit plus haut est vrai, le fantôme de plaisir dont jouit le tyran est trois fois plus éloigné de la vérité que celui de l'homme oligarchique. — GLAUCON. Oui. — SOCRATE. Mais si nous comptons pour un seul l'homme royal et l'homme aristocratique, l'oligarchique est aussi le troisième[1] après lui. — GLAUCON. En effet, il est le troisième.— SOCRATE. Le tyran est donc éloigné du vrai plaisir, le triple du triple. — GLAUCON. Oui, ce me semble, Socrate, le fantôme de plaisir du tyran, d'après ce nombre linéaire, peut être exprimé par un nombre plan. — SOCRATE. Or, en multipliant ce nombre par lui-même, et en l'élevant à la troisième puissance, il est aisé de voir combien le plaisir du tyran est éloigné du véritable plaisir. — GLAUCON. Rien n'est plus aisé, du moins pour un calculateur. — SOCRATE. Maintenant, si l'on renverse cette progression, et qu'on cherche de combien le plaisir du roi est plus vrai que celui du tyran, on trouvera, le calcul fait, que le roi est sept cent vingt-neuf[2] fois plus heureux que le tyran

1. Le second est l'homme timocratique.

2. Pour rendre plus frappante la supériorité du bonheur du roi sur le bonheur du tyran, Platon la traduit par une expression arithmétique qui se convertit en une expression géométrique. Cette transition de l'arithmétique à la géométrie est le nœud de la difficulté, laquelle porte sur κατὰ τὸν τοῦ μήκους ἀριθμόν, selon le nombre de la longueur, c'est-à-dire selon le nombre linéaire. Platon

et que celui-ci est plus malheureux dans la même proportion. — GLAUCON. Tu viens de trouver par un calcul tout à fait surprenant l'intervalle qui sépare le juste de l'injuste, sous le rapport du plaisir et de la douleur. — SOCRATE. Ce nombre exprime au juste la différence de leur condition, si tout s'accorde[1] de part et d'autre, les jours les nuits, les mois et les années. — GLAUCON. Tout s'accorde de part et d'autre. — SOCRATE. Mais si la condition de l'homme juste et vertueux surpasse tellement en bonheur celle de l'homme méchant et injuste, combien plus ne la surpassera-t-elle pas en décence, en beauté et en vertu ? — GLAUCON. Elle le surpassera infiniment.

IV. 1. — SOCRATE. Maintenant, puisque nous en sommes venus ici, reprenons ce qui a été dit au com-

établit d'abord que le tyran est éloigné du vrai plaisir le triple du triple, ou neuf, d'où il suit que le tyran est neuf fois moins heureux que le roi. Ensuite il rend la différence encore plus sensible en considérant neuf comme un nombre à la première puissance et en l'élevant successivement à la seconde et à la troisième, ce qui donne 9, 81, 729.

Dans l'enfance des sciences mathématiques, l'arithmétique s'appuyait sur des figures géométriques. Μῆκος signifie un nombre qui n'est considéré ni comme carré, ἐπίπεδον, ni comme cube, τρίτη αὔξη ; c'est-à-dire un nombre qui n'a qu'une seule dimension, la longueur. On dit encore aujourd'hui un nombre linéaire pour un nombre racine.

1. Pour évaluer une valeur morale, Platon a choisi le nombre 729, double de 365 ou du nombre des jours de l'année moins 1, différence dont le calcul des Grecs ne tenait pas compte ; 30 jours ou un mois font 720 heures, c'est-à-dire 729 moins 9 ; un jour ou 24 heures donne 1,440 minutes, double de 729 moins 18. Le nombre 729 mesure donc l'année, le mois, le jour et la nuit. Si donc ce nombre étant posé, on demande de combien la vie du roi est plus heureuse que celle du tyran, on peut répondre que le roi a par minute autant de plaisir que le tyran par jour, et que les heures ou les jours et les nuits du premier égalent les mois et les années du second. C'est là cette *convenientia* indiquée entre le nombre et la vie. Schneider.

mencement[1], et qui a donné occasion à cet entretien. On disait, ce me semble, que l'injustice était avantageuse au parfait scélérat, pourvu qu'il passât pour honnête homme. N'est-ce pas ainsi qu'on s'est exprimé ? — GLAUCON. Oui. — SOCRATE. Reprenons donc la conversation avec notre premier adversaire[2], maintenant que nous sommes d'accord sur les effets que produisent dans l'âme les actions justes et les actions injustes. — GLAUCON. De quelle manière nous y prendrons-nous ?—SOCRATE. Pour montrer à celui qui a mis en avant cette proposition, formons par la pensée une image de l'âme.— GLAUCON. Quelle image? — SOCRATE. Une image faite à peu près sur le modèle de ces êtres dont parlent les anciennes traditions, tels que la Chimère, Scylla, Cerbère et cette foule de monstres qu'elles nous représentent comme offrant en un seul individu la réunion de plusieurs espèces. — GLAUCON. En effet la fable nous parle de semblables créatures. — SOCRATE. Compose donc un monstre formé de plusieurs espèces, un monstre à plusieurs têtes, les unes d'animaux paisibles, les autres de bêtes féroces, avec le pouvoir de faire naître toutes ces têtes et de les changer à son gré.—GLAUCON. Un ouvrage de cette nature demande un artiste habile ; mais comme la pensée est plus facile à manier que la cire ou toute autre matière semblable, je me le figure tel que tu le dépeins. — SOCRATE. Fais ensuite deux autres figures, l'une d'un lion, l'autre d'un homme ; mais il faut que la première de ces trois images soit plus grande que les deux autres, et la seconde plus grande que la dernière. — GLAUCON. Ceci est plus aisé, et la chose est déjà faite. — SOCRATE. Joins ensemble ces trois images, de sorte qu'elles se tiennent

1. Voyez livre I.
2. Thrasymaque qui paraît s'être retiré, et dont Glaucon a pris la place.

et ne fassent qu'un tout. — GLAUCON. Elles sont jointes. —SOCRATE. Enfin, enveloppe tout cela extérieurement de l'image d'un seul être, d'un homme par exemple, de manière que celui qui ne pourrait voir jusque dans l'intérieur, et n'apercevrait que l'enveloppe extérieure, le prendrait pour un seul être, pour un homme. — GLAUCON. C'est fait.

— SOCRATE. Répondons à présent à celui qui soutiendrait qu'il est avantageux à un homme qui serait formé de cette manière, d'être injuste et qu'il ne lui sert de rien d'être juste. Disons-lui que c'est la même chose que s'il prétendait qu'il est avantageux à cet homme de nourrir avec soin le monstre à plusieurs têtes et le lion, de les fortifier et de laisser l'homme s'affaiblir jusqu'à mourir de faim ; de sorte qu'il soit à la merci des deux autres qui le traîneront partout où ils voudront : n'est-ce pas affirmer qu'au lieu de les accoutumer à vivre ensemble dans un parfait accord, il vaut mieux pour lui laisser ces animaux se battre, se mordre et se dévorer les uns les autres ? — GLAUCON. En effet, celui qui vante l'injustice ne dit rien autre chose. — SOCRATE. Mais réciproquement dire qu'il est utile d'être juste n'est-ce pas déclarer que l'homme doit travailler, par ses discours et par ses actions, à donner sur lui-même la plus grande autorité à l'homme intérieur, en user avec le monstre à plusieurs têtes comme un sage laboureur, s'aider de la force du lion pour empêcher les animaux féroces de croître, nourrir et élever les animaux pacifiques, et partager ses soins entre tous afin de les maintenir en parfaite intelligence entre eux et avec lui-même ? — GLAUCON. Voilà précisément ce que dit le partisan de la justice. — SOCRATE. Par conséquent, celui qui fait l'éloge de la justice a raison, et celui qui loue l'injustice a tort. En effet, qu'on ait égard au plaisir, à la gloire ou à l'utilité, la vérité est tout entière du côté du partisan de la justice. Il n'y a rien de solide dans les discours de celui qui la blâme ; il n'a même aucune idée de la chose qu'il blâme. — GLAUCON. Aucune, à ce qu'il me semble.

— SOCRATE. Comme son erreur n'est pas volontaire, tâchons doucement de le détromper. Mon cher ami, lui demanderons-nous, sur quel fondement les hommes se sont-ils accordés pour établir une distinction entre les actions honnêtes et les actions honteuses ? N'est-ce pas parce que les unes soumettent la partie animale de l'homme à la partie raisonnable ou plutôt divine ; et que les autres assujettissent à la partie brutale et féroce celle qui est douce et apprivoisée ? N'en conviendra-t-il pas ? — GLAUCON. Oui, s'il veut m'en croire. — SOCRATE. Cela posé, peut-il être utile à quelqu'un de prendre de l'or injustement, s'il ne peut le prendre sans assujettir la meilleure partie de lui-même à la plus méprisable ? Quoi ! si pour de l'or il lui fallait sacrifier la liberté de son fils ou de sa fille, et les laisser passer entre les mains de maîtres féroces et cruels, il croirait y perdre et refuserait d'acquérir ainsi les plus grandes richesses ! Et quand ce qu'il y a en lui de plus divin est asservi sans pitié à ce qu'il y de plus scélérat et de plus ennemi des dieux, n'est-ce pas là pour lui le comble du malheur, et l'or qu'il reçoit à ce prix ne lui coûte-t-il pas plus cher que ne coûta à Ériphile[1] le collier fatal pour lequel elle sacrifia la vie de son époux ? — GLAUCON. Oui certes, beaucoup plus, répondrai-je pour lui.

2. — SOCRATE. Pour quelle raison, je te prie, a-t-on

1. Ériphile, épouse du devin Amphiaraüs, séduite par le présent d'un collier d'or, fit connaître l'endroit dans lequel était caché son mari pour n'être point obligé d'aller à la guerre de Thèbes, où il avait prédit qu'il périrait, et où il périt en effet. *Odyssée*, XI, v. 325.

condamné de tout temps une vie licencieuse, sinon parce que le libertinage lâche la bride à ce monstre énorme, terrible, à plusieurs têtes? — GLAUCON. Il est clair que c'est pour cette raison. — SOCRATE. Pourquoi blâme-t-on l'arrogance et l'humeur irritable, sinon parce qu'elles développent dans l'homme et fortifient outre mesure le naturel du lion et du serpent? — GLAUCON. Sans doute. — SOCRATE. Si l'on condamne la vie molle et voluptueuse, n'est-ce point parce qu'elle énerve ce même naturel et fait qu'il dégénère en lâcheté? — GLAUCON. Sans contredit. — SOCRATE. Pourquoi blâme-t-on la flatterie et la bassesse, sinon parce qu'elles asservissent la colère et le courage à ce monstre turbulent, et que la soif inextinguible des richesses, lui faisant subir des affronts dès la jeunesse, change peu à peu le lion en singe? — GLAUCON. Cela est très vrai. — SOCRATE. D'où vient enfin que l'état d'artisan et de manœuvre emporte avec lui une sorte d'injure? N'est-ce point parce qu'il suppose dans la meilleure des trois parties de l'homme une telle faiblesse, qu'elle ne peut dominer les deux autres où se trouvent les animaux dont nous avons parlé, qu'elle est réduite à les servir et n'a d'industrie que pour inventer de nouveaux moyens de les satisfaire? — GLAUCON. Il y a toute apparence. — SOCRATE. Si donc, pour donner à de pareils hommes un maître semblable à celui qui gouverne l'homme vertueux, nous exigions qu'ils obéissent en tout à cet homme qui lui-même est gouverné intérieurement par la divinité, nous ne prétendrions pas pour cela que l'obéissance doive tourner à leur préjudice, comme Thrasymaque prétendait qu'elle tourne au préjudice des sujets en général; nous croyons au contraire qu'il n'est rien de plus avantageux pour tout homme que de se laisser gouverner par un maître sage et divin, soit que ce maître habite au dedans de nous-mêmes et qu'il dispose de nous comme de son bien, ce qui serait le mieux, soit au moins qu'il gouverne du dehors; afin que, soumis au même régime, nous devenions tous amis, et semblables les uns aux autres autant qu'il est possible. — GLAUCON. On ne peut qu'approuver un pareil dessein. — SOCRATE. Il n'est pas moins évident que la loi se propose le même but, lorsqu'elle prête également son secours à tous les membres de l'État. La dépendance où l'on tient les enfants est aussi fondée sur le même principe. Nous ne souffrons pas qu'ils disposent d'eux-mêmes, jusqu'à ce que nous ayons établi dans leur âme, comme dans un État, une forme stable de gouvernement, et qu'après avoir donné tous nos soins à la meilleure partie d'eux-mêmes avec l'aide de la meilleure partie de nous-mêmes, nous en fassions pour eux comme pour nous leur gardien et leur maître; alors nous les abandonnons à leurs propres lumières.

— SOCRATE. En quoi donc, mon cher Glaucon, et pour quelle raison dirons-nous qu'il soit utile de commettre quelque action injuste, contraire aux bonnes mœurs et à l'honnêteté, dût-on même, en devenant plus méchant, devenir plus riche et plus puissant? — GLAUCON. En aucune manière. — SOCRATE. A quoi servirait-il que l'injustice demeurât cachée et impunie? L'impunité ne rend-elle pas le méchant plus méchant encore? Au lieu que le crime venant à être découvert et puni, la partie animale s'apaise et s'adoucit, la partie raisonnable s'affranchit de l'esclavage, et l'âme tout entière, rendue à l'excellence de sa nature, s'élève, par l'acquisition de la tempérance, de la justice et de la prudence, à un état d'autant supérieur à celui du corps auquel la force, la beauté et la santé ne feraient pas défaut, que l'âme est elle-même supérieure au corps. — GLAUCON. Certainement. — SOCRATE. Ainsi l'homme sensé ne dirigera-t-il pas vers ce but toutes les actions de sa vie? D'abord il estimera par-dessus tout les sciences qui pourront élever son âme à cet état de perfection, et il méprisera les autres. — GLAUCON. Évidemment. — SOCRATE. Ensuite, dans le régime et les soins qui regardent le corps, il n'aura pas en vue la jouissance des plaisirs brutaux et déraisonnables; il ne recherchera même la santé, la force et la beauté qu'autant que tous ces avantages le conduiront à la tempérance; en un mot il n'entretiendra une parfaite harmonie entre les différentes parties de son corps, qu'autant qu'elle pourra servir à maintenir l'harmonie qui doit régner dans son âme. — GLAUCON. Tel est exactement le but qu'il se proposera, s'il veut être un vrai musicien. — SOCRATE. N'établira-t-il pas le même accord et la même harmonie pour l'acquisition des richesses? Ou bien sans se laisser effrayer de l'idée que la multitude se fait du bonheur, amassera-t-il trésors sur trésors à l'infini, pour accroître ses maux dans la même proportion? — GLAUCON. Je ne le pense pas. — SOCRATE. Mais plutôt, il aura sans cesse les yeux fixés sur le gouvernement de son âme et il prendra garde que l'opulence ou l'indigence n'en dérange les ressorts : tel est le plan de conduite qu'il suivra dans les acquisitions et les dépenses qu'il pourra faire.— GLAUCON. Parfaitement. — SOCRATE. Considérant les honneurs sous le même point de vue, il ambitionnera, il goûtera même avec plaisir ceux qu'il croira pouvoir le rendre meilleur, et il fuira dans sa vie publique ou privée ceux qui pourraient altérer l'ordre qui règne dans son âme. — GLAUCON. Mais s'il est préoccupé de cette pensée, il ne voudra donc pas se mêler de l'administration des affaires?— SOCRATE. Il y prendra part, je te jure, dans sa république à lui; mais il ne sera peut-être pas aussi bien disposé pour sa patrie, à moins qu'il ne survienne un coup du ciel. — GLAUCON.

Je comprends. Tu parles de cette république dont nous avons tracé le plan, et qui n'existe que dans notre pensée, car je ne crois pas qu'il y en ait une pareille sur la terre. — SOCRATE. Du moins peut-être en est-il au ciel un modèle pour quiconque veut le contempler et en faire la règle de sa conduite. Au reste, peu importe que cette république existe ou doive exister un jour; ce qui est certain, c'est que le sage ne consentira jamais à en gouverner d'autre que celle-là. — GLAUCON. C'est très vraisemblable.

LIVRE DIXIÈME

ARGUMENT

Platon revient sur le bannissement d'Homère. L'insistance qu'il met à se justifier ferait croire qu'il est tourmenté par le remords. Après avoir accusé le poète de n'être ni philosophe, ni théologien, ni législateur, il n'ose pas encore prononcer son exil, et il lui accorde le droit de venir lui-même se défendre devant la république. Reprenant ensuite son sujet où il l'avait laissé dans le livre précédent, il veut savoir quelles sont les récompenses de la vertu; si elles sont toutes du domaine de la terre, et s'il n'y a rien au delà. C'est ainsi qu'il arrive à l'immortalité de l'âme. Cette croyance n'était encore qu'un dogme obscur du polythéisme; il en fait une vérité lumineuse de la philosophie. Il élargit l'âme humaine en lui soumettant une question d'éternité, et il lui prouve sa grandeur par la grandeur même de cette question. Voici son raisonnement : le mal de l'âme, c'est l'injustice et l'impiété; le mal du corps, c'est le fer, le feu, la corruption et la maladie. Or, une substance ne saurait périr par le mal d'une autre substance; donc le fer, le feu, la maladie, qui tuent le corps, ne sauraient tuer l'âme; donc l'âme est immortelle. Après avoir développé cet argument qui tire toute sa force de la nature spirituelle de l'âme, mais qui ne persuade pas le matérialiste, Platon raconte les visions de l'Arménien Ev dans le monde des esprits, les récompenses et les punitions de l'autre vie. C'est l'Elysée et l'Enfer de cette époque philosophique. Virgile lui doit quelque chose, mais l'imagination d'Homère est surpassée. C'est ainsi qu'après avoir réglementé l'éducation d'un peuple, défini la justice et développé les véritables principes de la morale, en proclamant le bonheur du juste et le malheur du méchant, Platon termine son œuvre, la plus belle des temps antiques, par la révélation du dogme de l'immortalité.

I. 1. — SOCRATE. Entre toutes les raisons qui me persuadent que le plan de notre État est aussi parfait qu'il puisse être, notre règlement sur la poésie n'est pas celle qui me frappe le moins. — Glaucon. Quel règlement? — Socrate. Celui de ne point admettre dans notre État cette partie de la poésie qui est purement imitative. A présent que nous avons nettement établi la distinction qui existe entre les parties de l'âme, ce règlement me paraît d'une nécessité plus absolue et plus évidente. — Glaucon. Comment l'entends-tu? — Socrate. Pour vous dire à tous ce que je pense (car je sais bien que vous ne me dénoncerez pas aux poètes tragiques et aux autres poètes imitateurs), il semble que ce genre de poésie soit comme un poison pour l'esprit de ceux qui l'écoutent, lorsqu'ils n'ont pas l'antidote, qui consiste à savoir apprécier ce genre tel qu'il est. — Glaucon. Quelle raison t'engage à parler de la sorte? — Socrate. Il faut la dire; cependant je sens que ma langue est arrêtée par une certaine tendresse, et un certain respect que j'ai depuis l'enfance pour Homère; on peut dire, en effet, qu'Homère est le chef de tous ces beaux poètes tragiques; mais comme on doit plus d'égards à la vérité qu'à un homme, il faut que j'explique ma pensée. — Glaucon. Fort bien.

— Socrate. Écoute donc, ou plutôt réponds-moi. — Glaucon. Interroge. — Socrate. Pourrais-tu me dire ce que c'est, en général, que l'imitation? Pour moi, j'ai peine à comprendre quelle est sa nature. — Glaucon. Et moi, sans doute, je le comprendrai mieux? — Socrate. Il n'y aurait en cela rien d'étonnant. Souvent ceux qui ont la vue faible aperçoivent les objets avant ceux qui ont les yeux beaucoup plus perçants. — Glaucon. Cela arrive en effet. Mais en ta présence, je n'oserai jamais dire mon sentiment sur quoi que ce soit. Vois, je te prie, toi-même. — Socrate. Veux-tu que nous procédions, dans cette recherche, selon notre méthode ordinaire? Nous avons coutume d'embrasser sous une idée générale cette multitude d'êtres qui existent chacun à part, et que l'on comprend tous sous le même nom. N'entends-tu pas? — GLAUCON. J'entends. — SOCRATE. Prenons celle que tu voudras de ces espèces d'êtres. Par exemple, il y a une multitude de lits et de tables. — GLAUCON. Sans doute. — SOCRATE. Mais tous ces meubles sont compris sous deux idées seulement, l'une de lit, l'autre de table. — GLAUCON. Oui. — SOCRATE. N'avons-nous pas aussi coutume de dire que l'ouvrier qui fabrique chacune de ces espèces de meubles ne fait les lits ou les tables dont nous nous servons que d'après l'idée qu'il en a, et ainsi des autres? Car assurément ce n'est pas l'idée même qu'aucun de ces ouvriers façonne. Cela peut-il être? — GLAUCON. Nullement.

— SOCRATE. Vois à présent quel nom tu donnes à l'ouvrier que je vais dire. — GLAUCON. Quel ouvrier? — SOCRATE. Celui qui fait à lui seul tout ce que chaque ouvrier fait dans son genre. — GLAUCON. Tu parles là d'un ouvrier bien habile et bien extraordinaire. — SOCRATE. Attends; tu vas l'admirer encore bien davantage. Ce même ouvrier n'a pas seulement le talent de faire tous les ouvrages d'art, il fait encore les plantes, les animaux, toutes les autres choses et lui-même enfin. Ce n'est pas tout : il fait la terre, le ciel, les dieux, tout ce qui existe au ciel et sous terre dans les enfers. — GLAUCON. Voilà un artiste tout à fait admirable. — SOCRATE. Tu doutes de ce que je dis! Mais réponds-moi : crois-tu qu'il n'y ait absolument aucun ouvrier semblable, ou seulement qu'on puisse faire tout cela dans un certain sens, et que dans un autre sens on ne le puisse pas? Ne vois-tu pas que tu pourrais toi-même en venir à bout, du moins d'une certaine manière. — GLAUCON. Et quelle est cette manière? — SOCRATE. Elle n'est pas difficile, mais elle se pratique souvent et en très-peu de temps. Veux-tu en faire l'épreuve à l'instant? Prends un miroir et présente-le de tous côtés; en moins de rien, tu feras le soleil et tous les astres du ciel, la terre, toi-même, les ouvrages de l'art, et tout ce que nous avons dit. — GLAUCON. Oui, je ferai tout cela en apparence, mais il n'y a rien de réel, rien qui existe véritablement. — SOCRATE. Fort bien. Tu entres parfaitement dans ma pensée. Le peintre est apparemment un ouvrier de cette espèce; n'est-ce pas? — GLAUCON. Sans doute. — SOCRATE. Tu me diras peut-être qu'il n'y a rien de réel en tout ce qu'il fait. Cependant le peintre fait aussi un lit en quelque façon. — GLAUCON. Oui, l'apparence d'un lit.

2. — SOCRATE. Et le menuisier que fait-il? Ne viens-tu pas de dire qu'il ne fait pas l'idée même que nous appelons l'essence du lit, mais un tel lit en particulier? — GLAUCON. Je l'ai dit, il est vrai. — SOCRATE. Si donc il ne fait pas l'essence même du lit, il ne fait rien de réel, mais seulement quelque chose qui représente ce qui est véritablement; et si quelqu'un soutenait que l'ouvrage du menuisier ou de tout autre ouvrier a une existence réelle et parfaite, il est très vraisemblable qu'il se tromperait. — GLAUCON. C'est du moins le sentiment de ceux qui s'occupent de semblables questions. — SOCRATE. Aussi ne soyons pas surpris si de pareils ouvrages ne donnent pas de grandes lumières pour la connaissance de la vérité. — GLAUCON. Nous ne devons pas l'être. — SOCRATE. Veux-tu donc que d'après ce que nous venons de dire, nous examinions quelle idée on doit se former de l'imitateur de ces sortes d'ouvrages? — GLAUCON. Si tu veux. — SOCRATE. Il y a donc trois espèces de lits; l'une qui est dans la nature, et dont nous pouvons dire, ce me semble, que Dieu est l'auteur. A quel autre, en

effet, pourrait-on l'attribuer ? — Glaucon. A nul autre. — Socrate. Le lit du menuisier en est une aussi. — Glaucon. Oui. — Socrate. Et celui du peintre en est encore une autre : n'est-ce pas? — Glaucon. Oui. — Socrate. Ainsi le peintre, le menuisier, Dieu, sont les trois ouvriers qui président à la façon de ces trois espèces de lit. — Glaucon. Oui, ils sont trois. — Socrate. A l'égard de Dieu, qu'il l'ait ainsi voulu, ou que ç'ait été une nécessité pour lui de ne faire qu'un seul lit essentiel, il n'en a fait qu'une seule essence, qui est le lit proprement dit. Il n'en a jamais produit, il n'en produira jamais ni deux ni plusieurs. — Glaucon. Pour quelle raison? — Socrate. C'est que s'il en faisait seulement deux, il s'en manifesterait une troisième, à l'essence de laquelle les deux autres participeraient ; et celle-là serait le vrai lit, et non pas les deux autres. — Glaucon. Cela est vrai. — Socrate. Dieu sachant cela, sans doute, et voulant être vraiment auteur, non de tel lit en particulier, ce qui l'aurait confondu avec le menuisier, mais du lit qui existe véritablement, a produit le lit qui est un de sa nature. — Glaucon. La chose a dû être ainsi. — Socrate. Donnerons-nous à Dieu le titre de producteur du lit ou quelque autre semblable? Qu'en penses-tu? — Glaucon. Ce titre lui appartient, d'autant plus qu'il a fait de lui-même [1] et l'essence du lit, et celle de toutes les autres choses. — Socrate. Et le menuisier, comment l'appellerons-nous? L'ouvrier du lit, sans doute? — Glaucon. Oui. — Socrate. A l'égard du peintre, dirons-nous aussi qu'il en est

1. Selon Platon, Dieu n'a fait les essences des choses sur aucun modèle préexistant : il les a donc faites par nature. Tout ce qui existe dans l'univers a été fait sur le modèle des essences, et par conséquent par art ou par imitation. Voilà pourquoi Platon appelle Dieu φυτουργὸν, ouvrier par nature, producteur, créateur ; et le menuisier δημιουργὸν, ouvrier par art, artisan. Grou.

l'ouvrier ou le producteur? — GLAUCON. Nullement. — SOCRATE. Qu'est-il donc par rapport au lit? — GLAUCON. Le seul nom qu'on puisse lui donner avec le plus de raison, est celui d'imitateur de la chose dont ceux-là sont ouvriers. — SOCRATE. Fort bien. Tu appelles donc imitateur, l'auteur d'une production éloignée de la nature de trois degrés? — GLAUCON. Justement. — SOCRATE. Ainsi le faiseur de tragédies, en qualité d'imitateur, est éloigné de trois degrés du roi [1] et de la vérité. Il en est de même de tous les autres imitateurs. — GLAUCON. Il y a apparence.

— SOCRATE. Puisque nous avons fixé entre nous l'idée qu'on doit avoir de l'imitateur, réponds maintenant à cette question. Le peintre se propose-t-il pour objet de son imitation ce qui, dans la nature, est un en chaque espèce, ou plutôt ne travaille-t-il pas d'après les œuvres de l'art? — GLAUCON. Il imite les ouvrages de l'art. — SOCRATE. Tels qu'ils sont ou tels qu'ils paraissent? Explique-moi encore ce point. — GLAUCON. Que veux-tu dire? — SOCRATE. Le voici. Un lit n'est-il pas toujours le même lit, soit qu'on le regarde directement ou de biais ou de toute autre manière? Mais quoiqu'il soit le même en soi, ne paraît-il pas différent de lui-même? J'en dis autant de toute autre chose. — GLAUCON. L'apparence est différente, quoique l'objet soit le même. — SOCRATE. Pense maintenant à ce que je vais dire. Quel est le but de la peinture? Est-ce de représenter ce qui est, tel qu'il est, ou ce qui paraît, tel qu'il paraît? Est-elle l'imitation de l'apparence ou de la réalité? — GLAUCON. De l'apparence. — SOCRATE. L'art d'imiter est donc bien éloigné du vrai; et la raison pour laquelle il fait tant de choses, c'est qu'il ne prend qu'une petite partie de chacune;

1. C'est-à-dire du juste, du philosophe, de celui qui co temple la vérité en elle-même et dans l'essence des choses. Grou.

encore ce qu'il en prend n'est-il qu'un fantôme. Le peintre, par exemple, nous représentera un cordonnier, un charpentier ou tout autre artisan, sans avoir aucune connaissance de leur métier; mais cela ne l'empêchera pas, s'il est bon peintre, de faire illusion aux enfants et aux ignorants, en leur montrant de loin un charpentier qu'il aura peint, de sorte qu'ils prendront l'imitation pour la vérité. — GLAUCON. Assurément. — SOCRATE. Ainsi, mon cher ami, devons-nous l'entendre de tous ceux qui font comme ce peintre. Lorsque quelqu'un viendra nous dire qu'il a trouvé un homme qui sait tous les métiers, qui réunit en lui seul, dans un degré éminent, toutes les connaissances qui sont partagées entre les autres hommes, il faut lui répondre qu'il est dupe apparemment de quelque magicien et de quelque imitateur qu'il a pris pour le plus habile des hommes, faute de pouvoir lui-même distinguer la science, l'ignorance et l'imitation. — GLAUCON Cela est très vrai.

3. — SOCRATE. Nous avons donc à considérer maintenant la tragédie et Homère qui en est le père. Comme nous entendons dire tous les jours que les poètes tragiques sont très versés dans tous les arts, dans toutes les choses humaines qui se rapportent au vice et à la vertu, et même dans tout ce qui concerne les dieux; qu'il est nécessaire à un bon poète de connaître parfaitement les sujets qu'il traite, s'il veut les traiter avec succès; qu'autrement il lui est impossible de réussir; c'est à nous de voir si ceux qui tiennent un pareil langage ne se sont pas laissé tromper par cette espèce d'imitateurs; si en voyant leurs productions, ils n'ont pas oublié de remarquer qu'elles sont éloignées de trois degrés de la réalité, et que sans connaître la vérité, il est aisé de réussir dans ces sortes d'ouvrages qui, après tout, ne sont que des fantômes, où il n'y a rien de réel;

ou s'il y a quelque chose de solide dans ce qu'ils disent, et si, en effet, les bons poètes entendent les matières sur lesquelles le commun des hommes juge qu'ils ont bien écrit. — Glaucon. C'est ce qu'il nous faut examiner avec soin.

— Socrate. Crois-tu que si quelqu'un était également capable de faire la représentation d'une chose ou la chose même représentée, il choisît de consacrer ses talents à ne faire que des choses vaines et qu'il en fît le point de mire de toute sa vie, comme s'il ne voyait rien de mieux ? — Glaucon. Je ne le crois pas. — Socrate. Mais s'il était réellement versé dans la connaissance de ce qu'il imite, je pense qu'il aimerait mieux s'appliquer à faire des ouvrages qu'à imiter ceux d'autrui, qu'il essaierait de laisser après lui un grand nombre de monuments et qu'il serait plus jaloux de recevoir des éloges que d'en donner aux autres. — Glaucon. Je le pense aussi, car il y trouverait à la fois plus de gloire et plus d'avantage. — Socrate. N'exigeons donc pas d'Homère ni des autres poètes, qu'ils nous rendent raison de mille choses dont ils ont parlé. Ne demandons pas à tel d'entre eux s'il était médecin, et non pas imitateur seulement du langage des médecins; si quelque poète ancien ou moderne a la réputation d'avoir guéri quelques malades, comme Esculape, ou s'il a laissé après lui des disciples savants dans la médecine, comme ce même Esculape a fait de ses enfants. Faisons leur grâce aussi sur les autres arts, et ne leur en parlons point. Mais quant à ces matières si importantes et si belles, dont Homère s'avise de parler : telles que la guerre, la conduite des armées, l'administration des États, l'éducation de l'homme, il est peut-être juste de l'interroger et de lui dire : « Cher Homère, s'il n'est pas vrai que tu sois un ouvrier éloigné de trois degrés de la vérité, incapable de faire autre chose à l'égard de la vertu que des fantômes (car telle est la définition que nous avons donnée de l'imitateur); si tu es un ouvrier du second degré; si tu es capable de connaître quelles sont les institutions qui peuvent rendre meilleurs ou pires les États et les particuliers; dis-nous quel État te doit la réforme de son gouvernement, comme Lacédémone en est redevable à Lycurgue, et plusieurs États grands et petits à beaucoup d'autres? Quel pays parle de toi comme d'un sage législateur et se glorifie des services que tu lui as rendus? L'Italie et la Sicile ont eu Charondas; nous autres Athéniens, nous avons eu Solon: mais toi, quel peuple te reconnaît pour son législateur? » Homère pourrait-il en citer un seul? — Glaucon. Je ne crois pas. Du moins les Homérides eux-mêmes n'en disent rien. — Socrate. Fait-on mention de quelque guerre heureusement conduite par Homère ou par ses conseils? — Glaucon. Nullement. — Socrate. Cite-t-on[1] de lui quelques-unes de ces découvertes qui caractérisent le génie dans le domaine des arts et des métiers, comme on le dit de Thalès de Milet et du Scythe Anacharsis? — Glaucon. On ne cite de lui rien de semblable.

— Socrate. Si Homère n'a rendu aucun service à l'État, en a-t-il du moins rendu aux particuliers? Dit-on qu'il ait présidé pendant sa vie à l'éducation de quelques jeunes gens qui se soient attachés à lui et qui aient transmis à la postérité un plan de vie Homérique, comme Pythagore, dit-on, fut très recherché pour la même raison, et l'on distingue encore aujourd'hui entre tous

1. « Verba sic construenda sunt: Ἀλλὰ λέγονται πολλαὶ καὶ εὐμήχανοι ἐπίνοιαι (αὐτοῦ) εἰς τέχνας ἤ τινας ἄλλας πράξεις, οἷα δὴ ἀνδρὸς εἰς τὰ ἔργα σοφοῦ. — At multa ac prudentia memorantur ejus inventa ad artes et alias res gerendas spectantia, quippe viri negotiorum periti. » Stallbaum.

les autres hommes ceux qui suivent le genre de vie auquel ils ont donné eux-mêmes le nom de pythagorique? — GLAUCON. Non, Socrate. On ne dit rien de pareil d'Homère. — SOCRATE. Créophile[1], son ami, a dû être encore plus ridicule pour ses mœurs que pour le nom qu'il portait, si ce qu'on raconte d'Homère est vrai. On dit que, même pendant sa vie, Homère fut singulièrement négligé par ce personnage.

4. — GLAUCON. On le dit en effet. — SOCRATE. Mais penses-tu, Glaucon, que si Homère eût été réellement en état d'instruire les hommes et de les rendre meilleurs ; s'il eût eu une parfaite connaissance des choses au lieu de savoir seulement les imiter ; penses-tu, dis-je, qu'il n'aurait pas attaché à sa personne un grand nombre d'amis qui l'auraient honoré et chéri? Quoi! Protagoras d'Abdère, Prodicus de Céos, et tant d'autres, peuvent, dans des entretiens particuliers, persuader aux hommes de leur temps que jamais ils ne seront capables de gouverner ni leur famille, ni leur patrie, s'ils ne se font leurs disciples; leur talent les fait tellement aimer qu'il ne leur manque pour ainsi dire que d'être portés partout en triomphe sur les têtes de leurs amis; et ceux qui vivaient du temps d'Homère et d'Hésiode les auraient laissés aller seuls réciter leurs vers de ville en ville, s'ils en avaient pu tirer des leçons salutaires de vertu? Ils ne se seraient point attachés à eux plus fortement qu'on ne s'attache à l'or? Ils n'auraient pas fait tous leurs efforts pour les retenir auprès d'eux, ou, s'ils n'avaient pu y réussir, ils ne les auraient pas suivis en tous lieux

1. Le nom de Créophile se compose de deux mots grecs qui signifient l'un race, et l'autre viande, c'est-à-dire gourmand. Gendre d'Homère, il le négligea pendant sa vie, et après la mort de son beau-père, il publia sous son propre nom un de ses poèmes qu'il avait reçu de lui en présent. Voyez Fabricius, *Bibliotheca græca*, I, 4. Note de Grou et de Cousin.

comme des disciples fidèles, jusqu'à ce qu'ils eussent largement profité de leurs leçons? — GLAUCON. Ce que tu dis, Socrate, me paraît la vérité même.

II. 1. — SOCRATE. Disons donc de tous les poètes, à commencer par Homère, que lorsqu'ils traitent de la vertu ou de quelque autre matière dans leurs fictions, ils ne sont que des imitateurs de fantômes et qu'ils n'atteignent jamais à la réalité. Un peintre, disions-nous tout à l'heure, fera un portrait ressemblant du cordonnier sans rien entendre au métier de cordonnier, et ce portrait paraîtra tel à ceux qui n'entendent rien à ce métier, mais qui jugent d'après les couleurs et les dessins. De même, dirons-nous, le poète sait si bien par une couche de mots et d'expressions figurées, donner à chaque art, sans y rien entendre, sinon comme imitateur, les couleurs qui lui conviennent, que soit qu'il parle du métier de cordonnier, soit qu'il traite de la conduite des armées ou de tout autre sujet, son discours, soutenu de la mesure, du nombre et de l'harmonie, persuade à ceux qui l'entendent et qui ne jugent que sur les vers, qu'il est parfaitement instruit des choses dont il s'agit; tant il y a naturellement de charme dans la poésie! car tu sais, je pense, quelle figure ont les vers, lorsqu'on leur ôte ce coloris qu'ils empruntent à la musique et qu'ils sont réduits à eux-mêmes. Tu l'as sans doute remarqué. — GLAUCON. Oui. — SOCRATE. Ne ressemblent-ils pas à ces visages qui n'ont d'autre beauté qu'une certaine fleur de jeunesse, et qui deviennent désagréables, lorsque cette fleur vient à se ternir? — GLAUCON. Ta comparaison est parfaitement juste.

— SOCRATE. Allons plus loin. Le faiseur de fantômes, c'est-à-dire l'imitateur, ne connaît que l'apparence des objets, et nullement ce qu'ils ont de réel : n'est-il pas vrai? — GLAUCON. Oui. — SOCRATE. Eh bien, ne nous arrêtons pas à moitié chemin; examinons la chose à fond. — GLAUCON. Parle. — SOCRATE. Le peintre, disons-nous, peindra une bride et un mors. — GLAUCON. Oui. — SOCRATE. L'ouvrier en cuir et en fer les confectionnera. — GLAUCON. Fort bien. — SOCRATE. Mais quant à la forme qu'il faut donner à la bride ou au mors, est-ce le peintre qui y entend quelque chose? Est-ce l'ouvrier en cuir ou en fer? Est-ce un autre que celui qui sait s'en servir, c'est-à-dire le seul écuyer? — GLAUCON. Tu as parfaitement raison. — SOCRATE. N'en est-il pas ainsi à l'égard de toutes les autres choses. — GLAUCON. Comment? — SOCRATE. Je veux dire qu'il y a trois arts qui répondent à chaque chose : l'art qui s'en sert, celui qui la fait et celui qui l'imite. Mais à quoi tendent les propriétés, la beauté, la perfection d'un meuble, d'un animal, d'une action quelconque, sinon à l'usage auquel chaque chose est destinée par sa nature ou par l'intention des hommes? — GLAUCON. A nulle autre chose. — SOCRATE. C'est donc une nécessité que celui qui se sert d'une chose la connaisse mieux que personne, et qu'il dirige l'ouvrier dans son travail, en lui apprenant ce que son ouvrage a de bon ou de mauvais par rapport à l'usage qu'il en fait lui-même. Le joueur de flûte, par exemple, apprendra à celui qui fait cet instrument, quelles sont les flûtes dont il se sert avec le plus d'avantage; il lui prescrira la manière dont il doit les faire, et celui-ci lui obéira. — GLAUCON. Sans doute. — SOCRATE. Le premier prononcera donc sur les flûtes bonnes et mauvaises en homme qui sait, et le second travaillera sur la foi du premier. — GLAUCON. Oui. — SOCRATE. Ainsi, à l'égard du même instrument, le fabricant aura une opinion vraie sur les bonnes ou les mauvaises qualités de cet instrument, en vertu de ses relations avec celui qui sait, et parce qu'il est obligé de s'en rapporter à lui, mais c'est à l'homme qui fait usage de l'instrument qu'appartient la science. — GLAUCON. Très bien.

— SOCRATE. Et l'imitateur, apprend-il par l'usage de la chose qu'il imite si elle est belle et bien faite, ou non? En acquiert-il du moins une opinion juste, par la nécessité où il se trouve de converser avec celui qui sait, et parce qu'on lui prescrit ce qu'il doit imiter? — GLAUCON. Ni l'un ni l'autre. — SOCRATE. L'imitateur n'a donc ni science, ni même d'opinion juste, sur ce qu'il y a de bien ou de mal fait dans les choses qu'il imite. — GLAUCON. Il paraît que non. — SOCRATE. Ainsi l'imitateur doit sans doute être bien versé dans la connaissance des choses qu'il imite. — GLAUCON. Pas tout à fait. — SOCRATE. Cependant il n'en imitera pas moins, sans savoir ce qu'il y a de bon ou de mauvais dans chaque chose, et, selon toute apparence, c'est précisément ce qui paraît beau à une multitude ignorante qu'il choisira pour objet de ses imitations. — GLAUCON. Quel autre objet pourrait-il choisir? — SOCRATE. Ainsi, nous avons suffisamment démontré deux choses: la première, que tout imitateur n'a qu'une connaissance très superficielle de ce qu'il imite, que l'imitation n'a rien de sérieux, et qu'elle n'est qu'un badinage d'enfants; la seconde, que tous ceux qui s'appliquent à la poésie dramatique, soit qu'ils composent en vers iambiques ou en vers héroïques, sont imitateurs autant qu'on peut l'être. — GLAUCON. Certainement.

2. — SOCRATE. Mais quoi! Cette imitation n'est-elle pas éloignée de la vérité de trois degrés? — GLAUCON. Oui. — SOCRATE. D'un autre côté, sur quelle faculté de l'homme exerce-t-elle le pouvoir qu'elle a? — GLAUCON. De quoi veux-tu parler? — SOCRATE. Tu vas le savoir. N'est-il pas vrai que la même grandeur, regardée de près

ou de loin, ne paraît pas égale? — GLAUCON. Cela est vrai. — SOCRATE. N'est-il pas vrai aussi que ce qui paraît droit[1] ou brisé, convexe ou concave, vu hors de l'eau, ne paraît plus le même lorsqu'on le voit dans l'eau, à cause de l'illusion que les couleurs font au sens de la vue? Il est évident aussi que cette illusion jette une grande perturbation dans l'âme; or, c'est à cette disposition de notre nature que l'art du dessin, l'art du charlatan et autres semblables, dressent des piéges, ne négligeant aucun artifice pour la séduire. — GLAUCON. Vous avez raison. — SOCRATE. A-t-on trouvé un préservatif plus sûr contre cette illusion, que la mesure, le nombre et le poids, pour empêcher que le rapport des sens sur ce qui est plus ou moins grand, nombreux, pesant, ne prévalut sur le jugement de la partie de l'âme qui calcule, pèse ou mesure? — GLAUCON. Non. — SOCRATE. Toutes ces opérations ne sont-elles pas du ressort de la raison qui est dans l'âme? — GLAUCON. Oui. — SOCRATE. Et n'arrive-t-il pas souvent qu'après qu'elle a mesuré et prononcé que tel corps est plus grand ou plus petit que tel autre, ou égal, il se forme en nous deux jugements opposés touchant les mêmes choses? — GLAUCON. Oui. — SOCRATE. Mais n'avons-nous pas dit qu'il était impossible que la même faculté de l'âme portât en même temps sur les mêmes choses deux jugements contraires? — GLAUCON. Oui, et nous avons eu raison de le dire. — SOCRATE. Par conséquent, ce qui juge en nous d'une manière contraire à la mesure, est différent de

1. On sait *aujourd'hui* que cette illusion tient au phénomène de la réfraction de la lumière. Lorsqu'un rayon lumineux passe d'un milieu dans un autre, il éprouve une déviation à la surface de séparation des deux milieux. Cette déviation se nomme réfraction. Ainsi un bâton plongé en partie dans l'eau doit paraître brisé; car les points situés hors du liquide n'éprouvent aucun déplacement, tandis que les points intérieurs semblent rapprochés de la surface.

ce qui juge conformément à la mesure. — GLAUCON. Certainement. — SOCRATE. Mais la faculté qui s'en rapporte à la mesure et au calcul, est ce qu'il y a de plus excellent dans l'âme. — GLAUCON. Sans contredit. — SOCRATE. Donc la faculté opposée est quelque chose d'inférieur en nous. — GLAUCON. Il le faut bien.

— SOCRATE. C'est à cet aveu que je voulais vous conduire, lorsque je disais que d'une part la peinture, et en général tout art qui consiste dans l'imitation, accomplit son œuvre bien loin de la vérité, et que de l'autre cette partie de nous-mêmes avec laquelle il est en relation d'amitié, est elle-même bien éloignée de la sagesse, et ne se propose rien de vrai ni de solide. — GLAUCON. J'en demeure d'accord. — SOCRATE. L'imitation est donc mauvaise en soi, elle se joint à ce qu'il y a de mauvais en nous, et ne peut produire que des effets mauvais. — GLAUCON. Cela doit être. — SOCRATE. Mais ceci n'est-il vrai qu'à l'égard de l'imitation qui frappe la vue? Et n'en peut-on pas dire autant de celle qui est faite pour l'ouïe, et que nous appelons poésie? — GLAUCON. Il me semble qu'on en peut dire autant de celle-ci. — SOCRATE. Ne nous arrêtons pas aux vraisemblances fondées sur l'analogie qui se trouve entre la peinture et la poésie, pénétrons jusqu'à cette partie de l'âme avec laquelle la poésie imitative a un commerce intime, et voyons si cette partie est bonne ou mauvaise. — GLAUCON. Il le faut. — SOCRATE. Considérons la chose de cette manière. La poésie imitative représente, disons-nous, les hommes dans des actions forcées ou volontaires, à la suite desquelles ils se croient heureux ou malheureux, et s'abandonnent à la joie ou à la tristesse : y a-t-il rien de plus dans ce qu'elle fait? — GLAUCON. Rien. — SOCRATE. Or, dans toutes ces situations, l'homme est-il bien d'accord avec lui-même? Au contraire, n'éprouve-t-il pas en ce qui regarde sa conduite, les mêmes séditions et les mêmes contradictions qu'il éprouvait à l'occasion de la vue, lorsqu'il portait tout à la fois sur le même objet deux jugements contraires ? Mais je me rappelle que nous n'avons pas besoin de nous mettre d'accord sur ce point, parce que nous sommes convenus plus haut que notre âme était pleine d'une infinité de contradictions semblables. — GLAUCON. Nous avons eu raison. — SOCRATE. Sans doute. Mais il me semble nécessaire d'examiner à présent ce que nous avons omis alors. — GLAUCON. De quoi s'agit-il ? — SOCRATE. Nous disions qu'un homme d'un caractère modéré à qui il sera arrivé quelque malheur, comme la perte d'un fils ou de quelque autre chose extrêmement chère, supportera cette perte avec plus de résignation que tout autre. — GLAUCON. Assurément. — SOCRATE. Voyons maintenant s'il sera tout à fait insensible à cette perte, ou si une telle insensibilité étant impossible, il mettra seulement des bornes à sa douleur. — GLAUCON. A dire vrai, c'est là plutôt ce qu'il fera. — SOCRATE. Réponds encore à cette question. Dans quel temps se fera-t-il plus de violence pour surmonter sa douleur ? Sera-ce lorsqu'il sera vu de ses semblables, ou lorsqu'il sera seul avec lui-même ? — GLAUCON. Il se montrera bien plus résigné lorsqu'il sera en présence de témoins. — SOCRATE. Mais resté seul, il laissera sans doute échapper bien des plaintes qu'il aurait honte que l'on entendît, et il fera mille choses dans lesquelles il ne voudrait pas être surpris. — GLAUCON. C'est la vérité.

3. — SOCRATE. Ce qui lui ordonne de se raidir contre la douleur, n'est-ce pas la raison et la loi ? Au contraire, ce qui le porte à s'y abandonner, n'est-ce pas la passion ? — GLAUCON. J'en conviens. — SOCRATE. Or, lorsque l'homme éprouve ainsi deux mouvements contraires par rapport au même objet, c'est une preuve, disons-nous,

qu'il y a en lui deux parties opposées. — GLAUCON. Sans doute. — SOCRATE. L'une qui est prête à obéir à la loi qui lui sert de guide. — GLAUCON. Comment cela ? — SOCRATE. La loi dit qu'il est très beau de montrer la plus grande fermeté dans le malheur et de ne pas se laisser emporter au désespoir (et la raison qu'elle en donne, c'est qu'on ignore si ces accidents sont des biens ou des maux) ; qu'on ne gagne rien à s'en affliger ; que les événements de la vie ne méritent pas que nous y prenions un si grand intérêt ; elle dit encore que l'affliction est un obstacle à ce qu'il y aurait de plus pressant à faire dans ces circonstances. — GLAUCON. Que faudrait-il faire, selon toi ? — SOCRATE. Prendre conseil de la raison sur ce qui vient d'arriver ; réparer sa mauvaise fortune comme on répare un mauvais coup que les dés ont amené, c'est-à-dire par les moyens que la raison aura reconnus les meilleurs ; ne pas aller quand on a reçu un choc, porter la main à la partie blessée, comme le font les enfants, et perdre le temps à crier ; mais accoutumer son âme à relever le plus tôt possible ce qui est tombé, à guérir ce qui est malade et à faire cesser les pleurs et les cris plaintifs par l'application du remède. — GLAUCON. Voilà ce qu'on peut faire de mieux dans les accidents qui nous arrivent. — SOCRATE. C'est, disons-nous, la plus saine partie de nous-mêmes qui sait prendre ainsi conseil de la raison. — GLAUCON. Cela est évident. — SOCRATE. Et l'autre partie qui nous rappelle sans cesse le souvenir de nos disgrâces, qui nous porte aux lamentations et qui ne peut s'en rassasier, craindrons-nous de dire que c'est quelque chose de déraisonnable, de lâche et de timide ? — GLAUCON. Nous le dirons sans hésiter.

— SOCRATE. Mais rien ne prête plus à une imitation riche et variée que l'irascibilité ; au contraire, un caractère sage, tranquille, toujours semblable à lui-même, est très difficile à imiter, et la peinture qu'on en ferait serait peu propre à frapper surtout cette multitude confuse qui s'assemble d'ordinaire dans les théâtres ; car ce serait lui offrir un tableau de mœurs qui lui sont tout à fait étrangères. — GLAUCON. Sans contredit. — SOCRATE. Il est évident que le génie du poète imitateur ne le porte nullement à représenter cette partie de l'âme, et que son art ne s'attachera point à lui plaire, s'il tient à obtenir les suffrages de la multitude, mais qu'il s'accommode bien mieux des caractères passionnés et mobiles, parce qu'ils sont faciles à imiter. — GLAUCON. Cela est évident. — SOCRATE. Nous avons donc une juste raison de le condamner et de le mettre dans la même classe que le peintre. Il a cela de commun avec lui, de ne composer que des ouvrages sans valeur, si on les rapproche de la vérité ; il lui ressemble encore en ce qu'il travaille pour se mettre en rapport avec cette autre partie de l'âme qui n'a pas non plus grande valeur, et non avec ce qu'il y a de meilleur en elle. Ainsi, nous sommes bien fondés à refuser au poète imitateur l'entrée d'un État qui doit être gouverné par de sages lois, puisqu'il réveille et remue la mauvaise partie de l'âme, et qu'en la fortifiant, il détruit l'empire de la raison. Nous pouvons assurer que ce qui arriverait dans un État où on livrerait le pouvoir aux méchants et où l'on ferait mourir les bons citoyens, est l'image du désordre que le poète imitateur introduit dans le gouvernement intérieur de chaque homme par l'excessive complaisance qu'il a pour cette partie insensée de notre âme qui ne sait pas distinguer ce qui est plus grand de ce qui est plus petit, qui se forme du même objet tantôt de trop grandes, tantôt de trop petites idées, produit des fantômes, et reste toujours à une distance infinie du vrai. — GLAUCON. Tu as parfaitement raison.

4. — SOCRATE. Nous n'avons cependant rien dit encore du plus grand mal que cause la poésie. N'est-ce pas en effet quelque chose de bien triste, de voir qu'à l'exception d'un très petit nombre, elle est capable de corrompre l'esprit des hommes sages ? — GLAUCON. Ce serait quelque chose de bien triste sans doute, si elle produisait un pareil effet. — SOCRATE. Écoute et tu en jugeras. Tu sais que tous tant que nous sommes, je dis même les plus raisonnables, lorsque nous entendons réciter les passages d'Homère ou de quelque autre poète tragique, où l'on représente un héros dans l'affliction, déplorant son sort dans un long discours, faisant entendre des accents plaintifs et se frappant la poitrine ; tu sais, dis-je, que nous ressentons alors un plaisir secret auquel nous nous laissons aller insensiblement, et qu'à la compassion pour le héros qui nous intéresse se joint l'admiration pour le poète qui a si bien su nous émouvoir. — GLAUCON. Je le sais et comment pourrais-je l'ignorer? — SOCRATE. Cependant tu as pu remarquer que dans les disgrâces qui nous arrivent à nous-mêmes, nous croyons qu'il est de notre honneur de prendre le parti contraire, je veux dire d'être fermes et tranquilles, persuadés que ce parti convient à un homme, et qu'il faut laisser aux femmes ces mêmes plaintes que nous venons d'approuver dans les héros. — GLAUCON. Je l'ai remarqué.

— SOCRATE. Est-il bien, je ne dis pas de voir sans indignation, mais d'approuver avec transport dans un autre une situation que nous croirions indigne de nous, et où nous rougirions de nous trouver ? — GLAUCON. En vérité, cela n'est guère raisonnable. — SOCRATE. Non, sans doute, surtout si tu regardes la chose du côté qu'il faut la regarder. — GLAUCON. De quel côté ? — SOCRATE. Si tu considères que cette partie de notre âme contre laquelle nous nous raidissons dans nos propres malheurs, qui est affamée de pleurs et de lamentations, qui voudrait s'en rassasier, et qui de sa nature est portée à les rechercher, est la même que les poètes flattent et s'étudient à satisfaire; que dans ces occasions, cette autre partie de nous-mêmes qui est la plus excellente, n'étant pas encore assez fortifiée par la raison et par l'habitude, néglige de tenir en bride la partie pleureuse, alléguant qu'après tout celle-ci n'est que spectatrice des malheurs d'autrui, et qu'il n'est pas honteux pour elle de donner des marques d'approbation et de pitié aux larmes qu'un autre, qui se dit homme de bien, verse mal à propos; enfin que cette première partie de l'âme regarde comme un gain le plaisir qu'elle goûte alors et ne voudrait pas s'en priver en condamnant[1] absolument toutes les poésies. En effet, je crois qu'il arrive à bien peu de personnes de faire cette réflexion qu'on s'applique nécessairement à soi-même ce que l'on a accordé aux douleurs d'autrui et qu'après avoir entretenu et fortifié notre sensibilité par la vue des maux qui nous sont étrangers, il est bien difficile de la modérer dans les nôtres. — GLAUCON. Rien de plus vrai.

— SOCRATE. N'en dirons-nous pas autant du ridicule? Si tout en rougissant de te permettre certaines bouffonneries, tu les écoutes dans les représentations théâtrales ou dans les conversations avec des éclats de joie, au lieu de les avoir en horreur comme mauvaises en soi, il t'arrivera la même chose que pour les émotions pathétiques. Ce désir de faire rire, que la raison réprimait auparavant en toi, dans la crainte où tu étais de passer pour bouffon, tu lui donnes libre carrière, et après l'avoir fortifié au théâtre, tu te laisses souvent aller dans les

1. Platon met le masculin καταφρονήσας au lieu du neutre, comme il lui arrive de mettre au neutre l'adjectif ou le participe qui se rapporte à un nom féminin. Schneider.

choses que tu fais à des mouvements qui font de toi un véritable bouffon. — GLAUCON. Tu as parfaitement raison. — SOCRATE. La poésie imitative produit en nous le même effet pour l'amour, la colère et toutes les passions de l'âme qui ont pour objet le plaisir et la douleur, et dont nous avons reconnu que nous sommes toujours obsédés. Elle les nourrit et les arrose au lieu de les dessécher; elle nous rend plus vicieux et plus malheureux par l'empire qu'elle donne à ces passions sur notre âme, au lieu de les tenir dans une entière dépendance qui nous rendrait meilleurs et plus heureux. — GLAUCON. Je ne puis m'empêcher d'en convenir.

— SOCRATE. Ainsi, mon cher Glaucon, lorsque tu rencontreras des admirateurs d'Homère qui te diront que ce poète a formé la Grèce et qu'il mérite qu'on le relise sans cesse pour apprendre à gouverner et à bien conduire les affaires humaines, et pour conformer la vie entière à ses divines poésies, il faut les accueillir avec toute sorte d'égards et de respects comme des hommes qui sont aussi vertueux qu'ils peuvent l'être, et leur accorder qu'Homère est le plus grand des poètes comme il est le premier des poètes tragiques, mais, en même temps, il faut te souvenir que tu ne dois admettre dans l'État d'autres ouvrages de poésie que les hymnes en l'honneur des dieux et les éloges des grands hommes. Mais du moment que tu y recevras la muse voluptueuse de la poésie lyrique ou épique, le plaisir et la douleur régneront dans l'État à la place de la loi et de cette raison dont tous les hommes ont reconnu l'excellence dans tous les temps. — GLAUCON. Rien n'est plus vrai.

III. I. — SOCRATE. Puisque l'occasion s'est présentée une seconde fois de parler de la poésie, voilà ce que j'avais à dire pour nous justifier de la bannir de notre

État, après l'avoir représentée telle qu'elle est : la raison nous en faisait un devoir. Au reste, de peur que la poésie elle-même ne nous accuse de dureté et de rusticité, disons-lui que ce n'est pas d'aujourd'hui qu'elle est en dissension avec la philosophie. Témoin ces traits : Cette chienne hargneuse qui aboie contre sa maîtresse. . . . Ce grand homme au milieu des propos futiles des insensés. . . . La troupe des sages qui s'élève au-dessus de Jupiter. . . . Ces contemplatifs subtils à qui la pauvreté aiguise l'esprit. . . . et mille autres qui témoignent de leur ancienne querelle. Malgré cela, protestons hautement que si la poésie imitative, et qui a pour but le plaisir, peut nous prouver par de bonnes raisons, qu'on ne doit pas l'exclure d'un État bien policé, nous la recevrons à bras ouverts, parce que nous ne pouvons nous dissimuler à nous-mêmes la force et la douceur de ses charmes; mais il n'est pas permis de trahir ce que l'on regarde comme la vérité. Autrement, mon cher ami, n'est-il pas vrai que l'enchanteresse te séduit aussi, surtout lorsqu'elle se présente à toi dans Homère ? — Glaucon. Oui, assurément. — Socrate. Il est donc juste de l'admettre à défendre sa cause devant nous, soit dans une ode, soit dans un poëme de tout autre rhythme. — Glaucon. Sans doute. Nous permettrons aussi à ses protecteurs, qui, sans faire eux-mêmes des vers, sont amateurs de la poésie, de plaider pour elle en prose, et de nous montrer qu'elle n'est pas seulement agréable, mais qu'elle est encore utile aux États et aux particuliers pour la conduite de la vie ; nous les écouterons volontiers, car nous y gagnerons, s'ils nous font voir qu'elle joint l'utile à l'agréable. — Glaucon. Sans contredit nous y gagnerons. — Socrate. Mais s'ils ne peuvent nous le prouver, n'imiterons-nous pas, mon cher ami, la conduite des amants qui se font violence pour s'arracher à leur passion, après qu'ils en ont reconnu le danger ? Nous aussi, grâce à l'amour que les belles institutions politiques où nous avons été élevés, nous ont inspiré dès l'enfance pour cette poésie, nous souhaiterons qu'elle puisse nous paraître très bonne et très amie de la vérité ; mais tant qu'elle n'aura rien de solide à alléguer pour sa défense, nous l'écouterons en répétant toujours les mêmes raisons pour nous prémunir nous-mêmes par ce charme contre ses enchantements, et nous prendrons garde de retomber dans la passion que nous avons ressentie pour elle dans notre jeunesse comme la plupart des hommes. Nous sommes donc persuadés qu'on ne doit pas regarder cette espèce de poésie comme quelque chose de sérieux qui approche de la vérité ; que tout homme qui craint pour le gouvernement intérieur de son âme doit être en garde contre elle et ne l'écouter qu'avec précaution ; enfin qu'il faut s'en rapporter à tout ce que nous avons dit sur la poésie. — Glaucon. J'y donne mon plein assentiment.

— Socrate. Car c'est un grand combat, mon cher Glaucon, oui, un grand combat, et plus grand qu'on ne se l'imagine, que celui où il s'agit d'être vertueux ou méchant. Ni la gloire, ni les richesses, ni les dignités, ni enfin la poésie ne méritent que nous négligions pour elles la justice et les autres vertus. — Glaucon. Je ne puis en disconvenir après ce que nous avons dit, et je ne crois pas qu'on puisse penser autrement.

2. — Socrate. Cependant, nous n'avons pas encore parlé des plus grandes récompenses réservées à la vertu, et qui sont, pour ainsi dire, sous sa main. — Glaucon. Il faut qu'elles soient d'un prix infini, si elles surpassent celles que nous venons d'exposer. — Socrate. Peut-on appeler grand ce qui passe en un petit espace de temps ? En effet, l'intervalle qui sépare notre enfance de la vieil-

lesse est bien peu de chose en comparaison de la durée entière. — GLAUCON Ce n'est même rien. — SOCRATE. Mais quoi ! penses-tu qu'une substance immortelle doive borner ses soins et ses vues à un temps si court, au lieu de les étendre à toute la durée ? — GLAUCON. Je ne le pense pas. Mais à quoi tend ce discours ?

SOCRATE. Ne sens-tu pas que notre âme est immortelle, et qu'elle ne périt jamais ?

A ces mots, Glaucon me regarda avec un air de surprise.

— GLAUCON. Je n'en sais rien ; et toi, pourrais-tu me le prouver ? — SOCRATE. Oui, si je ne me trompe ; je crois même que tu pourrais en faire autant, car la chose n'est pas difficile. — GLAUCON. Elle l'est pour moi ; et tu me feras plaisir de me démontrer ce point que tu juges si facile. — SOCRATE. Écoute. — GLAUCON. Parle. — SOCRATE. Reconnais-tu qu'il y a du bien et du mal ? — GLAUCON. Oui. — SOCRATE. As-tu de l'un et de l'autre la même idée que moi ? — GLAUCON. Quelle idée ? — SOCRATE. Que tout principe de corruption et de dissolution est un mal ; qu'au contraire tout principe de conservation et d'amélioration est un bien. — GLAUCON. Oui. — SOCRATE. Chaque chose[1] n'a-t-elle pas son mal et son bien ? L'ophtalmie, par exemple, est le mal des yeux ; la maladie, celui de tout le corps ; la nielle est le mal du blé, la pourriture celui du bois, la rouille celui du fer et de l'airain ; en un mot, il n'est presque rien dans la nature qui n'ait son mal et sa maladie particulière. — GLAUCON. Cela est vrai. — SOCRATE. Lorsque le mal s'est attaché à une chose, ne la détériore-t-il pas ? Ne finit-il pas par la dissoudre et la ruiner totalement ? — GLAUCON. Sans doute. — SOCRATE. Ainsi chaque chose

1. Il s'agit ici du bien et du mal physique.

est détruite par le mal et par le principe de corruption qu'elle porte en elle; de sorte que si ce mal n'a pas la force de la détruire, il n'est rien qui soit capable de le faire; car le bien ne peut produire cet effet à l'égard de quoi que ce soit, non plus que ce qui n'est ni un bien ni un mal. — Glaucon. Comment cela pourrait-il être? — Socrate. Si donc nous trouvons dans la nature une chose que son mal rend à la vérité mauvaise, mais qu'il ne saurait dissoudre pour la détruire, dès ce moment, ne pourrons-nous pas assurer de cette chose qu'elle ne peut périr? — Glaucon. Il y a toute apparence. — Socrate. Mais quoi! n'est-il rien qui rende l'âme mauvaise? — Glaucon. Oui certes; ce sont les vices dont nous avons fait mention : l'injustice, l'intempérance, la lâcheté, l'ignorance. — Socrate. Y a-t-il un seul de ces vices qui puisse la dissoudre et la détruire? Prends garde que nous ne tombions dans l'erreur, en nous imaginant que, quand l'homme injuste et insensé est condamné à mort pour son injustice, sa mort soit l'effet de l'injustice qui est le mal de son âme. Voici plutôt de quelle manière il faut envisager la chose. La maladie qui est le vice du corps, le mine peu à peu, le détruit et le réduit au point qu'il n'a plus la forme de corps. Toutes les autres choses dont nous avons parlé ont leur mal propre, qui s'attache à elles, les corrompt par le séjour qu'il y fait, et les amène au point de n'être plus ce qu'elles étaient : n'est-ce pas? — Glaucon. Oui. — Socrate. Eh bien, fais maintenant l'application de ceci à l'âme. Est-il vrai que l'injustice et les autres vices, venant à se loger chez elle et à s'y fixer, la corrompent et la flétrissent, jusqu'à ce qu'ils la conduisent à la mort, et la séparent d'avec le corps? — Glaucon. Nullement; cette application n'est pas vraie à l'égard de l'âme. — Socrate. D'un autre côté, il serait contre toute raison de dire qu'un mal étranger détruit une substance que son propre mal ne peut détruire. — GLAUCON. Cela serait déraisonnable.

— SOCRATE. Fais en effet attention, mon cher Glaucon, qu'à l'égard même du corps, nous ne croyons pas que sa destruction doive être l'effet immédiat de la mauvaise qualité des aliments, de quelque part qu'elle vienne, soit que ces aliments aient été gardés trop longtemps, soit que la moisissure les ait gâtés, ou pour tout autre raison. Mais si la mauvaise qualité des aliments engendre dans le corps le vice qui lui est propre, nous dirons qu'à l'occasion de la nourriture, le corps a été ruiné par la maladie, qui est proprement son mal, et jamais nous ne prétendrons que les aliments qui sont d'une nature différente de celle du corps, aient par leur mauvaise qualité la force de le détruire, c'est-à-dire qu'un mal étranger qui ne produit pas le mal intérieur du corps puisse le détruire. — GLAUCON. Très bien.

3. — SOCRATE. Par la même raison, si la maladie du corps n'engendre pas celle de l'âme, ne disons jamais que celle-ci, qui ne participe pas du mal du corps, puisse périr par un mal étranger, sans l'intervention du mal qui lui est propre à elle-même. — GLAUCON. Rien n'est plus raisonnable. — SOCRATE. Réfutons ces preuves comme autant d'impostures, ou tant qu'elles ne seront pas refutées, gardons-nous bien de dire que ni la fièvre, ni aucune aucune autre espèce de maladie, ni le fer même, ni quoi que ce soit, le corps en dût-il être haché par morceaux, puisse donner la mort à l'âme, à moins qu'on ne nous fasse voir que l'effet de ces accidents du corps est de rendre l'âme plus injuste et plus impie. Et ne souffrons pas qu'on dise que ni l'âme, ni quelque autre substance que ce soit, périsse par le mal qui survient à une substance de nature différente, si le mal

qui lui est propre ne vient à s'y joindre. — GLAUCON. Mais jamais personne ne nous montrera que les âmes de ceux qui meurent deviennent plus injustes par la seule raison qu'ils meurent. — SOCRATE. Si quelqu'un néanmoins était assez hardi pour combattre notre sentiment, et pour soutenir que la mort rend l'homme plus méchant et plus injuste, afin de n'être pas obligé de reconnaître l'immortalité de l'âme, nous exigerons qu'il convienne que si ce qu'il dit est vrai, l'injustice conduit naturellement à la mort comme la maladie, qu'elle tue par une force qui est en elle, et que ceux qui lui donnent entrée dans leur âme, meurent plus ou moins promptement selon qu'ils sont plus ou moins méchants; ce qui est contraire à l'expérience de tous les jours, qui nous montre que la cause de la mort des méchants est le supplice auquel on les condamne à cause de leur injustice. — GLAUCON. Certainement si l'injustice était un mal capable en soi de donner la mort aux méchants, on aurait tort de la regarder comme une chose si terrible, puisque ceux qui lui donneraient accès dans leur âme seraient affranchis par elle de tous les maux. Je pense au contraire que l'injustice tue les autres, autant qu'il est en elle, tandis qu'elle conserve plein de vie et bien éveillé, celui en qui elle fait sa demeure; tant elle est éloignée de lui donner la mort !

— SOCRATE. Tu dis bien. Car si la perversité propre de l'âme, si son propre mal ne peut la tuer et la détruire, il est impossible qu'un mal, destiné par sa nature à la destruction d'une autre substance, fasse périr ni l'âme ni toute autre chose que celle qu'il tient sous sa dépendance. — GLAUCON. Oui, cela est impossible; je le crois. — SOCRATE. Mais il est évident qu'une chose qui ne peut périr ni par son propre mal, ni par un mal étranger, doit nécessairement exister toujours, et que, si elle existe toujours, elle est immortelle. — GLAUCON. Oui.

4. — SOCRATE. Posons donc cette vérité comme un principe incontestable. Mais s'il en est ainsi, tu conçois que les mêmes âmes doivent toujours exister. Car, puisque aucune d'elles ne périt, leur nombre ne saurait diminuer, et il ne peut pas non plus augmenter. Si en effet le nombre des êtres immortels devenait plus grand, tu sais que ces nouveaux êtres se formeraient de ce qui était mortel, et que toutes choses finiraient ainsi par être immortelles. — GLAUCON. Tu as raison. — SOCRATE. Or, c'est ce que la raison ne nous permet pas de croire, non plus que de penser que notre âme, considérée dans le fond même de son être, soit d'une nature composée, pleine de dissemblance et de variété. — GLAUCON. Comment dis-tu?

— SOCRATE. Il est difficile que ce qui résulte de l'assemblage de plusieurs parties, soit éternel, à moins que la composition n'en soit aussi parfaite que vient de nous paraître celle de l'âme. — GLAUCON. En effet, cela n'est pas vraisemblable. — SOCRATE. Les raisons que nous venons d'exposer, et bien d'autres encore, démontrent donc invinciblement l'immortalité de l'âme. Mais pour bien connaître sa véritable nature, on ne doit pas la considérer, comme nous faisons, dans l'état de dégradation où la mettent son union avec le corps et tous les maux qui sont la suite de cette union; il faut la contempler attentivement des yeux de l'esprit, telle qu'elle est en elle-même, dégagée de tout ce qui lui est étranger. Alors on verra qu'elle est infiniment plus belle : on connaîtra plus distinctement la nature de la justice, de l'injustice, et des autres choses dont nous avons parlé. Tout ce que nous avons dit de l'âme est vrai par rapport à son état présent. De même que ceux qui verraient maintenant Glaucus[1] le marin auraient peine à reconnaître sa première forme, parce que les anciennes parties de son corps ont été, les unes brisées, les autres usées et totalement déformées par les flots, et qu'il s'en est formé de nouvelles qui sont composées de coquillages, d'herbes marines et de cailloux, de sorte qu'il ressemble plutôt à un monstre qu'à un homme tel qu'il était auparavant : ainsi nous voyons l'âme dans l'état où des maux sans nombre la rendent méconnaissable. Mais, mon cher Glaucon, voici ce qu'il faut envisager en elle. — GLAUCON. Quoi ? — SOCRATE. Son amour pour la vérité. Il faut considérer à quelles choses elle s'attache, les objets dont elle recherche le commerce, comme étant de la même famille que tout ce qui est divin, immortel, impérissable, et ce qu'elle peut devenir, lorsque se livrant tout entière à ces contemplations sublimes, elle s'élève, par un noble effort, du fond de cette mer où elle est plongée, et se débarrasse des cailloux et des coquillages qui s'attachent à elle par la nécessité où elle est de se nourrir de choses terrestres, croûte épaisse et grossière de terre et de sable qui provient de ces bienheureux festins comme on les appelle. C'est alors qu'on verra bien quelle est la vraie nature de l'âme, si elle est simple ou composée ; en un mot, quelle est son essence et sa manière d'être ? Quant à présent, nous avons assez bien exposé, ce me semble, ses passions et ses inclinations, telles qu'elles apparaissent dans la vie humaine. — GLAUCON. Parfaitement bien.

5. — SOCRATE. N'avons-nous pas dans cet entretien dépouillé la justice de tout ce qui lui est accessoire, et mis à l'écart les honneurs et les récompenses que vous

1. Glaucus, pêcheur d'Anthédon, en Béotie, se précipita dans la mer après avoir mangé d'une herbe merveilleuse, fut changé en dieu marin et reçut le don de prophétie.

lui avez attribués sur la foi d'Homère et d'Hésiode? N'avons-nous pas démontré que la justice est le plus excellent bien de l'âme, et que celle-ci doit accomplir ce qui est juste, soit qu'elle possède ou non l'anneau de Gygès[1], et si l'on veut encore, outre cela, le casque de Pluton[2] ? — GLAUCON. Tu dis très vrai. — SOCRATE. Maintenant donc, mon cher Glaucon, peut-on trouver mauvais de nous voir restituer à la justice et aux autres vertus, outre ces avantages qui leur sont propres, toutes les récompenses que les dieux et les hommes y ont attachées pendant la vie et après la mort ? — GLAUCON. On ne saurait y trouver à redire. — SOCRATE. Me rendrez-vous ce que je vous ai prêté au commencement de cet entretien ? — GLAUCON. Quoi donc ? — SOCRATE. J'ai bien voulu vous accorder que l'homme juste peut passer pour méchant, et l'homme méchant pour juste[3]. Vous avez cru que, fût-il impossible de tromper en cela les dieux et les hommes, il fallait cependant vous accorder ce point dans l'intérêt de votre recherche, pour qu'on pût apprécier pleinement la justice et l'injustice, prises l'une et l'autre en elles-mêmes. Ne t'en souviens-tu pas ? — GLAUCON. J'aurais tort de ne pas m'en souvenir.

— SOCRATE. Maintenant que nous les avons appréciées toutes les deux, je vous somme, au nom de la justice, de partager vous-mêmes l'estime que les dieux et les hommes ont pour la justice, afin qu'elle remporte aussi les prix de l'opinion et les distribue à ses partisans,

1. Voyez le commencement du livre II.

2. Homère parle de ce casque au livre V de l'*Iliade*, v. 845 : « Pallas prit le casque de Pluton, afin que Mars ne la vît pas. » Ce casque rendait celui qui le portait invisible aux dieux, comme l'anneau de Gygès le rendait invisible aux hommes.

3. Au commencement de la phrase, Socrate parle de Glaucon et de tous ses autres disciples qui étaient présents; à la fin il ne parle qu'à Glaucon : d'où l'emploi du pluriel et du singulier.

après qu'il a été démontré qu'elle donne déjà les biens réels et ne trompe pas ceux qui l'embrassent sincèrement. — GLAUCON. Tu ne demandes rien que de juste. — SOCRATE. Vous me rendrez donc ce premier point, que les dieux du moins n'ignorent pas ce que sont intérieurement l'homme vertueux et le méchant. — GLAUCON. Nous te le rendrons. — SOCRATE. S'il en est ainsi, l'un est aimé des dieux, l'autre est pour eux un objet de haine, comme nous en sommes convenus dès le commencement. — GLAUCON. Cela est vrai. — SOCRATE. Ne conviendrons-nous pas que l'homme chéri des dieux n'a de leur part du moins que des biens à attendre, et que s'il en reçoit quelque mal nécessaire, c'est en expiation des fautes de sa vie passée? — GLAUCON. Sans contredit. — SOCRATE. Il faut donc reconnaître, à l'égard de l'homme juste, que, soit qu'il se trouve dans l'indigence ou dans la maladie, ou dans quelque autre situation regardée comme malheureuse, ces maux prétendus tourneront à son avantage pendant sa vie ou après sa mort. Les dieux en effet ne sauraient négliger celui qui s'efforce de devenir juste et de se rendre par la pratique de la vertu aussi semblable à la divinité qu'il est possible à l'homme. — GLAUCON. Il n'est pas naturel qu'un homme de ce caractère soit négligé de l'être auquel il s'efforce de ressembler. — SOCRATE. Ne faut-il pas penser tout le contraire de l'homme injuste? — GLAUCON. Certainement. — SOCRATE. Ainsi, du côté des dieux, les fruits de la victoire demeurent au juste. — GLAUCON. Du moins c'est mon sentiment.

— SOCRATE. Et de la part des hommes, n'est-ce pas ainsi que les choses se passent, puisque enfin il faut dire la vérité? N'arrive-t-il pas aux fourbes et aux scélérats la même chose qu'à ces athlètes, qui courent fort bien en partant de la barrière, mais non pas lorsqu'il faut y revenir ? Ils s'élancent d'abord avec rapidité; mais sur la fin de la course, ils deviennent un sujet de risée, lorsqu'on les voit, les oreilles tombant entre les épaules, se retirer précipitamment sans être couronnés; au lieu que les vrais coureurs arrivent au but, remportent le prix et reçoivent la couronne. Les justes n'ont-ils pas d'ordinaire le même sort ? A la fin de leurs entreprises, de leurs rapports de société et de leur vie, n'arrivent-ils pas à la gloire et ne reçoivent-ils pas des hommes les récompenses qui leur sont dues ? — GLAUCON. Tu as raison. — SOCRATE. Tu souffriras donc que j'applique aux justes ce que toi-même tu as dit des méchants. Je prétends que les justes, lorsqu'ils sont dans l'âge mûr, parviennent dans l'État où ils vivent à toutes les dignités auxquelles ils aspirent, qu'ils font à leur choix des alliances pour eux et pour leurs enfants : en un mot, tout ce que tu as dit de ceux-là, je le dis de ceux-ci. Quant aux méchants, je soutiens que, quand même dans leur jeunesse ils auraient caché ce qu'ils sont, la plupart d'entre eux se trahissent et se couvrent de ridicule à la fin de leur carrière ; que devenus malheureux dans leur vieillesse, ils sont abreuvés d'outrages par les étrangers et par leurs concitoyens, et pour me servir des expressions que tu trouvais trop fortes, mais qui sont vraies, je soutiens qu'ils seront fouettés, mis à la torture, brûlés avec des fers chauds : en un mot, imagine-toi entendre de ma bouche qu'ils souffriront tous les genres de supplices dont tu faisais l'énumération. Vois si tu souffriras tout cela. — GLAUCON. Oui, car tu ne dis rien que de raisonnable.

IV. 1. — SOCRATE. Tels sont donc les prix, le salaire et les récompenses que le juste reçoit pendant la vie de la part des dieux et des hommes, outre les biens qu'il trouve dans la pratique même de la justice. — Glaucon. Ce sont de belles et solides récompenses. — Socrate. Mais elles ne sont rien ni pour le nombre ni pour la grandeur, en comparaison des biens et des maux réservés dans l'autre vie à la vertu et au vice. Il faut en faire le récit, afin de rendre au juste et au méchant ce qu'ils ont droit d'attendre de nous dans cet entretien. — Glaucon. Fais-nous ce récit; il est bien peu de choses que je sois aussi curieux d'entendre.

— Socrate. Ce n'est point le récit d'Alcinoüs[1] que je vais vous faire, mais celui d'un homme de cœur, Er[1] l'Arménien, originaire de Pamphylie. Il avait été tué dans une bataille : dix jours après, comme on enlevait les cadavres déjà défigurés, il fut trouvé sain et entier; on le porta chez lui pour faire ses funérailles, et le douzième jour, lorsqu'il était étendu sur le bûcher, il ressuscita et raconta ce qu'il avait vu. « Aussitôt, dit-il, que mon âme[1] fut sortie de mon corps, je me suis mis en route avec une foule d'autres âmes et je suis arrivé avec elles dans un lieu merveilleux, où se voyaient dans la terre deux ouvertures voisines l'une de l'autre et deux autres au ciel qui répondaient à celles-là. Des juges étaient assis entre ces ouvertures : dès qu'ils avaient prononcé leur sentence, ils ordonnaient aux justes de prendre leur route à droite par une des ouvertures du ciel, après leur avoir attaché par devant un écriteau qui contenait le jugement rendu en leur faveur; et aux méchants de prendre leur route à gauche par une des

1. Le récit d'Ulysse à Alcinoüs (*Odyssée*, livre IX), c'est-à-dire un récit menteur. Il y a dans le grec un jeu de mots entre Ἀλκίνου, Alcinoüs et ἀλκίμου, homme de cœur.

2. Les plus anciens manuscrits et les meilleures éditions donnent Ἦρος et non pas Ἥρος, *Er* et non pas *Her*.

3. Ce récit est indirect dans le texte grec; Grou lui a donné la forme directe pour le rendre plus vif et plus animé.

ouvertures de la terre, ayant derrière le dos un semblable écrit où étaient marquées toutes leurs actions. Lorsque je me présentai, les juges dirent qu'il fallait que je portasse aux hommes la nouvelle de ce qui se passait aux enfers, et ils m'ordonnèrent d'écouter et d'observer dans ce lieu toutes les choses dont j'allais être témoin.

Je vis d'abord les âmes de ceux qu'on avait jugés, celles-ci monter au ciel, celles-là descendre sous terre, par les deux ouvertures qui se répondaient ; tandis que par l'autre ouverture de la terre, je vis sortir des âmes couvertes d'ordure et de poussière, en même temps que par l'autre ouverture du ciel descendaient d'autres âmes pures et sans tache : elles paraissaient toutes venir d'un long voyage, et s'asseoir avec plaisir dans la prairie, comme dans un lieu d'assemblée.

Celles qui se connaissaient se saluaient les unes les autres et se demandaient des nouvelles de ce qui se passait aux lieux d'où elles venaient, le ciel ou la terre. Les unes racontaient leurs aventures avec des gémissements et des pleurs, que leur arrachait le souvenir des maux qu'elles avaient soufferts ou vu souffrir aux autres pendant le temps de leur voyage sous terre, dont la durée était de mille ans. Les autres qui revenaient du ciel faisaient le récit des plaisirs délicieux qu'elles avaient goûtés et des choses merveilleuses qu'elles avaient vues. »

Il serait trop long, mon cher Glaucon, de te rapporter en entier le discours de l'arménien Er à ce sujet. Il se réduit à dire que les âmes étaient punies dix fois pour chacune des injustices qu'elles avaient commises pendant la vie ; que la durée de chaque punition était de cent ans, durée naturelle de la vie humaine, de sorte que le châtiment est toujours décuple pour chaque crime.

Ainsi ceux qui se sont souillés de plusieurs meurtres, qui ont trahi des États et des armées, les ont réduits en esclavage, ou qui se sont rendus coupables de quelque autre crime semblable, étaient tourmentés au décuple pour chacun de ces crimes. Ceux au contraire qui ont fait du bien aux hommes, ceux qui ont été justes et vertueux, recevaient dans la même proportion la récompense de leurs bonnes actions. A l'égard des enfants morts peu de temps après leur naissance, Er donnait d'autres détails qu'il est superflu de rapporter. Il y avait encore, d'après son récit, des récompenses plus grandes pour ceux qui avaient honoré les dieux et respecté leurs parents, et des supplices extraordinaires pour les impies, les parricides et les homicides qui tuent de leur propre main.

2. — « J'étais présent, ajoutait-il, lorsqu'une âme demanda à une autre où était le grand Ardiée. Cet Ardiée avait été tyran d'une ville de Pamphylie mille ans auparavant : il avait tué son vieux père, son frère aîné, et commis, à ce qu'on disait, plusieurs autres crimes énormes.

Il ne vient point, avait répondu l'âme, et il ne viendra jamais ici. Nous avons tous été témoins, à son occasion, du spectacle le plus effrayant. Lorsque nous étions sur le point de sortir de l'abîme souterrain, après avoir accompli le temps marqué pour nos peines, nous vîmes tout à coup Ardiée et un grand nombre d'autres, dont la plupart avaient été des tyrans comme lui; il y avait aussi quelques particuliers qui, dans une condition privée, avaient commis de grands crimes. Au moment qu'ils s'attendaient à sortir, l'ouverture leur refusa le passage, et toutes les fois qu'un de ces misérables dont les crimes étaient sans remède, ou n'avaient pas été suffisamment expiés, se présentait pour sortir, elle faisait entendre un mugissement. Des hommes hideux qui se tenaient près de là et qui paraissaient tout de feu, accoururent à ce mugissement. Ils emmenèrent d'abord de vive force un certain nombre de ces criminels ; quant à Ardiée et aux autres, ils leur lièrent les pieds, les mains, le cou, et après les avoir jetés à terre et écorchés, ils les traînèrent hors de la route sur des épines, en disant aux ombres qu'ils rencontraient la raison pour laquelle ils les traitaient de la sorte ; ils ajoutaient qu'ils allaient les précipiter dans le Tartare.

Cette âme disait encore que parmi les craintes de toute espèce qui les avaient agitées pendant la route, aucune n'égalait celle que le mugissement ne se fît entendre quand elles s'avanceraient pour sortir, et qu'elles avaient eu chacune un plaisir extrême de ne pas l'avoir entendu.

Voilà ce qui se passa à l'égard des jugements, des supplices et des récompenses qui y correspondent. Après que les âmes eurent passé sept jours dans cette prairie, elles furent obligées d'en partir le huitième, et se rendirent en quatre jours de marche dans un lieu d'où l'on voyait une lumière[1] traversant toute la surface de la terre et du ciel, droite comme une colonne et semblable à l'Iris, mais plus éclatante et plus pure. Elles arrivèrent à cette lumière après une autre marche d'un jour. Là, elles virent que les extrémités du ciel aboutissaient au milieu de cette bande[2] lumineuse qui leur servait d'attache et qui embrassait toute la circonférence du ciel, à peu près comme ces pièces de bois qui ceignent les flancs des galères. A ces extrémités du ciel était suspendu le fuseau de la Nécessité lequel donnait le branle à toutes les révolutions des

1. La voie lactée.

sphères. La tige et le crochet de ce fuseau étaient d'acier; le peson était un mélange d'acier et d'autres matières.

Voici comment ce peson était fait : il ressemblait pour la forme aux pesons d'ici-bas; mais d'après la description donnée par l'Arménien, il faut se le représenter creux et renfermant dans sa profonde cavité un autre peson plus petit, de même forme, comme des vases qui s'ajustent l'un dans l'autre, dans le second peson il y en avait un troisième, dans celui-ci un quatrième, et de même quatre autres encore. C'étaient donc en tout huit pesons enchâssés les uns dans les autres, dont on voyait d'en haut les bords circulaires, et qui tous présentaient la surface continue d'un seul peson[1] à l'entour du fuseau, dont la tige passait par le centre du huitième. Les bords circulaires du peson extérieur étaient les plus larges ; puis ceux du sixième, du quatrième, du huitième, du septième, du cinquième, du troisième et du second, allaient diminuant de largeur selon cet ordre. Le cercle formé par les bords du plus grand peson était de différentes couleurs. Celui du septième était d'une couleur très éclatante ; celui du huitième empruntait du septième sa couleur et son éclat ; la couleur des cercles du second et du cinquième était presque la même, et tirait davantage sur la jaune ; le troisième était le plus blanc de tous ; enfin le second surpassait en blancheur le sixième.

1. « Verticillo hoc apparet significari universum cœlestium globorum systema, scilicet figuram cœli globosam esse. Vult autem Plato in una illa verticilli superficie octo verticellos contineri, hoc est octo globos intra unam illam figuram conclusos. Itaque octo verticilli significant octo cœlestium corporum orbes, quos summum cœlum, scilicet Zodiacus complectitur : 1° Varias stellas ; 2° Solem ; 3° Lunam et Terram ; 4° Saturnum et Mercurium ; 5° Jovem ; 6° Martem ; 7° Venerem ; 8° Zodiacum. » Stallbaum.

Le fuseau tout entier roulait sur lui-même d'un mouvement uniforme, et dans l'intérieur les sept pesons concentriques se mouvaient lentement dans une direction contraire. Le mouvement du huitième était le plus rapide. Ceux du septième, du sixième et du cinquième étaient moindres, et paraissaient égaux entre eux pour la vitesse. Le quatrième était le troisième pour la vitesse, le troisième était le quatrième, le second n'avait que la cinquième vitesse. Le fuseau lui-même tournait sur les genoux de la Nécessité. Sur chacun de ces cercles était assise une Sirène[1] qui tournait avec lui, faisant entendre une seule note de sa voix, toujours sur le même ton, mais de ces huit notes différentes, résultait un seul effet harmonique.

Autour du fuseau, et à des distances égales, siégeaient sur des trônes les trois Parques, filles de la Nécessité. Elles étaient vêtues de blanc et leurs têtes étaient couronnées de bandelettes. On les nommait Lachésis[2], Clotho et Atropos. Elles mêlaient leurs voix à l'harmonie des sirènes : Lachésis chantait le passé, Clotho le présent, Atropos l'avenir. Clotho, touchant par intervalles le fuseau de la main droite, lui faisait faire la révolution extérieure ; pareillement Atropos, de la main gauche, imprimait le mouvement aux pesons du dedans, et Lachésis touchait tour à tour de l'une et de l'autre main, tantôt le fuseau, tantôt les pesons intérieurs.

3. — Aussitôt que les âmes étaient arrivées, il avait fallu qu'elles se présentassent devant Lachésis. Et d'abord un hiérophante les avait fait ranger par ordre l'une auprès de l'autre ; ensuite ayant pris sur les genoux de Lachésis les sorts et les différentes conditions humaines,

1. Cette Sirène était l'astre même du cercle.

2. Les mots Lachésis, Clotho et Atropos viennent de λαγχάνω, κλώθω et ἄτροπος, qui signifient tirer au sort, filer, immuable.

il était monté sur une estrade élevée, et avait parlé ainsi :

« Voici ce que dit la vierge Lachésis, fille de la Nécessité : âmes passagères, vous allez recommencer une nouvelle carrière et rentrer dans un corps mortel. Ce n'est pas un génie qui vous tirera au sort, mais vous choisirez vous-mêmes votre propre génie. Celle que le sort désignera, choisira la première sa destinée, et son choix sera irrévocable. La vertu n'a point de maître ; elle s'attache à celui qui l'honore, et fuit celui qui la méprise. On est responsable de son choix : Dieu est innocent. »

A ces mots, l'hiérophante ayant jeté les sorts, chaque âme ramassa celui qui tomba devant elle, excepté moi, à qui on le permit pas. Chacune connut alors le rang qui lui était échu pour choisir. Ensuite l'hiérophante plaça devant elles des étiquettes de toute sorte de genres de vie, en beaucoup plus grand nombre qu'il n'y avait d'âmes assemblées ; la variété en était infinie, car on y trouvait toutes les conditions des animaux et des hommes.

Il y avait des tyrannies, les unes qui duraient jusqu'à la mort ; les autres qui étaient interrompues et finissaient par la pauvreté, l'exil, la mendicité. On y voyait aussi des conditions d'hommes célèbres, ceux-ci pour leurs avantages corporels, la beauté, la force, l'aptitude aux combats ; ceux-là pour leur noblesse et les grandes qualités de leurs ancêtres ; on trouvait également des conditions obscures sous tous ces rapports. C'était la même chose pour les femmes. Mais il n'y a rien de réglé sur le rang des âmes, parce que chacune devait nécessairement changer de nature selon le choix qu'elle a fait. Du reste les richesses, la pauvreté, la santé, les maladies étaient partagées entre toutes ces conditions, tantôt sans aucun mélange, tantôt dans un juste tempérament des biens et des maux. »

Or, voilà évidemment, mon cher Glaucon, l'épreuve redoutable pour l'humanité. Aussi chacun de nous doit négliger toutes les autres sciences pour rechercher et acquérir celle-là seule qui lui fera découvrir et reconnaître l'homme, dont les leçons le mettront en état d'abord de pouvoir et de savoir discerner les conditions heureuses et malheureuses et de choisir toujours la meilleure, en repassant dans son esprit les vérités dont nous venons de nous entretenir, les rapprochements et les distinctions que nous avons établis pour ce qui intéresse a moralité de la vie, ensuite de savoir quel degré de beauté mêlé avec une certaine mesure de richesse ou de pauvreté, et une certaine disposition de l'âme, rend l'homme méchant ou vertueux; quel effet bon ou mauvais doivent produire la naissance illustre et la naissance obscure, les dignités et la vie privée, la force du corps et la faiblesse, la facilité et la difficulté d'apprendre; en un mot, les différentes qualités naturelles ou acquises, assorties les unes avec les autres; en sorte qu'après avoir fait toutes ces réflexions et sans perdre de vue la nature de l'âme, il pourra distinguer le genre de vie qui lui est avantageux de celui qui lui serait funeste, appelant funeste celui qui aboutirait à rendre l'âme plus injuste, et avantageux celui qui la rendrait plus vertueuse, sans avoir égard à tout le reste. Car nous avons vu que c'est le meilleur parti à prendre, soit pour cette vie, soit pour l'autre. Il faut donc que chacun de nous conserve jusqu'à la mort son âme ferme et inébranlable dans ce sentiment, afin qu'elle ne se laisse éblouir dans l'autre vie ni par les richesses, ni par les autres maux de cette nature; qu'elle ne s'expose point, en se jetant avec avidité sur la condition de tyran ou sur quelque autre semblable, à commettre un grand nombre de maux sans remède, et à en souffrir de plus grands encore, mais plutôt qu'elle sache se fixer toujours dans un état médiocre et fuir également les deux extrémités, autant qu'il dépendra d'elle, soit dans la vie présente, soit dans toutes les autres par où elle passera; c'est à cela qu'est attaché le bonheur de l'homme.

4. Aussi selon le rapport de l'Arménien revenu des enfers, l'hiérophante avait dit : « Celui qui choisira le dernier, pourvu qu'il le fasse avec discernement et qu'ensuite il se montre sage et ferme dans sa conduite, peut se promettre une vie heureuse, exempte de maux. Que celui qui choisira le premier ne soit pas négligent dans son choix, et que le dernier ne désespère point. » Après que l'hiérophante eut ainsi parlé, « celui, dit l'Arménien, à qui le premier sort était échu, s'avança précipitamment, choisit la tyrannie la plus considérable, et emporté qu'il était par son imprudence et son avidité, il ne donna point une attention suffisante à tout ce qu'il faisait; il ne vit point cette fatalité attachée à son choix, d'avoir à manger la chair de ses propres enfants et de commettre bien d'autres crimes horribles. Mais quand il eut considéré à loisir sa position, il se frappa de désespoir, déplora le choix qu'il avait fait, et, oubliant les avertissements de l'hiérophante, ce n'était pas à sa propre faute qu'il s'en prenait, c'était à la fortune, aux dieux, à tout, excepté à lui-même. Cette âme était du nombre de celles qui venaient du ciel; elle avait vécu précédemment dans un État bien gouverné, et avait été redevable de sa vertu à la bonté de son naturel et à la force de l'habitude plutôt qu'à la philosophie. »

Il ajoutait que les âmes venues du ciel se trompaient en aussi grand nombre que les autres, faute d'avoir été éprouvées par les souffrances de la vie ; au contraire, la plupart de celles qui avaient séjourné dans la région souterraine, qui avaient souffert et vu souffrir, ne choisissaient pas ainsi à la hâte.

Cette expérience et cette inexpérience, indépendamment du hasard qui décidait du rang dans lequel on serait appellé pour choisir, faisaient que la plupart des âmes échangeait une bonne condition pour une mauvaise, et une mauvaise pour une bonne. Ainsi un homme qui, à chaque renouvellement de sa vie terrestre, s'appliquerait constamment à la saine philosophie, pourvu que son tour de choisir ne vînt point après tous les autres, serait d'après ce récit et selon toutes les apparences, non seulement heureux sur la terre, mais encore dans son voyage d'ici là-bas, et dans le retour, il marcherait par la route unie du ciel, et non par le sentier pénible de l'abîme souterrain.

Er disait encore que c'était un spectacle curieux de voir de quelle manière les âmes faisaient leur choix ; rien n'était plus étrange, ni plus digne à la fois de compassion et de risée. La plupart étaient guidées dans leur choix par les habitudes de la vie précédente. Il avait vu, disait-il, l'âme qui avait appartenu autrefois à Orphée[1], choisir la condition de cygne, en haine des femmes qui lui avaient donné la mort, ne voulant pas devoir sa nouvelle naissance à aucune d'elles, et l'âme de Thamyris[2] choisir la condition de rossignol. Il avait vu aussi un cygne, ainsi que d'autres oiseaux musiciens, adopter la condition de l'homme. Une autre âme, appelée la vingtième à choisir, avait pris la nature d'un lion : c'était celle d'Ajax, fils de Télamon, qui ne voulait plus rentrer dans un corps humain, parce qu'elle avait le souvenir

1. Ovide, *Métamorphose*, XI.
2. Homère, *Iliade*, II, v. 595.

du jugement qui lui avait enlevé les armes d'Achille. Après celle-là vint l'âme d'Agamemnon, qui, par haine du genre humain à cause de ses malheurs passés, prit en échange la condition d'aigle. Appelée vers le milieu du tirage, l'âme d'Atalante, en considération des grands honneurs rendus aux athlètes, n'avait pu passer outre, voulant devenir athlète elle-même. Épée, fils de Panopée, avait préféré la condition d'une femme industrieuse. L'âme du bouffon Thersyte, qui se présenta des dernières, revêtit le corps d'un singe. Enfin l'âme d'Ulysse, à qui le dernier sort était échu, vint aussi pour choisir; mais se rappelant ses infortunes passées, et désormais exempte d'ambition, elle chercha longtemps, et finit avec peine par découvrir dans un coin la vie tranquille d'un homme privé que toutes les autres âmes avaient laissée, et elle s'écria, en la voyant, que quand elle aurait été la première à choisir, elle n'aurait pas fait un autre choix. Les âmes passaient indifféremment des corps des animaux dans ceux des hommes, et de ceux-ci dans ceux-là; celles des hommes méchants, dans les corps des animaux féroces; celles des bons dans les corps des espèces apprivoisées : ce qui donnait lieu à des échanges de toute sorte.

Après que toutes les âmes eurent choisi leur condition, elles s'approchèrent de Lachésis dans l'ordre suivant lequel elles avaient choisi; la Parque donna à chacune le génie qu'elle avait préféré, afin qu'il lui servît de gardien durant le cours de sa vie mortelle et qu'il lui aidât à remplir sa destinée. Ce génie la conduisait d'abord à Clotho, pour que de sa main et d'un tour de fuseau, elle confirmât la destinée choisie. Après avoir touché le fuseau, il la menait vers la trame d'Atropos, qui roulait le fil, pour rendre irrévocable ce qui avait déjà été filé par Clotho. Ensuite, sans qu'il fût désormais possible de retourner en arrière, on s'avançait vers le trône de la Nécessité, sous lequel l'âme et son génie passaient ensemble. Aussitôt que toutes eurent passé, elles se rendirent dans la plaine du Léthé[1], où elles essuyèrent une chaleur étouffante, parce qu'il n'y avait ni arbre ni aucune des plantes que produit la terre. Le soir étant venu, elles passèrent la nuit auprès du fleuve Amélès[2], dont aucun vase ne peut contenir l'eau. Il faut que toutes les âmes boivent une certaine quantité de cette eau, et à mesure qu'elles boivent, elles perdent tout souvenir; celles qui ne sont pas retenues par la prudence, boivent plus que la quantité prescrite, et à mesure qu'elles boivent, elles perdent tout souvenir. On s'endormit après; mais vers le milieu de la nuit, il survint un éclat de tonnerre, avec un tremblement de terre, et tout à coup les âmes, comme autant d'étoiles qui jailliraient dans le ciel, furent portées çà et là vers les divers points où devait avoir lieu leur naissance terrestre. Pour lui, disait Er, on l'avait empêché de boire de l'eau du fleuve. Cependant il ne savait par où ni comment son âme s'était rejointe.

Ce mythe, mon cher Glaucon, a été préservé de l'oubli, et, si nous y ajoutons foi, il est très propre à nous préserver nous-mêmes de notre perte; nous passerons heureusement le fleuve Léthé, et nous préserverons notre âme de toute souillure. Si donc tu veux m'en croire, convaincus que notre âme est immortelle, et qu'elle est capable par sa nature de tous les biens comme de tous les maux, nous marcherons toujours par la route qui conduit en haut, et nous nous attacherons de toutes nos forces à la pratique de la justice et de la sagesse. Par

1. Oubli.
2. Exempt de soucis et de pensées sérieuses.

là, nous serons en paix avec nous-mêmes et avec les dieux ; et après avoir remporté sur la terre le prix destiné à la vertu, semblables à des athlètes victorieux qu'on mène en triomphe, nous serons heureux ici-bas et durant ce voyage de mille ans dont nous venons de faire le récit.

FIN

TABLE SOMMAIRE

LIVRE PREMIER.

LIVRE DEUXIÈME.

LIVRE TROISIÈME.

LIVRE QUATRIÈME.

LIVRE CINQUIÈME.

LIVRE SIXIÈME.

LIVRE SEPTIÈME.

LIVRE HUITIÈME.

LIVRE NEUVIÈME.

LIVRE DIXIÈME.

FIN DE LA TABLE SOMMAIRE

Typographie A. Lahure, rue de Fleurus, à Paris.

NOUVELLE BIBLIOTHÈQUE LATINE-FRANÇAISE
RÉIMPRESSION DES CLASSIQUES LATINS

69 VOLUMES SONT EN VENTE

Format grand in-18 jésus

TRADUCTIONS REVUES ET REFONDUES AVEC LE PLUS GRAND SOIN

8 volumes à 4 fr. 50.

Le succès de cette collection est aujourd'hui avéré. Belle impression, joli papier, correction soignée, révision intelligente et sérieuse, rien n'a été négligé pour recommander ces éditions aux amis de la bonne littérature.

Virgile (Œuvres complètes), traduites en français, édition refondue par M. Félix Lemaistre et précédée d'une Étude sur Virgile par M. Sainte-Beuve. 1 fort vol.

Ovide (Métamorphoses). Traduct. française de Gros, refondue, précédée d'une notice par M. Cabaret-Dupaty. 1 vol.

César. *Commentaires sur la guerre des Gaules et sur la guerre civile*, trad. par M. Artaud. Édition revue. 1 vol.

Saint Augustin (Confessions), avec la traduction française d'Arnault d'Andilly, revue avec le plus grand soin par M. Charpentier. 1 vol.

Lettres choisies de saint Jérôme, texte latin soigneusement revu. Traduction nouvelle et introduction par M. J.-P. Charpentier. 1 vol.

Térence (Comédies). Traduction nouvelle par Victor Bétolaud. 1 vol.

Claudien (Œuvres complètes), traduites par M. Héguin de Guerle. 1 vol.

Lettres d'Abélard et d'Héloïse (latin-français). Traduction nouvelle de M. Gréard, 1 fort vol. (5 fr.).

61 volumes à 3 fr. 50.

Apulée (Œuvres complètes), traduites par Victor Bétolaud. 2 vol.

Aulu-Gelle (Œuvres complètes). Edition revue par MM. Charpentier. 2 vol.

Catulle, Tibulle et Properce (Œuvres), trad. par Héguin de Guerle. 1 vol.

Cicéron (Œuvres complètes de), avec la traduction de la collection Panckoucke, améliorée et refaite en grande partie par MM. Charpentier, Cabaret-Dupaty, etc. 20 vol. in-18.

Cornelius Nepos, avec une traduction nouvelle par M. Amédée Pommier. — **Eutrope**. Abrégé de l'Histoire romaine, traduit par M. N. A. Dubois. 1 vol.

Horace (Œuvres complètes). Trad. par Lemaistre. Etude sur Horace, par H. Rigault. 1 vol.

Justin (Œuvres complètes). Abrégé de l'Histoire universelle de Trogue Pompée, traduction par Pierrot. 1 vol.

Juvénal et Perse (Œuvres complètes), suivies de fragments de *Turnus* et de *Sulpicia*, traduction de Dussaulx. 1 vol.

Lucain. — La Pharsale, revue et complétée, par M. H. Durand. 1 vol.

Lucrèce (Œuvres complètes), avec la traduction revue par M. Blanchet. 1 vol.

Martial (Œuvres complètes). Traduction de MM. V. Verger, N. A. Dubois. Edition, revue et précédée des *Mémoires de Martial*, par M. Jules Janin. 2 vol.

Ovide. Les Amours, l'Art d'aimer, etc. Nouvelle édition. *Etude sur Ovide*, par Jules Janin. 1 vol.

— **Les Fastes, les Tristes.** Nouvelle édition, revue. 1 vol.

— **Les Héroïdes, le Remède d'amour, les Pontiques, Petits Poëmes.** Edition revue par M. Charpentier. 1 vol.

Pétrone (Œuvres complètes), traduites par M. Héguin de Guerle. 1 vol.

Phèdre (Fables), suivies des *Œuvres d'Avianus*, de *Denys Caton*, de *Publius Syrus*, traduites par Levasseur. 1 vol.

Pline le Jeune. (Lettres), traduites par M. Cabaret-Dupaty. 1 vol.

Quintilien (Œuvres complètes). Traduct. de M. C. V. Ouisille. Nouv. édition revue par M. Charpentier. 3 vol.

Quinte Curce (Œuvres complètes), traduction par Trognon. 1 vol.

Salluste (Œuvres complètes). Traduct. de du Rozoir, revue par Charpentier. [illegible]

Sénèque le philosophe (Œuvr[illegible] plètes). Edition, revue par M[illegible] [illegible]pentier et Félix Lemaistre. 4 [illegible]

Sénèque (Tragédies), éditio[illegible] [illegible] par M. Cabaret-Dupaty. 1 vol.

Suétone (Œuvres). Tra[illegible] refondue par M. Cabaret-Du[illegible]

Tacite (Œuvres c[illegible] Traduction de Dureau de la Malle. [illegible]

Tite-Live (Œuvres complètes), tradui[illegible] par MM. Liez, Dubois. Edit. revue. 6 [illegible]

Valère Maxime (Œuvres complètes). Traduc. par F[illegible] [illegible]on. 2 vol.

Velleius Pater[illegible]lus. Traduction refondue par M. [illegible]ard. — **Florus** (Œuvres), précédées d'une notice [illegible] Florus, par M. Villemain. 1 vol.

Cette nouvelle édition des Œuvres complètes de Cicéron a été revue avec un soin particulier, par M. Charpentier, dont le concours nous a été si précieux pour notre collection.

22 689.—Typographie A. Lahure, rue de Fleurus, 9, à Paris.

www.ingramcontent.com/pod-product-compliance
Lightning Source LLC
Chambersburg PA
CBHW060954280326
41935CB00009B/719